中国梦船政魂

——马尾船政文化

主　编：杜　云

副主编：江峻任

顾　问：陈沙麦　郗永勤

编　委：杜　云　郭翠翠　江峻任　金　莉

　　　　赖　晨　于芙蓉　朱亚辉

厦门大学出版社　国家一级出版社
XIAMEN UNIVERSITY PRESS　全国百佳图书出版单位

图书在版编目(CIP)数据

中国梦·船政魂:马尾船政文化/杜云主编. —厦门:厦门大学出版社,2018.3
ISBN 978-7-5615-5681-8

Ⅰ. ①中… Ⅱ. ①杜… Ⅲ. ①福州船政局-企业文化-史料-教材 Ⅳ. ①F426.
474

中国版本图书馆 CIP 数据核字(2015)第 183394 号

出 版 人　郑文礼
责任编辑　文慧云
封面设计　蒋卓群
技术编辑　朱　楷

出版发行　厦门大季出版社
社　　　址　厦门市软件园二期望海路 39 号
邮政编码　361008
总 编 办　0592-2182177　0592-2181406(传真)
营销中心　0592-2184458　0592-2181365
网　　　址　http://www.xmupress.com
邮　　　箱　xmup@xmupress.com
印　　　刷　厦门市金凯龙印刷有限公司

开本　720mm×970mm　1/16
印张　24.75
插页　2
字数　350 千字
版次　2018 年 3 月第 1 版
印次　2018 年 3 月第 1 次印刷
定价　49.00 元

厦门大学出版社
微信二维码

厦门大学出版社
微博二维码

序　言

　　《中国梦·船政魂》是第一本以船政文化为主题的大学教材,它是阳光学院在探索高校与地方经济社会发展接轨,培养应用型人才,建设高水平民办大学道路上的一次有益的尝试。

　　《山海经》曰"闽在海中",一语道出了闽文化的海洋色彩。船政是时代的产物,选址于闽都福州,与其地理环境优越,自古海上交通发达、海上贸易繁荣、海洋文化因子极强有着深刻的历史渊源。马尾位于福州东南部,东望台湾,南抵粤桂,北达浙赣,地处"金三角"经济圈内,是中国近代洋务运动重要的发祥地之一,它曾经承载了左宗棠、沈葆桢创设的船政,保留了丰富的船政文化遗址群以及船政精神,是史学家笔下的"中国近代史的活化石"。船政文化创造了无数的辉煌:它是中国近代规格最高的专业管理机构、中国近代规模最大的国防工业基地、第一所科技专科学校、第一所技工学校、第一所海军大学、第一个海军基地、中国第一家电报学堂……这里产生了:中国近代第一支舰队、中国铺设的第一条海底电缆——"电信丝路"、中国第一艘千吨级舰船——"万年清号"、远东近代自制最大的兵舰——"扬武号"、中国第一艘铁胁木壳船、中国第一艘铁甲舰、中国第一艘钢甲鱼雷舰、中国第一艘猎雷舰、中国第一艘折叠式水上飞艇……它还制定了世界第一部海难救助公约,也是世界第一个水上飞机站。

　　毫无疑问,船政文化是一座丰富的宝藏,它既是中国文化近代化的缩影,也是闽都文化最终定型的标志,是内陆性与海洋性特质完美结合的产物。闽都文化的爱国为民、对外开放、兼容并蓄、自强不息、开拓创新、经世务实、崇礼重教等精神,在船政文化中得到了充分的体现。

胡锦涛在十八大报告中强调"大力弘扬民族精神和时代精神","积极培育社会主义核心价值观"。习近平指出:"实现中华民族伟大复兴是中华民族近代以来最伟大的梦想。"船政文化弘扬爱国主义,发扬民族气节,涌现了大批保家卫国、慷慨成仁的英雄志士。只有爱国,才能振兴国家,这些人正是年青一代的楷模。具体来说,弘扬船政文化,可以让当代大学生继承船政爱国创新传统、奋发图强;弘扬船政文化,可以推动区域经济社会发展、全面繁荣;弘扬船政文化,可以团结两岸人民、促进统一;弘扬船政文化,可以让我们铭记船政海防战略思想、保卫海疆。

21世纪以来,高校的人才培养越来越倾向与当地经济社会发展相融合,产学研的模式已被广泛认可和接纳。阳光学院地处马尾,毗邻福建船政文化旧址,深受船政文化熏染,对继承和弘扬船政精神有近水楼台之利,学校立足百年发展大计,决心将自身的发展融入整个海西建设中去,为区域经济社会的发展、福建省的发展乃至大海西建设贡献自己的力量。目前,阳光学院已经成立了国学研究院和船政文化研究中心,以船政为主题的活动如:船政文化主题讲座,"中国梦·船政魂"音乐诗会,船政文化系列图书漂流活动,船政文化知识竞赛,以船政文化为主题的摄影、微电影、广告设计,船政艺术品设计大赛等已经成为学年常规活动,不仅如此,从2013年起马克思主义学院首度开设全院性船政通识课程,着力于培养具备船政文化素养的应用型人才。《中国梦·船政魂》就是在这样的教育理念和发展规划中诞生的,它是阳光学院为这一宏伟目标迈出的一小步。

本书是在福州大学领导、阳光学院领导以及马尾区委相关部门领导的关心和帮助下,在福州大学陈沙麦教授、郗永勤教授的宏观指导下,在马克思主义学院副院长杜云副教授的具体推动下,在阳光学院马克思主义学院、国学研究院全体教师精诚团结、分工合作、群策群力下完成的。全书分八章对船政文化进行了解析:船政文化历史背景、船政局的创立与发展、马尾船政学堂教育沿革、船政文化民族爱国精神、船政文化时代创新成果、船政英才、船政文化成就、船政遗址及当代船政文化交流。可以说,这本教材是集体努力的结果,是阳光学院马克思主义学院、国学研究院对船政文化研究的阶段性成果的总结。如果没有多方面的支持和帮助,这本教材的完成是不可想象的,我们要感谢学院领导以及马尾区委相关部门的大力支持,感谢福建船政博物馆提供的资料,感谢"船政老人"陈道章的亲切指点。

总之,在中华民族伟大复兴、国家大力建设海西经济区、福建省"马尾·中国船政文化城"文化产业重点项目建设、福州市"文化强市"战略、马尾区大力发展船政旅游业的大背景下,福建船政文化必将获得空前的大发展,阳光学院地处船政发祥地,在继承和弘扬船政文化精神上大有可为。展望未来,学院将紧密结合经济社会发展和文化繁荣对应用型人才的需求,立足海西、放眼全国、服务社会,整合校内外教育教学资源,在人才培养、学科建设、服务社会等方面形成特色,努力把学院建成一所理念新、机制活、质量高的现代大学,向着高水平民办大学的目标迈进。

陈少平

2018 年 1 月

于福大旗山校区

目　录

第一章

福建船政文化概述

天行健,君子以自强不息。

——《周易》

鸦片战争失败后,中国沿海藩篱尽撤,门户洞开,有识之士大声呼吁:巩固国防,加强建设。清政府决定在马尾建立造船基地,引进外来科学技术,培养自己的科技力量,特派钦差大臣办理船政,准予转折奏事。船政包括造船(含制造火药、鱼雷、大炮、机器及后来的水上飞机)和学校(船政学堂及后来的海军系统学校)两个方面,船政的成立让马尾成为中国近代科学技术发源地之一,也成为近代海军的摇篮。船政的创办,标志着清政府的改革开放,有着许多经验和教训。"前事不忘,后事之师",历史上的一切可以作为我们今日的教材。船政的政治、经济、军事、外交、社会、教育、科学技术等方面,可作为今日改革、开放、发展的参考。

第一节　福建船政的历史背景

从明朝以来,统治者闭关锁国,妄自尊大,终于导致 1842 年鸦片战争的失败。从此,中国沦为西方列强欺凌、侵略的对象,逐渐成为半殖民地半封建国家。面对外忧内患,林则徐、魏源提出"师夷长技以制夷"的口号。

第二次鸦片战争失败后,洋务派主张"自强、求富,西学中用"。在这个背景下,福建船政诞生了。

一、列强入侵

明末,中国资本主义萌芽被强大而腐朽的封建势力扼杀在摇篮里。到了清初,清朝权贵为了镇压台湾郑成功反清势力,采取"海禁""迁界"的政策,禁止制造大船和海上贸易,这样就等于扼杀了中国造船业的创新和发展。在下海禁令的同时,清朝政府还三次强迫居住在沿海的人民迁往内陆,导致北起山东、南至广东数千里的海岸线荒无人烟,一片废墟。中国的海运、外贸基本停止,海洋产业陷入绝境,造船业日渐萎缩,海洋经济日益衰亡。

清朝政府的闭关锁国政策不仅严重阻碍了中国经济与社会的发展,还断绝了中西文化的交流,蒙蔽了国人的视野,使国人看不到西方文明的进程。而统治者依然认为中国还是天朝上国,礼仪之邦,外国都是蛮夷,尚未开化。他们仍然沉湎于过去的辉煌之中,苟且于现有的生活。因此,举国上下都产生了盲目自大的心态和不思进取的思想。

更为可怕的是,中国统治者实行愚民政策,对科学技术不够重视,社会上存在一种偏见,把从事科学技术劳动视为低等职业,读书人耻于涉及,造成科技工作者长期处于被鄙视的地位。僵化保守的观念束缚了中国人的思维方式,制约着中国科学技术的发展,也导致中国生产力的落后和国力的衰退。马克思这样描述清帝国:"一个人口几乎占人类三分之一的大帝国,不顾时势,安于现状,人为地隔绝于世,并因此竭力以天朝尽善尽美的幻想自欺。这样的帝国注定要在一场殊死搏斗中被打垮。"

与此同时,西方国家随着第一次工业革命的进程,进入蒸汽机时代,机械化大生产逐步代替了手工业生产,大大提高了生产效率。马克思在1848年写的《共产党宣言》第一章说:"资产阶级在其不到一百年的阶级统

治所创造的生产力,比过去创造的全部生产力还要多,还要大。"①对自然
力的征服,机器的采用,化学在工业和农业中的应用,轮船的行驶,铁路的
通行,电报的使用,对整个大陆的开垦,河川的通航,仿佛用法术从地下呼
唤出来大量人口——过去哪一个世纪在社会劳动里蕴藏有这样的生产力
呢? 17世纪40年代,西方发达国家踏着科技革命的步伐,走进了资本主
义时代。生产力的提高使得他们创造了巨大的物质、精神财富。相形之
下,此时的中国已落后于西方整整200年! 正当清政府严格限制造船的时
候,西方的造船业已远远走在中国的前头。他们以蒸汽机作为船舶的动
力,掀起船舶制造史上的一次大革命。巨大的动力推动着巨大的轮船,为
殖民者赢得了制海权,开辟了海上冒险掠夺和对外侵略扩张的道路。

　　面对闭关锁国的中国,以英国为首的西方殖民者,悍然发动了鸦片战
争。中国旧水师舟船,与英国舰队实力相比悬殊,前者战船载炮10门,而
英国军舰多达74门。此外,双方在船的吨位、速度,大炮的射程、杀伤力等
方面,均有很大的差距。马克思曾经指出:批判的武器当然不能代替武器
的批判,物质力量只能用物质力量来摧毁。②

　　第一次鸦片战争惨败之后,西方列强以"坚船利炮"打开了中国的大
门。1842年8月《中英南京条约》的签订,中国成了半封建半殖民地国家,
福州成为五口通商口岸之一。

二、师夷长技

　　自强之计在于"师夷"。

　　鸦片战争之后,清王朝统治集团内部的抵抗派中有些人要求改革现
状,提出学习西方"长技",了解外国情况,借以抵御外侮的主张。其中,林
则徐是开风气之先的人。

　　中国对西方资本主义有一个逐步认识的过程。早在18世纪末,王大

①　马克思、恩格斯:《马克思恩格斯选集》第1卷,北京:人民出版社,1995年,第277页。
②　马克思:《〈黑格尔法哲学批判〉导言》,《马克思恩格斯选集》第1卷,第9页。

海的《海岛逸志》就对西洋诸国的地理、人情、风俗和技艺等做了描述。由常年在外轮上担任水手的广东嘉应人谢清高口述、杨柄南笔录的《海录》，也是记载西方诸国情况的一本书。但那时，人们对于西方的了解和记录，还非出于政治经济改革的需要。直到鸦片战争英国炮火的轰击，才惊醒了一些有识之士，促使他们以政治经济改革的需要为出发点去了解西方。这种有目的、有选择和系统性的了解记录，首推1840年林则徐领导编译的《四洲志》。

　　林则徐是清代"开眼看世界"的第一人。他在总结鸦片战争的教训时，认为"器不良""技不熟"是重要原因。而取胜的八字诀则是"器良技熟，胆壮心齐"，并说："剿夷而不谋船炮水军，是自取败也。"在广州时，他就非常积极地"筹计船炮水军事宜。恐造船不及，则先雇船；恐铸炮不及且不如法，则先购买夷炮"。1839—1840年，他就购买了适用于兵船和炮台的三四千斤和八九千斤的大炮共200多门，购战舰2艘，其中购自美国的军舰"剑桥号"（又译"甘米力治号"）载重达1200吨；还自造大炮数百门，仿造双栀兵船2艘。他甚至"获咎之后，犹以船炮二事上陈"。林则徐把"船炮水军"提高到"驱剿外夷"、"舍此易济"的高度来认识，认为"不论造船制炮以及练兵，均应以师夷长技为原则，因不论船炮，夷人均较我为优"。

　　在他主持编译的《四洲志》中还写道：英国"技艺灵巧，纺织器具俱用火轮、水轮，抑或用马，毋须人力"；法国"精技艺，勤贸易，商船万四千五百三十"；而俄国"及至比达王（彼得大帝），聪明奇杰，离其国都微行，游于岩氏达览等处船厂、火器局，讲习工艺，旋归传授，所造火器战舰，反优于他国。……造至近日底利尼王攻取波兰国十部落，又击败佛兰西国王十三万之众，其兴勃然，遂为欧罗巴最雄大国"。①上述对英法技艺器具的肯定和对彼得大帝学习西方技艺以致强的论述，表明林则徐等许多有识之士已认识到，中国要摆脱落后挨打的局面，就必须学习西方先进的科学技术；而学习之首，就是船炮。这也就是"师夷长技"的思想。据魏源《道光洋艘征抚记》载，林则徐曾奏言："自六月以来，各国洋船愤贸易为英人所阻，咸言英

---

①　林则徐：《四洲志》，北京：华夏出版社，2002年，第121页。

人若久不归,亦必回国各调兵船来与讲理,正可以敌攻敌。中国造船铸炮,至多不过三百万,即可师敌之长技以制敌。"并自请"戴罪效力",认为"必能殚竭血诚,克复定海,以慰圣廑"。

主张向西方学习的还有魏源等人。魏源(1794—1857),原名远达,字默深,湖南邵阳人。他在林则徐《四洲志》的基础上继续收集材料编成《海国图志》,由 1844 年的 50 卷增至 1849 年的 60 卷,再增至 1852 年的 100 卷,这是亚洲第一部系统叙述世界史地的著作。

魏源进一步阐述了"师夷制夷"的主张。魏源自问,是书何所据?曰:"一据前两广总督林尚书所译西夷之《四洲志》,再据历代史志,及明以来岛志,及近日夷图、夷语。钩稽贯串……"又问,是书何以作?曰:"为以夷攻夷而作,为以夷款夷而作,为师夷长技而制夷而作。"开宗明义地表明了要向西方学习的宗旨。

他认为,"夷之长技三:一战舰,二火箭,三养兵",提出制造船械、聘请夷人、设水师科等设想。认为可以"行取佛兰西、弥利坚二国,各来夷目一二人,分携西洋工匠到粤,司造船械,并延西洋柁师,司教行船演炮之法,如钦天监夷官之例。而选闽粤巧匠精兵以习之,工匠习其铸造,精兵习其驾驶攻击。……而尽得西洋之长技,为中国之长技……使中国水师可以驶楼船于海外,可以战洋夷于海中"。[1]

魏源还意识到"师夷"、"制夷"不能仅限于军事,还应该是多方面的。因为"夺造化,通神明"的西洋器械,"无非竭耳目心思之力,以前民用","因其所长而用之,即因其所长而制之",更多的应该是在"民用"方面。他设想引进西方技术所建造的船厂,不仅是造军舰,而且更要制造商船。这样,一方面有利航运的发展,另一方面可使船厂长期兴旺不衰,因为"战舰有尽,而出鬻之船无尽"。军事工厂照样可以制造民用器械,"量无尺、千里镜、龙尾车、风锯、水锯、火轮机、火轮舟、自来火、自转碓、千斤秤之属,皆可于此造之"。

最可贵的是魏源还提出培养新式人才的设想。他认为发展近代工商

---

① 魏源:《海国图志》,长沙:岳麓书社,2011 年,第 56 页。

业,必须有相应的新式人才,而原来的科举取士显然不能适应这一需要。他主张学习西洋"专以造船驾舶、造火器奇器取士抡官"的办法:"今宜于闽、粤二省,武试增设水师一科,有能造西洋战舰、火轮舟,造飞炮、火箭、水雷奇器者,为科甲出身。"他相信,抓紧培养新式科技人才,必能促进近代工商业的发展,必能"风气日开,智慧日出","东海之民犹西海之民"矣。

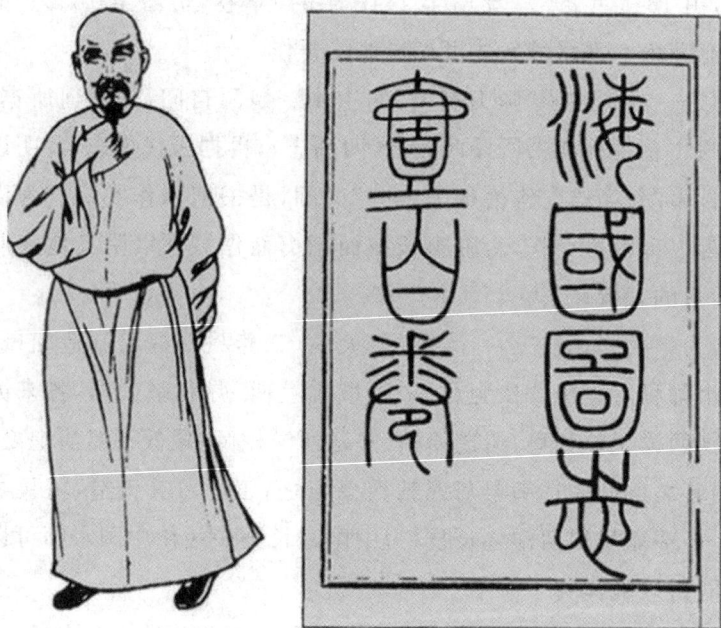

图1-1 魏源与他的《海国图志》

继《四洲志》《海国图志》之后,留心洋事、对西方国家了解认识的著作陆续问世。1844年梁廷枏的《海国四说》,1846年姚莹的《康輶纪行》,1848年徐继畬的《瀛寰志略》和稍后的《中西纪事》等书,都对西方的科技和民主政治等方面进行了较为深刻的阐述和探讨。而这些作品的目的只有一个,诚如姚莹所说,是为"知彼虚实……徐图筹制夷之策……冀雪中国之耻,重海疆之防,免胥沦于鬼蜮",外御强寇、内事改革,以图改变我落后面貌。

可是,赞同林则徐、魏源观点的人寥寥无几,清朝统治者更没有采纳他们的建议。林则徐奏折中提出制造炮船、训练水师的意见甚至被道光皇帝怒斥为"一派胡言"。

1856—1860年,第二次鸦片战争期间,清帝国再次被从海上来的英法联军打败,天津、北京被攻陷,圆明园被烧毁;沙俄趁火打劫,夺走我东北、西北140多万平方公里的土地,比英国、法国、德国、意大利的总面积还要大;中亚军阀阿古柏霸占新疆。朝野上下震动,更多的人清醒过来了,他们不仅认识到中国国力的虚弱和西方列强的强大,而且深深感受到了被欺凌、奴役的切肤之痛。面对内忧外患的形势,在林则徐、魏源等人的倡导下,19世纪中叶,学习西方的思潮勃然兴起,福建船政的创办人左宗棠、沈葆桢无疑是受到影响的重要人物。左宗棠在甘肃重刻《海国图志·序》中说:"该书为抵御外侮,自强之道的奇书","同光间福建设局造轮船,陇中用华匠制枪炮……此魏子(源)所谓师其长技以制之也"。左宗棠、沈葆桢继承和发扬了林则徐、魏源的思想并加以实践,于是在1866年创办了福建船政。

三、自强求富

面对内忧外患,中华民族愈益被激发出在数千年的历史发展中所形成的以爱国主义为核心的团结统一、爱好和平、勤劳勇敢、自强不息的伟大民族精神。

19世纪下半叶,洋务运动适时兴起,"自强"之声不绝于耳,创办船政达成共识。1866年12月30日,清廷指出:"此次创立船政,实为自强之计……"1872年1月4日,清廷又指出:"制造轮船原为绸缪未雨,力图自强之策。"1872年3月5日,李鸿章慨叹闽沪造船:"兴造轮船实自强之一策。"1872年3月7日,曾国藩说:"中国欲图自强,不得不于船只炮械练兵演阵等处入手,初非漫然一试也。"1872年5月2日,左宗棠称:"窃惟制造轮船,实中国自强要着……实以西洋各国恃其船炮横行海上,每以其所有傲我所无,不得不师其长以制之……"①第一届船政留学生在李凤苞和日

---

① 《海防档》(乙),《福州船厂》(二),台湾"中央研究院"近代史研究所,1957年,第326页。

意格带领下于1877年3月31日远赴英法等国学习驾驶和制造轮船。他们"深知自强之计,舍此无可他求,各怀奋发有为,期于穷求洋人之秘奥,冀备国家将来之驱策,虽七万里长途,均皆踊跃就道"。船政人的爱国之情,强国之梦,自强精神,壮志凌云。

1866年7月14日(六月初三日),清廷颁布上谕,批准左宗棠关于设厂造船的请求,同治皇帝爱新觉罗·载淳说:"中国自强之道,全在振奋精神,破除耳目近习,讲求利用实际。该督现拟于闽省择地设厂、购买机器、募雇洋匠、试遣火轮船只,实系当今应办急务。……左宗棠务当拣派妥员认真讲求,必尽悉洋人制造、驾驶之法,方不致虚糜帑项。"

四、洋务运动

"师夷长技以制夷"的思想,催生了19世纪60年代发展起来的洋务运动。第二次鸦片战争的失败,使更多的中国人觉醒了。不同出身、不同地位的人物,在学习西方先进科学技术和思想文化的共识下聚集起来,形成了一股强大的政治势力——洋务派。在中央以恭亲王奕䜣、大学士桂良、户部左侍郎文祥等权贵为代表,在地方有曾国藩、左宗棠、李鸿章、张之洞、沈葆桢、丁日昌等封疆大吏,洋务派还拥有一大批为革新著书立说、大造舆论的知识分子,以及一批渴望采用先进生产技术的民间工商人士,他们掀起了一场蓬勃的洋务运动,推进了中国近代化的进程。

咸丰十年十二月初十日(1861年1月20日)清廷批准设立"总理各国事务衙门",标志着洋务运动的开始。总理各国事务衙门是根据奕䜣等人所上《通筹夷务全局酌拟章程六条折》中的首条——"京师设立总理各国事务衙门以专责成"的建议而成立的。上谕任命奕䜣和桂良、文祥等管理该衙门,其中以奕䜣为首席总理大臣。从此,奕䜣成了洋务派的首领,坐镇中央。

历史给洋务派以机会,正所谓"洋务运动适逢其会"。1861年8月22日,咸丰帝病死热河。权力欲极强的慈禧,趁机联合恭亲王奕䜣于11月2日发动了"辛酉政变",消灭了肃顺集团,夺取了朝政大权。奕䜣集团和后

图 1-2 李鸿章

党势力紧密配合,从此,洋务运动蓬勃兴起。

洋务运动的代表人物李鸿章在致总理衙门的函中说:"窃以为天下事穷则变,变则通。中国士大夫沉浸于章句小楷之积习,武夫悍卒又多粗蠢而不知细心,以致所用非所学,所学非所用。无事则嗤外国之利器为奇技淫巧,以为不必学;有事则惊外国之利器为变怪神奇,以为不能学,不知洋人视火器为身心性命之学者已数百年。……鸿章以为中国欲自强,则莫如学习外国利器;欲学习外国利器,则莫如觅制器之器。……欲觅制器之器与制器之人,则或专设一科取士。士终身悬以富贵功名之鹄,则业可成,艺可精,而才亦可集。"①李鸿章不仅提出了"变法自强"的必要,还提出"自强"的要害,并提出了中国要"自强",就必须跨越用手工制造机器的阶段,尽快实现从手工作坊到近代大企业生产的转化。李鸿章的意见得到了朝廷中掌握实权的恭亲王奕䜣的支持。奕䜣把此函呈送慈禧"御览"的同时呈了一份奏疏:"治国的根本在于自强,根据当前的形势,以练兵最为重要,而练兵又必须先制武器。"慈禧很快便下谕同意了关于练兵、制器以图"自

①　李鸿章致恭亲王、文祥信,1864 年。

强"的方针,并令学习洋枪洋炮和各种军火机器与制器之法,"务得西人之秘"。

洋务派官僚认为只有学习西方的长处,才能真正振兴大清帝国。于是,他们身体力行,以"自强、求富"为宗旨,在全国掀起了一场轰轰烈烈的改良运动。

当时,太平天国运动已经趋于平息,第二次鸦片战争也告结束。洋务派利用国内外环境暂时和平这一有利时机,大规模引进西方先进的科学技术,兴办近代化军事工业,培养新型人才,建设新式海军、陆军,引发了一场长达30年的洋务运动。

关于洋务运动,夏东元就其历史地位作过如下简要的表述:"洋务运动,是在中国资本主义必然代替封建主义的历史趋势中兴起的;是在变落后为先进,变封建主义为资本主义,变贫弱为富强的变革思潮条件下发生和发展的;是在清政府遭受太平天国运动和英法联军入侵双重压力面前,采取'两害相权取其轻'的策略而起步的。这就是说,洋务运动的'起步',在政治上是反动的,但引进西方先进的科学技术,以发展近代工商业为中心的近代化的改革,却是符合中国社会发展客观经济规律和作为客观经济规律的反映的变革思潮要求的。"他认为对洋务运动的研究,一方面要将它置于阶级关系中考察;另一方面也是更重要的方面,要将它置于经济关系、经济规律中进行考察,置于阶级关系和经济关系的相互关系中考察。而在过去一段长时间里,史学界习惯于以阶级和阶级斗争划界,将洋务派、洋务运动划在"帝国主义和中国封建主义相结合,把中国变为半殖民地和殖民地的过程"一边,予以全盘否定。

对洋务运动的起步是否反动还可探讨,但引进西方先进的科学技术,以发展近代工商业为中心的近代化的改革,是符合中国社会发展的客观经济规律和变革思潮要求的。

洋务运动以引进和学习西方先进的科学技术,创办和发展军用、民用工业企业,建设新式海军,培养新型人才为主要内容。福建船政作为洋务运动的产物,其主要成就也是在这些方面。

中国人从鄙视西方到主动向西方学习,聘请西方人员来华传授先进的科技知识。这标志着近代中国人的思想观念从封闭保守向文明开化转变。随着这一思想观念的更新,西方先进的思想文化、科学技术以及经济模式、政治观念等纷至沓来。在这波澜壮阔的历史大潮中孕育并诞生了西学中用的大型洋务企业——福建船政。

五、设厂建制

1866 年 6 月 25 日,时任闽浙总督的左宗棠在《试造轮船先陈大概情形折》中,建议清廷在"福建海口罗星塔一带"(福州马尾)设局造船和"整理水师"。他针对列强以武力为后盾,在中国瓜分势力范围的情势,从"师夷长技以制夷"的思维角度认为,"若纵横海上,彼有轮船,我尚无之,形与无格,势与无禁,将之若何?"因此,思之再三,唯有"拟习造轮船兼习驾驶"为要着。

船政采取近代企业的经营方法,"自强"和"师夷"相结合,催生一定的建设和发展速度。从 1866 年 6 月 25 日左宗棠上折奏请设局造船到当年 12 月 23 日破土动工,仅半年时间;1867 年 10 月初第一座船台动工,到当年 12 月 30 日即告竣,不到 3 个月时间;1868 年

图 1-3　左宗棠

1 月 18 日第一艘轮船船体开始制造,到 1869 年 6 月 10 日第一号船("万年清号")船体完工下水,并于当年 9 月 25 日开始试洋,只有一年零九个月时间。从破土动工到形成生产能力,总共不足 3 年时间。

经过近 10 年的努力,1875 年 3 月 7 日,沈葆桢在《报销船政经费折》中对船政规模做了具体的描述:"今坞内所盖,其砌砖者有铸铁厂、轮机厂、合拢厂、大铁厂、水缸厂、大小炉屋、转锯厂、绘事院;其架木者有拦铁厂、锤铁

厂、打铁厂、小轮机厂、木模器具厂、桅舵舢板厂、帆缆厂、钟表厂、船亭、船屋、船槽、铁天车码头；此外还有铁辙、风隧、铁炉、烟筒。坞外有前、后学堂，艺童下处，大洋楼四座（居洋员），大洋房四所（居洋匠），船政大臣及各员绅办事公所，东西考工所，艺圃，健丁营棚，储材所，机器所，广储所，砖窑所等。"①一个具有车、钻、刨、压、碾、旋、拉、锯和锻等类工种，能制造轮船所需要的锅炉、轮机、仪表和各项机器配件的规模大、设备全的近代机器造船企业，一个当时远东最大的造船企业，俗称"船政十三厂"，矗立在马江之滨、闽江之畔，成为中国造船创始之厂，中国制造肇端之地。

图 1-4　沈葆桢

第二节　福建船政的内涵

　　船政是清政府在洋务运动时期在福州马尾创办的一个省部级"央企"。船政人高举爱国主义的伟大旗帜，以富国强兵为目的，以经济建设为主旋律，对先进文化兼收并蓄，创造了灿烂的船政文化。

① 沈葆桢：《报销船政经费折》，1875年3月7日（光绪元年正月三十日）。

一、船政与船政局

何谓船政？鸦片战争后,清政府对外签订了许多丧权辱国的条约,国权日蹙,国势日弱,有识之士纷纷主张改革创新,引进西方先进的科技,设厂造船。1866 年,闽浙总督左宗棠得到朝廷批准,在福州马尾创办了一个全国最大的国防工业基地——船政,造船、枪、炮,培养新型科学技术人才,促进社会向前发展。造出舰艇后,组成了中国第一支舰队,创办了中国近代海军。福州马尾成为中国近代第一个海军基地。

"船政"主要是一个机构,长官叫"船政大臣",朝廷发下关防,上刻"总理船政关防"字样,船政衙门的匾额仅"船政"二字,有关

图 1-5 爱新觉罗·奕䜣

建筑附近都竖立了"船政官界"的界碑,全部上奏奏折汇编成集,叫《船政奏议汇编》。大批流传下来的实物与正式史书如《清史稿》等写的都是"船政"。但在非正式场合,有人认为它是专业机构,想当然地把它叫作"船政局"、"轮船局"等,共有十多种叫法。报刊、私人函件甚至文牍上常出现各种名称混用的情况,特别是 1912 年民国成立后,船政降低规格,改称"福州船政局"后,情况更为严重。然而,清末规范的名称是"船政"而非"船政局"。

船政直属中央政府,是典型的省部级"央企",全国只此一家,中央派一品大员沈葆桢为总理船政大臣,底下有三四个道台,分别任提调、总监工,而知府、知县在船政中仅充当中层、基层领导。船政下面较大的机构有船

厂、学堂,相当于厅级单位,如求是堂艺局(船政学堂)、船厂,都由道员分管。后来制造出的舰船多了,另设水师统领,由提督担任,也归船政大臣管辖。

二、船政文化

澄清了"船政"和"船政局"的概念,才能更明确什么是"船政文化"。那么,何谓船政文化呢?

文化通常指人民群众在社会历史实践过程中所创造的物质财富和精神财富的总和,包括社会意识形态以及与之相适应的制度和组织机构。福建船政事业历史悠久,成效卓著,意义重大,影响深远。

近代中国洋务运动的兴起,改革日渐深入,开放不断扩大,世界各种文化在中国会聚、激荡、协调、重整,出现了靓丽的文化风景线——船政文化。它是一种新文化,它不忘古老中国的辉煌与屈辱的历史,以富国强兵为目的,植根于民族文化这块土地上,以经济建设为主旋律,设厂造船,兴办学校,培养人才。它高举爱国主义的旗帜,对西方先进的科技、政治、哲学等文化兼收并蓄,通过时空隧道,从古代到近代,弥合中外文化的鸿沟,在多元文化中,呈现文明本质,具有恢宏深厚的风格和格局,是民族的、科学的、大众的文化。船政学堂培养出来的学生既懂得国学,又懂得西洋文化;既能著书立说,倡导改革,又能乘风破浪,驰骋于万里海疆。

船政英才散布到全国各地,乃至海外,以马尾为基地,把新的思想、新的科学技术辐射到四方,负起传承、培育和发展民族精神的庄严使命。船政所有的典章制度、文武建设、设备产品,以及船政人(船政工作人员、学生等)在各地建功立业,振兴科技,发展教育文化及办报、著译等,都归为船政文化。

福建船政文化既是特定的社会政治和经济的反映,同时又给予巨大影响和作用于一定的社会政治和经济,并随着物质生产的发展而发展,有其丰富的内涵和鲜明的个性。

福建船政是中国近代史上洋务运动的重要组成部分。福建船政是第二次鸦片战争之后以富国强兵为目的,第一次引进西方科学技术的尝试,也是中国学校以西方现代科学知识教育学生的开始,堪称中国近代历史上的一座里程碑。

福建船政是与工业企业、科技文化相结合的有机体,是中国官僚机构与近代工业企业、科技文化教育相结合的有机体,是中国最早最大的官办船厂和船政学堂。

福建船政是中国近代造船工业的先驱。福建船政是当时远东规模最大、影响最深、设备最完整的造船基地。

福建船政是近代中国培养科技队伍的基地。船政学堂是中国人自己办的第一所近代性质的高等学校,也是中国第一所科技海军学校,培养了大批造船和航海以及其他相关人才。船政局产生了中国早期无产阶级和一批熟练的技术工人。

福建船政是中国近代海军的摇篮。福建船政制造出一艘艘兵商轮船,组建起中国近代第一支舰队;船政学堂培养了许许多多海军人才,成为北洋、南洋、福建、广东水师各级将领的供应基地,直接推动了中国近代海军的创建与发展。

福建船政是中国航空业的摇篮。福建船政创建了中国第一家正规的飞机制造厂,自行设计制造出中国首批达到当时国际水平的飞机;创办了中国第一所飞潜学校,培养了第一批航空工程人才。

福建船政文化是中国先进文化的组成部分。船政文化所体现的自立自强、开放革新、学习进取等精神,世代传承,永放光芒。

船政文化的基本精神是爱国的,尊重科技的,开拓创新的,讲求实效的。今天我们研究、弘扬船政文化,从中接受经验,吸取教训,这对于树立科学发展观,对于现代化建设和社会进步,具有重要的现实意义。

以上仅是船政文化丰富内涵的主要体现。至于船政文化的外延,更是涵盖社会、政治、经济的方方面面,联系更为广泛。

三、船政精神

福建船政为后人留下诸多宝贵的物质和精神财富,有诸多传统精神值得发扬光大。

　　民族自强。19世纪中叶，列强侵华势力扩张使"神威远震"的"天朝上国"向外国人屈膝妥协，签订了一系列丧权辱国的不平等条约。有识之士莫不为之痛心疾首，谋求富国强兵之道。"师夷长技以制夷"，"欲防海之害而收其利，非整治水师不可；欲整治水师，非设局监造轮船不可"，"买船有受外国支配之弊，只有造轮船才能夺彼族所恃"，"船政之兴衰在于人才的培养"等主张被越来越多的人所理解和接受，革新图强的呼声愈来愈高。福建船政正是在这样历史背景下创办的。船政员工以其坚韧不拔的民族自强精神，艰苦创业，开拓革新，创造了许多旷古未有的光辉业绩；不仅制造出中国近代海军第一批军舰，组建了中国近代第一支海军舰队，制造出中国第一批飞机，而且创办了船政学堂，培养了一大批工程技术人才、社会科学人才，翻译西方小说《巴黎茶花女遗事》、西方学术著作《天演论》，极大地推动了中华民族的思想解放、对外开放和中国近代化进程。

　　崇尚科学。在兴建船政之前，左宗棠就考虑如何培养人才，以应需要，建议设立"艺局"。沈葆桢高瞻远瞩地认为，船政根本在于学堂，船政前途的兴衰在于人才的培养。建厂之初就创办"求是堂艺局"，不久改称船政学堂，分前学堂、后学堂。后又增设绘事院、艺圃，1913年船政学堂分出福州海军制造学校、福州海军学校，艺圃改称为福州海军艺术学校，绘事院改称为绘算所。1917年设福州海军飞潜学校，后艺术学校改为勤工学校，增设福建省林森高级商船职业学校。1946年勤工、商船二校合并，改称为福建省立高级航空机械商船职业学校，为中国近代的造船、航海、文化、天文、航空、铁路、机械等培养了大批科技人才。1867年建成船政衙门，沈葆桢特地写了一副楹联悬挂在大门上："且慢道见所未见，闻所未闻，即此是格致关头，认真下手处；何以能精益求精，密益求密，定须从鬼神屋漏，仔细扪心来"，以此激励广大员工勤奋进取，认真刻苦学习格物致知的科学道理。船政引进西方科学技术和管理经验，行政管理层层负责、处处把关，要求行政管理人员必须熟悉洋务。

　　对外开放。林则徐是中国近代史上"睁眼看世界"的第一人。左宗棠、沈葆桢等人更明白知夷才能制夷的道理，既重视社会经济的改造，更重视近代西方最新科技成就的吸收,采取"请进来,送出去"的举措,把开放意识化为扎实的行动。"请进来"就是以高价购买、引进西方先进科学技术;以高薪聘请洋教习,实行"拿来主义"。先后聘用日意格、德克碑为正、副监督,共81名洋师、洋匠。聘用过程始终在坚持"独立自主、权操在我"的原则的同时,注重发挥外籍专家的作用。对表现优秀的洋教习一再续聘,而不能胜任者则断然解雇遣返。学习西方科学技术和管理经验时注重与中国国情结合,有所继承和创新。"送出去"即选派留学生出国深造,从船政学堂毕业生中选出天资颖异、学有根底者赴法、英等西方国家深究造船驾船、练兵制胜之理,学成而归,报效国家。事实说明,"拿来主义"对推动中国近代化进程起到了事半功倍的效用。据有关资料,从1877年船政派第一批留学生至今,全国先后派遣留学生已达100多万名,遍及世界100多个国家,造就了一批批中华民族精英。

改革创新。福建船政创办过程,在当时传统封建制度和封闭锁国思想禁锢下,来自各方面的阻力、压力、困难可想而知。船政创业者坚持改革创新,义无反顾。"以一篑为始基,从古天下无难事;致九译之新法,于今中国有圣人",坚定自信,催人奋进。以新知识来教育学生,更派出大批优秀毕业生到西方汲取新知。注重实践,背离传统科举制度之道,使学生学以致用,成为有用之才。以"生死以之"的决心,知难而上,排除来自统治阶级内部及英、法列强等外部的种种非议、刁难、掣肘、阻挠、破坏,克服腐败的官僚体制、经费匮乏、缺乏经验等种种困难,使福建船政取得令世人瞩目的绩效。正如光绪元年(1875年)左宗棠奉命议奏所陈:"中国轮船局分设闽、沪,闽局所设船、铁诸厂,华匠能以机器造机器,华人能通西法作船主,沪局所不如。"

学以致用。学习新法,注重理论联系实际,讲求实效。首先是重视新知育才,船政学堂先后开办制造(造船)、绘图(设计)、艺圃(技工)、驾驶、轮机、电讯等专业,形成比较完整的教育体系。学制造者,学法文和造船需要的基础数学、物理、解析几何、微积分、机械学,以及重学、水力学、材料力学、制造、制机等课程。学驾驶者,学习英文和驾驶需要的算术、几何、代数、三角、航海天文、航海理论、地理、驾驶学、御风、测量、演放鱼雷等。学管轮者,另授汽理、行船汽机、机器画法、机器实习、修定鱼雷等。艺圃是专门培养初级技术和管理人员的技工学校,艺徒半工半读,主要学习语文、算术、几何、机械作图等。同时,重视实践,如学驾驶者在理论学习三年后经考核转入练船,实践科目有航海术、炮术、指挥等航海技能。先后配置"福星号"、"建威号"、"扬武号"等练习船专供学生实习,洋员教其驾驶,由海口、近洋而远洋,"凡水火之分度,礁沙之夷险,风信之征验,桅柁之将迎,皆令即所习闻者,印之实境,熟极巧生"。学用结合使船政学生基本掌握了制造、航海技术,因而在大批洋师洋匠如约回国后,船政"可不用洋匠而能造,不用洋人而能驾"。

追求卓越。以育才为例,主要包括:(1)精选生员。每次招生采用"广报精收"的办法,考选十分严格。(2)严选教师。学堂开办初期"延致熟习中外语言、文学洋师",请了不少外籍语言教师、专业教师。1879年后逐渐改由最优秀的留学生如严复、郑清濂、魏瀚等担任。要求为师者不单在课堂上"授道解惑",更在思想品德、志向、学问、作风、仪表、体魄、奉献等诸方面做出好榜样。(3)严正风纪。对学生思想教育抓得很紧,管理极严。学生稍有违规,小则记过,大者斥革;每三月一考,成绩一等赏银,三等记惰,两次三等责戒,三次斥出,学员淘汰率极高。(4)理论教学与实践操作锻炼相结合。对实习课的要求也十分严格,因此,船政学堂生员勤奋学习、刻苦钻研蔚为风气。一位参观过船政学堂的法国工程师赞叹:"他们把敏捷的思维、坚韧不拔的精神、永远渴望成功的思想,全都用在学习上,这体现了中国人的特点。"即使到了国外留学也依然如此。如1877年首批12名留英海军生,留学3年全都成绩良好,令外国士官生吃惊。结业评结中,严宗光(严复)"考试屡优";蒋超英"造诣最深";刘步蟾、林曾泰"成绩优异";何心川、方伯谦、林永升、叶祖珪、萨镇冰"于行军布阵及一切战法无不谙练";黄建勋、林颖启、江懋祉"专心学习",1879年先后学成归国,服务海军建设。

爱国忘我。这不仅表现在船政创业者恃"生死以之"精神开拓革新,艰苦创业,更表现在历次抗击外来侵略者战斗中以大无畏的爱国主义精神奋勇杀敌,视死如归。1874年沈葆桢亲率福建舰队赴台,在日军武装侵略面前以坚定的爱国精神与坚强的武装实力,逼迫贪得无厌的日本侵略军退出台湾,保卫了中华民族的尊严并开始了台湾的近代化进程。1884年甲申中法海战,船政学生参战25人中捐躯18人;水师牺牲的6位舰长中有5位是船政学堂毕业的青年人;留学归来的船政学堂毕业生杨兆楠、薛有福、黄季良等一批参战青年也在战斗中献身。1894年在甲午中日海战中船政学堂毕业生为国捐躯的有邓世昌、林永升等管带(舰长)。值得一提的是,甲午战败,清廷李鸿章等为寻觅可以为己脱罪卸责之说词,改写战报,捏造战情,罗织在前方浴血奋战之下属以代罪。这方面已有不少史实记载及研究资料为含冤者辩诬,"官书多妄,野史多诬"之说法可谓入木三分。1938年抗日战争在保卫武汉大会战中,中山舰(原名"永丰")官兵与敌舰奋战到底,16名将士壮烈殉国。舰长萨师俊在指挥台中弹,在自己腿被炸断、手臂重伤的情况下仍坚守岗位继续指挥,高呼:"全舰官兵努力杀敌,誓与本舰共存亡!"他们大义凛然,浩气长存,不愧为民族的脊梁,永远值得后人怀念。

　　当好表率。福建船政的创办者尤其是首任船政大臣沈葆桢,精明干练,处事果断,以身作则,公正廉明,成为僚属的楷模。他的过人之处在于:(1)具有强烈的爱国心和责任感。处处表现以国家和民族的命运为重,坚定走民族开放和民族自强之路,没有顾及个人宠辱得失。(2)在艰难的环境中埋头苦干。务实开拓,有胆有识,奖惩严明。(3)严守中华传统美德,廉洁自律,光明磊落,令人景仰。左宗棠在后来致总理衙门书中称:"闽局之有成,赖幼丹(沈葆桢,字幼丹)中丞清强忠实,能得华洋之心,总司其上,而朴干之官绅员弁分效奔走于下。"①语不惊人,却道出了领导者当好表率的重要作用。

　　还有其他一些说法,概括起来,有以下几个层面:

　　一是爱国自强精神。在列强瓜分中国的当时,船政人的爱国自强精神表现得尤其突出。它奏响了中国人觉醒图强的进行曲,是民族自尊、爱国

---

① 《左宗棠致总理衙门书》,转引自林璧符:《船政文化内涵及主要精神》,见张作兴主编:《船政文化研究》,北京:中国社会出版社,2006年,第30页。

自强的典范。特别是甲申马江海战、甲午黄海海战，船政的学生正气凛然，奋勇杀敌，视死如归，伟大的爱国主义精神得到充分的体现和升华。

二是改革创新精神。船政吹响了中国从农耕文明向工业文明进军的号角，它进行了一系列的改革实验，开风气之先。创新是民族的灵魂。船政人开创了数十个第一，真是民族精神的充分体现。尤其是思想领先，更是难能可贵。最典型的代表是严复，他是船政精英的杰出代表。他的思想影响了几代人，是中国近代杰出的启蒙大师。

三是重视科教，人才为本。"师夷长技"，引进技术、设备、管理、人才，派出去考察、留学，紧追世界科技前沿。同时引进近代教育模式，把培养人才作为根本，从而使船政成为近代科技队伍的摇篮，成为中国近代教育的"开山之祖"。

四是重视海权。左宗棠充分认识到"东南大利，在水而不在陆"。他创办船政，就是林则徐、魏源"师夷长技"海权思想的具体实践。沈葆桢也一再强调"船政为海防的第一关键""船政为海防水师根本"。船政设立的本身就是重视海权的体现。造成制炮、整顿水师、培养人才都是围绕着海权做文章。可以说"船政就是谋海权之政"，并且取得了世人公认的成就，孙中山就称赞船政"足为海军根基"。

归结起来，福建船政文化的精神实质就是爱国自强、改革创新、科教人本和海权意识几方面，但其核心是爱国自强精神和海权意识。

船政精神是在特定的历史时期形成的，它是以其丰富的内涵来体现的。它有别于其他时期、其他地区形成的文化。它是中华民族伟大精神的深刻体现，是宝贵的精神财富。大力弘扬船政文化，培育爱国自强精神和海权意识，对推动改革开放、海洋建设，对加快全面建设小康社会，促进社会全面发展进步和中华民族的伟大复兴，都有着不可估量的意义。

第三节　福建船政成就与启示

船政文化在中国近代史上具有重要的意义，它培养中国第一批造船和驾驶专业人才,建海军,御外侮,它发展了科技,增强了海权意识,传播了中西文化,开创了近代高等教育,其对中国近代经济和军事工业发展作用重大,影响深远。船政文化启示我们,发展才是硬道理,对外开放是发展的基本条件,爱国主义精神是实现中华民族伟大复兴的动力,要大力弘扬和培育民族精神。

一、福建船政的成就

(一)船政是培养近代海军人才的先声

船政学堂从同治五年(1866年)开办至宣统三年(1911年)年底,前后办学45年,已查明的前后学堂毕业生计有650名。毕业生中除了选派一部分赴外国留学深造外,基本上在船政衙门、船政学堂和海军军舰上工作。留学回来的学生也都在海军就职,形成了一批中国近代海军的骨干力量,使船政学堂成为后人乐于称道的海军摇篮。

第一,船政为中国近代海军的建设造就了一批急需人才。一是船政培养了近代的驾船、驾舰人才。如福建水师张成、吕翰、许寿山、梁梓芳、沈有恒、李田、陈毓淞、叶琛、陈英、林森林、谢润德、丁兆中、梁祖勋;广东水师的林国祥、李和、黄伦苏;南洋水师蒋超英、何心川;北洋水师刘步蟾、林永升、叶祖珪、邱宝仁、邓世昌等人,都是船政后学堂学生、出国留学生。至光绪十五年(1889年),仅驾驶专业第一届毕业生在各地水师任管带的就有何心川、蒋超英、刘步蟾、叶伯鏊、方伯谦、林泰曾、沈有恒、邱宝仁、陈毓淞、林永升、叶祖珪、许寿山、林承谟、郑溥泉、张成、林国祥、叶富、吕翰、黎家本、邓世昌、李田、李和、梁梓芳等24人。二是提供了海军主力舰队的骨干力量。到1894年,北洋舰队任提督以下要职和主力舰管带(舰长)的主要是船政毕业生。如林泰曾(镇远铁甲旗舰管带)、刘步蟾(定远铁甲督舰)、邓世昌(致远钢甲快舰管带)、叶祖珪(靖远钢甲快舰管带)、方伯谦(济远钢甲快舰管带)、林永升(经远钢甲快舰管带)、邱宝仁(来远钢甲快舰管带)、黄建勋(超勇巡洋舰管带)、林履中(扬威巡洋舰管带)、林颖启(威远练船管带)、萨镇冰(康济练船管带)、李和(平远钢甲快舰管带)。三是船政诞生了一批中国近代海军的高级将领。如 1910 年,海军部成立,按暂行官制受职的 39 人中,除萨镇冰为海军副都统并加海军正都统衔外,计有巡洋舰统领程璧光,长江舰队统领沈寿堃,署理巡洋舰统领吴应科,海军部一等参谋官严复、郑汝成,顾问魏瀚,军枢司长伍光建,军法司长李鼎新,军政司长郑清濂,驻英船厂监造员李和、林葆怿,"筹海"巡洋舰管带黄钟瑛等,都授予重要官阶和要职。这些人都是船政学堂的毕业生或留学生。

第二,为增强海军技术装备力量打下了人才基础。19 世纪五六十年代,世界海军的发展正由风帆轮机木质、前装滑膛炮战舰,向风帆轮机装甲、后装线膛炮战舰过渡,左宗棠酝酿提出建立船政创办近代海军,恰逢其会,刚好切入世界海军发展的这个历史性的转折点。当时的起点应该是高的,加上沈葆桢的卓越运筹,在短短的 8 年时间里就建起中国第一支海军舰队。如果按照这种速度发展下去,中国海军与世界海军的差距将明显缩小。虽然清廷的腐败和当时中国社会发展的落后状况决定了不可能圆这个梦想,但中国近代海军的基础毕竟打造起来了。

第三,船政人在抵御外侮中发挥了主力军的作用。一是甲戌巡台(1874 年抗日保台)中,主要靠的是船政人打造的中国第一支海军舰队,这支舰队的管带都是船政学堂的毕业生。1874 年的甲戌巡台是中国近代海军自创建以来第一次大规模出航巡逻台湾海域,它在相当程度上遏制了日军对台湾的侵略程度,显示了中国近代海军抗御外来侵略的决心和力量,是中国近代海军保卫海疆、保卫台湾的壮举,也显示了船政的成就和功绩。

二是在 1884 年中法马江海战中的英勇抗敌。由于清朝的腐败无能,福建水师在这次作战中全军覆没,死亡近千人,列入名册的有 736 人,写下了中国近代海军史上最为惨烈的一页。但马江海战也有积极的一面,海战的结果,法军并没有实现法国政府让"法将据守福州为质"的侵略计划,就是毁坏船政、"欲图占据"的图谋也没有得逞,一周后就退出闽江口外。若将中法战争与前两次鸦片战争比较,它改变了以往侵略者在中国东南海域,因无海军与之对垒,可以南撞北窜,直逼津沽,任其猖狂的形势。法军被阻于浙江石浦,无力北上,只在台、福一隅海域猖獗,这个重大变化,是与建立近代海军有关,亦是船政对建立近代海军以御外侮的历史作用。

三是在中日甲午海战中英勇抗敌的主力也来自船政。北洋舰队在黄海之战中,勇搏强敌,自午至酉,力战5个小时,迫使日舰先狼狈逃遁,日本未能实现聚歼北洋的侵略计划,军中营副将"致远"管带、船政学生邓世昌命舰开足马力冲撞日舰"吉野"时,中雷舰沉,"犹直立水中,奋掷晋敌"。李鸿章赞他"忠勇性成,一时称叹,殊功奇烈"。船政学生右翼总兵"定远"管带刘步蟾,在提督丁汝昌受重伤后,督阵指挥,变换进退,发炮伤敌督船,"以寡敌众,转败为攻"。他在威海因船中弹沉没时,本着"遂仰药以殉",以死抗议日本的残暴侵略。在这次海战中,船政学生壮烈牺牲的还有:"经远"管带副将林永升,"超勇"管带副将黄建勋,"扬威"管带参将林履中等人。船政制造的"平远号"在都司、船政学生李和管带下,与主力舰"并驾齐驱,屡受巨弹,船身并无损裂",此舰是由马尾造船厂自己制造的,由此也可见其技术水准之高。

(二)船政是近代科技队伍的摇篮

船政学堂引进西方教育模式,建立了现代教育制度,培养了大批的科技人才,同时派遣学生出国深造,顺应了国家对科技人才的迫切需要。船政留学生为了窥视西方"精微之奥",于"庄岳之间"如饥似渴地学习西方先进文化,表现出惊人的毅力和顽强刻苦的学习精神。学成归国后成为中国近代化进程中不可多得的第一批、最急需的多学科的优秀科技人才,推动了中国科学技术的进步和社会发展。

第一,船舶制造方面。船政衙门的体制是厂校一体,船政大臣既是学堂的最高行政指挥官,也是工厂的最高行政指挥官;监督既是学堂的监督,也是工厂的监督;教习既是学堂的教习,也是工厂的教习;学生既是学堂的艺童、艺徒,也是工厂的工人。虽然,学堂的艺童、艺徒只是船政衙门中的一小部分,但他们却是船政衙门中的精英和骨干。

从同治七年(1868年)至光绪三十三年(1907年),船政共计建造大小兵船、商船40艘。当时全国造50吨以上的轮船仅48艘,总吨位57350吨,船政占40艘,总吨位47350吨,占83.33％和82.56％。1890年,中国有北洋、南洋、广东、福建4支水师,有舰艇86艘,其中向国外购买44艘,自制42艘,船政制造的就有30艘,占全部的34.88%、自制的71.43%。

图1-6　平远号

　　船政制造的船只类型不断改进。例如,开始为木壳,光绪三年(1877年)以后改用铁胁木壳,或铁胁双重木壳;至光绪十四年(1888年)以后,就进一步改用铁胁铁壳或钢胁钢壳了。机式的装备也有所改进,初用常式立机或卧机,后改用康邦省煤卧式3汽缸蒸汽机,更进一步改进为新式省煤立机或卧机。船式方面由常式改为快船,进而改为钢甲船。

　　船政学堂办了5年之后,制造专业的学生,已有独立制作、管理车间、指挥施工等能力。1875年开工建造的十七号"艺新"轮船,就是由第一届毕业生吴德章、汪乔年等设计监造的。此后,船政建造的船舶大多数由毕业留校学生自行设计监造,据统计,自己设计监造的舰船共有18艘之多。

　　除造船外,船政还"更添机器,触类旁通,凡制造枪炮、炸弹、铸钱、治水,有适民生日用者,均可次第为之"。"轮车机器、造铁机器,皆从造船生出。如能造船,则由此推广制作,无所不可。"如制造"开济"轮时,所有铁中和铁后汽鼓并铁套筒、铁汽瓶杆头、铁汽瓶转轮轴毂、铁盖轮机铁座、铁滑轨等部件,大小千余件,"均由铸铁厂、拉铁厂制造"。据资料统计,在

1883—1893年,船政的船厂、铸铁厂、拉铁厂、轮机厂、水缸厂等,自制烘炉、转炉、锅炉、水缸、旋机、钻机、起重机、压汽机、钻孔机和各种碾轮达66件,价值4万多两,提高了机器的自给率。

　　船政毕业生还到其他船厂或机器局任要职,推动当地的造船业和机器制造业的发展。例如,罗丰禄于1880年4月任李鸿章奏请开办的大沽船坞总办。魏瀚于1890年主管广东船坞。1889年,广东船坞试造"广金"兵轮时,张之洞请调船政留学归来学生郑诚前往测量较定,以臻精密。首届留学生陈林璋,除任船政监工外,还调往浙江、山东两省,办理机器局事务。船政第三届留学生刘冠雄于1884年任刘公岛机器厂帮办。江南制造总局船坞,于1905年由南洋大臣周馥奏请仿照商坞办法改为江南船坞时,系由船政后学堂毕业生、首届留学生、当时任广东水师提督总理南北洋海军的叶祖珪审查批准,并督率留美学生船政后学堂驾驶专业第八届毕业生吴应科总办船坞事宜。辛亥革命后,江南船坞由任海军总长的刘冠雄派海军轮机少将、船政后学堂管轮专业第二届毕业生陈兆锵前往接收,改名江南造船所。可见,在造船历史上,船政学堂的毕业生和留学生发挥了重要的作用。

　　第二,矿业开采冶炼方面。为了解决原材料和燃料问题,就必须发展煤、铁等矿产的开采与冶炼工业,在这方面,船政学子同样发挥了重要的作用。台湾基隆产煤,船政于1868年派监工去台湾,调查煤的储藏和开采情况,提出用近代机器生产和运输的采煤报告。1875年,沈葆桢又派英人翟萨赴台查勘,设厂兴工开采,并派船政监工叶文澜为首任矿务督办。基隆煤矿虽是官办,但所产的煤,除以商品形式供应船政外,还可就地出售。1885年裁撤外国煤师,派学矿务的留学生张金生为基隆煤矿煤师。船政在19世纪80年代计划自行炼钢开采附近煤矿,船政首届留学生林庆升、池贞铨、林日章等发现了福州穆源煤矿。1898年,船政学生到古田、穆源一带再次勘探,计划开采。1897年,船政第三届留学生杨济成参加厦门湖头勘探活动。福州竹石山锡矿,也由船政学堂学生任矿师,于1885年禀请试办的。

　　此外,船政毕业生还分赴全国各地主办或协办矿务。在北方,1880年

10月,林日章参加著名的开滦煤矿的勘探工作。1882年5月,池贞铨、林日章随盛宣怀赴山东烟台查勘金属矿,在登州府属宁海、霞县、招远等处查勘铝矿。林日章提出开采、淘洗、锻炼、提银四点计划,被任为监工,"督令妥筹试办"。1882年,吉林拟调船政留学生游学诗"督办宁古塔等处"矿务事宜,船政以整顿台湾基隆煤矿需人未行。

在华中,湖北汉阳铁厂是中国最早建立的最大钢铁企业,张之洞调任湖广总督办汉阳铁厂在两湖各地勘探矿源时,派徐建寅带领船政留学生张金生、池贞铨、游学诗等人,到湖南永州、衡州和湖北马鞍山等地勘探煤矿,提出多处可供开采。张金生到兴国大冶之百泉湾探勘铝矿,池贞铨到湖北兴山干家坪勘探铜矿。船政留学生为建设汉阳铁厂付出了辛勤劳动。

此外,池贞铨与沈瑜庆还于1907创办了有资本20.8万元的赣州铜矿。

第三,船政人为交通的近代化做出了很大的贡献。航运是近代交通的重要方面。船政成立前后,不少商人欲购船设公司兴办近代航运业。左宗棠奏请设厂造船时亦提出,新造轮船除运漕外,"则听受商雇,薄取其值","装载商货,借以捕盗而护商"。后来,当李鸿章提出兴办轮船招商局时,左宗棠说,"原奏请以新造轮船运漕而以所雇沙船之价给之,并听商雇,薄取其值","与见设之招商局所议略同"。可见船政创建时就有促进轮船航运业的意图。船政创建后,在制造兵轮时,亦间造商轮8艘,为商雇提供了可能。1872年6月,李鸿章提出"闽厂似亦可间造商船,以资华商领雇",是为寻找养船经费来源和商轮出路;12月,他在《试办招商轮船折》中说,"将来间造商船,招领华商领雇"一事得到总理衙门允准,并让其"妥筹办理",乃奏请试办轮船招商局。船政不仅促使轮船招商局的诞生,而且让招商局承领"福星"轮,免租价用商轮"永保"、"海镜"、"琛航"三船为招商局采办米石北运天津外,还将船政制造的最大商轮"康济号",由轮船招商局"承领揽运",行走于上海与香港一线,有利于招商局航运业务的发展。

此外,船政制造的"琛航"、"永保"等船,定期往来于福州和台湾之间,名为渡送官兵,可"既准搭客,且准运货","俨然与商船无异",海关因此按商船要其纳税。同样,"海镜"轮往来烟台等地时,"附搭客货,亦授'永保'、

'探航'成案,照章稽查完税"。这些都起到了民用航运业的作用。

铁路是国民经济的大动脉。船政学生到铁路部门任职,推动了铁路建设。1907年,邮传部尚书岑春煊说,邮传部"创设伊始,百端待理。举凡轮、路、邮、电诸务","若无提纲挈领之员,以资佐理"。他称魏瀚"于轮、路诸学,极为讲求",将其调部,"在左丞、参上行走";调丁平澜到部"差妥,以备任使"。次年,除调陈寿彭到部"以主事补用",调郑守钦"归臣调遣"外,还调林怡游去任重要工作。1885年,李大受到京汉路长期工作,于1906年任养路副总管,卢学孟任京汉路行车总管,"行车有年,洵为在路得力之员"。1908年,魏瀚去广九路任总理外,李大受和曾毓隽、关赓麟等船政学生被派去勘测川汉路。

在铁路建设上建奇功的尤推郑清濂和詹天佑。京汉路是沟通南北大动脉的主要干线,亦是外国觊觎争夺的主要铁路。1908年,邮传部以京汉路事繁重,又专筹议赎路,急需娴习外交、熟习路务人员,乃调于1907年任汴洛路总办的郑清濂为京汉路总办;为顶替任总监督的高而谦,另调任广九路提调的丁平澜接充。邮传部称郑清濂"品端守洁,不染习气,熟谙路政,兼精工程艺学",让其任总办,"以节制汉洋各员,督饬修养诸工绯"。詹天佑更为出色,他承建的京张路于1909年10月在南口举行通车典礼时,有中外来宾万余人前来观看,邮传部尚书徐世昌在通车典礼大会上说:"本路之成,非徒增长吾华工程师之荣誉,而后此从事工程者,亦得以益坚其自信力,而勇于图成。将来自办之铁路,继兴未艾,必以京张为先河。"詹天佑创中国铁路史上奇迹,成为举世闻名的铁路工程专家。

第四,电信事业方面。台湾于1877年铺设电线时,福建巡抚丁日昌就派船政前学堂制造专业毕业生苏汝灼、陈平国"专习其事"。1874年,日本借故派兵入侵台湾。清廷急派船政大臣沈葆桢赴台处理台湾事务。沈葆桢赴台后,深感军务紧急,电信重要,于是奏请清廷,自设闽台海底电缆。随后又提出自己培养电信人才。于是继任的船政大臣丁日昌在船政学堂附设电报学堂。到1882年,学堂共培养电信人员140人,为闽台海底电缆的铺设奠定了人才基础。1887年,在闽台各方和船政电报学堂毕业生的努力下,从川石岛到淡水的海底电缆终于铺设成功。同年10月11日投入对外营运。这就是福州马尾川石岛至台湾淡水的海底电缆,全线长117海里,是船政电报学堂毕业生作为技术人员使用自己的"飞策号"进行海底铺设的。这是中国铺设的第一条海底电缆。它的铺设成功,标志着近代中国的电信技术已发展到一个新的阶段,也说明船政学堂培养人才是卓有成效的。

(三)船政是近代教育的先驱与榜样

船政学堂开创了近代教育的先河,它以全新的教学体制和内容取代了中国传统的封建教育体制和内容,为中国近代教育体系的形成奠定了坚实的基础。此后,继之而起的其他学校都直接或间接地受到了船政学堂的影响,船政学堂的办学方针、教育规模和教育体系成为当时中国创办近代教育的重要蓝本。天津水师学堂创办时,李鸿章就说:"此间学堂(指天津北洋水师学堂)略仿闽前后学堂规式。"张之洞于1887年创办广东水陆师学堂时也说:"其规制、课程略仿津、闽成法,复斟酌粤省情形,稍有变通。"其他学校,虽多参照天津水师学堂的章程,如昆明湖水师学堂"各种章制均援照天津水师学堂",威海水师学堂"所有章制,除内外堂课略有变更外,其余援照天津水师学堂驾驶班",江南水师学堂也是"援照天津水师学堂章程",实际上就是"略仿闽前后学堂规式"。正如沈翊清所言:"船政制造、驾驶两学堂,自左宗棠、沈葆桢创设以来,规模皆备,人才辈出,为中国南省开学风气所最先。"

船政学堂不仅成为各地纷纷效仿的样板,而且其教师和毕业生,很多被派到各地担任要职。1879年,天津设水师营务处,李鸿章即派船政首届留学生随员、在法国留学归来的马建忠在营务处办理海军事务,另一船政留学生罗丰禄在营务处任委员,并当翻译。次年,天津水师学堂设立,李鸿章先调曾任船政大臣的吴赞诚筹办,后派久任船政提调的吴仲翔为总办,聘船政留学生严复为总教习(后任会办、总办)。船政首届留学生萨镇冰亦在此任教。1887年,广东水师学堂成立,吴仲翔又被任总办。1890年设立江南水师学堂,调蒋超英为总教习。1903年设立烟台海军学堂,调谢葆璋(谢冰心之父)为监督。1904年设立广东水师鱼雷学堂,魏瀚为总办。

1904 年设立南洋水师学堂,叶祖珪为督办。船政学堂为各地办学提供了榜样,输送了人才,难怪李鸿章会说"闽堂是开山之祖"。

诞生了许多近代教育家。沈葆桢本身就是一个非常了不起的教育家。他的教育理论是深刻的,教育实践是成功的。他主持船政 8 年,是船政学堂最有成效的 8 年。他的"船政根本在于学堂","精益求精,密益求密","去苟且自便之私,乃臻神","能否成材,必亲试之风涛","兼习策论,以明义理",以及"窥其精微之奥,宜置之庄岳之间"等教育指导思想,都是顺应历史潮流,有深刻的意义。因此,他的教育实践能取得成功,对中国近代海军、近代工业和科技的发展做出了重要贡献。

严复,1879 年归国,任船政后学堂教官;次年调任天津水师学堂总教官。1889 年升任天津水师学堂会办(副校长);翌年,升任总办(校长),前后任教达 20 年。光绪二十八年(1902 年)受聘为京师大学堂编译局总纂。光绪三十一年(1905 年)参与创办复旦公学,并于次年任校长。光绪三十二年(1906 年)赴任安徽省师范学堂监督。1912 年又任京师大学堂总监督,兼文科学长。他在《与外交报主人论教育书》(1902 年)中提出一个比较详细的学校教育制度蓝图,并对各级学校教学内容和教学方法提出自己的主张和要求,为中国发展新式教育做出了贡献。

在《教育大辞典》上名列近代教育家的除严复外,还有马建忠、陈季同、詹天佑。马建忠在欧洲从事外交工作多年,精通英文、法文、希腊文、拉丁文,得以根据外文文法,研究古汉语文法,撰写了《马氏文通》,开辟了近代汉语文法研究的新领域。陈季同于 1897 年,与上海电报局局长经元善、变法领袖梁启超等八君子倡议女学,成立女学会、女学堂,出版女学报,其法国妻子赖妈懿任女学堂洋提调。詹天佑系留美幼童,1881 年归国后在船政后学堂学习驾驶,1884 年 2 月留校任教;同年年底,调广州任博学馆(后改称水师学堂)教官。

(四)船政人还为促进中西文化交流做出了贡献

如首届留学生文案陈季同将中国古典文学名著《红楼梦》《聊斋志异》译成法文,在巴黎出版,"西国文学之士,无不折服"。船政第三届留学生王寿昌与林纾将脍炙人口的《茶花女》翻译成《巴黎茶花女遗事》,成为最早的法文版中译本,魏瀚出资刊印,"不胫走万本",影响很大。船政第三届留学生陈寿彭更把英国用 50 年时间测绘中国沿海港湾的重要资料,翻译成有图 208 轴,达 32 卷的《新译中国江海险要图志》,成为至今对海防、航运、地理等方面仍有参考价值的译著。其他,如罗丰禄等人翻译或编辑的《海外名贤事略》《要隘形势地图》,陈季同的《西行日记》,陈寿彭的《太平洋诸岛古迹考》,在介绍西方风土人情和提供近代航海知识方面亦有重要价值。

马建忠参考拉丁语法,研究古代汉语结构规律写成的《马氏文通》,是中国第一部较全面系统的语法著作,在中国文化史上的贡献和影响是重大而深远的。

外交是政治的延续。船政学生不乏外交人才,不少任外交要职,从事重要的外事活动。如马建忠任船政首届留学生随员在法学习时,就兼任驻法公使郭嵩焘的翻译,回国后帮李鸿章办洋务,曾去印度、朝鲜处理外交事务。陈季同任首届留学生文案时,为我驻德法参赞,代理驻法公使,兼比、奥、丹、荷四国参赞,还参加与法划分中越边界的谈判。罗丰禄任首届留学生翻译,留学回国后,在天津水师营务处任职,当李鸿章对外翻译,"折冲樽俎,仪态安详,口操五国语言,应对如流",是难得的外交人才。他于1896—1902 年间,同时担任驻英国、比利时、意大利公使。吴德章亦曾任驻奥匈帝国公使。1902 年,卢学孟为张德彝出使英、意、比国随员,并为驻意使馆翻译。另外,船政留学生在留学期间,如李芳荣曾任驻法参赞官署翻译,郑守箴当过驻美使臣郑藻如的翻译。

1908 年,外务部右参议高而谦,因云南河口地方繁盛,华洋错杂,宜派娴习法文,谙练交涉人员,乃被外务部简授云南临安开广道缺,次年回外务部任左丞。此外,李寿田、林庆异亦曾分别参加广西、云南的勘察工作。1909 年在收回京汉路的交涉中,京汉路监督郑清濂、养路副总管李大受、行车副总管卢学孟随铁路局长梁士诒参加谈判时,对比利时的无理要求,"随时随事竣拒",收回了路权。魏瀚亦是对外交涉能手。他除了在任船政会办时,运用外交法律手段,与洋监督杜业尔周旋,迫使法国调回杜业尔外,曾被湖广总督张之洞委以重任。在与外人交涉中,马建忠和严复都是近代中国著名的资产阶级政治思想家。严复是中国早期翻译和介绍西方社会政治经济思想学说的重要人物。他翻译的《天演论》《原富》等多种西方社会政治经济学说,引入进化论,较有系统地介绍和传布西方资产阶级政治思想文化,对促进文化思想观念由循环论到进化论的变革,特别是在戊戌变法时与康梁共同推进中国政治近代化的改革,更是作用重大而又影响深远。

这些都是船政推动中国近代历史发展的重要贡献。

二、福建船政的启示

首先,发展才是硬道理。福建船政在其实际存在的 45 年中(1866—1911 年),建船厂、造舰船、制飞机、办学堂、引进人才、出国留学,培养和造就了一批优秀的造船技术人才和海军将士,建造了 40 艘舰船,为当时中国的科技进步、生产力的发展、人才的培养、海防力量的加强做出了重大的贡献,产生了深远的影响。船政的衰落,导致中国失去了一次富国强兵的机遇,福建、福州也失去了一次发展的机会。如今,在中国共产党的领导下,我国进入全面建设小康社会,加快推进社会主义现代化的新的发展阶段。社会主义要强大,体现优越性,关键在发展,发展是应对世界形势新变化的需要。我们只有抓住机遇加快发展,不断增强经济实力,提高综合国力,中国的社会主义才有希望,中华民族的伟大复兴才能早日实现。

其次,对外开放是发展的基本条件。鸦片战争以后,中国逐渐沦为半殖民地半封建国家,饱受任人宰割的屈辱。中国由强转弱固然有很多原因,但冷静分析后就会发现,一个重要的原因就是由对外开放转向闭关自守。15 世纪以前,中国一直以对外开放的姿态立足于世。15 世纪之后,特别是清朝建立以后,统治阶级为了求得政权的稳定,也由于其他方面的原因,逐步关闭了国门,隔绝了与外界的联系和交往。社会化大生产、市场和资本的力量内在的要求向外扩张,任何国界和民族界限都是限制不了的,如果不顺应这种力量主动对外开放,而是闭关自守,不仅会错过大发展的好时机,还会处于落后挨打的地步。改革开放以来的历史雄辩地证明,实行改革开放是社会主义中国的强国之路,是决定当代中国命运的历史性决策。

再次,爱国主义精神是实现中华民族伟大复兴的动力。爱国主义精神体现了人民群众对自己祖国的深厚感情,反映了个人对祖国的依存关系,是人们对自己故土家园、民族和文化的归属感、认同感、尊严感与荣誉感的统一。中华人民共和国成立以来,特别是改革开放以来,中国人民的爱国热情空前高涨,爱国主义在推动祖国的全面发展和进步方面,发挥着越来越重要的作用。新的世纪,在激烈的国际竞争中,中华民族立于不败之地的一个重要保障,就是高扬爱国主义旗帜,最大限度地团结全国各族人民和港澳台同胞以及广大海外同胞,激发起爱我中华、建设中华、强我中华的爱国热情。中华儿女万众一心,奋发图强,艰苦奋斗,就一定能战胜任何艰难险阻,多少代人所企盼的中华民族伟大复兴的目标就一定会实现。

最后,要大力弘扬和培育民族精神。中华民族在数千年的发展中形成的以爱国主义为核心的团结统一、爱好和平、勤劳勇敢、自强不息的伟大民族精神,是中华民族生命力、凝聚力、创造力的不竭源泉。建设和发展中国特色社会主义事业,是一项充满艰辛和创造力的壮丽事业。伟大的事业需要并产生崇高的精神,崇高的精神支撑和推动这伟大的事业。面对世界范围内各种思想文化的相互激荡,我们必须大力弘扬和培育民族精神。

参考文献

1.张作兴:《船政文化研究》,北京:中国社会出版社,2006 年。

2.沈岩、方宝川主编:《船政奏议全编》(1~5),北京:国家图书馆出版社,2011 年。

3.福州市社会科学院、中共福州马尾区委宣传部:《百年船政》,福州:海潮摄影艺术出版社,2008 年。

4.沈岩:《船政学堂》,北京:科学出版社,2007 年。

5.张作兴主编:《船政文化研究:船政奏议汇编点校辑》,福州:海潮摄影艺术出版社,2006 年。

6.张作兴主编:《船政文化研究:第一辑》,北京:中国社会出版社,

2003 年。

7. 张作兴主编:《船政文化研究:第二辑》,北京:中国社会出版社,2004 年。

8. 张作兴主编:《船政文化研究:第三辑》,福州:海潮摄影艺术出版社,2006 年。

9. 张作兴主编:《船政文化研究:第四辑》,福州:海潮摄影艺术出版社,2006 年。

10. 朱华主编:《船政文化研究:第五辑》,福州:海潮摄影艺术出版社,2008 年。

11. 朱华主编:《船政文化研究:第六辑》,福州:福州市社科院、社科联、船政文化研究会,2008 年。

12. 林樱尧主编:《船政研究集萃》,福州:福建省马尾造船股份有限公司,2006 年。

13. 福建省马尾造船股份有限公司党办编:《马尾造船(1866—2006):纪念船政创办一百四十周年、庆祝马尾造船公司成立五周年征文集》,福州:福建省马尾造船股份有限公司,2006 年。

14. 林庆元:《福建船政局史稿》,福州:福建人民出版社,1999 年。

15. 福州市旅游局编:《中国船政文化》,福州:福州市旅游局,2007 年。

16. 沈吕宁:《沈葆桢家书考》,福州:福建省音像出版社,2008 年。

17. 林樱尧主编:《马尾首创中国航空业资料集》,福州:福建省音像出版社,2006 年。

18. 陈爱萍主编:《闽台海底电缆探寻集》,福州:中共马尾区委统战部,2004 年。

19. 邵秀豪主编:《船司空雅集录》,福州:马尾区政协文史委,2006 年。

20. 刘琳、史玄之:《船政新发现》,福州:福建省音像出版社,2006 年。

21. 林公武主编:《马尾船政走笔》,福州:海风出版社,2004 年。

22. 郑剑顺:《甲申中法马江战役》,厦门:厦门大学出版社,1990 年。

23. 江小鹰主编:《船政拾英》,福州:福建省音像出版社,2005 年。

24. 郑剑顺编:《福建船政局史事纪要编年》,厦门:厦门大学出版社,1993 年。

25.潘懋元:《福建船政学堂的历史地位与中西文化交流》,《东南学术》1998 年第 4 期。

26.陆琼瑶:《论船政文化及启示》,《吉林工程技术师范学院学报》2010 年第 1 期。

思考题

1.福建船政创办的背景有哪些?

2.福建船政的内涵有哪些?

3.福建船政有哪些精神财富?

4.怎样认识福建船政文化的意义?

推荐阅读书目

1.陈道章:《船政研究文集》,福州:福建省音像出版社,2006 年。

2.陈道章编:《福州船政文化游》,香港:国际炎黄文化出版社,2007 年。

3.陈道章:《中法马江海战日志》,福州:福州市社会科学院,2004 年。

4.陈道章主编:《马江春秋》,福州:福州市马尾区旅游局,2002 年。

5.陈道章主编:《纪念陈兆锵将军文选》,福州:福建省音像出版社,2007 年。

6.陈道章主编:《船政大事记》,福州:马江海战纪念馆,1998 年。

7.陈道章:《马尾文史资料·船政文化》,福州:福州市马尾区政协文史资料委员会,2003 年。

8.陈道章:《马尾风光》,福州:福州市马尾区委员会,1985 年。

9.陈道章:《马尾史话》(上、下),福州:福州市马尾区文化局,1991 年。

10.陈道章:《马尾揽胜》,福州:榕新出版社,2002 年。

11.陈贞寿:《中法马江海战》,北京:中国大百科全书出版社,2007 年。

12.陈贞寿:《福州三江口水师旗营》,北京:中国大百科全书出版社,2007 年。

13.陈贞寿:《图说中国海军史》(上、中、下),福州:福建教育出版社,2002 年。

14.陈书麟、陈贞寿:《中华民国海军通史》,福州:海潮摄影艺术出版社,

1993 年。

15.林崇墉编:《沈葆桢与福州船政》,台湾联经出版事业公司,1987 年。

16.李锦华主编:《马尾文物题刻诠释》,福州:福州市马尾开发区文物管理委员会,1994 年。

第二章

福建船政的创立与发展

身无半文，心忧天下；破书万卷，神交故人。

——左宗棠

第一节　福建船政的创立

一、创办船政的历史背景

福建船政是洋务运动的产物，它的诞生与当时的社会环境有着巨大的关系。

鸦片战争中国的惨败深深地刺激了当时的有志之士，抛弃夜郎自大的陈腐观点，开始关注世界，关心时局，探索新知，以期寻求强国御侮之路。其中便有"开眼看世界"的第一人林则徐，最早主张学习西方长技。他来到广州后，一方面组织群众抵抗英国的侵略者，另一方面注意研究西方国家的情况，组织人员搜集和翻译西方国家的书籍报刊，辑为《华事夷言》和《四洲志》。1840 年 10 月，林则徐提出了"制炮造船，则制夷已可裕加"的主张。此后,他被贬戍伊犁时还说:"剿夷而不谋船炮水军,是自取败也。"①
这是近代中国最先主张向西方学习,提出自造近代机器轮船和生产枪炮以
抵抗外敌入侵的最初方案。

在林则徐《四洲志》的基础上,根据历代史志和近代西方图书资料,魏
源编写出版了《海国图志》。如果说,林则徐是制炮造船以制夷这种思想的
提出者,那么魏源将这一思想概括为"师夷长技以制夷",是这一思想的完
善者和发挥者,并且还将林则徐制炮造船的最初方案具体化。魏源的《海
国图志》就是"为以夷攻夷而作,为以夷款夷而作,为师夷长技以制夷而
作"。② 魏源在《海国图志》的《筹海篇三·议战》中,概括地提出师夷之长
技有三:一战舰,二火器,三养兵练兵之法,并提出了以造船制炮为主体的
"师夷长技以制夷"的具体方案。

19世纪60年代,中国国内政局发生了较大变化。爆发于1854年的
太平天国运动,经过6年的发展、鼎盛,到1861年进入了没落阶段。清政
府在"常胜军"的协助下,向太平军最后阶段的反攻发起了大规模进攻。经
过两年多的疯狂反扑,在1864年7月19日随着天京的陷落,中外联军最
终镇压了太平天国运动。内部叛乱解决后,清政府针对太平天国运动和镇
压太平军时造成的严重破坏,采取了一系列措施:迅速遣散军队,鼓励人民
在由于战争造成的荒芜土地上垦荒,理清土地的所有权,提供紧急必要的
救济,稳定民心等,向中兴迈出了第一步。③ 中兴的第二个极为重要的大
举措就是中央外交机构——总理衙门的设立。经过了两次鸦片战争,中外
的接触空前频繁,对外事务也大大增加,那种将"朝贡制度用于欧洲夷人"
④的方法被证明是行不通的,"以夷制夷"的策略也并未收效⑤,而且西方国

---

① 中国史学会:《鸦片战争》二,上海:神州国光社,1954年,第568页。

② 魏源:《海国图志》原序,咸丰二年(1852年),第1页。

③ [美]芮玛丽:《同治中兴——中国保守主义的最后抵抗》,房德邻、郑师渠等译,北
京:中国社会科学出版社,2002年,第148页。

④ [美]芮玛丽:《同治中兴——中国保守主义的最后抵抗》,房德邻、郑师渠等译,北
京:中国社会科学出版社,2002年,第277页。

⑤ 李定一:《中美早期外交史》,北京:北京大学出版社,1997年,第301页。

家对于通过地方官以及礼部理藩院等部门与清政府间接接触的状况也很
不满意。于是,恭亲王奕䜣根据内外的迫切需求,于1861年年初奏准建立
一个"正式的和永久性的"办理各国事务的机构——"总理各国事务衙门以
专责成也"(亦简称"总理衙门"、"译署"或"总署")①。咸丰帝也同意了这
项建议。为了及时处理各地发生的涉外事件,清政府在成立总理衙门的同
时,还分别在上海和天津设置了南洋通商大臣和北洋通商大臣的职位,以
负责处理地方性的对外通商交涉事务。从职官、职掌以及内部组织来看,
总理衙门不可避免地具有浓厚的"封建性和买办性",但是它的设立是以调
整现代化元素和传统元素为基调来展开的"制度上的创新",在客观上也反
映出在西方资本主义势力的冲击下中国传统外交从机构设置上逐步近代
化的趋势,中国近代外交逐渐步入国际外交的轨道上。后来总理衙门还负
责办理除外交事务外的一切与外国有关的事务,如外贸、海关、传教等事
宜,逐步发展成为中国"政府的内阁"②。在后来的洋务运动中,总理衙门
也起到了"倡导于先,主持于内"的总枢的作用。中兴时期第三个意义重大
的举措就是洋务运动的开展。总理衙门成立之后,奕䜣等就上奏,"治国之
道,在于自强"③,于是拉开了洋务运动的序幕。19世纪60年代的洋务运
动是其第一阶段,即"自强"阶段。由于之前英法联军的进攻和太平军的肆
虐,清政府认识到了加强军事力量的重要性,李鸿章就说,"中国欲自强,莫
若学习外国利器;欲学习外国利器,则莫若觅制器之器",以"威天下,御外
侮"④,更重要的是"剿内乱"。因此这一阶段洋务运动主要兴办军事工业。
李鸿章、左宗棠、崇厚等先后创办了江南机器制造总局、金陵机器制造局、
福州船政局、天津机器制造局等。此外,洋务派还雇佣外国军官和技术专

---

① 贾桢等编:《筹办夷务始末》(咸丰朝)第71卷,台北:文海出版社,1970年,第17~
26页。

② [美]马士:《中华帝国对外关系史》(第三卷),姚曾廙译,北京:商务印书馆,1960
年,第432页。

③ 宝鋆等编:《筹办夷务始末》(同治朝)第25卷,台北:文海出版社,1970年,第1页。

④ 宝鋆等编:《筹办夷务始末》(同治朝)第25卷,台北:文海出版社,1970年,第10
页。

家,购买西洋枪炮和船舰。"常胜军"的华尔、戈登,技术专家日意格、马格里等都在一定程度上推动了中国军事近代化的进程。这场标榜着"自强"的洋务运动以引进和学习西方先进的科学技术,创办和发展军用、民用工业企业,建设新式海军,培养新型人才为主要内容。福建船政作为洋务运动的产物,其主要成就也是在这些方面。

二、创办船政的提出

(一)非常之举

左宗棠(1812—1885),字季高,号湘上农人,湖南湘阴人。左宗棠早年就读于长沙岳麓书院。年少时曾屡试不第,转而留意农事,遍读群书,钻研舆地、兵法。1852—1863年,编练"楚军",经历并参与了镇压太平天国运动,开展洋务运动,平叛陕甘回乱,收复新疆等重大历史事件。官至东阁大学士、军机大臣,封二等恪靖侯。设厂造船以御外侮是左宗棠继承和发扬林则徐、魏源思想的一个极重要的提议,也是他一生活动的一项重要内容。左宗棠很早就注意西方发展情况,筹划对策。他提道:"自道光十九年(1839年)海上起事,凡唐、宋以来史传、别录、说部以国朝志乘、载记、官私各书有关海国故事者,每涉猎及之,粗悉梗概。"①后又提出"固守持久之谋"时,把"造炮船火船",作为"练渔屯,设碉堡,简水卒,练亲兵,设水寨,省调发"②等要策中的一项重要内容。而且他对设厂造船"思之十余年"③。

1866年6月25日(同治五年五月十三日)左宗棠上奏清廷《试造轮船先陈大概情形折》。在折中他首先提出了"惟东南大利,在水而不在陆"的精辟观点。接着分析了"自广东、福建而浙江、江南、山东、直隶、盛京以迄东北,大海环其三面,江河以外,万水朝宗"的地理形势,指出"无事之时,以

① 《左文襄公全集·奏稿》卷一八,第5页。
② 《左文襄公全集·书牍》卷一,第11页。
③ 《海防档》,台湾"中央研究院"近代史研究所,1957年,第52页。

之筹转漕,则千里犹在户庭,以之筹懋迁,则百货萃诸尘肆,匪独鱼、盐、蒲、蛤足以业贫民,舵艄、水手足以安游众也。有事之时,以之筹调发,则百粤之旅可集三韩,以之筹转输,则七省之储可通一水,匪特巡洋缉盗有必设之防,用兵出奇有必争之道也"①。又列举了军事上"自海上用兵以来,泰西各国火轮兵船直达天津,藩篱竟成虚设,星驰飘举,无足当之"的被动局面和经济上"自洋船准载北货行销各口,北地货价腾贵;江浙大商以海船为业者,往北置货,价本愈加增,比及回南,费重行迟,不能减价以敌洋商,日久销耗愈甚,不惟亏折货本,寝至歇其旧业;滨海之区,四民中商居十之六七,坐此闽闽萧条,税厘减色,富商变为窭人,游手驱为人役。并恐海船搁杇,目前江浙海运即有无船之虑,而漕政益难措手"的状况,并认为"欲防海之害而收其利,非整理水师不可;欲整理水师,非设局监造轮船不可"②,主张在福建设局造船。

在福建马尾设厂造船,抵御外侮是其主要目的,而"御外"又有军事和经济两方面的要求。左宗棠认为,"泰西诸邦均以机器轮船横行海上,英、法、俄、德又各以船炮互相矜耀,日竞其鲸吞蚕食之谋,乘虚蹈瑕,尤所不至","至杭属及宁、绍、台、温滨海之区,海盗时有出没,水师直同虚设,船炮全无"。针对这种情况,左宗棠再三呼吁:"中国自强之策,除修明政事、精练兵勇外,必应仿造轮船以夺彼族之所恃",要"尽洋技之奇,尽驾驶之法"。而且中外之人同样是人,智慧并无分别,仅仅因为所习不同而有不同特长,所以出现"中国以义理为本,艺事为末;外国以艺事为重,义理为轻"的情况。但"谓执艺事者舍其精,讲义理者必遗其粗不可也。谓我之长不如外国,借外国导其先可也;谓我之长不如外国,让外国擅其能不可也"。也就是说,中国人只要像西方国家一样的重视"艺事",是完全可变其长为己长的。

"夺其所恃"不仅在军事上可以做到有效地抵御外侮,而且可以在经济上"分洋商之利"。鸦片战争后,列强凭借特权倾销商品,洋轮伴随而至。

---

① 《左文襄公全集·奏稿》卷一八,第3页。
② 《左文襄公全集·奏稿》卷一八,第2页。

旗昌、宝顺、怡和等洋行的轮船航行于沿海和长江。第二次鸦片战争后,洋船骤增,夺我厚利的情况更为严重。以福建省为例,19世纪60年代,福州运往其他口岸的货物,洋船运载量占1/3。北方的情况较之南方更加严峻。向来运往东南各地的帆船,资本亏折殆尽,以致船只休闲,无力转运,在船水手十余万人无以谋生。对此,左宗棠从商业、民生、漕运几个方面指陈了西方侵略者的洋轮威胁、摧残了中国经济生活,从而提出了中国自己设船厂制造轮船的紧迫性,认为"泰西巧,而中国不必安于拙也;泰西有,而中国不能傲以无也"。无论从军事还是从经济方面说,都认为"非设局监造轮船不可"。

(二)阻力重重

左宗棠在筹建船局过程中,不仅阻力重重,而且困难种种。如筹集经费难、船厂择地难、聘用外国匠师难于约束、机器难于采购、船成缺人驾驶,等等。阻力不仅来自国内,同时来自国外。自造轮船,与购买现成轮船相比,花费多至数倍。英国领事听说左宗棠要聘用法国匠师自造轮船,就多次扬言,造船费大难成,不如购买现成轮船,便宜合算。赫德和美里登亦扬言自造耗费,购、雇省事。左宗棠坚持认为:"所以必欲自造轮机者,欲得其造轮机之法,为中国永远之利,并可兴别项之利,而纾目前之患耳。"所以,不管遇到多大阻力,他始终坚持定见,认为"轮船一事,势在必行,志在必成"。正是凭着这种为国家谋富强的坚定信念,左宗棠多次上奏清廷,得到了洋务派中央代表人物恭亲王奕訢的首肯和支持,并形成上谕,作了批准,曰:"中国自强之道,全在振奋精神,破除耳目近习,讲求利用实际。该督现拟于闽省择地设厂,购买机器,募雇洋匠,试遣火轮船只,实系当今应办急务。所需经费,即着在闽海关税内酌量提用。……左宗棠务当拣派妥员认真讲求,必尽悉洋人制造、驾驶之法……"

三、福建船政的创办

左宗棠在得到了设厂建校的授权后,立即筹备建厂。左宗棠一直把建设福建船政局视为国家一项重要建设,从筹集资金、选定厂址、购买机器设备、雇用洋匠到整个建设规划,他都亲自筹划,广泛听取各方意见,经过反复斟酌,最后才拍板定案。他为建设船局精心筹划,为后来船局建设打下了良好的基础。

1866年8月9日(同治五年七月初一日)日意格来闽后,左宗棠即与他详商一切事宜,"议程期、议经费、议制造、议驾驶、议设厂、议设局,冀由粗而精,由暂而久,尽轮船之长,并通制器之利"。

(一)筹集资金

福建每年财政收入只有170多万两。显然,要靠一省之力,兴办船厂,实在独力难持。所以,他致信给浙江巡抚马新贻和广东巡抚蒋益澧,均认为"必不容缓,愿凑集巨资,以观其成"。第一年的启动费用需60多万两,他就奏报清廷批准,从交给中央的海关税款80万两中,先拨40万两作启动费用,"嗣后再由闽海关税拨济,如尚不敷,即提闽省厘税"。另外从海关税收中奏请每月拨出5万两作为常年开支。此外,以前闽海关改留闽省协饷每月5万两,"已截至本年十一月为止"。这时左宗棠已调任陕甘总督,于是他又在奏拨协济甘饷折内请求继续拨付,要求"自十二月起仍月协五万两,以二万两为造轮船经费,以三万两为甘省协饷"。清廷同意后,左宗棠又考虑浙江、广东两省答允的造船协济款,不如就近提取方便。于是他又向清廷奏报设局造船:"臣左宗棠系倡议之人,现在奉旨调督陕甘,断不敢因饷事维艰,专顾西征,而于轮船经费不统为筹及。臣等会商,拟请将闽海关展限月协五万两,概行拨充轮船经费,其浙江、广东即除定拨甘饷外,将原议月协造船之款各一万两划拨甘省,以济需要。"这样,经过左宗棠的多方设法,最棘手的经费问题总算得到了落实。

(二)选定厂址

建船厂,地址理应靠海,但对地质的要求很高,必须坚固,还要顾及水陆交通方便、国防安全等因素。中国的海岸线很长,但是这样的地址并不多。左宗棠在浙江时就曾留意船厂的选址。他当时从洋人口中便听说,

"福建海口、罗星塔一带,开槽浚渠,水清土实,为粤、浙、江苏所无"。到福州后,广泛征求意见,都认为此地极佳。马尾港内涵下江,外通四海,地势险要,易于防守,内部水域宽阔,适于船舰驻泊操练。历史上,福建造船业就很发达。远古以来闽越人便以"习水便舟""舟车楫马"著称。且福建又是林产丰富的地方,能就近解决船厂所需木材的问题,另外台湾煤炭较丰富,离福建亦不远。由此说明,福建拥有工匠技术优秀,工人工资低廉,造船材料多以及所造船舰适于远航等得天独厚的条件。清廷批准设局造船后,左宗棠又偕同法国人日意格前往罗星塔勘察,"择定马尾山下地址,宽大二百三十丈,长一百一十丈,土实水清,深可十二丈,潮上倍之,堪设船槽、铁厂、船厂及安置中外工匠之所"。后来德克碑看后,担心山下土色是积淤沙形成。为了稳妥可靠,左宗棠复令掘土查验,证明"泥多沙少,色青质腻,知非淤成,德克碑乃信其可用也"。至此,厂址才最后确定下来。

图 2-1　船政局鸟瞰图

（三）任用贤才

人才的优劣关系到事业的成败。左宗棠奏准设局造船不久,新疆西捻军和回民起义,形势紧张。为了收复失地,稳定新疆,1866 年 10 月 14 日（同治五年九月初六日）清廷调任左宗棠为陕甘总督。左宗棠认为,船厂之事,关系国家富强,势在必行,不能因为调任别处就搁置。他一方面请求延长在闽时间,以便把筹备工作安排妥当;另一方面积极物色继任人选。他本想奏报清廷任命,后再三考虑,认为在福州守丧的前江西巡抚沈葆桢久

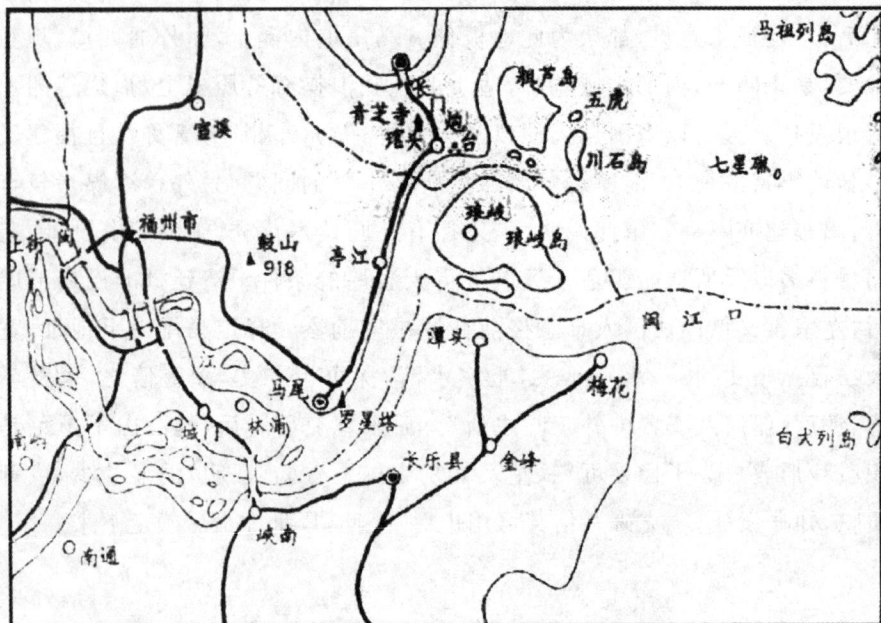

图 2-2　马尾的方位图

负盛名,能力不凡,最合适。经与福州将军英桂等交换意见,也很赞同。可沈葆桢以礼制不能违背而再三谦辞。左宗棠为了邀请沈葆桢出山,四次亲自登门恳劝,最后只得奏请清廷:"俯念事关至要,局在垂成,温谕沈葆桢勉以大义,特命总理船政,由部颁发关防,凡事涉船政,由其专奏请旨,以防牵制。其经费一切,会商将军、督抚臣随时调取,责成署藩司周开锡不得稍有延误。一切工料及延洋匠、雇华工、开艺局,责成胡光墉一手经理。"清廷同意左宗棠的建议,正式任命沈葆桢为船政大臣,"所有船政事务,即着该前抚总司其事,并准其专折奏事"。此外,左宗棠还特意把闽浙官绅叶文澜、黄维煊、贝锦泉、徐文渊等交沈葆桢差遣,以保证建厂工作的顺利进行。

(四)募匠购器

当时制造轮船,是西方列强独有的技术,中国对此一无所知。因此,要学会造船、驾驶,必定要雇募洋匠、购买外国机器。但是洋匠优劣、机器好坏，都无法得知。以旧充新，以次充好，鱼目混珠，最易受骗上当。为了预防流弊，左宗棠在委托德克碑、日意格前往招募购办之前，多次与他们协商，要他们订立保约、合同、规约等，除必须要由德克碑、日意格签字外，还要法国总领事白莱尼印做担保。最后左宗棠还逐一进行复核，以求稳妥。这些保约合同具有法律意义，为船政工程保质保量地完成奠立了良好基础。比如德克碑、日意格在保约中就写明："其外国办来一切家伙、大小轮机，卑镇等保必头等最好之件，不准稍有低坏之物搪塞；倘有低坏，卑镇等自当赔缴。并认限自铁厂开厂之日起，扣至五年。保令外国员匠教导中国员匠，按照现成图式造船法度，一律精熟，均各自能造制轮船，并就铁厂家伙教会添造一切造船家伙；并开设学堂教习法国语言文字，俾通算法，均能按图自造；教习英国语言文字，俾通一切船主之学，能自监造、驾驶，方为教有成效。"左宗棠反对雇船买船，坚持自办船厂的主要目的，就是要通过创办船厂，使中国人掌握制造轮船技术，并且学会驾驶，不致依赖于人。条约明确规定洋监督是在船政大臣领导下管理船厂内工作的外国人员，且规定自船厂开办之日起以五年为限，即 1869 年 2 月 12 日至 1874 年 2 月 16 日（清同治八年正月初二日到同治十二年十二月三十日），"五年限满无事，该正副监督及各丁匠等概不留用"。日意格还立有"保约"："自铁厂开工之日起，扣至五年，保令外国员匠教导中国员匠，按照现成图式造船法度，一律精熟，均各自能制造轮船，并就铁厂家伙教会添造一切造船家伙，并开设学堂教习法国语言、文字，俾通算法，均能按图自造。"后来左宗棠离开福州前，还明确要求："条约外勿说一字。"而且左宗棠为了鼓励洋人认真教授，在他亲手制订的船政章程中，还设置奖格。与日意格等议定："五年限满，教习中国员匠能自按图监造，并能自行驾驶，加奖日意格、德克碑银各二万四千两；加奖各师匠等共银六万两。如果有成，则日意格、德克碑之忠顺尤为昭著，应重恳天恩，再加奖励，以示优异。"这种以高价买西方先进技术措施，不失为左宗棠的远见卓识。

（五）培育科技新秀

为了能把先进造船技术学到手，并能一代代传下去，左宗棠从一开始就决定创办自己的新式学堂,培育人才。他指出:"习造轮船,非为造轮船也,欲尽其制造、驾驶之术耳;非徒求一二人能制造、驾驶也,欲广其传,使中国才艺日进,制造、驾驶辗转传授,传习无穷耳。"因此在设局造船的同时,就提出开艺局(即办船政学堂),选招少年聪慧子弟学习英法语言文字和算学等科学知识。他还亲自制订了艺局章程八条,对办学规范作了具体规定。按照这个办学方针,船政局分前后两个学堂:前学堂教学法国语言文字及轮船制造技术,后学堂教学英国语言文字及驾驶技术。这是中国最早的造船工程学堂与海军学堂。

接任左宗棠的沈葆桢(1820—1879),字幼丹,福建侯官人。道光二十七年(1847年)中进士,选庶吉士,授编修,升监察御史。曾出任江西九江知府、广信知府。后因曾国藩推荐,出任江西巡抚,1867年接替左宗棠任福建船政大臣,主办福建船政局。

沈葆桢在守制之中就参与船政创办的筹议。接事后,一方面让日意格、德克碑回国购买设备,并聘请洋师、洋匠。当时法国造船业发达,善于制造,所以引进法国的先进设备和技术;英国善于航海,所以聘请英人教授驾驶,兼收并蓄,取英法两国之长。另一方面在马尾中岐征购土地,以建设工厂、船坞、学堂、宿舍等。左宗棠原订合同设工厂5所,学堂1所,用地200余亩。在沈葆桢主办期间船政建设大加发展:工厂增至13所,学堂增至6所,用地扩大到600亩。为了防潮,还沿江厂地用土填高5尺,"以钱购土,竟至10数里内无可购者",可见工程之艰巨。

船政筹建工程于1866年12月23日(同治五年十一月初七日)破土动工,进展颇快。经过船台、船坞、厂房,住所、办公房、学堂等工程的建造和机器装配各阶段(五六年)的努力经营,到1874年终于建成了一所以造船为中心的工厂,规模宏大,机器设备也很齐全。船厂的机构主要有核对处、稿房处、会计处、支应处、文案处、绘事院、船政衙门,以及健丁营、水师营、艺圃和前后学堂等。车间则有铁厂、水缸厂、轮机厂、铸铁厂、钟表厂、转锯厂、造船厂等13个厂。工厂里的机器包括车、刨、钻、压、碾、旋、拉、锯各类机床,设备较为完整。一位英国人在参观船厂后说:"这个造船场和外国任何其他造船场并没有多少区别。"船政不但能与西方一些造船厂媲美,而且大大超过了当时正拼命向西方学习的日本造船工业的水平。

图 2-3　船政衙门

图 2-4　洋教习的住所

图 2-5　船政局

第二节　福建船政的繁荣

从 1866 年 12 月破土动工以来，福建船政进入了一段发展、繁荣时期，其繁荣主要体现在两个方面：一是造船数量越来越多，质量越来越好；二是船政学堂培养出自己的制造、驾驶轮船人才以及派遣留学生。

一、造船

造船是福建船政的中心任务，因此，造船的多寡与好坏体现了福建船政的兴衰。

1867 年 9 月，日意格带领首批工匠到来，"购器募工，均已就绪"①。沈葆桢在会同日意格将应办工程妥速布置后，就决定赶造船身，以便轮机到时就可装备成船。制造船体是一项浩大且复杂的工程，工人们有条不紊地劳作。放样厅里，设计师们按照船体的实际尺寸，在地板上画出精密的图形。为力求精益求精，每一条画线都细如蚕丝。像船体衔接处这样关键的部位，则需另行作图，分类放置，避免混淆。设计完毕，各厂工人按图施工。在船台上，工人们铆接骨架，从船底到战杆，一共密接了或长或短的铁钉三万余根，使整条船的骨架支撑起来，并牢牢地固定住。骨架一搭好，木工们就在上面粘灰穿孔，填塞空隙，补好钉孔；铁匠们就打镶铁梁、铁胁、铁条……到 1869 年 2 月 7 日，也就是离开工后一年零一个月的时间，船体的整个骨架形成了。接着，进入到合拢船体阶段。他们把外仓板分段镶嵌，从下到上，依次增高。待整只船体建好后，一部分工人在船体内安装机器设备。在尾胁，安放木气筒、汤炉等器件；在船内，安装上从英国进口的

---

① 《海防档》，台湾"中央研究院"近代史研究所，1957 年，第 91 页。

150马力的蒸汽机,架起桅杆,装好船舱,安好大炮……另一部分工人则在船身外赶包龙骨、铜皮、联铃铜板,安好托稠……只过了三个多月,也就是1869年6月初,船政制造的第一艘轮船的整体工程便画上了圆满的句号。接下来就等着下水试航了。为了使船体顺利下水,工人们应用了中国古代的传统技术,即在船体下水的前一天,用牛膏、猪油等灌入船底凹槽,凝结寸许厚。接着。将船台上先前垒起来的木头一节节地依次拿下,仅留着船旁的几十根柱子来支撑。而后,另外垫上木楔,使船身降低并依靠在两旁的托架上。一切准备就绪,人们翘首期待第二天下水。1869年6月10日,这一天是中国农历五月初一日。沈葆桢选这一天下水,是有一定的科学道理。六月份,是江南雨季,雨多水大,又恰逢天文大潮,因此,闽江水位要比平时高出许多,是船舶入水的最佳季节。这一天中午时分,潮涨水平,江面宽阔,船政监督日意格下令工人们拔掉船下的支撑柱子,并将船头所衔的木楔用斧头齐力敲掉。这时,整只船的重心一下子朝前,并向下倾斜。接着,工人们开锯船头的托辋,刚刚锯过一半,船体就顺着船槽向前倾泻而下。刹那间,船已离开岸边数十丈。令人奇怪的是,船体入水如此神速,而水面上居然微波不起。可见,这一中外结合的下水之法十分成功。这时,无论岸上还是船上的人,个个都目瞪口呆,不禁一愣,而后掌声雷动,欢呼声此起彼伏。

6月21日,沈葆桢怀着激动的心情向朝廷奏报船政第一艘轮船下水的情况,并请求把这一艘船命名为"万年清"。不久,清政府就予以准奏。这"万年清"三个字,饱含着以左宗棠、沈葆桢为首的洋务派爱国人士深深的祝福和长长的期待。也就在这一天,沈葆桢破格任命渔民出身但富有技术和经验的副将衔游击贝锦泉为"万年清号"管驾,即后来船政制造的第一艘兵舰的舰长。同一天,沈葆桢任用通晓轮机的中国舵工和水手80余人,作为"万年清号"的主人。这样,"万年清号"完全由中国人自己管理和驾驶了。这一举不仅体现了洋务派唯才是举、求真务实的精神,而且也显示了他们强烈的主权意识——自己的兵舰必须由自己人开!"万年清号"是船政制造的第一艘轮船,它的成功,是船政乃至中国造船业的新起点。但"万年清号"还只是漂浮在水面上的一艘轮船,它是否开得起来,能否运行良好,也就是说是否算是真正的成功,那还得试航后才见分晓。之后,沈葆桢对"万年清号"进行由简到繁、步步深入的三次试航。三次试航均喜获佳绩,这意味着中国第一艘大型轮船制造成功,意味着中国吸收西方先进技术的成功。它在我国造船史和航海史上写下了光辉的一页。德克碑也不得不承认:中华多好手,制法驾驶,均可放手自为!

这艘大型兵商两用轮船,长 79.33 米,宽 9.27 米,深 5.33 米,排水量达 1370 吨,舱位容货吨数为 450 吨,功率达 150 马力,时速 10 海里,火炮 4 尊。而当时日本仿造的船只只是在河港之内行驶的小轮船,其中最大的"千代田号",排水量仅为 138 吨,功率为 64 马力。因此,"万年清号"无论在体积上、装备上,还是在功率上,在远东地区都是首屈一指。于是,"万年清号"正式启航北上,它怀着洋务派富国强兵的梦想启航了。

第一艘轮船"万年清号"制造成功,为船政打响了第一炮。从此,船政进入了辉煌的造船时代。1868 年到 1874 年,是船政在外国技术人员指导下制造木质轮船时期。在这六年间,船政一共制造了 15 艘舰船。这一时期,中国第一台船用蒸汽机面世,中国第一艘木制巡洋舰下水。1869 年,船政除了成功制造第一艘"万年清号"轮船外,分别在 2 月和 12 月着手制造"湄云""福星"两艘木壳小型艇船。1870 年,又建造了"伏波"和"安澜"两艘轮船。其中"安澜"的制造在中国造船史和机械制造史上都着重要影响。因为,在"安澜"的船体内,安装的是船政制造,也是中国工人制造的第一台船用蒸汽机。

对造船技术而言,其中核心的技术乃是蒸汽机的制造。因此,在船政创办伊始,左宗棠就提出"船政一局,实专为习造轮机而设"的主张,并打算采取"除拟买现成轮机两副外,其余九副皆开厂自造"的措施。沈葆桢继承了他的理念。1870 年 8 月,船政开始仿造第一台往复式蒸汽机,并于 1871 年 6 月制造成功。它是二汽缸式蒸汽机,有 2.75 个大气压和 150 马力的功率。它从绘制图案到制造成品,经过了分件画图、刻木成模、打铸成器、合拢铸器、镶配管道等五个步骤;然后再经过成胚、车光、校准、刮磨、合拢等几道工序,一台高精密的蒸汽机才制造成功。这台蒸汽机虽是国产,但它的质量并不亚于国外产品。

1871 年,船政先后开工的有"镇海""扬武""飞云""靖远"兵舰。其中"扬武"是船政造船以来最为先进的一艘兵舰,也是中国第一艘木质巡洋舰。船政以往所造的轮船都是军商两用,但两不相宜,而只有"扬武"才真正全部按照外国兵舰制造,因此具有众多的优点。首先,它 1130 马力,航速 12 节,排水量 1560 吨,是船政局也是中国有史以来功率最大、航速最快、吨位最大的轮船。其次,它安装了英国的回德淮特钢炮 9 尊,小钢炮 2 尊,无论在数量、口径还是在威力上都超过了前几艘。再次,它显示了作为兵船的优势:机器都安装在船舱内,并与水面保持平行,以避免敌人攻击时受损;烟囱分成三截,任意升降,同样可以避免敌人袭击;船体不设仓库,船身不盖房子,使得甲板平坦宽阔,便于水兵演练。正因为有如此众多优势,它在马江海战中被推为旗舰。

1872 年,因顽固派的诋毁和造船经费的不足,沈葆桢提出了兼造商船的主张,以弥补资金。从 1872 年 10 月到 1874 年 7 月间,船政连续制造了"永保""海镜""琛航""大雅"四艘商船。1874 年,因日本入侵台湾,船政奋力保台,因此只制造了"元凯号"轮船一艘。

1875 年至 1884 年,是船政造船的鼎盛时期。1874 年,船政按照合同解聘了在厂的外国技术人员,进入了中国独立制造近代船舶的时代。但是,造船技术的更新并没有因此而停滞不前,相反却推陈出新。船体结构从木质发展到铁胁木壳,再发展到铁胁双重木壳。船用蒸汽机功率也从 150 马力增加到 2400 马力。在这个时期,由船政局第一届学生独立设计并制造的轮船——中国第一艘自制轮船"艺新号"下水。船政第一批留欧学生回国创业,中国第一艘铁胁巡洋舰"开济号"制造成功。

船政发展到 1874 年,已经制造了 15 艘轮船,但都是在外国技术人员的指导下仿造西式轮船,并非自己独创,只有从"艺新号"开始,船政才进入独自设计制造时期。1875 年,即外国人员离厂后的第二年,船政制造专业学生吴德章、罗臻禄、游学诗、汪乔年等向沈葆桢献上自己绘制的 50 马力的船只和机器图纸,请求制造这一艘富有创意的轮船,并命名为"艺新号"。沈葆桢毅然给予支持。于是汪乔年测算绘制了蒸汽机的图纸,吴德章、罗臻禄、游学诗三人测算绘制了船体图纸。这艘轮船 1875 年 6 月 4 日才安上龙骨,1876年3月28日就下水了,为期不过一年。1876年6月,"艺新号"由汪乔年、吴德章驾驶出海,船身坚固,轮机灵捷。这艘独出心裁的轮船被沈葆桢称为"实中华发创之始"。"艺新号"的制造成功,标志着船政进入独立设计和制造轮船的时期。但这一时期,国外造船普遍开始制造吨位更大、马力更猛、船体更实的木铁相结合的铁胁船。船政局与国外仍存在一定的差距。因而,沈葆桢认为必须大力研究新的造船技术。为此,他制定了三项计划:一是派遣学生出国留学;二是选优秀的船政学生当学堂的老师;三是添置新设备,制造新轮船。但是,始料未及的是,1875年10月29日,他被调任两江总督将离开福建。但他并没有一走了之,而是带着尚未实施的船政发展计划上路。11月9日,他到上海紧急约见继任船政大臣的丁日昌,把自己对船政的未来筹划告诉他。丁日昌也是洋务派的中坚力量,沈葆桢的主张与他不谋而合。除此之外,丁日昌还力挺选派人员出国考察学习。

船政在丁日昌的主持下,于1875年12月8日兴建铁胁厂,为自己生产铁质船胁做准备。在1876年9月到1880年间,船政制成了"威远""超武""康济""澄庆"四艘铁木结合的铁胁船。船上所用铁板、铜板等材料,实现了从依赖进口到全部国产化的过程,体现了洋务派师夷制夷、独立自主的思想。19世纪80年代,船政造船技术提高到一个新的阶段,开始仿造铁胁巡洋舰。但经费原因,直至1881年11月中国第一艘铁胁巡洋舰"开济号"才开始动工,由船政第一届留欧归来的学子杨廉臣、李寿田、魏瀚等人监造。它的最大特色是船胁全为铁制,船身铁胁用双重木皮,内重以铁栓,外重为铜栓,两相嵌固,使船身极为坚固。加上可以旋转的德国克虏伯大炮、船头设置的碰船铜刀、2400马力的功率、2200吨的排水量、15海里的时速……这些优点都是船政创建以来所未曾有的。它不仅赢得了"中华所未曾有之巨舰"的美誉,而且引起了当时南、北洋水师的关注。他们纷纷给船政局下单,一共7艘,并要求迅速完成。因此,这又为船政带来重整旗鼓、再添生机的际遇。船政一边造船,一边扩厂招工,呈现出一片生机勃勃的繁荣景象。

1885年到1896年,是船政造船新的发展期。这一时期,中国技术人员不断创新造船技术,船体结构从铁胁到穹甲再到钢质,不断更新,船用蒸汽机的功率从之前的 2400 马力,一下子增加到 6500 马力,并且制造出中国第一艘钢甲舰"龙威号"、第一艘鱼雷快舰"建安号"和当时中国最先进的商船"宁绍号",建成中国最大的船坞"青州船坞"。

但 1884 年的马江海战使得船政制造的战船几乎灰飞烟灭,船政也元气大伤。洋务派痛定思痛,继续沿着师夷制夷的道路前进。战后上任的船政大臣的裴荫森,总结马江海战惨败的教训,提出制造铁甲舰、修筑大船坞、开办采矿厂等振兴船政的措施。清政府很快就批准了这些请求。第一批归国学子认真研究 1885 年法国生产的"克西德号""公敌克号""飞石蔗里号"等当时世界上最先进的双机钢甲舰,取其精华,汇集新法,独运精思,设计出中国第一艘钢甲舰。钢甲舰于 1888 年 1 月 29 日完工,历时 14 个月,取名为"龙威"。它的最大特点是船的主体部分用钢材制作。钢板最厚处达 15.24 厘米,最薄处不低于 12.7 厘米,已经接近于英国 1881 年制造的"康浪罗尔号"钢甲舰,船体异常坚固。除此之外,还有航速快、火力猛、防偷袭等优点。它的时速达 45 海里;舰上安装 12 尊口径 26 厘米的大炮,可以自由旋转射击;安置探照灯两盏,以察远处;放连珠炮 4 尊,近击雷艇;舰的首尾各配一枚鱼雷炮,进攻敌舰。可以说,"龙威号"钢甲舰是中国有史以来最坚固的轮船。当时,外国专家来厂考察,看到此舰,"莫不诧为奇观,动色相告"。实践也证明这一点,在中日甲午海战中,"龙威号"屡受重弹,并无损伤,其坚固程度与国外进口的"超勇""济远"等舰船相比有过之而无不及。它的制造成功,代表着 19 世纪 80 年代中国造船工业的最高水平,标志着中国造船技术上升到一个新的阶段。

1887 年,两广总督张之洞要求船政局为两广制造兵舰,这给船政带来新的发展机遇。从 1887 年起,船政局陆续制造了"广甲""广乙""广庚""广丙""广丁"等兵舰。在 1888 年,出现三船并制、工程繁紧的新气象。其中,"广乙号"为新式穹甲巡洋舰,它的特点是:在船身,内用铁胁,外加钢质穹甲一层,用来保护轮机、锅炉、弹药等物,以便冲击敌舰时不被损害。这在当时算是一项新的造船技术。

这时,船政局为了扩大生产,还建新厂,办煤矿,建船坞。1885 年船政

图 2-6　"龙威号"钢甲舰

兴建鱼雷厂,于 1886 年建成,并开始投入生产。1886 年,船政投资参股复办台湾基隆煤矿,为船政提供煤源。1888 年,在罗星塔下,船政开始兴建青州石质船坞,于 1893 年建成。船坞配有抽水机、拉船机、挖土机船、装土机船等设备,是中国当时最大的船坞。它不仅能够维修全国最大的轮船,而且还为外国轮船提供服务。

　　1894 年,中日甲午战争爆发,北洋水师损失殆尽,清政府不得不把目光再次投向福建船政局。1897 年,船政添置了些机器设备,又聘请了以杜业尔为首的法国技术人员,并制造了"建威""建安"两艘鱼雷快舰,"建翼"一艘鱼雷,"宁绍"一艘商船。其中"建威""建安"船身全为钢质,船坚且快,转动自灵,炮大而远,是船政的最好作品。而"宁绍号"是船政也是当时中国制造的最为先进的商船,但不幸竟是船政的绝笔之作。

二、船政学堂

　　福建船政学堂,最初称"求是堂艺局",亦称"福州船政学堂""马尾船政学堂"或"马尾水师学堂",是附设于福州船政局的一所以应用型人才作为培养目标的新式学校。由于福州船政学堂是随洋务运动的兴起而创办的,是洋务派"师夷长技"的一项重要内容,因而从创办伊始,其办学指导思想就非常明确,即不断培养能够制造、维修和操纵指挥舰船的人。左宗棠明确表示:"兹局之设,所重在学西洋机器以成轮船,俾中国得转相授受,为永远之计,非如雇买轮船之徒济于一时可比。"1866年,左宗棠在奏呈《求是堂艺局章程》时即明确指出:"夫习造轮船,非为造轮船也,欲尽其制造驾驶之术耳;非徒求一二人能制造驾驶也,欲广其传使中国才艺日进,制造、驾驶展转授受,传习无穷耳。故必须开艺局,选少年颖悟子弟习其语言文字,诵其书,通其算学,而后西法可衍于中国。"[①]船政学堂的设立就是希冀通过培养中国自己的造船与驾驶人才,达到自立自强的目的。学堂创办过程中,左宗棠顶住各方压力,始终认为育人比造船更重要。其继任者沈葆桢亦称,"船政根本在于学堂",船政局"创始之意,不重在造而重在学"。在这样统一明确的办学指导思想下,福州船政学堂从课程设置、教学内容到教学方法的确定,都与以往的封建教育有所不同,从而形成了一套新的教育体系,其成绩亦斐然。

福州船政学堂分为前、后两个学堂,前学堂修法语,聘请的教习和工匠主要是法国人,设制造专业(造船、造机),采用法国军港士官学校的科目训练,主要讲授有关造船的知识和指导学生进行相应的实践,旨在培养轮船设计制造人才,又称"法文学堂"。后学堂修英语,聘请的教习和工匠主要是英国人,有驾驶、管轮两个专业,采用英国海军的培养方法训练,分为航行理论科、航行实践科和管轮科,主要教授学生驾驶和航海技术,旨在培养舰(船)长和舰(船)轮机管理专业人才,又称"英文学堂"。之后又增设了绘事院、艺圃、管轮学堂、练船等。

船政学堂课程设置如表 2-1 所示:

---

① 《中国近代教育史资料汇编》(洋务运动时期教育卷),上海:上海教育出版社,1992年,第285~286页。

表 2-1 船政学堂各专业课程列举

学堂	专业	公共课	专业基础课	专业课	实践课
前学堂	制造专业	外文（法文，兼习英文）、算术、几何	三角、解析几何、微积分、物理、机械学等	蒸汽机的制造与操作、舰体制造	半天堂课、半天厂课(熟悉机械工具)、实习课(蒸汽机制造和船体建造)
后学堂	驾驶专业	外文（英文）、算术、几何	代数、直线和球面三角等	航海天文学、航海理论、气象学、地理等	两年舰课。舰课包括驾驶、演炮以及航海实习
	管轮专业		代数、三角、物理等	机械制图、蒸汽机结构与安装调试、各种仪表的功能与使用、海上机械操作规则等	厂课(岸上安装蒸汽机)、舰课(船上安装蒸汽机)

　　学堂正监督日意格所设计的办学模式,欲将船政学堂打造成一所按学科分设专业与课程的近代高等学府。学堂按专业分科教学,采用班级授课制,注重学习与实践相结合,学用结合。从表 2-1 中可以看出,船政学堂各专业都有比较完整的课程体系(教学计划),包括公共课、专业基础课、专业课和实践课,既重基础又重专业,改变了往昔为应对科举考试而精力分散的状况。学堂所有课程都是以促进学生能力发展为本位。课程或强调实用技能,或强调科学逻辑,都与学堂所要培养的各种技术人才基本素质直接相关。且学堂较注重课程的整体性和连贯性,如"前学堂课程限制以六年为期,初入学堂先照法国初学学堂课程办法,学习数学入门、几何入门等书。次则,再按法国水师学堂课程办法,学习数学、理解代数、平面及立体几何、八线算术、几何画法、重学、格物入门、代数入门等书。在第五、六两年,则上上等代数,学几何、代数、重学、理解微分积分、化学、格物等"。不难看出,学堂注重循序渐进,实行分年课程,不同年段的课程各有侧重,课程也会随着学生学习的不断深入而不断加深。这样的课程体系既符合学

生的认知特点,也保证了学生能够获得扎实的专业基础知识。另外,学生在课外时间也学习《圣谕广训》《孝经》等史鉴,但学堂并没有把这些史鉴纳入课程计划中,更没有对学生学习这些史鉴做出硬性规定。这样学生在学习技术知识和提高技能的同时,也会培养自身的人文素质,尤其是爱国主义情操。船政学堂的这种课程设置打破了以往的封建教育模式,许多课程对中国教育界来说不仅是前所未有的,而且这些近代科学技术知识的引进,更给中国的教育事业注入了新的活力,对传播、学习西方近代科技文化知识,尤其是开民智起到了积极的、开拓性的作用。

福州船政学堂的特色之一就是极为重视实践性教学,注重理论与实践相结合,提倡学以致用。这一特色不仅实现了学堂办学目标,更实实在在地培养了一大批诸如萨镇冰、魏瀚、刘步蟾等杰出的海军将领和高级工程技术人才。福州船政局同时创办了铁厂、船厂和学堂,但既不是厂办学校,也不是校办工厂,更不是厂校联合或合作,而是学堂以企业为学生"实习实验之地",企业则以"学堂为根本",学校与企业紧密结合的船政衙门统筹规划下的厂校一体。所以教师皆为"双师型",既是教师,也是工程师;学生既学习理论,又参加工厂劳动,学生的实验、实训、实习等实践性教学有充分的保障。不同的专业都配备大量的实践课,这种实践性的特色在上文课程设置的表格中一目了然。学生"半日在堂研习功课,半日赴厂习制船械",堂课与厂课交替进行,教习现场教学指导,学生观察记录、动手实操,学生可以很好地将所学理论运用到实际中,动手能力有很大提高,教学效果非常显著。这种独具特色的"厂校一体、工学结合"的实践性教学,对当前中国高等教育实践教学仍有着很好的借鉴意义。

教育管理现代化的一项重要标准就是教育管理的法制化,并形成一套科学完备的教育法规体系。福州船政学堂建立了一套严格的教学管理制度,规定了学生入学后应该遵守的各方面情况,并要严格执行。学堂章程中就规定:"由教习洋员分别等第;其学有进境考列一等者赏洋银十元,二等者无赏无罚,三等者记惰一次;两次连考三等者戒责,三次连考三等者斥出;其三次连考一等者,于照章奖赏外,另赏衣料以示鼓舞。"这项根据学生成绩所进行的赏罚措施,不仅严明了学堂的教学管理纪律,还调动了学生的学习积极性。学生在学期间还要通过形式多样、过程严格、考核细致、频率较多的考试,以保学生能真正地学得知识和技能。主管船政的大臣经常到学堂巡查、监督、指导。例如对驾驶专业的学生,"躬督驾驶,各练童逐段眷注日记,量习日度、星度,按图体认,期于精熟。归时则各童自行轮班驾驶,教习将其日记仔细勘对"。在这种严格的管理下,学堂的淘汰率很高,1866年艺局开办时各专业有学生300多人,至1874年只剩193人,淘汰了近一半。

福州船政学堂不仅对学生实行严格管理,对教师也有颇高的要求。船政学堂在挑选教师问题上非常谨慎,只有符合规定的素质标准的人选才能任用。"惟管驾练船,不同管驾轮船,驾轮船固须熟悉船学,管驾练船,即为各轮船管驾执事水手之教习,必须曾历各国洋面,通晓水师章程,为洋员所素知者,始能胜任,未便轻率派委。"学堂和教师签订合同,按合同条款明确办事。如当时左宗棠等和日意格签订合同中就规定:"现蒙先谕,自铁厂开场之日起,五年限满,如能照所具保约教导中国员匠于造船法度一切精熟,均各自能制造,并能自造家伙,并学堂中教习英法两国文字造船算法及一切船主之学均各精熟,俾中国员匠能自监造、驾驶,应加奖日意格、德克碑两人各二万四千两,加奖外国员匠银共六万两。"但如果洋教习教学不力,也会受到相应的惩罚。"若某人教导不利,或办理不善,或擅打中国生徒人等被撤回,则只给回费,不给两月贴薪。"在洋教习任教期间,就有由于教学不利而被解雇遣回的,例如1881年英国管轮教习理格就由于教学非常不得力,所以被遣令回国。在这种奖惩制度下,提高了外国教师的教学积极性,使得他们能够全身心地投身到学堂的教学工作中,保证教学质量。

除了自办学堂培养人才之外,福州船政学堂也认识到:"中国仿造皆其初时期旧式,且师资不广,见闻不多,官厂艺徒已放手自制,止能循规蹈矩,不能继长增高。"所以"遣人赴泰西游历各处,藉资学习,互相考证,精益求精,不致废弃,则彼之聪明有尽,我之神智日开,以防外侮,以利民用,绰有余裕矣"。经过沈葆桢、左宗棠和李鸿章的积极建议,由日意格制订了较为详细的留学章程和教学计划,福州船政学堂于1877年3月挑选出前后毕业生30名分赴法国、英国学习轮船的制造和驾驶,开举了近代中国向欧洲派遣留学生之先河。晚清 40 多年中,船政学堂共毕业学生 510 名(连同民国初期毕业的共 628 名),选送出国留学生 4 批及零星派出共 111 人。其中在中日甲午战争前,船政学堂共派去三届留欧学生,共计 78 人。虽然清政府此前已有派遣幼童留美之举,但此举缺乏吸收西方文化精华的自觉性,目的性并不明确。而船政学堂则是有针对性地选派优秀学生赴外留学,目的是培养自己的高层次工程技术人员,精益求精。与近代留美幼童比较,福州船政学堂派遣留欧学生的成绩斐然。赴欧留学不仅促进了当时中国旧教育的改革和新教育的发展,而且为中国培养了大批科技人才,如"铁路之父"詹天佑,矿务专家林应升、林日章,外交家罗丰禄、陈季同,轮机专家陈兆翱、杨廉臣,造船专家魏瀚、郑清濂等。

图 2-7　船政留学生在英国的留影

　　船政学堂还成了中国近代第一所海军军事院校。首先,船政学堂创办的初衷之一就是为了整顿水师。左宗棠上奏清廷设立船政衙门的奏折就讲到,"欲防海之害而收其利,非整理水师不可"。船政衙门造船,主要造的是军舰,武装海军;同时制炮,生产鱼雷,也是为了武装水师。船政学堂培养的人才主要是造船和驾驶人才,也都是为造舰和水师服务。求是堂艺局章程明确规定:"各子弟学成后,准以水师员擢用。"中国近代第一支舰队正是从船政学堂开始的,比南洋水师(1854 年创立)、北洋水师(1885 年创立)都早。因此,船政学堂被誉为"国海防设军之始,亦即海军铸才之基"。其次,船政学堂实行的是供给制和军事化管理。"饮食及患病医药之费,均由局中给发","饮食既由艺局供给,月给银四两";学生管理由稽查、管理委员负责,学堂"派明干正绅,常川住局,稽查师徒勤惰"。在外人看来,造的主要是兵船,培养训练的主要是水师,更像是海军军事基地,所以,当年的洋监督日意格就称其为"The Foochow Arsenal",即福州兵工厂。最后,培养了一代又一代的海军人才,据不完全统计达 1100 多名,占中国近代海军同类人员的 60%。晚清和民国时期的多数海军高级将领,如总理南北洋海军兼广东水师提督的叶祖珪,曾一度代理北洋政府国务总理的海军大臣萨镇冰,领衔发表著名的《海军护法宣言》的海军总长程璧光,被孙中山任命为海军总长兼总司令的海军上将黄钟瑛,历任海军总长、交通总长、教育总长等职的刘冠雄等,都是船政学堂的毕业生。清史稿也记载:"船政学堂成就之人才,实为中国海军人才之嚆矢。"从学校的沿革看,民国时期划归海军部管理,前学堂改名为海军制造学校,后学堂改名为海军学校,艺圃改名为海军艺术学校。1917 年增设海军飞潜学校,1924 年并入制造学校,1926年又合并为马尾海军学校(1930 年改名为"海军学校",去掉"马尾"二字)。一脉相承的沿革也清楚地说明船政学堂是中国近代第一所海军军事院校。它不仅是培养海军军事人才的高等院校,而且是海军军官的在职培训基地。

第三节 福建船政的衰败

福建船政局经营了 41 年,终于无法维持下去,于 1907 年宣告停办。虽繁华短暂,但船政局在中国造船史、海军史上都占有重要地位,"为中国制造肇端之地",并且为中国培养大批人才,推动了中国的发展。分析其衰落,实有诸多原因。

图 2-8　船政局

一、缺乏稳定有力的领导者

船政是一个近代型的工厂,管理人员,尤其是主持人及其主要助手的业务、管理能力如何,具有重要意义。管理制度的合理与否,对船政局的发展也具有很大的影响。在近 40 年的时间里,船政局缺乏一个稳定的管理主持人和熟悉业务的大臣。

表 2-2　船政历任主持人

职衔	姓名	任职年月	任职时间	附注
船政大臣	沈葆桢	同治六年六月十七日至光绪元年十月初一日	八年两个月	特简专任
船政大臣	丁日昌	光绪元年十月十一日至光绪二年五月初一日	七个月	特简专任
船政大臣	吴赞诚	光绪二年五月一日至光绪六年二月二十一日	三年十个月	特简专任
督办船政	黎兆棠	光绪六年二月十一日至光绪九年四月初三日	三年	
督办船政	张梦元	光绪九年四月初三日至十二月一日	八个月	以福建按察使兼管
督办船政	何如璋	光绪九年十二月初一日至光绪十年七月	八个月	特简本名会办船政
船政大臣	张佩纶	光绪十年八月至十二月	四个月	光绪十一年七月兼署船政大臣

续表

职衔	姓名	任职年月	任职时间	附注
船政大臣	裴荫森	光绪十年十二月至光绪十六年四月	五年五个月	初以福建按察使兼理，光绪十四年两任按察使
兼管船政	卞宝第	光绪十六年四月至光绪十七年八月	一年四个月	以闽浙总督兼管
兼管船政	谭钟麟	光绪十七年十二月至光绪二十一年	三年	以闽浙总督兼管
总办船政	杨正仪	光绪二十一年至光绪二十二年	一年	以候补道员起用
兼管船政	边宝泉	光绪二十二年至光绪二十三年六月	一年六个月	以闽浙总督兼管
兼管船政	裕禄	光绪二十三年六月至光绪二十四年四月	十个月	以福州将军兼管
兼管船政	增祺	光绪二十四年四月至光绪二十五年	八个月	以福州将军兼管
兼管船政	善联	光绪二十五年一月至六月	六个月	以福州将军兼管
兼管船政	许应骙	光绪二十五年九月至光绪二十六年初	三个月	以闽浙总督兼管
兼管船政	善联	光绪二十六年一月至八月	八个月	复以福州将军兼管
兼管船政	许应骙	光绪二十六年八月至光绪二十七年七月	十个月	复闽浙总督暂兼管
兼管船政	景星	光绪二十七年至光绪二十八年	六个月	以福州将军兼管
兼管船政	崇善	光绪二十八年一月至三月	三个月	以福州将军兼管
会办船政	沈翊清	光绪二十八年四月至光绪二十九年五月	一年三个月	以原提调充任
会办船政	魏瀚	光绪二十九闰五月至光绪三十一年六月	两年	新任
会办船政	郑清濂	光绪三十一年	一年	以船政局首届出洋学生擢用
兼管船政	松寿	光绪三十二年一月至宣统三年九月	五年九个月	总督兼管

从表 2-2 可看出，从 1867 年至 1890 年是以专任船政大臣为特点的管

理体制。除沈葆桢在任时间较长外,其余任职时间过短,更迭频繁,造成船政管理的混乱,沈葆桢在任职期间,威望较高,权位较重,因而船政发展较有成效。沈葆桢之后,接任的船政大臣不但任职时间短暂,而且系以司道任职,无法与督抚将军平行,从而造成拨款的困难。针对此等弊端,清政府于 1890 年 3 月任命闽浙总督卞宝第兼管船政。清政府提高主持人的级别,以便于筹款。但出于所谓节约薪金(兼管只领一薪),不派专职主持人,而由闽督兼管,结果又造成督抚兼而不管的弊病。1890 年后,船政大臣大多是老朽官僚或守旧大臣,他们对外国事务一无所知。

二、管理的混乱和废弛

船政虽然在企业管理上有了某些近代化的迹象,但是由于受传统思想的禁锢,在内部管理、财务管理等方面严重阻碍了企业的扩大再生产。人事管理上的封建"裙带"关系成风,形成"积重难返之势","人浮于事",虚糜局款;黑暗官场上的恶劣习气,如浮冒搪塞、营私舞弊、官气十足等,直接影响船政的日常运作。企业内部对工人的束缚很严重,工人在生产和生活上都要受到员绅的"统制",佣工、杂工要"受兵法部勒",还设什长、队长管理。他们所住之处,"傍山结垒,略如营房"。"工役有犯",按军法惩处,抑制了工人生产的主动性和积极性,这也意味着船政局利用封建强制的办法榨取剩余价值。财务管理上实行"开单制",向户部核销,后期虽然从"开单"变为"改造细册",船政大臣乃奏请准予"实支实报,免以成例相绳"。这种传统的财务奏报方式,其可靠与否完全取决于奏报者的廉洁与否。滥支、滥用、滥报、多报开支以中饱私囊难以避免。财务管理日益混乱,贪污浪费风行,造成船政"弊窦丛生,虚糜甚巨"。而且船政在引进外国先进机器和技术时,又与国际船政市场发生联系,而国际价格随着价值规律上下波动,使这一传统财务管理制度无法适应国际市场的复杂性,无法产生效益。

(一)船政贪污风行

1904 年,崇善"得鱼忘筌",压制魏会办,使魏不得不他去。1904 年,

"船政开厂鼓铸铜元片",就未见魏瀚会衔。崇善用人唯亲,竟然在奏折里密举他所"倚重"的沙县知县高凌汉为提调。此人办船政文案十年,据称铭因"将军年老多病,精神未能周到,该员招权纳贿,工于蒙蔽"。崇善因未驻工马尾,高凌汉便"专办船政事务,于是大权在握,一意径行结连崇之嬖人马庆麒、庆周兄弟,门庭如市,贿赂公行","逐上密举以济贤,破格擢用"。高任提调后,"力去闽人,所用皆旗员,或粤籍,不办一事,坐领厚薪"。高凌汉以船政提调自兼铜元局帮办总监工,庆麒则以铜元局总监工兼船政帮办提调,互相援引,朋比为奸,人言籍籍,一时以高马并称。贪污铜元局巨款,便是突出的一例。在这个贪污集团把持下,"厂务日就废弛","厂屋半就圮毁,机器霉锈,材料散蚀腐败","各员绅、书吏、工匠、丁役等坐支薪水,糜费库款"。①

船政严重的贪污浪费,引起了社会各阶层的强烈反应。1907年,《时报》发表一篇署名为"福建人"的文章,愤怒指出,"船政办事大小人员,只以增薪请假为要图,以中饱私肥为得计","上下欺蒙,廉耻斫丧,而船政腐败之名乃愈著矣"。②李宗羲曾指出:"若练兵简器造船饷诸大政,万一不得其人,无论章程如何美备,条目如何精详,一入急功营私之手,势必颠侧舞弊,尽坏立法之初意,又安望其持久哉。"③

(二)国际市场的变化对船政的影响

20世纪后,船政在不少方面仍依赖于外国市场,其带来的消极影响远比19世纪80年代严重。表现如下:

1. 中国银价低落,法郎与白银比率变动剧烈。英人玛体生在《论各种工程工艺内合买货之理法》中谈到各国货币比率时说:"如彼国欠银于本国之人多,则汇价贵,欠银少,则汇价廉……如两国所用之钱本不同类。如一国以金钱为主,一国以银钱为主,则其涨落之价极大。"④19世纪末,中国入

---

①　陈璧:《望嵓堂奏稿》卷五,第42页。
②　《时报》1907年11月30日—12月4日。
③　葛士浚:《皇朝经世文续编》卷一〇一,《洋务一》,第23页。
④　葛士浚:《皇朝经世文续编》卷二五,《工艺二》,第43页。

超状况严重。从 19 世纪 80 年代后,白银与法郎的比率变动很大,总的趋势是下降的。这对购买外国料件影响很大。甲午战后,法郎与白银比率从 19 世纪 70 年代的 8∶1 变为 4∶1,镑价上涨一倍,意味着船政购买同样货所需的白银应比 19 世纪 60 年代高出一倍,而所有洋货运销中国,"成本既增,售价自倍"。

2. 运输等费用的增加。1845 年,英国轮船公司开辟香港航线,1850 年直到上海。1871 年,法国创立了法国轮船航业局,每两个月从汉堡开往香港和上海一次。在当时中国还没有一艘远洋轮船的情况下,外国对中国托运收取很高的运费。19 世纪末,运费更为昂贵。如 1899 年,船政局购买 141500 两的机器料价,运费大约为 26700 两,运费占采纳总金额的 18.8%。而在 19 世纪 60 年代,每值百两金额的采购费,运费仅 9.5%。结果"几买下等货,再加水脚保险等费,而送至需要地方,其价几乎与上等货价无所区别"。①

3. 赊欠洋货的利息。甲午战前,向外洋购货,一般随时清溃,杜业尔监督船政之后,由于经费窘迫,工资都发不出去,使购外货的积欠在 1901 年 5 月底之前,除已还外,还拖欠 60 余万元。据载,当时船政局欠洋行货款 195600 元,利息每年总达 20%,60 多万元每年应给利息 12 万元之多,这些都加重了船政的负担。

三、经营方式转变不彻底

福建船政停滞以致最终的衰落,与其说是官吏无能所致,毋宁说是体制弊端所造成的。崇善分析列举了数点弊端:"创造之初,集款颇厚,故能应咸宜,毫无掣肘。后此关款,改提或解难足数,于是停工待料,均料待价,一方困难,百端牵动,逾期给价,又须贴息,且现期交易与订期付值,价日之昂贱悬殊",此其弊一;"一轮之动,须运以全厂之机力,并造数船,其厂费如此,造一船费亦如之,且造船料件,竹头木屑,都无弃材,若只造一船,则宜

---

① 《船政奏议汇编》卷五三,第 9 页。

于甲者或不宜于乙,今款不应手,势难并造数船,无形中实滋亏折",此其弊二;"匠薪厂耗或合同之所载,或养厂之必需,工则作辍相乘,费则一无可节",此其弊三;"消耗既多,间有揽造船只,自不能不权其工费,虽极克己,较之商厂仍判低昂,故修配官船之外,商船之修造日稀",此其弊四;"闽厂久处困穷,人皆视为残局,即筹商协济,舌敝唇焦,鲜有应者,闽关税款连年短绌,凡经部指拨之项,均有考成,自难专顾船政,自后厂需尤有日窘之势",此其弊五;"船政前学堂为制造专门之学,卒业后资遣出洋,学成回华,即以备本厂制造工程之用。连年经费不致,无从遣送,而前届回华学生散诸四方就食他省,禄养既穷,羁縻无术,间有才智之士留厂效用,亦以工程作辍之故,莫罄所长"①,此其弊六。停工待料,高价购料,开工不足,材料浪费,船价高昂,关欠严重,人才难于培养和无法使用,经营方面的弊端均与经营方式有直接联系,即专靠固定的海关拨款,不是靠内部积累,造成了资金严重不足,并带来了上述种种弊端。船政局从 1866 年开办到 1907 年,造船费 852 万余两,兴建厂房、宿舍 211 万两,制造、采购、安装机器用银 64 万两,添置、维修机器,外国人员工资,共用银 558 万两,教育经费 67 万余两,垫支养船经费 146 万余两,赔垫铜币局 23 万两,统共用银 1921 万余两,每年平均用银 48 万两,不足原订计划常年经费 60 万两。作为当时最大的官营军事工厂,这点有限的投资是不足以推动船政持久发展的。

　　洋务派针对船政发展过程中暴露的各种矛盾,曾采取措施并做出努力,企图使船政局的发展"转向"。但所采取的措施没有使船政局完成符合经济发展要求的转变,所做的努力也未收到应有的效果,这就是船政局到后期停滞不前、走向衰落的部分原因。

　　船政到后期曾对此做了多方探索,如依靠各省协款订货造船以维持生产制造,从内部解决资金问题,即广开财路,多种经营,但均未达到"开自然之利",从内部积累资金,代替固定拨款的目标。因此,扩大再生产与固定资金这对主要矛盾,一直存在于船政局发展过程的始终。20 世纪后,船政局毕竟开始在向资本道路转化,对解决上述矛盾起了积极作用。1907 年

---

① 《船政奏议续编》卷一,《崇善六》,第 22、23 页。

停造轮船,就中断了这个进步的转化。从此,船政局便失去了作为中国造船基地的历史地位。

四、只讲究社会效益不讲究经济效益

由于船政局的设立是为了"力图自强","讲求兵船新法,以固疆圉而壮声威",因而所造之船,除组建福建海军外,调拨沿海各省。产品无偿调拨,因"制船用船均属公家,自无庸两相计较"①,所以"并不所取原价分文"。船政资金来源于闽海关的固定拨款,经营不计成本,没有获得利润可言,也就没有从利润转化为资本积累,当然无法进行扩大再生产,这就决定了船政的船厂性质是官营的非营利性军事工业。近代机器大生产需要不断扩大生产规模以获得规模效益,船政没有在对外开放中借鉴西方的经验,及时变革过时的经营理念和经营方式,因此无法进行近代工业的扩大再生产,从根本上导致了船政的衰败。企业的经济效益是企业的生命和活力所在。船政当局没有把"洋厂贪求资本之息"作为取法的榜样,反而坚持经费上的"实支实报",把企业经费来源系于国家的拨款上,而不是靠企业自身产品的价值利润积累,终于使企业成"无米之炊"而停办。

五、缺乏商务观念错失持续发展的机遇

商务观念是随着对外开放而被国人逐步接受的。虽然商务思想在晚清有了一定发展,但是船政局没有把船政与商政相结合,把船政引向近代商业化道路,严重制约了船政的发展。有识之士曾提议船政要讲求商政,与"商"结合,也出现一些很好的苗头,可惜没有得到朝廷支持和采纳,或船政当局没有加以很好把握。如同治五年(1866年),奏议设船政局时,广东巡抚蒋益澧就奏道:"沿海富商大贾,亦准其租购轮船夹板,而藉其名于官,

---

① 《洋务运动》(五),上海:上海人民出版社,1961年,第365页。

无事则任彼经商,有事则归我调遣。"①同治十二年(1873 年),沈葆桢提出,"若虑兵船过多,费无从出,则间造商船未尝不可,亦不患领者之无人","请将第十三、十四、十五等号轮船一体改造,广闾阎之生计,节国家之度支"。②李鸿章也认为闽厂"可间造商船,以资华商领雇"。因为船政经费支绌,清朝廷准许船政将"第十二号至十五号轮船改造商船,系为蹲节度支起见,应如所请办理。惟从第十六号起,应仍一律改造兵船,以无失设厂造船力图自强本意"。只因"间造商船"有违建立船政局的"本意"而被停止,实质上是由于缺乏商务思想而使船政失去一次发展的大好时机。光绪十三年(1887 年),船政大臣裴荫森同样因解决经费问题,与两广总督张之洞商定"协造"快船三号和浅水兵船五号。所谓"协造",即用船一方出资由船厂代造船只。当时商定,由广东方面以快船"每号各协番银九万两",浅水兵船"每号各协番银三万两",张之洞"鸿集官绅捐款"四十八万两,作为协造八船的经费。这种代他省造船的有偿"协造",在当时是解决资金困难的可行方法,亦是船政引入商政获得进一步发展的良好举措。然而船政局对此的认识存在很大局限性,认为"协造"是"甚不得已之计"。因此,虽然协造资助款项少于实际造船成本费,还须"由船政局款开支协办",船政局也认了。而且这种"协造"也没有很好地坚持下去。可见这种"协造"实际上是用船一方的随意资助而已,还不是成船的商品化。裴荫森还"坚与员绅约专造兵轮,永不准再造商船"。

到甲午战后,洋务企业步履维艰,现实形势迫使这些企业开始接受商务思想,统治集团内部也要求"仿照西例,改为商办"。在这种社会大环境下,船政局与两广总督会奏,拟将船政"招商承办",后因久无"成议",又由于"该厂需费较繁,华商既无力承揽,洋商又未便招致",船政当局决定"招商一节,应请作为罢论,以免纠纷而杜弊窦"。光绪二十八年(1902 年),会办船政大臣沈翊清请"饬下沿江沿海各督抚大臣,如有备造大小兵运各船,不必商购外洋,拟照南北洋广东成案,即就船政购造,约定工料价目,订明年月期限,以便考成。即华洋

---

① 郑剑顺:《福建船政局史事纪要编年》,厦门:厦门大学出版社,1993 年,第 3 页。
② 郑剑顺:《福建船政局史事纪要编年》,厦门:厦门大学出版社,1993 年,第 37 页。

各商有托制商船者,亦可订立合同,允为制造,以广招徕"。同年七月,船政总监督杜业尔与"驻沪法国立兴洋行,商订承造由沪至汉来往运货商轮三只之合同",合同规定,三船限 25 个月竣工,其价洋银 115 万元,并且"未候船政大臣将拟定合同批准为定,即行开工"。对此,清朝廷认为:"船厂代造他国公司商船,前奉旨准。细思终多流弊,如合同未订,请缓订。"在得知"代造三船"已经"画押难废"后,只好"令其妥定章程,赶紧代造"。虽然代造商船,"另有工价,月可节半。三船造竣,计可剩三十万元","裨益船政良多",仍未能得到朝廷支持。至于引进外资中外合资办船厂,更是清朝廷所惧怕而坚决拒绝的。因为商务观念并未渗透于船政局,船政经营思想始终束缚于军政垄断思想,没有突破旧的官营军工企业观念的氛围,因而错过多次商机,没有走上商业化道路或与商政结合,这就严重制约了船厂的生产,一直未能解决船政局经费困扰的难题,不能给它带来经营效益。

从封闭式的对外态度到"夷夏之防"的突破,在"师夷"、"借法自强"、采用对外开放的举措中,船政能够得以破壳而出,并在对外开放的政策作用下发展,但又因对外开放只是单纯孤立地引进机器、引进技术,却抛弃培植先进生产力的先进生产关系,造成船政与商务脱钩,企业没有商业化、资本化,没有经济效益,资金短细,最终走向了衰败。可以说,福建船政是对外开放的产物,没有对外开放就没有福建船政局的开办和发展,但同时又因为对外开放的不完全到位、不彻底等缺陷,使船政最终失去持续发展的动力和机遇。

在洋务运动"中体西用"的背景下,为了抵御外侮,左宗棠等人提出在福建兴办船政,以抵御外侮,也可以在经济上"分洋商之利"。在创办过程中,左宗棠、沈葆桢等人克服了诸如筹集经费难、船厂择地难、机器难于采购、船只缺人驾驶等诸多困难。从 1866 年 12 月破土动工后,船政局进入了一段发展、繁荣的时期,造船数量越来越多、质量越来越好,强大了中国当时的军事力量,船政学堂还培养出了自己的制造、驾驶轮船人才,同时还向外派遣留学生。但由于管理的混乱和废弛,经营方式转变不彻底,船政缺乏商务观念,不讲究经济效益,也缺乏一个稳定、有能力的领导者,福建船政在经营了 41 年后,终于无法维持下去,于 1907 年宣告停办。虽繁华短暂,但船政在中国造船史、海军史上都占有重要地位,"为中国制造肇端之地",并且为中国培养了大批人才,推动了中国的发展。

参考文献

1.《筹办夷务始末》。

2.[美]芮玛丽:《同治中兴——中国保守主义的最后抵抗》,房德邻、郑师渠等译,北京:中国社会科学出版社,2002年。

3.李定一:《中美早期外交史》,北京:北京大学出版社,1997年。

4.[美]马士:《中华帝国对外关系史》(第三卷),姚曾廙译,北京:商务印书馆,1960年。

5.《左文襄公全集》。

6.《洋务运动》(五),上海:上海人民出版社,1961年。

7.郑剑顺:《福建船政局史事纪要编年》,厦门:厦门大学出版社,1993年。

8.林庆元:《福建船政局史稿》,福州:福建人民出版社,1986年。

9.沈传经:《福州船政局》,成都:四川人民出版社,1987年。

10.沈岩:《船政学堂》,北京:科学出版社,2007年。

思考题

1.为什么会提出兴办船政局?

2.福建船政局在创办过程中遇到了哪些困难?

3.福建船政局的繁荣和成就体现在哪些方面?

4.哪些原因导致了福建船政的衰败和最终停办?

推荐阅读书目

1.林庆元:《福建船政局史稿》,福州:福建人民出版社,1986年。

2.沈传经:《福州船政局》,成都:四川人民出版社,1987年。

3.沈岩:《船政学堂》,北京:科学出版社,2007年。

第三章

马尾船政学堂教育沿革

"以一篑为始基，从古天下无难事；致九译之新法，于今中国有圣人。"

——沈葆桢

图 3-1　沈葆桢题福建船政局仪门联

第一节　马尾船政学堂教育缘起

"船"即水上交通工具。"政"指政治、事务，主政者之意。"船政"的理解：一是指造船、造舰的事务或者政务；二是指机构，特指总理船政事务衙门。福州船政学堂和马尾造船厂集造船、办学和整理水师三重任务于一体，建设了一支中国近代海军。

船政，首先离不开"水"。福建的母亲河——闽江，发源于武夷山脉，自闽北山区蜿蜒千里汇入东海。闽江流经福州东南 20 千米处，江面骤然开阔，水深浪宽，舟楫如梭，江中有礁形似马，故又得名"马江"。江的北岸，是中国东南沿海重镇——马尾。船政的核心围绕的是"政"。19 世纪 60 年代，外侮日趋严重，清朝统治阶层一批开眼看世界的官员认识到，要通过学习西方先进科学技术，兴办军用和民用工业，达到"自强""求富"目的，从而兴起了洋务运动。曾国藩、左宗棠、李鸿章、沈葆桢、奕䜣等是办洋务的积极倡导者和实践者，被称为洋务派。时任闽浙总督的左宗棠（1812—1885）忧于外患，他看到外来入侵多从海上而来，而我方有海无防，"藩篱竟成虚设"，遂于 1866 年上奏朝廷，慷慨陈述，要设厂造船建设新式海军。他在奏折中指出，"欲防海之害而收其利，非整理水师不可；欲整理水师，非设局监造轮船不可"，并提出具体设想，福建入海口"罗星塔"一带水清土实，适宜办厂造船。左宗棠的建议得到了清朝最高统治集团的认可和批准。10 月，清廷在马尾设置"总理船政事务衙门"，这是近代中国最早领导海军建设的国家机构，简称"船政"。因创设在福建福州马尾，后来的历史学家往往在船政前面冠以地名，故又称"福建船政""福州船政"或"马尾船政"。左宗棠正欲大展宏图，陕西却发生农民起义，清廷紧急下诏调左宗棠任陕甘总督。为了维护自己倡办的船政事业不至于夭折，左宗棠三顾三坊七巷，力荐前江西巡抚沈葆桢出任第一任船政大臣。

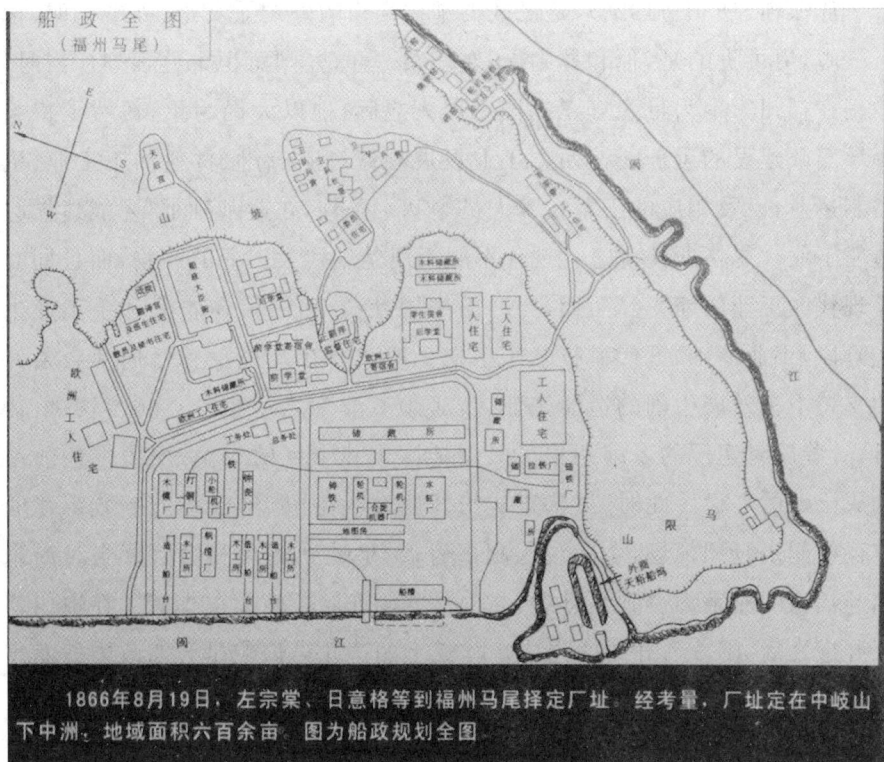

图 3-2　船政规划全图

一、开启新篇章

　　左宗棠(1812—1885)，字季高，湖南湘阴人，清道光十二年(1832 年)举人，曾任浙江巡抚、闽浙总督。1866 年，在马尾创办船政，旋调任陕甘总督。1875 年，任钦差大臣督办新疆军务，收复天山北路、南路，遏制外国侵略，建设新疆。光绪七年(1881 年)入京任军机大臣、总理衙门大臣，七月调任两江总督、南洋通商大臣。中法战争时督办福建军务，力主抗法。光绪十一年七月二十七日(1885 年 9 月 5 日)卒于福州。追赠为太傅，恩谥文襄。其奏稿、文牍等辑为《左文襄公全集》。清同治五年六月初三日(1866 年 7 月 14 日)，清廷批准左宗棠设厂制造轮船及调派习战营官赴甘听用之上谕。

沈葆桢(1820—1929),是民族英雄林则徐的外甥兼女婿,办事精明,很有气魄,更可贵的是,他和林则徐、左宗棠一样,爱国意识十分强烈。当时,他正在福州家中为母亲守孝。国家用人之际,他以大局为重,毅然承担起领导船政建设的重任。按西方工业发展规律,应先有原材料加工工业、机器制造业,以及相应的工程技术人员等基本条件,在此基础上,才能建立起造船工业。恩格斯就说过:"现代军舰不但是现代大工业的产物,而且同时是现代大工业的缩影。"然而,当时的中国社会,仍停留在农业和手工业生产阶段,工业基础、近代科技几乎空白。船政要在几乎没有任何社会条件的支持下去发展中国的造船工业,就必须有非常之举措。1866 年 8 月 19日,一些反对建厂的乡绅纠集了马尾地区十几个乡的农民,团团围住前去购买土地的差役。此时,虽未正式出任船政大臣,但早已参与船政筹建的沈葆桢闻讯赶到现场,企图说服闹事者,结果受到围攻和侮辱。当时尚未离开福州的左宗棠得到消息后,立刻紧急调炮船 5 艘前往支援。在炮船朝天开炮之后,围攻者才纷纷退去。马江上的这几声炮响是为船政创新而轰响,显示了中国近代化事业开拓者们曾经有过的决心,它们给中国送来了一段精神可贵、影响深远、值得反思的历史纪实。左宗棠、沈葆桢敢于对外开放引进,设计了从国外引进技术、设备和工程人员的建厂造船蓝图,聘请法国人日意格为船政正监督(相当于总工程师),这种一揽子的计划能较快形成生产力。1866 年 12 月 23 日,船政破土动工。厂址设在马尾中岐山下,背山面江,占地面积 600 多亩。随着从法国购买的机器设备源源运抵,船厂各项设施陆续兴造。仅用两三年时间,建成生产车间 35 座,造船船台3 座,配有 40 吨起重机,可建造龙骨长 100 米,排水量 2500 吨的船舶。船政衙门、办公所等非生产性建筑,也在同期先后落成。由日意格代雇的外籍技术人员(有法、英、俄籍洋员 50 多名)陆续到厂,介入船厂的创建与生产准备工作。新兴的福建船政拥有员工近 3000 名,其规模之宏大,设施之齐全,在当时远东地区首屈一指,马尾也由此成为晚清时期中国最大也是最重要的造船基地。1868 年 1 月,船政开工建造中国第一艘千吨级木壳兵船"万年清号",这是一艘以蒸汽机带动螺旋桨,从舻部推动船舶前进的真正意义上的轮船,第二年 9 月建造完工并试航成功。中国造船工业以此为标志,迈出了最初的步伐。在外国技师的指导下,至 1874 年,船政共造出各式兵商轮船 15 艘。其间,1872 年建成的兵舰"扬武号",排水量 1560 吨,相当于国外二等巡洋舰水平。1875 年,船政辞退外籍技师,进入自主造船阶段,制造成功"艺新号"炮艇,表明中国人掌握了近代造船技术。沈葆桢高度评价船政能自主造船,"实中华发轫之始"。1877 年,船政更新造船技术,开始生产铁木合构轮船,又称"铁胁船",船体更加牢固。1882 年,船政造出排水量 2200 吨、马力 2400 匹的铁胁快船"开济号",是一艘近海驱逐舰,表明船政的造船技术和生产能力提升了一大步。19 世纪 80 年代,当西方钢质军舰刚出现不久,1889 年船政也造出了中国第一艘 2100 吨级钢壳钢甲军舰"平远号"(那时中国钢铁工业尚未形成,造船的钢铁材料购自英国),编入北洋海军,成为八大主力军舰之一。从木壳船到钢质军舰的建造,船政用 20 年时间,达到了西方国家 50 年才形成的技术进步,展现了中国人民勤奋智慧的优良品质。从 1868 年至 1907 年的 40 年间,福建船政共造出各式兵、商轮船 40 余艘,总排水量合计 4.7 万多吨,占这一时期中国自造轮船的 70%。福建马尾成为中国造船工业的发祥地。

二、招生考试

以蒸汽机为动力的轮船产生,是世界近代科技一大成果。左宗棠、沈葆桢认识到,引进国外工程技术人员指导船政造船,只能是权宜之计,不可以此为依赖,必须培养中国自己的科技人才方是根本之计。船政在办厂的同时,创设了培育人才的船政学堂,率先引进西方自然科学教材和教育制度。此举不但为国家培育出大批科技人才,而且打破了中国千百年来以"八股文取士"的教育局面,开近代科技教育之先河。1866 年 12 月,福州城内举办了一场别开生面的考试。这是沈葆桢在为"求是堂艺局",即后来的"船政学堂"举办的招生考试。一大批影响中国近代历史的杰出人物由此登上了历史的舞台。"船政根本在于学堂",沈葆桢将人才培养放在了高于工业制造的位置上。当时,社会主流的考试是科举。船政在当时是一件听起来"奇怪"的事情。为了能够招收到优秀生源。沈葆桢组织在福州城大街小巷粘贴布告,许以学员优厚的待遇,不仅所有的饮食和医药由国家供给,而且每人每月还发给四两白银。按照同治光绪年间的白银购买力折算,这笔补贴相当于现在的 500～800 元人民币。船政学堂招生对象不分民族,凡 13～16 岁(后放宽至 12～20 岁),无论举贡生员、官绅士庶出身,均可报考。但是,招生依然遇到问题。官宦子弟照旧选择科举考试。招收的学员都是贫寒子弟。为表重视,沈葆桢亲自担任此次招生的主考官。考试分为笔试、目测、体检三个部分。学习驾驶的学员对其视力的要求尤为严格。这是中国历史上第一次需要面试与体检的考试。考题也是沈葆桢亲自出,题为"大孝终身慕父母论",当时沈葆桢的母亲刚刚去世。在考生中有一名 12 岁的考生也是刚刚失去父亲。他在此次考试中获得了第一名的佳绩,他就是严复。与严复一起被录取的还有邓世昌、刘步蟾、方伯谦、魏瀚、陈季同等共 105 人。这次考试开启了不同于科举考试的求才取士之门,并为一大批之后 100 年时间里影响中国发展的精英人才铺就了成长之路。船政学堂采用的是一堂两制。前学堂是法语学堂,15 岁的魏瀚在那里学习舰船设计与制造;后学堂是英语学堂,12 岁的严复在那里学习轮船驾驶和指挥。制造学堂,聘请法国教员用法语上课。科目有物理、化学、力学、机械制造与加工等,而数学是科技之基础,在课程中占很大比例,涉及微积分领域。驾驶学堂,实为培育新一代海军人才,聘请英国教员用英语上课。科目除数、理之外,还涉及光学、音学、地质、天文、航海学等。船政学堂招收十几岁少年入学,办学制度相当严格,实行半军事化管理。学子们勤奋努力,经过 7 年学习,大都掌握了较好的学业基础和科技知识。然而,沈葆桢以更深邃的目光,于 1875 年开始,分批选拔品学兼优的船政学生赴欧洲各国深造,直接吸收西方最新自然科学成果,甚至涉及社会科学,从而造就出一批高素质的人才。船政学堂办学数十年间,不断培养出技术人员,促进了船政技术进步。同时,也为近代中国的海军建设、航运、机器、矿冶、电信、铁路、外交、教育等领域,输送了一大批卓越人才,从多方面推动了中国近代化进程。如著名的启蒙思想家、北京大学第一任校长严复,中学西传第一人、外交家陈季同,甲午海战英烈刘步蟾、邓世昌,造船专家魏瀚,铁路工程师詹天佑等,都是其中的杰出代表。

图 3-3　船政学堂开启了中国少年的梦想之旅

表 3-1　船政教育与科举教育的区别

办学模式	船政教育	科举教育
招考方式	对外公开招生,自由报考,无身份限制,只要资质聪颖、熟通文艺即可	有严格的等级制度
教学模式	将学堂(课堂)、工厂(厂课)、练习舰(舰课)三者有机结合,强调理论联系实际	纯理论的教育
考核制度	在学习过程中对学生保持不断的考核,以检测其教学质量,同时用实践考核学生	无考核制度
专业设置	除《圣谕广训》《孝经》外,主要用法语和英语教授数、理、化,以及航海、轮机、制造等技术	《四书》《五经》等八股文,一成不变
奖学金制度	对学习成绩优秀的学生,给予足够的奖学金,以保证学生完成学业	无奖励制度,许多优秀人才因无钱而放弃求学
目标	造就科技人才和海军人才	猎取科举功名

三、船政实效

船政以巩固海防,抗御入侵为己任。1874 年,日本以琉球船员被台湾人杀害为借口,出兵三千企图占领台湾。清廷下旨任命沈葆桢为钦差大臣,全权处理日本侵台事件。沈葆桢当即调遣驻守各海口的船政所造舰船集中马尾,组建了近代中国第一支海军舰队——福建海军。福建海军紧急驰援台湾,备战御敌。清政府以此为后盾,在谈判中最终迫使日军撤军。船政为巩固海防捍卫主权初建功勋。中法战争期间的 1884 年 8 月 23 日,法国海军中将孤拔率领法国远东舰队突袭马江,挑起了震惊中外的中法马江海战,这也是中国拥有轮船舰队后第一次反抗外来入侵的海战。我福建海军奋起反击,浴血抵抗,终因敌强我弱,以及清政府的避战求和政策,贻误战机,导致福建海军全军覆没。700 多位将士壮烈牺牲,谱写了一曲惊天地、泣鬼神的悲壮战歌。船政英烈们敢于反抗入侵强敌的爱国精神,从此成为中国海军的军魂。伟大的革命先行者孙中山先生曾高度评价,赞曰:“船政足为海军根基。”在中法马江海战中,船政遭到法舰重炮轰击,损失严重。战后,工程人员和工人努力修复,两个月后恢复造船生产。进入19 世纪 90 年代,船政技术水平继续提升。但要维持一个大型军事工业,必须不断有资金投入。然而,腐朽的清朝统治集团并不注重海军建设,船政拨款日益减少,直至 1907 年,再也维持不下去,清廷下令船政停止造船。福建船政也从此结束了晚清最大造船基地的地位。1911 年辛亥革命后,中国历史进入民国时期,船政改称福州船政局。民国初期军阀混战,并不顾及民族工业发展,作为基础设施依然完整的福州船政局,在造船方面无所建树。但值得一提的是,1918 年 2 月,经政府批准,船政局利用造船设施和技术人才,创设了海军飞机工程处,开办了中国第一家真正的飞机制造厂。毕业于美国麻省理工学院航空工程系的巴玉藻、王助、曾诒经等中国年轻的航空工程人员,克服重重困难,经一年多努力,于 1919 年 8 月造出了中国第一架飞机。此时,离美国莱特兄弟首制成功动力飞机仅十余年。这架取名“甲型一号”的飞机,为双桴双翼水上飞机,从水面滑行升空,最大时速 120 千米。此后,飞机工程处不断提高制造水平,先后造出 17 架飞机,机型有双座教练机、海岸巡逻机、鱼雷轰炸机等。船政局还培养出飞行员,因此,马尾也成为中国航空业的摇篮。1937 年,日本发动全面侵华战争,多次出动飞机轰炸福州船政局。日军还两次占领船厂,大肆洗劫破坏,使这座曾是世界上赫赫有名的大造船厂,几成一片废墟。日本侵略军摧毁我民族工业的罪行,我们决不可忘记。新中国成立后,沿革船政基业的古老船厂,如枯木逢春,获得了新生。1958 年,船政命名为马尾造船厂,重新为中国的造船工业发挥作用。党的十一届三中全会召开后,改革开放的春风吹拂祖国大地,古老的马尾造船厂青春焕发,全面振兴。马尾造船人继承先辈光荣传统,不断开拓进取,矢志拼搏,造出了一批又一批出口船舶,在国际市场赢得了荣誉。2001 年,马尾造船厂在国务院和福建省委省政府的大力支持下,改制为股份制企业,面貌日新月异,成为中国南方重要的出口船舶生产基地,拥有设计和建造 5 万吨级高技术含量的船舶生产能力。2006 年,在德国汉堡国际海事展览会上,马尾造船股份有限公司建造的 700 箱集装箱船,以建造速度快、质量优良、船舶营运性能良好,被列为国际同类船舶的“标杆产品”,为国家争得了荣誉。饱经沧桑的百年老厂,在新的历史时期再创辉煌。①

　　历史事实表明,近代中国在 1840 年以后曾经有过可以用来改革创新的战略机遇期,也曾经有一批聚集在福州的近代中国人在为时不晚的时候就已经发奋努力为中国创造出一批近代成果。但是,一个国家的近代化转型有赖于众多的近代产业共同提供的物质基础和文化氛围。福建船政局不可能独自完成这样宏大的物质基础和文化氛围。在历史的时空坐标里,我们对于船政建设本身是给予正面评价的。在船政大臣沈葆桢任期内(1867—1875 年),福建船政局先后生产出 11 艘近代军舰,这些军工产品在将近 20 年的时间里曾经增强了中国的海防实力,尤其是在 1874 年日军侵犯台湾之际及时捍卫了中国的领土完整,让国人看到了近代船政创新中所产生的显著实效。在坚持船政创新的过程中,开明人士不断与诸如大学士倭仁、内阁学士宋晋、闽江总督吴棠那样的守旧派做斗争并且一再取得胜利,这也使得守旧派反对洋务和西学的声势日渐减退。梁启超在《戊戌政变》中概述过中国近代社会观念的变化。时至 1870 年之后,识者渐知西法之不能拒,谈洋务者亦不以为耻。又过了 20 年之后,1890 年的中国社会竟然举国争言洋务,中国人心至是纷纷欲旧邦新命。中国近代化的进程

---

　　① 李林富、邢杨柳:《百年船政　为国图强》,《海峡科学》2010 年第 11 期,第 169～170 页。

逐渐有了群众基础。

中国传统的人才教育是通过私塾、书院进行的,学习的内容是"明礼""遵礼""守礼"等义理之学,读书人致力追求的是对儒学的正确理解与熟练掌握。除了八股文之外,任何一种与实践相结合的知识与技能,都被当作不屑一顾的"末技"。如当时的理学大学士倭仁即反对学习西方的近代科学知识,上书:"立国之道,尚礼仪不尚权谋;根本之图,在人心不在技艺。"严复在翻译《法意》时痛斥:"中国重土,以其法之效果,遂令通国之聪明才力皆趋于为官。百工久流之业,贤者不居。即居者,亦未尝有终身之意。"这种传统的人才观念,在船政局建立前后便发生了很大的变化。企业的经营与发展需要大量懂外语的人才、工程技术人员、管理人员和军事人才,书院和私塾不可能培养出这类人才。唯一可行的办法就是改变观念,通过建立培养目标、培养方法与传统书院截然不同的新式学堂,以形成与企业发展相适应的新式知识分子人才群。

第二节　马尾船政学堂教育机构

工业革命的巨浪强势推动着古老中华的巨轮。当时的改革派主张从洋人那里购买军舰。但是,左宗棠认为:"借不如雇,雇不如买,买不如自造。"所以,在1866年6月正式上《试造轮船先陈大概情形折》:"臣愚以为欲防海之害而收其利,非整理水师不可,欲整理水师,非设局监造轮船不可。轮船成,则漕政兴,军政举,海关之税旺。一时之费,数世之利也。"拒绝造船26年的清政府,此次面对左宗棠的奏折,这一次仅仅19天就批准了。同治皇帝还做了上百字的朱批。

一、马尾船政学堂和马尾造船厂

与西方列强相比,亚洲国家的世界化进程相对落后。与日本人相比,

19世纪的中国人在天朝大国的梦幻中,生产力也早已落在后面。但是,由于西方国家敲开日本国门的时间(1853年)比敲开中国国门的时间(1840年)要晚13年,所以,即使反应速度比中国人快得多的日本人也来不及赶在中国福建的船政创新者之前着手兴办日本的近代船政。林则徐、魏源等有识之士已经在中国近代化的早期阶段努力做贡献了,以左宗棠和沈葆桢为首的福建船政创新者在太平天国运动刚结束不久,就为了兴办中国近代造船工业而积极行动起来。同治五年(1866年),左宗棠呈送奏折强调造船对抵抗侵略的重要性,使得慈禧随后也称"试造火轮船只,实系当今应办急务"。在朝天开炮驱散闹事乡绅农民之后,福建船政局于1866年9月动工基建;1867年1月福建船政局兴办的近代学校"求是堂艺局"也正式开学;1868年7月占地达40多公顷,工人多达3000多名,规模在亚洲堪称第一的大型近代化造船厂宣告建成。紧接着,在1869年6月福建船政局就造出了吨位达1370吨的第一号轮船"万年清号"。在同一时期,日本于1868年刚开始明治维新,1869年7月才开始在东京设立海军训练所,培训第一批近代海军。在中国的北方,俄国沙皇亚历山大二世1861年才签署了废除农奴制的法令,俄国刚开始缓慢地由农奴制国家发展成为资本主义国家。

(一)马尾船政学堂

马尾船政学堂是近代中国第一所海军制造学校,也是中国最先引进西方科技教材和某些教育制度所设立的第一所新式学校。它是洋务派继设立京师同文馆等外国语学堂之后,创立的一所最早以培养航海、轮船、制造等科技人才为目标的新型学堂,培育相当于现代大学专科水平的造船和航海人才。马尾船政学堂首开中国近代科技教育之先河。马尾船政学堂成立时附设于福州船政局,但当船政局还处于草创阶段,学堂已开馆授业。1911年辛亥革命爆发,中国历史进入中华民国时期。1912年10月海军部将马尾船政学堂与福州船政局分开,直接归由中央海军部管辖,分成制造学校、海军学校和艺术学校等三个独立的学校。至此,福州船政学堂退出历史舞台。从1867年建立到1912年一分为三,马尾船政学堂存在40余

督署（闽浙总督）　　　　　船政（总理船政大臣）

（统领）　　　　（提调）　　　　　　　（提调）

福建水师（提督）　船队　　　轮船局　　　　　求是堂艺局（船政学堂）

（造船局、船政局、船厂、船局）

福建轮船水师（船政水师）　洋员办公所——（洋监督）（总监工）　　（管理委员）（校长）

（管理委员）　　　专门委员 管理委员 管理委员 官长　　前学堂 后学堂

铁胁铁厂 铸铁厂 船造厂 镀钟表厂 船槽 砖灰厂 储炮厂 帆缆厂 锅炉厂 轮机厂 扎材厂 木模厂 广蓄所　　总务处 工务处 艺圃 东西考工所 健丁营 福靖后营　　造船设计 驾驶轮机

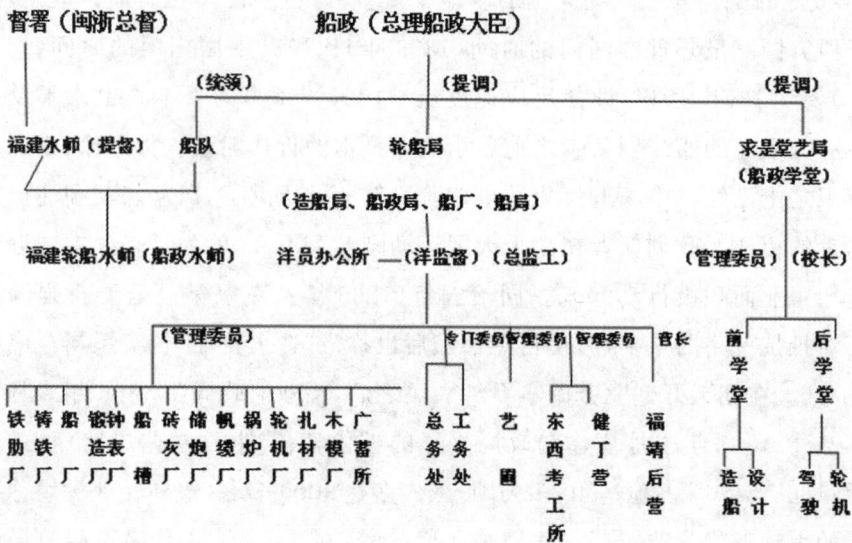

图 3-4　船政管理体系图

图 3-5　清廷批准左宗棠兴建马尾船政奏议诏书

年，为中国培养了大批的优秀人才，包括海军高级将领、工程师、文人学者等，其存在时间之长、影响之大，超过了洋务派创办的任何一所近代外语学校。尤其是作为中国近代最早实施西方近代科学文化教育，培养科技人才的新式学堂，具有不可替代的历史意义，影响深远。

虽然大多数热衷于洋务、致力于船政的新派人物原先与守旧人物一样受到传统中国教育的规训，但是，当世情、国情发生深刻广泛变化时，中国的精英阶层还是有与时俱进、具体问题具体分析的能力与实践的。如沈葆桢已经在实践中认识到重道轻艺的中国传统教育模式如果不加以变通，就不可能培养出适应新时代变化的新人才。他首先改变了视技术为"奇技淫巧"的旧观念,为新创的工厂和学堂高薪聘请外国技师和外国教师前来担任技术骨干和教学骨干。光绪五年(1879年),沈葆桢奏请"变通"科举,建议武科停止弓箭刀石,改考洋枪洋炮。适应新的科技发展,改变价值评价的标准,对人才的努力方向进行导向。船政学堂成立于国家内外交困的特殊历史时期,是当时中国少数先知先觉士族阶层的一种"民族自救"行为,成立船政学堂的首要目的是军事防备,其次是富国强民。因此,船政学堂在外国人的眼中,其实是一所军事学校。曾被聘为中国船政正监督、十分关心船政学堂建设的法国人日意格称其为"兵工厂",英国外交部称其为"水师学院"。严格的军事训练练就了船政学子顽强的意志、拼搏的精神,而内外交困的国事危局更是激发了船政学子保家卫国的赤子热忱。马尾船政学堂作为中国近代第一所高等实业学校,主要目标是培养高素质的应用型人才。马尾船政学堂创建的"厂校一体"的办学体制,实行教学与生产劳动紧密结合,学堂和造船厂优势互补,相得益彰。这种结合不但对清末如雨后春笋般兴起的高等实业学堂以及军事、政法等学堂起到样板作用,同时,对新时代培养人才的模式和途径亦起到引领和借鉴作用。

1874年,日本侵占台湾,马尾船政学堂第一届毕业生严复、林泰曾、刘步蟾等随沈葆桢入台保台。他们到台东沿海探测港口、地形、气象、海况和日本的海陆军情报,成功地把日军驱逐出了台湾。1884年中法马江海战,受制于腐败无能的清政府,船政学堂培养的水师官兵在贻失战机、地利的局势下,而对外敌的侵犯,慨然应战,浴血奋斗,慷慨赴死,用生命、行动谱写了一首气壮山河的爱国诗篇。"福星号"舰船着火,管带陈英毫无惧色,力战不退,声称"男儿食禄,当以死报,今日之时,有进无退",带头跳入火海。他们在战场上不畏强敌、视死如归的大无畏精神对当时羸弱的中国社会是一个强烈的震撼,是一场虽败犹荣的战役。1894年,中日甲午黄海战役,壮烈牺牲的民族英雄邓世昌、刘步蟾、林泰曾、林永升、黄建勋等也都是船政学堂的毕业生。一生致力于民族思想、文化启蒙,以期开启"鼓民力、开民智、新民德"的严复,临终还遗嘱"中国必不亡"。这种血性、这种为国家为大义慷慨赴死的责任与牺牲精神成为船政学子的另一个共同心理,并代代延续传承,使爱国主义成为船政文化的精神底色,照耀着船政学子前行的方向,并成为中华民族变革图强的动力。

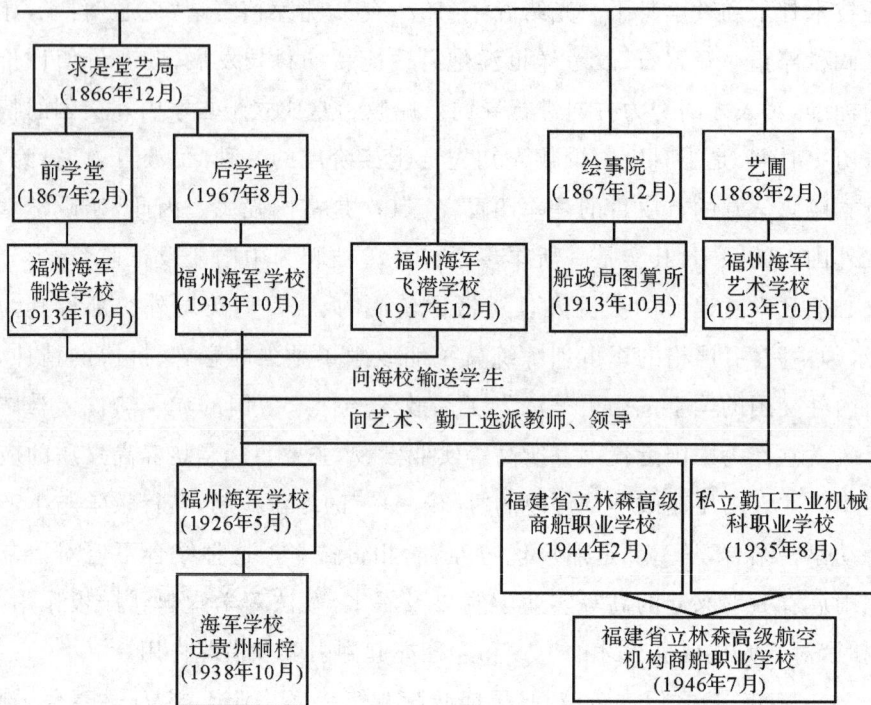

图 3-6　船政学堂发展脉络

(二)马尾造船厂

　　自清王朝始,我们的"强国船梦"一梦百年。马尾这个曾经的梦想基地历尽百年沧桑。1866 年 8 月,闽浙总督左宗棠从福州城出发,前往 40 里外的马尾。现在的马尾开发区当时还是马尾镇。位于马江北岸的马尾距离马江出海口有百余里,沿江小岛遍布,山峰夹江而上。"数十年来,外国轮船夹板船,常泊海口,非土人及久住口岸之洋人引港,不能自达省城。"马尾在当时是建厂造船的最佳选址。所以,福建船政局,中国历史上赫赫有名的远东第一船厂落脚在马尾。左宗棠在选址造船后不久就被朝廷调往陕甘镇压民变。之后,由沈葆桢接替他处理船政事务。天时地利都有了,还缺人才,左宗棠采用契约方式与法国军官日意格签订劳动合同,每月工

图 3-7　船政学堂第一届学员

资支付高达 1000 两，相当于清朝一品大员的几十倍。日意格带着他在本国物色的木匠、铁匠、锁匠等一班人漂洋过海，来到马尾。合同期满后，外国教师要教会中国工人各种造船工艺。1873 年，沈葆桢就开始逐厂考核，要求中国匠徒自行按图制造，不许洋匠在旁。中国人开始"用市场换技术"的实践了。

　　船政局是在 1866 年 12 月 23 日正式破土动工的，第二年 7 月，沈葆桢正式上任。当时沈葆桢面对的建厂情况可以说是一切空白，从头开始。田野中唯一的一座小屋子成了锻造车间，屋中两座铁炉马上生火，用中国的铁锤开始了工作，第一根铁钉就在这里打成。19 世纪 60 年代，正是清王朝一心一意进行经济改革的时代：成立总理衙门，由奕䜣任事务大臣，经管外交、通商、海关、训练新军、同文馆，同时经营修路、开矿、制造等事务，掀起了一场以经济建设为中心的热潮。1866—1869 年，国内生产总值每年保持在 10% 左右的高速增长，在这样的背景下，具有两三千人规模的马尾造船厂很快崛起在马江之畔，占地 600 亩，设备齐全，规模宏大，在远东地区首屈一指。

　　此后的 30 多年里，马尾船厂为清王朝造出了 40 艘舰船，占当时国内总量的 70%，组建了第一支海军舰队——福建海军，并为北洋、南洋两支水师配备了大量舰船和将领。其间，清王朝的三支水师分别经历了中法马江海战和中日甲午海战。战场失败后,1907年,清政府饬令惨淡经营的船政局停止造船。1911年,辛亥革命风起云涌。动荡的时局下,造船事业已无人关心,马尾船厂一度沦为卖废铁度日。至1949年止,又一个30多年里,随着政权的更替,马尾船厂一直在"打烂—修复—再打烂"的圈子里轮回。其间,一共更替了近20名负责人,修过军舰,造过商船,甚至造出了中国第一架飞机。波音飞机公司的首任总工程师,设计监造了波音公司的第一架水上飞机,他的同事巴玉藻则是通用飞机厂的总工程师。1917年,他们来到马尾,参与创办海军飞潜学校和飞机工程处,在这里造出了中国的第一架飞机。他们所达到的高度,即使百年之后,仍然让我们仰望。

1950年,当解放军开进马尾时,船厂已是满目荒凉、杂草丛生,只有一幢轮机车间的破厂房和积满淤泥的船坞提醒着人们,这里曾经有过"远东第一船厂"的辉煌。经过4年劳动,靠工人的双手在这里挖出了几百万块砖头和几十吨的废钢铁,并清除了丢在原船坞荒草地上的几颗没有引爆的炮弹。新中国成立后,因为台湾问题,福建成为对台一线,不适合成立大型军工企业,从此河道淤泥堆积,马尾船厂复兴无望。马尾造船厂经历了合并、改制,能走到今天,已经很不容易。不少人把新中国成立后船厂没有重新崛起的原因归结为台海备战,国家不愿意在福建投资重大项目。但更现实的原因则是自然条件,据专门研究福州城市近代化的学者林星介绍,到民国初年,闽江河道因为久未整治,泥沙淤积已然非常严重了。

图3-8　福州造船厂(1867—1871)

二、马尾船政学堂章程

左宗棠专门拟定的《艺局章程》,对学生入学资格、教学课程设置、艺局学制、船政学堂规章制度、管理体制、培养目标和待遇等方面分六点做了详细说明。

（一）入学资格

船政学堂在生源入学资格审查上，突破了1862年成立的京师同文馆对生源出身的限制（"应由八旗、满、蒙、汉闲散内，择其资质聪慧，现习清文，年在十五岁上下者，每旗各保送二三名"[①]）。代之以学生个人素质当作选拔依据，打破对于生员身份的限制，采取公开招生方法进行招生。学堂《艺局章程》还明确规定，凡"性慧夙有巧思者，无论官绅、士庶，一体入局讲习"。生源名额在地域分布上，除从本地考试选拔聪慧生徒外，亦从宁波、上海、广州等靠海通商口岸和地处香港的港英政府举办的学校中选取优秀学员。先自由报名，再统一考试，考试包括笔试、面试和体检。笔试方面前期招生主要考察考生对中国传统文化、伦理道德的理解和认识；中晚期招录的学员还需具备一定的外语基础；正式入学之前，还需生员和其父亲兄长出具担保，确保学习期内不改学他业或者请长假，以期学有所成。这些招生措施有效地保证了生源的质量，为日后船政讲习的开展奠定了良好的基础。此外，船政学堂另有一项独具特色的招员制度——对生员实行人才储备机制。艺局除了完成事先预定的招生名额任务外，"尚挑有年幼聪颖儿童，造册存记，令其在家候传，以备后学堂挑补及前学堂、艺圃两处鲁钝生徒剔退者之用"[②]。这种机制确保了艺局的后备生员，有利于培养梯队人才。

（二）课程设置

在课程教学方面，艺局于清同治六年（1867年）春季从福州城内迁至船政局所在地马尾，并分为前、后两个学堂。前学堂设有轮船制造和设计

---

① 朱有献：《中国近代学制史料》（第一辑上册），上海：华东师范大学出版社，1983年，第43页。

② 杨学为、朱仇美、张海鹏：《裕禄奏》，见《中国考试制度史资料选编》，合肥：黄山书社，1992年，第440页。

两个专业,后学堂设置轮船驾驶和轮机两个专业。前学堂习法语,所学课程主要有算术、几何、几何作图、物理、三角、解析几何、微积分、机械学、透视原理;后学堂习英语,主要课程为算术、几何、代数、直线与球面三角、天文气象学、航海测算、地理、蒸汽机结构原理、仪表使用、法语或英语。① 此外,"招考文学聪颖子弟学习制造及驾驶管轮,名曰艺童",另大部分从上海、香港等地招收拥有几年实践操作经验的青少年(包括一些已熟巧的技工)从事管轮专业的学习,丰富的实践经验加之以理论指导,其学业成绩突飞猛进,学习效果颇为显著。清同治七年(1868年)2月,前学堂增设供学员主修设计专业之所的绘事院。日意格认为学堂生徒学习造船的关键技术在于"画图定式""心通其理",而不是具体的运用与操作,故此特别开立两所画馆,"择聪颖少年通绘事者教之",培育船机和船体的设计和绘图匠人。清同治七年(1868年)8月,艺局复创设艺圃,并划分其为两堂,一是艺徒学堂,二是匠首学堂,课时皆设三年。后遂招录年纪在15~16岁资质聪慧、膂力壮健的学员充作艺徒。当时中国有一些技术精湛的工人,但已至中年,要实现自主设计、制造轮船的目标,还必须培养年轻的后备高级技术工人。当然,除了教授西方近代科技文化知识之外,艺局内也一并开设汉文课程,同时加强对学员儒家正统思想观念的教育与塑造,申明"今日之事,以中国之心思通外国之技巧可也,以外国之习气变中国之性情不可也"②。

(三)艺局学制

学制包括学业期限和考试规定,要求"子弟入局肄习总以五年为限。于入局时取具其父兄及本人甘结,限内不得告请长假,不得改习别业,以取专精"。"开局之日起,每三个月考试一次,由教习洋员分别等第;其学有进境,考列一等者,赏洋银十元;二等者,无赏无罚;三等者,记惰一次。两次

---

① ［法］日意格:《福州船政局》(又名《福州兵工厂及其成果》),见孙毓棠:《中国近代工业史资料》(第一辑),台北:文海出版社,1982年,第17页。
② 沈葆桢:《沈文肃公政书》,台北:文海出版社,1967年,第6页。

连考三等者,戒责。三次连考三等者,斥出。其三次连考一等者,于照章奖赏外,别赏衣料,以示鼓舞。"左宗棠制订严苛的考试规定,有助于激发学员的学习志向,督促学员奋发向上,特别是采用淘汰制培养考核模式,有助于培养出合格的人才。船政学堂的考试制度体现出明显的近代化特征,相比较于中国传统教育考试,突出对学生实践能力的考核,学堂规定:"去时教习躬督驾驶,各练童逐段誊注日记,量习日度、星度,按图体认,期于精熟。归时则各童自行轮班驾驶,教习将其日记仔细勘对。"艺局的学员皆要开展较大数量的实习与实践训练。比如造船专业学员每日皆有几个小时要进到操作车间,学习种种机器的性能与结构,通晓车间各个生产部门的生产活动及具体管理运作情况。另有驾驶专业学员需要使用专门的训练船只学习航海技能。此外,艺圃的艺徒学员每天上午都要进院熟习轮机及船身等的绘画与设计技巧,下午则赴学肄业,并常常派往每个工厂锻炼。三年时间之后参加考试,精心于制造者便可以升其为工头,学业成绩优秀者则进匠首学堂进一步深造,来日便可以升其为管轮之工程师也。

(四)规章制度

在学堂规章制度问题上,《艺局章程》规定:"各子弟到局学习后,每逢端午、中秋,给假三日。度岁时,于封印日回家,开印日到局。凡遇外国礼拜日,亦不给假。每日晨起、夜眠,听教习洋员训课,不准在外嬉游,致荒学业。不准侮谩教师,欺凌同学。"①这些规定有利于艺局营造良好的学习氛围,打造良好的学习风气,促进学员的学业进步。左宗棠"拣派明干正绅常川驻局,稽察师徒勤惰,亦便剽学艺事,以扩见闻"。此种由总理船政大臣委任,拣派明干正绅常住学堂内,对师之教与生之学的情况进行检查监督的管理体制,有两方面的作用:一是促进学堂学风建设,以"正绅"之榜样影响学员;一是扩大士绅们的见闻,改造封建士绅,具有积极的意义,是一个有益的探索。福州船政学堂章程的制定和艺局航海、轮船、制造科技人才培养之系统教授课程的配置,在整个中国教育界与学界是具有开创之榜样

---

① 左宗棠:《左宗棠全集奏稿(三)》,长沙:岳麓书社,1989年,第343页。

性的,它开启了中国近代职业教育的先河。毋庸置疑,它对于吸取及传播西方之近代化的科学技术文化知识发挥了极其重要的开拓性角色扮演与影响,近代科学技术知识的引进,给中国的教育事业注入了新的活力,对中国教育的近代化进程产生了深远的影响。

　　(五)管理体制

　　"合同",英译为 contract。晚清政府是中国最早聘请外籍人士来华工作的。晚清政府对外籍人士的管理方式经过探索后,终于选定了"合同制"来管理所外聘的人士。内容如下:

　　1.规定聘用洋员职责,明确惩罚措施。聘用洋员所订合同,对其职责、权利、义务都做了明确的规定。左宗棠与"常胜军"统带德克碑和继任的日意格等人签订的合同规定:"五年内,该正副监工及工匠等认真办事,各尽所长,悉心教导各厂华人制作迅速精熟,并细心工作,安分守法,不得懒惰滋事。"因有合同约束,德克碑和继任的日意格"一切均恪遵条约,毫无参差"。船政学堂教习"合同"规定:"某人系募在福州船政管轮学堂教习,该教习应尽心教导在堂生徒,无论在船在岸,均应教以管轮理法,兼教手艺,以外凡属管轮本分应晓之事,亦无论在船在岸,衙门或派其兼办,某人即应遵照,不得请加月薪。"正如郑观应提出的"选用洋匠必须顶明合同,以免后轮"。奕劻在讨论漠河金矿雇佣洋员矿师时指出:"延订矿师,必须访求确实可靠之人,合同内亦宜详细声明,免致虚縻款项。"萍乡煤矿局聘请法国矿师合同则规定:"该矿题应由本局总矿师及随从所派该管者,率其将德国各法在德国通行者,传授在工各华人。虽属矿师之职,如有别项差遣,亦应尽心经理。"而且合同还对"未尽其职"者做了规定:矿师"于合同未满时,除遇意外之事身不自主外,倘擅自离差误公,致令本局受亏,理应赔偿英金一百镑。该项本局尽可在薪水等项之内扣留,或向该管处控追"。而且还规定:"查有不胜其任者,不听指挥或矿务及工程有危险等弊未经呈报者,由总办知照总矿师,即时将其辞退。倘犯小过或不胜任则先三日知照,期满即行开除。如犯大过即当辞去。"如船政局管轮教习,英国人理格"教授年余,未其得力",原订三年的合同提前解除,被遭令回国。

2.规定聘用洋员权限,明确辞退条款,减少"外事干预"。由于外聘洋员中或多或少都有对中国内政进行干预的现象,所以,晚清政府"合同"中规定了外聘洋员的权限以及辞退办法。张之洞在分析了全国各学堂聘用洋员充教习的情况后指出:"向来学堂用洋员充总教习,往往多所干预,以揽我教育之权,不无流弊。"他主张:"各学堂总教习不宜轻假洋员,必不得已,亦宜订明归总办、监督等员节制,以限其权。"船政局与聘用洋员签订的合同规定了凡外聘洋员"于五年内,除局厂正工并本监督等奉派工作差使外,不准私自擅揽工作",同时须听从监督节制,如果"该正副监工及工匠等或不受节制或不守规矩,或教习办事不力或工作取巧草率,或打骂中国官匠,或滋事不法,本监督等随即撤令回国,所立合同作为废纸,不给两月辛工,不发路费"等等。学部与外聘洋员所签订合同则订立了洋员"受监督节制,凡关涉授课事宜,随时与教务提调或教务长妥商办理,如别有条议,应由教务提调或教务长转达";洋员"专任教授课程,凡学堂内外,一切他事不得干预";"凡学部颁行学堂章程及本学堂现行继订各项章程,该教员到堂后一律遵守,不得歧异"。天津武备学堂教习德国人黎熙德,违反合同"意有不受节制之势,合同内每日到堂以六点钟为度,该教习等仅允四点钟,且有旷误",其"既不遵守原约,本应立即撤遣",但他却反以辞职相挟,李鸿章立即批准,尽管德国驻华公使领事等分外要求而断然拒绝。

3. 规定洋员聘用年限、薪水、川资及医药费用。晚清政府的各级官员为了聘用到具有真才实学的外国人才,减少因误聘而造成的损失,他们在外聘洋员签订的合同中规定了聘用年限,一般年限不长。三年期为限的最多,也有最长以五年为限,最短以六个月为限。如左宗棠与日意格、德克碑就签订了以五年为限的合同;盛宣怀与英国矿师马之师就只订了仅仅六个月的合同。根据合同,聘用年限届满,如果双方不愿续订合同,洋员即应回国,即使洋员不愿离去,或驻华领事、公使出面干涉,清政府也以合同为据加以拒绝。在薪水方面,合同明确规定了洋员薪金数量、领取日期、领取途径。如果洋员被派出公差,所有往来食宿以资零费由所在单位解决。对生病洋员,在本单位处看病取药不取分文,如需住院或转院治疗,费用亦由本单位支付。当然,也有享受高薪水的洋员,如船政监督日意格、德克碑月薪在一千两白银;船政前后学堂洋教习月薪在两百元以上。可以说,高薪水、优厚的待遇有利于吸引外国人才来华工作。

4.规定对有功洋员实行奖励,把激励机制引入合同。为了吸引更多真正有才之士来华效力,晚清政府采用"重金聘请"政策外,同时对聘用洋员实行奖励和续聘政策,并把奖励和续聘写入"合同"之中,以激励外聘洋员认真履行职责。福州船政局与日意格等人的合同中有:"限内教导精娴,中国员匠果能自行按图监造轮船,学成船主,并能仿造铁厂家伙,中国大宪另有加奖银六万两,本监督等届时当照约请领,查明该正副兼工同各工匠劳绩,分别转给。如五年限内教导不精不给奖赏。"轮船招商请管轮学堂总办教习合同中规定:"三年限满之时,如果教导得力,学生等学问可以充当船正、副管轮,该总教习即由学堂总办禀请奖励,给予顶戴宝星之类。"清政府对聘用洋员的奖励,按劳绩分为三类:一般劳绩奖给宝星;较大劳绩奖赏给顶戴与虚衔;异常劳绩奖则授予实职和银两等。获奖洋员一般由使用洋员的总办、提调、监督等基层官员进行工作实绩考察,当合同期满或大工告竣或学生毕业之际,择其优为出力者作为获奖提名呈报督抚。如汉纳根曾因在北洋监造炮台业绩突出,连获奖赏三等第一宝星和二等第三宝星;他在大东沟海战中"奋勇效力,深堪嘉奖",被奖二等第一宝星。船政学堂教习邓罗,曾蒙赏五品顶戴,又因"在堂授课,均能精勤教导,著有功效"而准赏换三品顶戴。总税务司赫德获赏三代正一品封典。

5.规定对洋员的续聘、抚恤以及对"合同争议"的处理办法。晚清官员与洋员签订的所有合同中都有双方"愿意"可以续聘的款项。但前提必须是双方"满意"或"愿意"。如船政学堂教习邓罗、迈达因教导得力,卓有成效,双方满意而多次被连续聘用。对受聘洋员因公受伤、残、故或因病身故,合同作了给予"恤赏费"的规定,其支费多寡由雇佣单位确定。因公伤一般给予两个月薪水的恤赏;因公致残、致死,给予六个月至三年不等的薪水;若因病身故则酬给恤费。如福州船政局因公受伤的洋员赏给辛工一个月或二个月,因公伤重身亡,或残废,则赏给辛工六个月。

（六）培养目标和待遇

在船政学堂学员的培养目标和待遇问题上,《艺局章程》规定,"各子弟到局后,饮食及患病医药之费,均由局中给发",除此之外,"每名月给银四两,俾赡其家","各子弟学成后,准以水师员弁擢用","各子弟之学成监造者,学成船主者,即令作监工,作船主。每月薪水,照外国监工、船主辛工银数发给"。

此种给艺局学员以在学期间享受丰厚之待遇加上学员毕业后必予之以从优量才录用之规定,体现了左宗棠对近代科学技术人才的高度重视与关爱,体现了左宗棠对于晚清社会发展和时代进步的敏锐洞察力和深邃眼光。同时有利于打破社会上普遍存在着的以读四书、五经等儒家经典和以习作八股文章来求取科举功名为人生奋斗目标的观念。在当时,不仅近代科学技术没有被晚清主流社会所接受,就是谁去从事轮船制造业或学习轮船驾驶技术,也是清朝晚期社会一般士子乃至抱守封建传统的士大夫阶层之所不齿事。故此,左宗棠所言"艺局初开,人之愿习者少,非优给月廪不能严课程,非量予登进不能示鼓舞"①之话语,的确是切中当时之世风也。在学期间良好的待遇和毕业后重用的许诺有效地激发了学生的学习动力,为解除学生今后的后顾之忧和船政学堂讲习的顺利开展做了准备。

在培养合格人才、保证教育质量方面,船政学堂的考试淘汰制度颇具特色。每逢考试,主管船政的大臣都要亲自到场视察,并对表现优异、学有所成、技艺长进者进行颁奖,而对那些在学期间表现不好,资质不堪或者是性情懒惰之生员及时训斥,或是革除,决不轻纵。如此之目的是"务期学有专长,廪无虚费,以仰副我圣主陶育人才之至意"②。根据日意格的统计,从1866年船政学堂开办之时各个专业共有学生300余人,到1874年仅剩193人,淘汰了近一半的学员。福州船政学堂能够培育出一大批优秀的近代轮船制造及航海之科技人才,这与左宗棠等人的重视、各种章程的订立,尤其是严格的考试制度的创制不无关系,其考试制度被后来建立的许多高等实业学堂所沿用。

---

① 联合国教科文组织国际教育发展委员会:《学会生存——教育世界的今天和明天》,北京:教育科学出版社,1996年,第59页。

② 杨学为、朱仇美、张海鹏:《督办船政张梦元奏》,见《中国考试制度史资料选编》,合肥:黄山书社,1992年,第440页。

三、马尾船政学堂教育的成效和影响

　　船政学堂的效果和影响,可以从对人才培养的质量和学生成长的质量的影响、社会评价和反响以及对同时代的其他学校办学方式的辐射作用等几个方面得到反映。

(一)对人才培养质量的影响

　　从 1866 年 12 月中国第一所高等实业学堂——马尾船政学堂诞生。在以后的 140 多年发展的历程中,船政学堂及其系列学校(海军学校、飞潜学校、艺术、勤工、高航等)培养出了一大批的社会精英:启蒙思想家严复、铁路之父詹天佑、外交家陈季同、翻译家马建忠、民族英雄邓世昌、海军名将萨镇冰。这些人深刻影响了中国近代的思想、科技、军事、经济、文化走向,并使之成为一种文化气候,影响着一代一代后来人。透过这些优秀人才的成长过程,可见船政学堂实施实践教育的效果。但是,就整体而言,从事海军教育的留学生仍是相对较少,且分布零散。由于海军尚处于起步阶段,国内人才匮乏,海军学堂因而多推崇外国教习,在待遇、升迁等方面对华人教习相对重视不够。"外来的和尚好念经"的传统思维一直存在。留学生参与其中,多数人仅供职而已,或身兼多职,无暇顾及实际的教学。同时,在海军教育思想上还未能形成适合中国国情系统的创见。作为一个半殖民地半封建社会的国家,过分依靠外国的帮助来进行军事改革,也必然会招致帝国主义的种种干涉。如德国人汉纳根提出,要求赋予他一切"兵权、饷权"。德国驻华公使坤珂也向总署多次提出,德国教习要有权带中国兵丁。1896 年,在南京的德国教官与清军发生冲突,一名德国教官受伤,德国政府公然出面威胁,派遣两艘舰炮兵临城下。然而,国内军事人才严重匮乏,以及外来压力的逐渐增大致使清政府别无选择,不得不在聘请外籍教习的道路上继续前行。船政创新是中国近代化进程中最早取得阶段性成功的改革实践,但是,从总体上看,它又是近代化进程中相对比较低级、比较容易取得短暂性成功的实践活动。然而,近代中国统治者却没有在船政创新和其他军工企业初见成效之后及时全面地开展经济体制的近代改革，他们只知道片面发展官办的军工企业，根本无视轻工业、民用工业极度缓慢的发展。

（二）社会评价与反响

《严几道年谱》《海军大事记》等大量的史料都记载了船政学堂登船联系、航行外海、游历各国、外出实习的事例。其反映了船政学堂实施实践教育活动的历史轨迹，亦反映了当时社会的关注程度。

《万国公报》还对"扬武"炮船出洋练习的事迹做了专门报道。报道指出："福州船政局之扬武炮船，昨由烟台出洋，为练习海道起见，其至日本洋，日人颇生艳羡，嗣入内港，气势昂藏，足令人骇异。（扬武炮船）系西匠督造，其机式悉照西国上等战舰，所异者只一龙旗而已，马力二百五十匹，一点钟约行二十七里，船上有大炮九尊，最大者重七吨，其船主系西人，船中水师提督一员，管驾二员，千戎八员，把戎十一员，外委二员。已经练习考试挑选颖异之船政生童三十人，俱有顶戴者。水手二百五十人，其管驾业经主小炮船，此行盖欲扩其识，俾其练熟洋面诸务。现该船往近日京之约夏马大城小住。后回上海抵福州，满拟来春游历生童其精进正未可量，虽此行为中朝所仅有，而中外咸皆欢欣鼓舞而乐观厥焉。"

水师学堂初有成效，但由于包括留学生在内的多数教习及主管人员仍受政府左右，更迭变换，致使学堂事务亦是日渐松懈，教学质量每况愈下。最早设立的福州船政学堂，在废弛严重时，江南监察御史李士彬曾奏称该学堂"专徇情面，滥竽充数，不　而足"。无独有偶，江南水师学堂虽设立较晚，但至中后期亦是松弛混乱。1898 年，鲁迅考入该学堂的轮机班，仅半年就因不满乌烟瘴气的校风，愤而退学。至 1903 年 2 月，两江总督张之洞亲自阅江南水师学堂练船事宜，结果令其甚为恼火，一度奏请将练船教官、首届船政留英学生何心川革职查办。他在奏折中言词激愤，不满之情溢于言表。

（三）办学的示范效应

在近代中国，船政学堂教育模式对当时高等教育产生过重要的示范作用。例如广东实学堂（又称西学馆）等一些中国近代高等学堂都曾以船政学堂的旧章作为参照模板来制定各自的办学章程。在船政学堂的影响下，西学馆等学堂改革课程体系，安排了大量的"下船学习"和"赴厂考究"的课程内容。必须指出，船政学堂教育模式不仅对其同时代办学具有示范效应，而且对今天的中国教育仍然具有指导性的榜样价值。社会发展要求现代教育要促进塑造学生的全面发展，特别强调培养创新教育和实践教育能力。这就必须突破"以书本为中心"和"应试教育"的办学机制，重视实践教育。让学生通过丰富的实践活动，获得切实锻炼和监考成长。

学堂教育虽然在很大程度上变革了旧式军官培养选拔制度，但是，在"中体为用"的指导思想下，教育培训过分偏重技术层面，对军人体魄训练、素质培养等缺乏足够认识，进而难以在整体上提高海军官兵的技术文化素质。这实际上是开始于福州船政学堂的整个晚清海军教育的通病。重文轻武、喜静不喜动、善于思考而厌恶劳作的现象在学堂教育中较为普遍。海军学校的外籍教习对此抱怨"让清国学生作体育比进行学术教育还远远为难"。作为未来海军军官的水师学堂学生，缺乏必要的尚武精神，由此导致海军将官中"堪称当代军人的几无一人"。1881年年初，李鸿章在与船政大臣黎兆棠的往来信中多次讨论海军学生的素质问题。他们也一致认为："闽厂学生大都文秀有余，威武不足，诚如来示，似庶常馆中人，不似武备院中人。然带船学问究较他处为优，在因材器使，随事陶成而已。"①学堂学生不愿也无从体认其军人角色，难以胜任战船管带等职，文强武弱是致命弱点。

当一艘艘耗费巨大代价自制或外购的新式军舰被列强的军舰击沉，当一座座官办和民办的近代工厂濒临萎缩和倒闭的境地，越来越多的中国人开始关注中国长久的军队建设。

（四）对中国教育发展史的贡献与价值

古代各地的学校，实际上都是科举求士的预备学校，专课四书五经、八

---

① 李鸿章：《复黎召民廉访》（光绪六年十二月初六日），见吴汝纶：《李文忠公全集·朋僚函稿》卷一九，台北：文海出版社，1974年，第41页。

股试帖、圣贤义理之学,为科举选士服务。而福州船政局所设立的船政学堂,则是国内最早的中西合璧的培养应用型人才的学校。为达到这种要求,前学堂设三个教学科。造船科对学生的培养目标是使学生懂得轮机的功能、操作规程以及各零部件的工作原理与用途,能设计并描绘一条木船的船体,能仿造某一独立部件,最后能将所学知识综合运用。设计科的培养目标是培养制图和放样的技术人员。艺圃的教学目的是对挑选的工人进行培训,使他们懂得阅读并理解制造图纸,能够计算轮机或船体等物体的体积和重量等实际操作本领。后学堂的三个学科:航行理论科、航行实践科和轮机房科,总的教学目的是培养驾驶轮船的高级技术人员。船政学堂注重实践教育的办学模式的形成具有重要的历史意义。我们知道,几千年以来的中国古代教育,从根本上说是书本教育。它把学生禁锢在书馆内,死读所谓圣贤之书,轻视实践活动,甚至完全排斥了实践教育。因此,船政学堂组织学生参加"船练"和"赴厂考究",注重实践教育,这无疑给中国教育注入了一股新鲜空气。它与京师同文馆等几所代表性的新式学校一道,促进了中国教育向近代教育体制的进化。因此,毫无疑问,船政学堂的办学模式是中国教育史上一个重要的里程碑。

图 3-9　船政学堂外国教师授课

第三节　马尾船政学堂教育办学体制

一、马尾船政学堂教育办学模式

船政学堂以培养制船、驾驶等方面应用型工程技术人才为目标,注重实践教育的办学模式。在成功的办学历程中,船政学堂积累了丰富的经验。

表3-2　船政学堂所设各专业培养目标

专业名称	培养目标
造船科 (制造学堂)	训练设计和仿造轮机机件,计算、设计并制造船体的设计师。
设计科 (绘事院)	学习船图和机器图,培养能绘图,又兼有精算测算和设计能力的工程绘图人才。做轮机设计,为各种轮机准备施工图和说明书。
艺圃科	培养全面的工人,使能独立按图做工,成绩优异者可充工头,甚至当工程师。分为艺徒学堂和匠首学堂。艺徒学堂培养中级技工,匠首学堂培养高级技工和技师。艺徒匠首学堂,用以培植工人匠首绘图,以供船政之用;管机器人员,以供战舰之用。
航行科 (驾驶学堂)	分为航行理论科和航行实践科(练船)。培养和训练驾驶福州船厂所造船只的高级驾驶员。

资料来源:根据《毕乃德记福建船政学堂的分科及其课程》等文献史料整理。

与确定培养应用型工程技术人才为目标相对应,船政学堂的创办者们模仿西学模式,选择注重实践教育的办学模式。

（一）以先进的科技知识作为学习内容

除了英语和法语外，船政学堂引进了大量的西方科技内容，设置了比较完整的课程体系。如：制造科，设有法语、画法几何、算数、代数、物理和机械学；设计科，设有数学、轮机、制图；驾驶科，设有英语、数学、航海天文学、航行理论及地理；管轮科，设有数学、制图、发动机绘制、海上操纵轮机规则以及指示器和其他仪表的用途等。

（二）理论联系实际注重专业技能的培养

重视理论教学与实际操作相结合，引入直观教学等先进教学方法和教学手段。各个专业都安排了大量与专业相关的教育实习和专业实践，见表3-3。

表 3-3　船政学堂所设各专业之实践教育教学活动安排

专业名称	实践教育教学活动安排
造船科 （制造学堂）	进行船体建造和机械制造与操纵的实践教育。 半日肄业工厂，每年复以两个月游历各国各船厂铁厂，以增长其见识。在培训的最后几年，该科的学生每天在船厂的各工作部门实际参加工作一部分时间，使他们熟悉每一部门的活动，并学习怎样指挥工人。在学习期满的时候，学校还就每一学生在毕业后担任的专责施行更专业化的训练。
设计科 （绘事院）	前三年，有八个月的时间，每天花若干小时在工场同工人打交道，熟悉种种轮机和工具的实际细节。后三年，分就各厂练习厂艺。三年后拟分习三厂：一分造船厂，一分轮机水缸厂，一分枪炮厂。
艺圃科	向有希望成为领班的青年工人施行部分时间的教育，先是在做完一天的工作后每晚学习一个半小时，从1868年12月1起，他们每天上午学习一个半小时。除在自己所在的工场参与实践锻炼外，还时时派赴其他各厂历练。在第四、五年，各分各厂学习工艺，其分习之厂，与绘事院大略相同。

续表

专业名称	实践教育教学活动安排
航行科 （驾驶学堂）	前三年每年均在学堂,亦以二月赴大兵船上阅看练习。后两年在训练船上,学生们学习"一个船长所必需的理论知识和实践知识",包括航海技术、射击技术和指挥。最重要的操练是在该班的高才生的指挥下进行大量的巡航训练。
轮机房 （管轮学堂）	为了实际运用所学的理论,学生们在岸上练习装配80匹和150匹马力发动机,以后又在该船厂制造的几条船上安装发动机。最后两年,在船上进行专门实习。

（三）引进西方的教育与智力资源

聘用外国人来校任教习,办厂之处,学堂即聘有造船、设计、驾驶等方面的洋教习24人。后来,因教学之需要,曾聘外国教员,前后共请外国教员50人,让洋教习传授西方先进科学技术。

（四）选派留学生积极开展对外教育交流

分批选派优秀毕业生出国留学,积极开展对外教育交流,培养更高层次的工程技术人才。1877年至甲午战争前,船政学堂共派出三届学生64人,分别到法国学习制造和到英国学习驾驶等。这些留学生在国外不仅习得西方先进科技知识,而且打开眼界,成为中国近现代思想启蒙、造船、造舰、造飞机、开矿、修铁路、海底电缆、气象学、翻译等领域的泰斗式人物,铸就了马尾在中国近现代历史上辉煌的一页。

在这四个办学做法中,实践教育与实践教学是船政学堂办学模式和课程体系的特色所在,是其实现办学目标的核心环节与重要措施,并且实践教育课程在整个课程体系中占优势地位。

从表3-3可以看出,船政学堂的学制一般为5～6年。课程安排为第一至第三年主要学习轮机重学、化学、画影勾股、算学、重学统论、水力重学、外国语言、画图等课程。但每年都有 2~6 个月安排学生参加见习、游历等实践活动。3 年后,有两年或两年以上的时间安排学生在工厂实习或在船上练船。因此,如果要对船政学堂实践教育教学的课时进行统计的话,则占计划学时的一半或一半以上。学生有大量的"练船"或"厂艺练习"机会。

二、马尾船政学堂课程

从船政学堂的课程设置中不难看出,其课程改变了以往四书五经等儒家传统经典为主体的现状,强调了课程的实用性和针对性;改变了以往只强调课程学习、传授知识的现状,更加注重学习和实践结合,很好地做到了知行统一;改变了以往为应对科举考试而分散精力的状况,更加注重课程的整体性和连贯性,形成了比较完整的课程体系(公共课、专业基础课、专业课、实践课)。这种课程体系打破了封建传统教育模式,对清末学堂创办产生了重大影响,后来的高等学堂纷纷仿效。

(一)课程价值观:以能力发展为本位,强调经世致用

课程实践在本质上是一种价值创造活动,因而必须遵循一定的价值原则。任何课程建构如若不优先考虑价值取向问题,如若没有哲学价值论的引领,都将陷入盲目和混乱,从而以失败告终。鸦片战争以后,洋务派看到了西方资本主义的"船坚炮利",也看到了国家的软弱和无能。为了维护清朝的封建统治,他们主张学习西方先进的科学技术,并在经济、军事、文化教育等方面进行一系列的改革,试图通过"师夷长技"实现"制夷"和"自强"。但在轰轰烈烈的洋务运动中,他们深感人才、技术的匮乏和传统教育的落后。为此,洋务派主张优先发展新式教育,仿效西方的先进教育模式,力求培养各式各样的新式人才,特别是军事和技术方面的人才,以不断满足社会政治、经济对人才的需求。福建船政学堂正是在这样的背景下产生的。船政学堂的课程设置都是以促进学生能力发展为本位,体现并服务于人才培养目标。课程或强调科学逻辑,或强调实用技能,都与造船、航海以

及各种技术人才基本素质要求直接相关。正是由于船政学堂近代课程的设置,船政学堂的学生才掌握了外文和各种科学技术;正是由于各种实践课程的设置,才培养出一批批动手能力强的高级工程技术人才。这种课程体系昭示着传统教育价值观的转变,"重道轻艺"、"贵义轻利"、轻视科学、鄙视技术的旧观念受到冲击。而关注学生知识和能力发展,强调"经世致用"的实用主义的教育思想迎合了船政学堂办学的需要,成为学堂课程设置的指导思想。

(二)课程结构:以职业能力要求为导向,追求课程科学化

船政学堂的课程设置仿效西方近代的课程模式。在课程建设上,围绕职业能力要求,构建相对健全的课程体系,追求课程的科学化,服务于高级军事和技术型人才的培养。

1. 课程体系健全,既重基础又重专业

船政学堂实行分专业课程教学,各个专业都有比较完整的相对独立的课程体系。而整个学堂则形成相对稳定的课程结构,在这个结构中主要有公共课、专业基础课、专业课、实践课四部分。公共课包括外文、算术、几何等基础课程,学堂的学生都必须进修。公共课是学生进行专业学习的基础,也是学生基本素质的保证。每个专业还有自己的专业基础课和专业课(方向课),这些课程围绕学科专业设计,是专业性较强的科目,与学生的职业能力直接相关。不同专业的专业基础课,有交叉和重叠部分,但专业课(方向课)一般不大相同。如制造业和驾驶专业在专业基础课当中都有三角等内容,但在专业课方面却不同。在学堂的教学计划(课程体系)中还有很重要的一部分内容是实践课课程。实践课课程是学习与实践相结合最重要的载体,是提高学生专业实践技能的关键。学堂的所有专业都开设实践课课程。实践性课程包括实验课、厂课、舰课以及"练船"实习等内容,各专业依据自身实际选择相应课程内容。如制造专业,有蒸汽机制造实习课,船体建造实习课。每门课程每天都安排数小时让学生深入车间,以便熟悉车间情况和各种机器的结构与性能,并逐渐培养指挥工人的能力。

2. 坚持循序渐进原则,实行分年课程

船政学堂的课程设置遵循循序渐进的原则。在其章程中明确规定了各学堂各专业的学习年限和教学计划。如"前学堂课程限制以六年为期,初入学堂先照法国初学学堂课程办法,学习数学入门、几何入门并格致浅语等书。次则,再按法国水师学堂课程办法,学习数学、理解代数、平面及立体几何、八线算术、几何画法、重学、格物入门、代数入门等书。在第五、六年,则上上等代数,学几何、代数、重学、理解微积分、化学、格物"可以看出,不同年龄段的课程深浅不一,各有侧重,但都是随着学生学习的不断深入而不断加深的。这样的课程结构既符合学生的认知特点,也保证了学生扎实的专业基础知识。

(三)课程内容:注重先进与实用,加强人文修养

在课程内容的设置上,船政学堂强调先进与实用。作为洋务运动时期创办的一所新式学堂,船政学堂从一开始就高举"师夷长技以制夷"的旗帜。学堂以学习和传播西方先进的科学技术,为发展军事力量、振兴工业企业培养新式人才为己任。在课程内容选择上始终与西方先进国家保持一致,就连各专业所使用的教材,或原版,或翻译版,都直接来自欧洲国家,以此保证船政学堂学生能够学到前沿的军事、科学技术,以便能够抵制外来侵略。

课程内容完全区别于以往泛而不专的"科举教程"。在强调技术知识和技能训练的同时,船政学堂也注重学生的人文修养,特别是爱国主义教育。"每日常课外令读《圣谕广训》《孝经》,兼习策论以明义理。"虽然学堂没有把学习传统经典纳入课程计划,也没有对学生诵读经典做出严格的具体性规定,但作为一种文化传统,课余学习史鉴、诵读经典也得到了广泛的响应。学生从中也获益颇多。后来马江海战、甲午海战中学生的表现,以及严复等人的成才事实多证明了人文精神培养的正确与可贵。

(四)课程实施:教学合一,加强教师指导

船政学堂正监督日意格认为:"建造船厂并不十分重要,最重要的是教

会学生如何造船和驾驶。如果没有培养出合格的、严谨的、训练有素的学生,那么,全部的金钱都将被费掉。"如何教会学生制造和驾驶? 如何培养出合格的、严谨的、训练有素的学生呢? 他认为应该把重心放在课程实施上。

1. 理论联系实际,教学合一。有效的课程实施方式是将理论学习与生产实践有机结合。在船政学堂中,教员既是教师,又是工程师;学生既学习,又参加劳动,还要承担生产任务。教学与生产实践紧密结合,真正实现了教学一体。为了培养船长和海军军官,驾驶专业甚至开设"练船"课程,要求学生进行为期两年的实践训练。学生在此期间要进行大量的巡航。

2. 加强教师指导,倡导自主学习。船政学堂是一所官办性质的学堂。因此,在教学中,教师仍然是教学活动的主导者,仍然要坚持"师者,所以传道授业解惑也"的古训。但作为一所新式学堂,船政学堂也积极吸收西方先进教育理念,以加强师资建设为载体,借鉴先进的教育模式开展教学。"五年之约"给学堂办学带来压力,课程难、学生缺乏外文基础也给日常教学带来困难。对此,学堂通过"导师制"教学,有效地解决了学生学习实践过程中的难题,也促进因材施教的开展。现场教学或实物教学,使师生之间合作探究,便于学生直观形象地掌握知识,能力也大大提高。终于,在还不到五年的时间里,学堂放手让制造专业的学生"自造",结果"验其工程,均能一一吻合"。而学堂第一届毕业生吴德章和汪乔年一起设计制造的学生版轮船——"艺新号"也顺利出炉了。

(五)课程评价:围绕培养目标,严格过程考核和结果考核

在课程评价上,船政学堂围绕人才培养目标,把对课程的评价落实到对学生知识和能力的考核上。通过频率高、过程严、形式多样的考试,"以考促学","以考建课",保证学校教学质量。

1. 关注学生成绩,实行优胜劣汰。由左宗棠拟定的艺局章程规定:"由教习洋员分别等第。其学有进镜考列一等者赏洋银十元,二等者无赏无罚,三等者记惰一次。两次连考三等者戒责,三次连考三等者斥出;其三次连考一等者,于照章奖赏外,另赏衣料以示鼓舞。"1885 年起,学堂规定新

生入学尝试读三个月,只给饭食,不给银两,等考试合格转为正式生后,才发给赡银。在当时的历史条件下,学堂根据学生的学习情况进行奖惩,既严明了学堂的教学纪律,也调动了学生的学习积极性,使学堂的经费没有白费。

2.注重日常检查,关注过程质量。学生在校期间,不仅要经历几十次考试,同时,也要面对学堂随时的日常检查。艺局内挑选"明干正绅",由总理船政大臣委任,常住学堂内对师生教与学的情况进行检查监督。

3.从严从难要求,加强评价管理。学堂学生在学期间有月考、季考、年考、毕业会考、实践考核等大大小小的考试,但每次考试(或考核)都不是简单随意,而是严格要求、严格管理。每逢考试,主管船政的大臣都是亲自到场视察并颁奖,而对在学表现不好,性情懒惰或资质不堪的学生则随时斥革,绝不姑息。

三、马尾船政学堂办学的经验与启示

船政学堂实施实践教育取得良好效果和深远的社会影响不是偶然的,这与其对实践教育的科学安排紧密相关。船政学堂实施实践教育,措施得力,富有特色,积累了许多宝贵的历史经验。这些经验值得总结,它将给现代教育以许多重要启示。我们认为,值得学习与借鉴的船政学堂实施船政教育的经验有以下几条。

(一)树立强化实践教育的办学理念,重视实践教育

船政学堂办学者们之所以能把实践教育组织得有声有色并富有成效,这与他们持有坚定、明确的实施实践教育的紧迫性和必要性办学理念密切相关。

船政大臣沈葆桢多次向朝廷上奏和致函说明实践教育的紧迫性和必要性。1870年,他上折道:"而登舟练习之事,终不可以久延,辰下第三号八十四匹马力轮船高成,其式本属战舰,利于巡洋,拟以学堂上等艺童移处其中,洋员教其驾驶,由海口而近洋,由近洋而远洋,凡水火之分度,礁沙之

夷险……皆令即所习闻者,印之实镜,熟极巧生……翼可渐收实效。"光绪二年十一月二十九日(1877年1月13日)钦差大臣直隶总督李鸿章等奏:"若不前赴西厂观摩考索,终难探制作之源。至如驾驶之法,近日华员亦能自行管驾,涉历风涛;惟测量天文、纱线、遇风险等事,仍未得其深际。自非目接身亲,断难窥其秘钥。""习制造者非亲至厂中不能深窥其奥窍,习驾驭者则无论何国水师不外严密二字,严则一律整齐,密则不留疏解,而要在乎熟而已。"

分析这几段史料记载,透过这些船政学堂创办者和教育者的言论,我们能了解他们对实践教育的理解和认识,反映了他们实施实践教育的信心与决心。"探其窥要""自非目接身亲,断难窥其秘钥",说明实践教育对学生学会与人和谐相处和掌握技术要领与秘诀的重要性。同时强调实践教育需要让学生获得切身的体验,培养熟练的技能技巧,理论联系实际,抽象知识印证于具体事物。

图 3-10　马尾船政博物馆

(二)根据教育规律来安排,做好实践教育制度与流程建设

1.循序渐进地开展教育活动

"由海口而近洋,由近洋而远洋","艺新轮船工程一律完竣,委千总沈

有恒管驾,现在坞前试轮……会同汪乔年、吴得章等驶出五虎门外试洋。船身坚固,轮机灵捷,一时行约四十余里。再就近洋演驾数次,期益纯熟,方出大洋,以昭慎重"。技能学习是复杂的过程,有其自身的规律。因此训练和掌握技能一定要按一定的规程来进行。船政学堂的教习十分注意制船和驾驶相关技能的形成规律来指导学生。想方设法解决学生"练船"和"厂练"的场所,努力改善实训环境和条件。场所、环境与条件是实践教育的物质基础。在船政学堂所处的时代,要解决实训的场所、环境与条件困难是十分不容易的。而且选派学生出国留学,船政学堂有许多专业还需要解决跨国的实训场地问题。但是,在这样不利的背景下,船政学堂的办学者们克服了重重困难,筹备"练船"所需轮船和"厂练"所需的场地,积极向政府争取经费,奔走呼吁从民间筹措捐款。他们这种热心教育、坚韧不拔的精神是进入教育领域的领导和教师们学习的榜样。福州船政局在其发展过程中形成的人力资源管理思想和做法,作为左宗棠、沈葆桢等人"变法自强"纲领中的一项重要内容,反映了中国近代社会和企业发展的需要,无疑是一种顺应社会发展的进步思想和实践探索。

2.建立严格的督课、考勤、奖励制度

船政学堂设有专门的督课,严明纪律,并根据学生的表现分别给予奖励。近代的人力资源管理价值观认为,企业激励与约束机制的建立与完善对人才管理非常重要。在左宗棠拟定的船政局章程中,尽管也借鉴了中国传统官营手工业工场管理的经验,但为了适应经济结构转型时期机器生产的新特点,建立了合理的近代人才激励与约束机制。章程第二条"优待艺局生徒以育人才也"。为了使学员刻苦学习,要"厚给月廪""优予登进"。这说明船政局大臣在当时已经意识到人员的激励与培训在管理中的重要作用,这在封建体制下既难能可贵又意义深远。对人才的激励与约束,建立在严格的业绩考核基础上,使员工与学员的行为和目标与船政局的发展目标一致。方法包括物质和精神两个方面,特别是通过重塑人力资源管理的价值观,使他们产生强烈的主体价值实现的欲求,激发内在自我实现的动力,充分激发潜能,实现个人价值与社会价值双丰收。

3.教师指导与学生自主活动相结合

同治十二年(1873年)六月二十日沈葆桢折:"该监督于六月自模厂始挑匠徒之聪颖者逐加试验,洋匠头授之以图,令其放手自造。是后洋匠均不入厂,其自造模成,查看吻合与否,稍有丝毫未协,再为详说窾窍,令其改造。试之又试,至再至三,务其尽其技能而止。模厂既毕,他厂继之。"从沈葆桢的折奏中,我们看出船政学堂实训过程的教学方式。其基本模式是:教师先讲解图样和说明操作要领,而后放手让学生自行制造和尝试。待学生完成试制的作品后,教师进行检察,并给予指导和纠正。这是典型的教师指导与学生自主学习活动相结合的模式。这种模式既可以避免学生实习的盲目性,又可促进学生自学能力和实践操作能力的养成。

建立兴趣小组,开展丰富多彩的课外活动。"除了学校之外,还有——更正确地说,曾有过一个时刻测定学科,分为三组:(一)测时表(即经纬仪)制造组;(二)光学器具组;(三)船用罗盘针制造修理组。整个制度的组织基础有一个特色,就是眼光广阔而完善。"这份史料记载是船政学堂开展课外活动的情况。通过开展课外活动开拓学生眼界,培养实践活动能力。

4.建立严格、严谨的实习考核、鉴定、升级与补课制度

船政学堂章程规定,每三个月考试一次,由教习洋员分别等第,其名册分数呈船政衙门查验,并按等第给予赏罚。考核方式一般是厘定标准,考以实务。"闽厂前学堂学生本习法国语言文字,应即令赴法国官厂学习制造,务令通船新式轮机器具无一不能制,方为成效。后学堂学生本习英国语言文字,应即令赴英国水师大学堂及铁甲兵船学习驾驶,务令精通该国水师兵法,能自驾铁甲船,于大洋操战,方为成效。"考校所习各业,并令试制匠人手艺器件,或要求匠徒按图仿造轮船部件。如果能按要求完成,则考核通过。实习成绩的考核鉴定,一般委托学生实习所在单位来负责。与此同时,船政学堂还建立一套升级和补课制度。"徒均于每日下午赴学肄业。上午入院学习船身、轮机各种绘事,并时时派赴各厂历练。工作3年之后,大考一次。考校所习各业,并令试制匠人手艺器件。其所制精熟者,即予升为匠人,赴厂办公。择其优者,派入匠首学堂肄业3年,教以稍深艺学,并讲说制造轮机、汽机、打炼钢铁法度,以为升补匠首管轮之用。技尚未精者,可以分派各厂充当小匠,俟其历练娴熟,再升为匠人。各生徒在

学,或懒惰不肯勤学,或资质平凡,于学难期心得者,均随时剔退,令行挑补。"

5.工读结合,形成了企业与办学一体的办学体制

这种体制有利于把办学与企业紧密联系在一起。按船厂发展需要量身定做,包括按自身的发展规模决定学堂的发展根本。学堂成船厂的重要组成部分,提供对口的人才、技术支持,包括为船厂培训技术工人。船厂把制造、修缮的船提供给学生作实习用船,为学堂的发展提供物质条件和实训基地,相辅相成,相得益彰。

由于以应用型人才为培养目标,更由于船舶制造与驾驶技术的需要,制造、设计、驾驶、管轮各个专业,都根据各自的特点,安排大量的实习。马尾造船厂就是福建船政学堂最直接和方便的实习地点。监督既管学堂,又管工厂;教习既是教师,又是工程师;培养学生"手脑并用,技艺斯通",既学习理论原理,又参加劳动实践,同时担任生产任务。这种厂校一体化的办学机制,是产学研结合的高级形式,是顺应时代要求的教育教学模式。在厂校一体的模式下,各个专业可以根据教学目标到对应的工厂部门实习。制造专业,有蒸汽机制造实习课,船体建造实习课。每门实习课进行数小时的体力劳动,以便学生熟悉车间情况,并逐渐培养指挥工人的能力。绘事院的设计专业,3年学习期间,要有8个月的工厂实习,到现场和工人打交道,熟悉各种轮机和工具的实际细节,以便为各种机件准备施工图和说明书。轮机、管轮等培养的是工程技术人才,驾驶培养的是海军军官。学生先以3年左右时间,在学堂中学习基础课程和航海知识,夯实基础后"练船"学习实用知识与技术约两年半,航海术、射击术、海战、指挥。"厂校一体"成效明显。由于重视实际训练,教学与工厂相结合,船政学堂办了5年之后,制造专业的学生,就有独立制作的能力。毕业之后,就能自己造船。至于驾驶专业的学生,原定于5年之内,达到能在望见陆地的沿海驾驶,实则在"练船"实习期间,早已能远航公海了。船政学堂虽然只存在短短47年,但它却培养了一大批适应近代要求的应用型人才,推动了近代教育和生产力的发展。

6.严选教习,明确责任,做好师资队伍建设

　　船政学堂在挑选教习问题上十分慎重,对达到规定的素质标准的人选方给予选任。"惟管驾练船,不同管驾轮船,驾轮船固须熟悉船学,管驾练船,即为各轮船管驾执事水手之教习,必须曾历各国洋面,通晓水师章程,为洋员所素知者,始能胜任,未便轻率派委",广开选拔之渠道。除了重视从英法等国选聘高水平的教习外,也注意从企业中的经验丰富、技能熟练者,以及从优秀毕业生中选聘教习。为明确责任,还与教习订立合约,讲明要求。为调动积极性,对教练得力者,还给与重奖;同时对于有教习懈怠、不合用者,给予除名和清退。为使学堂开办顺利,对英、法等洋教习提出严格的业绩考核与奖罚制度。左宗棠与日意格签订了有关条议与合同。在签订的18项条议中,其中第11条规定:"照所具保约教导中国员匠于造船法度一切精熟,均各自能自造,并能自造家伙。并学堂中教习英法两国文字,造船算法及一切船主之学均各精熟,俾中国员匠能自造、监造、驾驶。"这里对法、英教习提出了严格的考核目标。其主要特点是使中国员匠能在无教习、无外国工程师的情况下可以独立地自行制造驾驶。在中方与法方的14条合同中,其中的第1条、第3条、第4条、第8条和第10条,都有详细的奖惩规定。"或教习办事不力,或工作取巧草率,或打骂中国官匠,或滋事不法,本监督等随即撤令回国,所立合同作为废纸,不给两月辛工,不发路费。"这是严格的惩罚规定。令有奖赏规定:"限内教导精娴,中国员匠果能自行按图监造轮船,学成船主,并能仿造铁厂家伙,中国大宪另有奖银六万两。"

　　船政学堂教育模式:树立强化实践教育的办学理念,重视实践教育;建立严格、严谨的实习考核、鉴定、升级与补课制度;工读结合,形成企业与办学一体的办学机制;严选教习,明确责任,做好师资队伍建设;想方设法解决学生"练船"和"厂练"的场所,努力改善实训环境与条件。

第四节　留学教育发展概况

　　近代的留学教育不仅仅是个人维度的深造和感悟,而且是具有强烈历

图 3-11 马尾船政博物馆

史使命与民族情怀的举措。近代留学生的派遣始于鸦片战争以后。1847年1月,容闳、黄胜、黄宽三人随同其师香港马礼逊学堂校长布朗赴美留学,从而揭开了近代留学教育的序幕。此后,随着国门的进一步开放,西学的广泛传播,洋务运动的兴起,传统的"夷夏之辨"被超越,鄙视西学的观念被打破,人们开始把派遣留学生出洋学习作为改革科举制度、培养新人才的重要途径。从美国留学归来的容闳则是近代中国留学生教育的奠基人。1870年,容闳通过丁日昌向曾国藩提出派遣留学生赴美学习的计划,计划派遣120人,分为4批,每年派出30人。因容闳的主张符合洋务派"自强"的愿望,曾国藩欣然表示赞同。次年9月,曾国藩会同李鸿章上了《奏选派幼童赴美肄业章程折》,认为当此风气既开之时,"宜亟选聪颖子弟,携往外国肄业,实力讲求……或谓天津、上海、福州等处,已设局仿造轮船、枪炮、军火,京师设同文馆选满汉子弟,延西人教授;又上海开广方言馆,选文童肄业,似中国已有基绪,无须远涉重洋。不知设局制造,开馆教习,所以图振奋之基地也;远适肄业,集思广益,所以收远大之效也"①。1872年8月11日,首批30名留学生在容闳的带领下,远赴异国他乡。近代留学教育

---

① 中国史学会:《洋务运动》第2册,上海:上海人民出版社,1961年,第153页。

由此开始。后由于顽固分子的阻挠与破坏,1881 年 9 月,留美学生被全数撤回。留美幼童教育计划以失败告终。然而幼童留美之举冲破了封建传统教育一统天下的局面,开留学之先河,对于传播西学,促进中西文化交流,改变中国社会风气都起到一定的推动作用。随后福建船政学堂、北洋水师学堂也纷纷派遣学生赴欧留学。

一、分批派遣优秀毕业生留学

(一)留英学生出国批次

船政留英学生的派遣先后共有三批,派遣时间和人数分别是:1877 年12 人,1882 年 2 人,1886 年 19 人。这些海军留英学生前两届都是马尾船政学堂学生,第三届加入了天津水师学堂派遣的学生。

1.第一届船政留英学生的派遣及留英情况

留学生中第一届驾驶班学生最多,共计 9 人,第二届驾驶班学生共 3人。1877 年 3 月 31 日,日意格、李凤苞带领随员马建忠、文书陈季同、翻译罗丰禄和学生艺徒从福州出发,乘"济安号"赴香港。这次出洋一行中,马建忠、陈季同、罗丰禄虽负有职事,但他们也分别去英法学校留学,担任李凤苞助手兼翻译的罗丰禄进入伦敦琴士官学,因此也属留英学生。从1877 年 4 月首届留英海军学生到达伦敦,到 1880 年 5 月最后一批留英生启程回国,历时整三年,全部学成归国,达到了预期的目的。留英的 12 名海军学生以及罗丰禄等均受重用,留英生涯对他们日后的发展产生了极为深远的影响。

2.第二届船政留学生的派遣及留学情况

到 1880 年年底,首届留英船政学堂学生回国已近一年,李鸿章对闽长学生也有了一些新的认识,认为"闽长学生大都文秀有余,威武不足,成如来示,似庶常馆中人,不似武备院中人",所以认为"二批出洋稍缓慎为宜"。因此第二届学生出洋一事稍作延迟,同时派遣人数也大为减少,是各届派遣人数最少的一届。直到 1881 年 11 月,第二届学生出洋一事才最终确定下来。第二届船政留学生中,最初派遣留学英国的只有 2 人,即李鼎新和陈兆艺,他们都属于马尾船政学堂驾驶班第四届毕业生,1882 年 10 月入格林威治皇家海军学院学习。"次年八月以优良成绩毕业,即援例派入英国皇家海军实习。陈兆艺登太平洋'斯卫福舒耳号';李鼎新登北美舰队之'诺尔参木顿号'。二人于实习期满后,返格林威治皇家海军学院进修炮术。一八八五年六月期满回国。"

3. 第三届船政留学生的派遣及留学情况

第三届出洋学生于 1886 年 4 月 6 日在华监督周懋琦的率领下由香港搭坐外洋公司的轮船赴英,黄裳吉由于在北洋供差而未随同前往,因此赴英的共有 19 人,于 5 月中旬抵英。这次海军学生赴英,不仅是历届中人数最多的一次,而且留学前已制订了详细的计划。第三届学生的学习范围十分广泛,与海军建设相关的各科均有涉及,前两届留学生所未曾列入的法律、文字、枪炮操法等都在学习范围之内。而且"第三批留学生从整体上看,有较强的适应性,他们不像第一批赴欧学生那样,对周围新环境充满好奇心,而是致力于自己的专业,其中不少深入社会生活,注意了解所在国的情况"。在甲午战前,清政府派遣的留英海军学生如上所述共有三届。留英海军学生均由海军学堂毕业生中选派,大部分来自马尾船政学堂,第三届时也有天津水师学堂学生。他们出洋前不仅已接受了系统的海军教育,而且练船实习又为他们积累了初步的航海经验,使他们能很快适应留英环境,在较短的时间内取得了最佳的留学效果。①

4. 留英教育对中国近代化的贡献

(1)中国传统社会的教育以忠君为宗旨,以注重伦理纲常却没有多大使用价值的四书五经为内容,培养出来的多数是忠实的奴才和御用的机器。他们大多因循守旧、顽固保守。而留学归来的学子们往往能冲破封建教育的束缚,能把所学的科学技术运用到中国。留英教育实践促进了自然科学在中国的发展,从而改变了中国的教育内容、教育模式等。

(2)留英学生不仅带回了科学技术知识,而且在思想上也潜移默化地

---

① 刘晓琴:《中国近代留英教育史》,天津:南开大学出版社,2005 年,第 131 页。

接受了西方先进的文化——资产阶级的新思想。杰出的代表严复在留英过程中，广泛考察西学。他主要翻译了《天演论》《穆勒名学》《群己权界说》《原富》《法意》《群学肆言》《社会通诠》《名学浅说》等。他翻译介绍的这些西方资产阶级理论学说创造性地给予中国人以一种全新的资产阶级世界观，从思想根基上突破了封建主义的意识形态，影响了一代又一代的中国知识分子，对推动中国近代社会向科学与民主方向发展产生了深远的意义。

（3）留英学生回国后，"南北洋争先留用，得之惟恐或后"。[①] 在首届留英海军学生中，首先得到重视的是刘步蟾、林泰曾等人。对留英学生不仅安排工作，而且优先择选授官，这就打破了封建传统的科举入仕的制度，使下层知识分子和人才能够更好地发挥才能。这是传统社会价值取向的一个转变，是对封建专制的一次挑战，更是社会政治的一大进步表现。

图 3-12　船政学员从英回闽

① 池仲祐：《海军大事记》，见《洋务运动（八）》；《中国近代教育史资料汇编·留学教育》，上海：上海教育出版社，1991年，第483页。

（4）船政留英学生的派遣与晚清海军的建设息息相关。海军留英学生对中国军事技术的提高、军事装备的改进及军事人才的培养都做出了不少贡献。这些具有较高素质的人才，以满腔的爱国热忱在甲午海战中沉着应战，给予日军沉重的打击，表现了可歌可泣的爱国主义精神。"仅 1892 年，北洋水师升署各级将官六十四名中"，船政后学堂毕业生即占 23 名。1894年，中日甲午战争中直接参加黄海海战的 13 艘军舰，其管驾以上 13 名将军，有 11 名是后学堂毕业生。①

（二）留学新阶段

1. 甲午战争后，留学的方向从西洋转向日本

日本实行变法维新后，竟然一跃成为东方强国。这样，近代留学教育结束了 20 多年徘徊的局面，进入了空前大发展时期。留学日本人数也逐年激增。1898 年 77 人，1899 年 143 人，1900 年 159 人，1901 年 266 人，1902 年 727 人，1906 年竟然高达 8000 人左右，留学日本出现高潮。具体表现在以下几个方面：一是留学层面更广阔。这体现在留学生中不但有新旧学堂学生，而且还有宗室亲王贝子、朝廷重臣、地方官员及其幕僚；不但有官管费，而且也有不少自费生；不但有沿海的，而且也有内地的；不但有青年人，而且还有老年人。海外学者认为此次留日学生运动"是世界历史上第一次以现代化为定向的真正大规模的知识分子的移民潮"，也是当时世界历史上"最大规模的海外学生群众运动"。② 二是学习课程更广泛。早期留学生主要学习西方的语言文字和声光化电等自然科学知识，但此时已经明显突破这个范围，法政、文史、理工、农医、商业、艺术、体育等。三是政治热情更高涨。早期留学生出洋学习，其目的在于学习西方先进的科学技术，以富国强兵。甲午战争后，民族危机迫近，救亡图存声浪日高，此时留学生出洋学习，更注重中国的政治，变法图强，爱国情绪高涨。因此他们

---

① 林庆元：《福建船政局史稿》，福州：福建人民出版社，1986 年，第 336 页。

② 任达：《新政革命与日本—中国，1898—1912》，南京：江苏人民出版社，1998 年，第51 页。

与早期留学生相比,表现出更大的政治热情。他们广泛涉猎西方资产阶级政治学说,从自由、民主、平等、民权,到无政府主义、马克思学说,兼收并蓄,并组织各种团体,出版各种报刊,撰写各种文章,探讨救亡图存的道路。

2.20 世纪初,留学欧美再次升温

由于美国等西方国家以退还庚子赔款来吸引中国留学情况,这样留学情况又出现了新的变化,留学欧美逐渐升温,留学日本热潮开始消退。综观整个海军留学欧美的教育史,它不仅在中国教育史上留下了灿烂的一笔,开启新的社会风气,培养了一批军事人才,在某种程度上改变了社会的政治结构,而且为稍后大规模向西方学习冲破了束缚,开创了途径,积累了经验。留学欧美的学生即使身处资本主义发达的欧美国家,也是要求学习圣谕广训等封建教条,还要求监督时时向他们灌输封建的正统思想,在一定程度上影响了留学教育的成效。同时,留学生本身也存在局限,"福州船政学堂的学习使他们更像读书人而非军人","他们既无军人的体魄和精神,又缺乏军官的军事思想素养,只不过是掌握了一定的海军专业技能的文弱书生"。但那是时代的局限,我们不应该苛求过多。它毕竟是艰难地走出了学习西方先进文化的一步,拓宽了国人的眼界,扩大了国人对世界历史进程的了解,传播了西方较为先进的科学技术,培养了一批符合当时需要的军事人才,推动了中国近代化的进程。

二、留学生回国后的发展与成就

近代第一批留学生是 1872 年由容闳率领赴美留学的 30 名幼童,此后每年派 30 名,到 1875 年共派官费留学生 125 名,预计 15 年后每年回国 30 名。这个幼童留学的学习周期长达 15 年,且不便管理,清政府担心他们离经叛道,成为祸害,结果于 1881 年就让首批学生提前回国,从而使这批学生的留学计划半途而废。由于马尾船政学堂具有近代技术教育基础,这批归国的留学幼童部分转到马尾继续他们的学业。

为进一步培养人才,做到精益求精,实现"师夷长技以制夷"的目的,沈葆桢采取了让学生出国留学深造的措施。在奏议"未核准"之前,就以各种形式派出少数学生留欧。如 1875 年,沈葆桢令日意格趁回法国采购之便,在船政前后学堂内挑出魏瀚、陈兆翱、陈季同、刘步蟾、林泰曾 5 名学生随其出国参观学习。到欧洲后,魏瀚、陈兆翱、陈季同等制造专业学生在法国学习造船;驾驶学生刘步蟾、林泰曾入英高士堡学堂学习驾驶,又上英国军舰实习。1876 年年底,刘步蟾、林泰曾、陈季同回国,魏瀚、陈兆翱仍继续留法国学习。沈葆桢认为洋人来华教习未必是"上上技","以中国已成之技求外国益精之学"必然事半功倍。本着"窥其精微之奥,宜置之庄岳之间"的指导思想,船政学堂建立了留学制度,由日意格制订留学章程和教学计划,并聘请他为洋都督。确定学制为 3 年,其中有一年见习,有四个月到各地参观。前后学堂、绘事院、艺圃均可选送,由华洋两都督共同管理。各专业学生除个别外都按对口专业到有关高校学习。如制造专业的学生到多郎官厂、削浦管学、汕笪佃国立矿务学院、巴黎国立高级矿务学院等地学习;驾驶专业的学生到英国海军学校、格林威治皇家海军学院、抱士穆德大学院等地学习。晚清 40 多年,船政学堂共 510 名学生毕业(连同民国初期毕业的共 629 名),选送出国留学学生四批及另行派出共 111 人。他们分赴法、英、德、美、比、西、日等国,学习的专业主要有造船、航海、飞机、潜艇、枪炮、鱼雷、矿冶、机械、无线电、天文等,学成回国后成为中国近代科技力量的主要骨干。也正是因为留学,接触了西方世界,才诞生了像严复这样的启蒙思想家,罗丰禄、陈季同这样的外交家,王寿昌这样的翻译家。船政的留学制度可以看成是学堂教学的延续,是中外合作办学的一种新模式,它开创了中国近代高校留学之先河,至今仍特色昭显。

(一)留学生在晚清海军学堂的任职情况

作为早期比较系统学习西学精髓的新型人才,留学生自 19 世纪 80 年代起陆续归国后,其中一部分人在"管驾官应知学问以外,更能探本溯源,以为传授生徒之资",出任海军学堂教习、总办等职务,或亲自创办海军学堂,对近代海军教育贡献卓著。

表 3-5 留学生在晚清海军学堂任职表

学堂名称	创办时间	任职情况	地址
福州船政学堂（马尾船政学堂）	1866 年	后学堂驾驶教习：严复、詹天佑、黄建勋、贾凝禧 前学堂制造教习：郑清濂 管轮教习：魏瀚 法文教习：王寿昌 练船教习：蒋超英	福州马尾
天津水师学堂	1880 年	营务处督办：马建忠 总教习：罗丰禄 洋文正教习、总教习、总办：严复 管轮班正教习：萨镇冰 帮教：曹嘉祥、王凤喈、容耀垣 教习：伍光建、罗忠铭、陈燕年、王邵廉、郑汝成	天津东局
黄埔水师学堂	1887 年	督办：魏瀚 教习：苏锐利、詹天佑	广州黄埔
威海水师学堂	1889 年	提调、总教习：郑汝成	威海刘公岛
江南水师学堂	1890 年	督办：叶祖珪 总办：蒋超英 练船教习：何心川	南京下关
烟台海军学堂	1903 年	创办人：萨镇冰 监督：郑汝成 教习：黄鸣球	烟台

如表 3-5 所示，福州船政学堂、天津水师学堂、黄埔水师学堂、江南水师学堂 4 所规模较大，留学生任职也相对集中。其中福州船政学堂实际为"中国海军萌芽之始"，初名"求是堂艺局"，是中国最早引进西方近代造船与航海科学技术、培养海军初级指挥和专业军官的教育机构。学堂分为前、后学堂，前学堂设船舶制造专业，后学堂设驾驶专业，1876 年又设管轮专业。后因实际需要，增设绘事院、艺圃 2 所。早期海军留学生多从该学

堂毕业生中选派。蒋超英负责"扬武号"练船,教导驾驶学生帆缆、枪炮诸法。黄建勋在 1880 年 4 月至 1881 年 7 月期间担任后学堂驾驶教习,因教练学生有功,补守备加都司衔。詹天佑曾在 1884 年上半年任后学堂驾驶教习,因教学认真,获授"五品顶戴"。贾凝禧常年任后学堂驾驶教习和英语翻译,课堂教学时无须讲稿,中英文并解,侃侃而谈,历如贯珠,备受学生敬佩。时人评论福州船政学堂中唯严复与贾凝禧"two wonderful"(二妙)。

(1)天津水师学堂建成于 1881 年 8 月,师资力量雄厚,除总教习曾由高文担任,正、副管轮教习为洋员霍克尔、希尔顺,驾驶副教习为洋员麦赖顿外,还延请了部分留学生来校执教。早在开学之初,首届船政留学生中即有 4 人任职水师学堂。严宗光(后更名复)先后担任洋文正教习、总教习、总办等职,马建忠负责督办学堂营务处,罗丰禄曾任总教习,萨镇冰于 1882 年任管轮班正教习。留美幼童撤回后,曹嘉祥、吴敬荣等 9 人被分配至天津水师学堂补习驾驶专业。

(2)黄埔水师学堂创设于 1887 年。学堂规制、课程略仿福州船政、天津水师两学堂的做法,结合广东实际情况,略作变通。除聘请 3 名外国教员外,师资皆为中国人,其中苏锐利、詹天佑曾任学堂教习之职。1903 年 4 月,魏瀚应两广总督岑春煊之请,负责督办黄埔鱼雷局和水师学堂。他将二者合并,改名为水师鱼雷学堂,设置驾驶、管轮、鱼雷三个专业,成为中国最早实行航轮兼习之制的海军学校。

(3)江南水师学堂又名南洋水师学堂、金陵水师学堂。1890 年,由两江总督曾国荃奏设于南京仪凤门内,聘请洋员及中国学成海军人员担任教习。其中,首届船政留英生何心川任练船教习,叶祖珪于 1905 年督办学堂事务;蒋超英担任学堂总办一职,办理多年,成效昭著。

除此之外,萨镇冰又于 1903 年在烟台海军练营内筹建烟台海军学堂,并参照南北洋章制及英国成法,订立学堂章程。1908 年学堂落成,萨镇冰亲率从天津、上海两地招取得 180 余名新生,到学校报到。第 3 届出洋学生黄鸣球随后出任教习一职。郑汝成也在 1911 年奉调接任学堂监督。

(二)文化思想领域

严复翻译《法意》《原富》《天演论》等8种世界名著,大力宣传"物竞天择,适者生存"的变革思想,创办《国闻报》,出任京师大学堂(今北京大学)和上海复旦大学(今复旦大学)的第一任校长,用毕生精力批判专制政体下的种种弊端,鼓吹中国社会的变革应该树立"自由为体,民主为用"的政治理念。毛泽东认为"洪秀全、康有为、严复和孙中山,代表了在中国共产党出世以前向西方寻找真理的一派人物"。陈季同、陈寿彭兄弟二人回国创办《求是报》《女学报》,着力唤醒民智,推动晚清维新改革的进程。

技术文化在中国主流文化中处于"术""器"的层面,被"道"所驾驭,一直琵琶遮面难登大雅之堂。技术文化难以获得话语权和社会主流价值的尊重,更多地成为下层民众安身立命、自强不息的精神源泉。船政学堂则使技术文化经世致用的功能得以发扬光大。在科技领域,船政学堂作为远东近代最大的造船厂,从木壳船到铁甲船,逐渐跟上世界先进造船国家的步伐,创造了中国造船业的数个第一。

船政学堂最早在国内发展无线电及通信技术,创办中国第一家电报学堂,铺设中国第一条(川淡)海底电信电缆,最早在国内使用发配电照明。飞机出现不久,船政学堂就创办了第一所航空学校、第一所飞机潜艇学校,创办第一个飞机制造工程处;制成中国首架水上飞机并批量生产,建成世界第一个水上飞机站,制造的中国飞机第一次用于实战;巴玉藻、王助等人的名字闪烁在世界航空史上。船政学堂还组织技术人员测量与研究马尾港口深度基准面,历时30年(1866—1896年),确定了"罗星塔水准零点(罗零标高)",这是近代中国航海、导航、水文等技术方面的首个国际标准。正是这种永不止息的创新和变革精神,促使众多的船政学子站在了科技、文化的最前沿,他们的思想、他们的发明创造深刻影响了近代科技文化的走向,并使创新与变革精神成为船政的核心动力。

三、留学教育的评价

留学教育在近代的兴起不但对近代社会产生了重大影响,而且还对有

图 3-13　马尾船政博物馆

着上千年历史的科举制度造成巨大的冲击。

（一）动摇了科举制度的思想基础

　　科举制度以儒家思想为基础,将认同儒家意识形态的士人制度化地转变为国家官员并在制度上保障传统社会的政治体制、文化规范、道德诉求等。近代留学教育兴起,留学生远渡重洋求学,接触了西方思想文化,逐渐突破了作为官方意识形态儒学的樊笼。第二批留美幼童温秉忠曾回忆,这些幼童抵达美国后,"对新生活适应很快,迅速接受了美国的观念和理想",完全"美化"了。严复在英国皇家海军学院就学时,广泛涉猎西方资产阶级学说,常与他人"论析中西学术政治制度之异同",积极探讨中国自强之路;回国后翻译了《天演论》等著作,将西方的哲学、政治学、经济学、社会学、逻辑学等的思想学说陆续介绍给国人。其中的进化论学说在当时的思想界掀起了巨大的波澜,它像野火一样在人们心中燃烧,于是一切僵硬的东西溶解了,一切固定的东西消散了,一切被当作永恒存在的特殊的东西变成了转瞬即逝的东西。[①]"天不变道亦不变"的观念开始土崩瓦解,儒家传统思想受到了前所未有的冲击。留日学生更是大规模地引进并传播西方社会政治学说,解放民众的思想。近代留学生向西方搬取思想武器,猛烈冲击儒家思想学说,结束了上千年来儒家思想独尊的格局。于是,儒学作为一种维持社会秩序的意识形态从社会的"中心"向"边缘"退却并逐渐瓦解。儒学的衰败虽然不完全是由于留学教育的冲击,但是它的衰败却使科举制度的思想统治机能失去了效力,并进而动摇了其作为思想支柱的地位。这样,科举制度的解体就为时不远了。

(二)改变了人们的传统价值取向

中国长期以来自给自足的自然经济所造成的社会的高度稳定性和处于世界文明中心的优越地位,使得国人滋生了"天朝大国,四夷宾服"和"严夷夏之大防"的封闭心态,反对以任何形式向西方学习,认为这是"拜夷类为师","用夷变夏"。因此,当首批幼童出洋留学时,人们不愿远渡重洋学习"夷学",是故容闳的招生工作极为困难,无奈只好放宽条件,降低要求,又到香港挑选了一些,才勉强凑足数额。随着留学教育的深入进行,人们的思想观念发生了很大的变化,民间对于送子弟出洋留学的态度也大为改变,特别是沿海通商口岸的人们不再把出洋留学视作畏途,反而视为一种荣耀。上海市民对归国学生就羡慕不已,出洋留学成为时尚。据《申报》报道,1882年福建船政学堂学生出洋留学就是学生的屡次恳求下促成的。当时的福州船政局前后学堂中的学生,其父兄亲友无不日望其出洋,以为名利两获之计。夏秋之间已有生徒恳求文案各委员,转求派其出洋。这与当年冷清的出洋情景形成了鲜明的对比。尽管科举入仕在近代仍是广大士人梦寐以求的理想,但现实生活中留学的衣锦还乡给人们展示了一条崭新的出路,也给人们提供了一种新的机遇。

---

① 马克思、恩格斯:《马克思恩格斯选集:第4卷》,北京:人民出版社,1995年,第270页。

（三）重塑国人人格

传统教育下的学生，在封建专制的高压下，在科举考试的摧残下，"习于服从性质"，"绝无自由之精神与活泼之思想"。而留学生出洋后饱受西方文化和生活方式的影响，好为种种健身之运动，跳跃驰骋，不复安行矩步。穿起西装，剪掉辫子，有的甚至到教堂做礼拜。他们接受西方自由、平等的思想后，再也不愿意像以前那样向孔子牌位和中国官员行贬低人格的跪拜礼。他们平时学习勤奋刻苦，谈吐优雅，待人接物颇有风度。1876年，宁波海关的李圭在费城见到这些留美幼童应答"皆简洁有理"，"吐属有外洋风派"。这反映了留学生崭新的精神风貌。与之相对照的科举人士，严复给他们画了这样一幅肖像："面戴大圆眼镜，手持长杆烟筒，头蓄半寸之发，劲积不沐之泥，徐行偻背，阔颔扁鼻，欲言不言，时复冷笑。"留学生之所以与科举士人言行举止迥异，在于他们养成了一种体现资产阶级精神面貌的近代人格。在接受西方资产阶级教育熏陶后，他们中的绝大多数皆以国家富强、民族昌盛为己任，超越"科举入仕"等腐朽观念。如容闳在留美学习期间，目睹中国腐败之情形，痛心疾首，而西方教育使他"心中理想既高"，"道德之范围亦广"，忧国忧民之心油然而生。他想到中国国民深受无限痛苦，为此"无时不耿耿于怀"，认为自身既受此文明教育，则当使后人亦享此同等利益。因而，极力主张以西学之学术灌输于中国，使中国日趋于文明富强之境。福建船政学堂学生亦深知在积弱积贫的中国，舍自强之计无外他法，因此"各怀奋发有为，期于穷究洋人秘奥，冀备国家将来驱策"。这与士人竭精尽力于四书五经以博得难得之功名、做官发财、光宗耀祖相比，真可谓有天壤之别。这种人格上强烈的反差使人们更加憎恶科举制度，强烈要求废除摧残人性的科举教育。

（四）促进近代新教育的形成发展

留学教育如同一面镜子，一方面映现出科举制度的腐朽与落后，另一方面又折射出西式教育的先进与活力，指明了教育改革的时代方向。清朝官员李圭正是通过在美留学幼童的表现，认识到西洋教育"不尚虚文，专务实效。是以课程简而严,教法详而挚,师弟间情恰如骨肉。尤善在默识心通,不尚诵读,则食而不化之患除;宁静舒畅,不尚拘束,则郁而不通之病去……"而留学生回国后在各方面所取得的巨大成就更证明了这一点。以首批留美学生为例,他们回国后被安排在天津电报局、上海机器局、福州船政局、天津水师学堂等处,成就显著,如詹天佑修建了举世瞩目的京张铁路。人们由此渐渐认识到留学之好处,进而接受了西学教育。于是,人们仿照最新式的教育方法,在各地纷纷设立大中小学校,采用西法讲授种种课程。面对国内黑暗腐败的教育现状,留学生们充当了取火者的角色,创办报刊,翻译西方教育著作,把西方近代先进的教育理论传入中国。这些西方先进的理论,既为国人抨击旧教育提供了强有力的思想武器,也为新学堂的创建在思想上、理论上做指导。因此,留学生成为近代西方教育思想理论传播的载体。同时,留学生因受过西方教育熏陶,熟悉近代原理和方法,这些独特的素质使他们归国后被各地"纷纷指名延请",成为各级新教育机构的主力军。为了适应新学堂发展的需要,留学生还编译了大量有关近代自然科学知识与社会科学知识的教科书。它们中既有大学教材,如《国家学原理》《国法学》《文明之概论》等;也有中小学教科书,如《中学物理教科书》《中学化学教科书》《高等小学国史教科书》等。1906年,学部公布了一批经过审定的中小学教科书,其中相当大的部分为留日学生所编译。此外,近代教育政策的制定等都有受留学生影响的痕迹,如"钦定"和"奏定"两个学堂章程名义上是张之洞、张百熙所拟,实际上留日学生在具体的草拟过程中发挥了重大的作用。因此舒新城认为"无留学生,中国新教育与新文化不知今日"。

中国的近代化,从生产力的角度看,对西方近代技术的采用是起点,而手工业生产向机器大生产的重要历史转折则是其标志。这种巨大但却不明显的裂变,较早是从最具典型意义的造船工业开始的。毫无疑问,船政在这变化中占据最重要的一环。船政师夷长技,大胆引进西方先进技术、设备、人才和管理,迅速形成远东规模最大的近代造船工业基地,在造舰船、造机器、造设备,以及后来的造飞机等领域,在利用当代科学技术等方面,独领风骚数十年。马尾成为近代中国折射西方工业文明的重要窗口,极大地推动和影响中国工业近代化的进程。

风云巨变的 19 世纪,风雨飘摇的近代中国,面对数千年未有之变局,面对数千年未遇之强敌,中华民族从帝国主义坚船利炮的轰响中警醒。船政的诞生,寄托着民族复兴的希冀,带来了蓝色的梦想与祈望。然而,清廷的腐败和历史的局限,船政虽然一番艰苦创业,最终还是从辉煌走向衰落。孕育中的海军梦、强国梦,伴随着那块沉重的黄龙旗的坠落而破灭。巍巍罗星塔,滔滔马江水,见证着一个富国强兵梦的悲壮演绎,一段血与火铸就的荣辱历程……

图 3-14　马尾船政博物馆匾额

古老的昨天艰难离去,船政在中国近代发展史上留下了不可磨灭的印记。前事不忘,后事之师。今天,船政文化已成为福州人民涵泳百年不懈的历史骄傲,它激励人们重振雄风,与时俱进,共同致力于中华的崛起。

附录:

表 3-6　船政学堂历任监督(校长)(1866—1907 年)

姓　名	任职学校	到职时间	备　　　注
日意格	船政学堂	1866 年	1874 年合同期满回国,1877 年任留学生监督
德克碑	船政学堂	1866 年	1874 年合同期满回国
博　赖	前学堂	1867 年 2 月	主持前学堂教学工作

续表

姓　名	任职学校	到职时间	备　　注
迈　达	前学堂	1868 年 4 月	主持前学堂教学工作
卢　维	绘事院	1868 年	主持教学工作,1874 年合同期满回国
费　廉	绘事院	1874 年	
嘉乐尔	后学堂	1867 年 11 月	1873 年回国,1876 年续聘,1880 年 5 月病逝
何履亨	后学堂	1885 年 2 月	
阿　兰	前后学堂	1868 年	1874 年合同期满回国
蔡国祥	练船	1875 年	任命为练船督操
杜业尔	船政学堂	1897 年 2 月	任船政正监督,兼管理各学堂,1903 年离职
萨巴铁	绘事院	1903 年 5 月	任院首(3 年)

表 3-7　船政学堂中国教师名单

黄绍本	林宪曾	罗丰禄	魏　才	方伯谦	陈兆翱	刘步蟾
陈兆艺	林泰曾	陈季同	林永升	严　复	黄建勋	蒋超英
詹天佑	王　桐	吕　翰	林钟玑	古之诚	陈文濂	林滋汉
郑毓英	郑清濂	魏　瀚	黄　庭	王迥澜	郑守箴	林振峰
王寿昌	程璧光					

表 3-8　船政职官年表

职衔	姓名	任职年月	任职时间	附　　注
船政大臣	沈葆桢	同治六年六月十七日至光绪元年十月一日	8 年 2 个月	特简专任
船政大臣	丁日昌	光绪元年十月十一日至光绪二年五月一日	7 个月	特简专任
船政大臣	吴赞诚	光绪二年五月一日至光绪六年二月二十一日	3 年 10 个月	特简专任,光绪八年六月署福建巡抚,仍兼船政
督办船政	黎兆棠	光绪六年二月二十一日至光绪九年四月三日	3 年	

续表

职衔	姓名	任职年月	任职时间	附注
督办船政	何如璋	光绪九年十二月一日至光绪十年七月	8个月	特简本名
船政大臣	张佩纶	光绪十年八月至十二月	4个月	是年七月兼署船政大臣
船政大臣	裴荫森	光绪十年十二月至光绪十六年四月	5年5个月	初以福建按察使兼理,光绪十四年两任按察使
兼管船政	卞宝第	光绪十六年四月至光绪十七年八月	1年4个月	以闽浙总督兼管
兼管船政	谭钟麟	光绪十七年十二月至光绪廿一年四月	3年	以闽浙总督兼管
总办船政	杨正仪	光绪廿一年至光绪廿二年	1年	以候补道员起用
兼管船政	边宝泉	光绪廿二年一月至光绪廿三年六月	1年6个月	以闽浙总督兼管
兼管船政	裕禄	光绪廿三年六月到光绪廿四年四月	10个月	以福州将军兼管
兼管船政	增祺	光绪廿四年四月至光绪廿五年一月	8个月	以福州将军兼管
兼管船政	善联	光绪廿五年一月至六月	6个月	以福州将军兼管
兼管船政	许应骙	光绪廿六年八月至光绪廿七年七月	10个月	复以闽浙总督暂行兼管
兼管船政	景星	光绪廿七年至光绪廿八年	6个月	以福州将军兼管
兼管船政	崇善	光绪廿八年一月至三月	3个月	以福州将军兼管
兼管船政	沈翊清	光绪廿八年四月八日至光绪二十九年五月	1年3个月	以原提调充任
兼管船政	魏瀚	光绪廿九年闰五至光绪三十一年六月	2年	新任

续表

职衔	姓名	任职年月	任职时间	附 注
会办船政	郑清廉	光绪卅一年	1年	以船政首届出洋学生擢用
兼管船政	松 寿	光绪卅二年至宣统三年九月	5年9个月	总督兼管

参考文献

1.《海防档(乙)·福州船厂(一)》,台湾"中央研究院"近代史研究所,1957年。

2. 严复:《严复集(二)》,北京:中华书局,1986年。

3. 裴荫森:《船政奏议汇编(卷一)》,福州船政局光绪戊子(十四)年刻本。

4. 庞毅、李松、黎明:《晚清政府管理外籍人士合同制的内容》,《重庆行政》2001年第2期。

5. 王忠信:《福州船厂之沿革》,《清华学报》1932年第8卷第1期,第13页。

6.《日意格与洋务运动》,见《中国近代教育史资料汇编(洋务运动时期教育卷)》,上海:上海教育出版社,1992年。

7. 舒新城:《中国近代教育史资料:上册》,北京:人民教育出版社,1961年。

8.《船政奏议汇编》,见《中国近代教育史资料汇编(洋务运动时期教育卷)》,上海:上海教育出版社,1992年,第30页。

9.(清)左宗棠:《左文襄公全集:书牍》卷八,杨书霖编,台北:文海出版社,1979年。

10. 中国近代史资料丛刊编写组:《洋务运动:五》,上海:上海人民出版社,1961年。

11.(清)左宗棠:《左文襄公全集:奏稿》卷二〇,杨书霖编,台北:文海出版社,1979年。

12.(清)沈葆桢:《沈文肃公政书》卷四,吴元炳辑,台北:文海出版社,1967年。

13. 张庆守：《船政学堂实施实践教育经验析论》，《闽江学院学报》2009 年第 4 期。

14.《李文忠公全集》，台北：文海出版社，1980 年影印本。

15. 王家俭：《清末海军留英学生的派遣及其影响（1876—1885）》，见《中国近代现代史论集》，台北：商务印书馆，1985—1986 年。

16. 巴斯蒂：《清末留欧学生——福州船政局对近代技术的输入》，见《中国近代教育史资料汇编·留学教育》，上海：上海教育出版社，1991 年。

17. 苏小东：《北洋海军管带群体与甲午海战》，《近代史研究》1999 年第 2 期。

18. 陈道章：《船政文化》，福州：马尾区政协文史资料委员会，2003 年。

19. 李奎：《环游地球新录》，长沙：岳麓书社，1985 年。

20. 包遵彭：《清季海军教育及其影响》，见《中国近代现代史论集》，台北：商务印书馆，1985 年。

21. 吴杰章、苏小东、程志发：《中国近代海军史》，北京：解放军出版社，1989 年。

22.《光绪六年十一月十六日江南监察御史李士彬奏》，见中国近代史资料丛刊编写组：《洋务运动·五》，上海：上海人民出版社，1961 年。

23. 张之洞：《奏特参管带练船参将折》（光绪二十九年二月初二日），见张侠编：《清末海军史料》，北京：海洋出版社，1982 年，第 414 页。

24. 李鸿章：《复黎召民廉访》（光绪六年十二月初六日），见吴汝纶编：《李文忠公全集·朋僚函稿》卷一九，台北：文海出版社，1974 年，第 41 页。

25. 樊百川：《清季的洋务新政》，上海：上海书店出版社，2003 年。

26. 季南：《英国对华外交 1880—1885》，上海：商务印书馆，1884 年。

27. 骆惠敏：《清末民初政情内幕》，北京：知识出版社，1986 年。

28. 黄福庆：《清末留日学生》，见《"中央研究院"近代史研究所专刊（34）》，1975 年，第 8 页。

29.《日意格与洋务运动》，见《中国近代教育史资料汇编（洋务运动时期教育卷）》，上海：上海教育出版社，1992 年。

30. 舒新城：《中国近代教育史资料·上册》，北京：人民教育出版社，1961 年。

31.《船政奏议汇编》,见《中国近代教育史资料汇编(洋务运动时期教育卷)》,上海:上海教育出版社,1992年,第30页。

思考题

1.了解马尾船政学堂教育缘起的时代必然性。

2.准确区分科举教育与船政教育的区别。

3.思考马尾船政学堂的特色以及对现代教育的影响。

4.辩证分析马尾船政学堂的历史贡献和局限性。

5.借鉴马尾船政学堂留学教育。

推荐阅读书目

1.沈岩:《船政学堂》,北京:科学出版社,2007年。

2.《清末海军史料》(上、下),北京:海洋出版社,1982年。

3.[美]庞百腾:《沈葆桢评传:中国近代化的尝试》,陈俱译,上海:上海古籍出版社,2000年。

4.肖云天:《船政风云》,福州:海峡文艺出版社,2012年。

5.唐耀华:《清末船政大臣——沈葆桢》,上海:上海大学出版社,2007年。

第四章

福建船政文化民族爱国精神

见小利则不成,去苟且自便之私,乃臻神妙;

取诸人以为善,体宵盰勤求之意,敢惮艰难。

——沈葆桢

图 4-1　沈葆桢

　　在福建船政学堂建立初期,创立者就非常注重民族精神和爱国主义教育。从学堂的入学考试、日常的思想教育以及在学生成才后留学欧美继续深造的各个时期,无不体现着中国传统思想政治教育和近代民族爱国精神的闪光点。

第一节　福建船政文化民族爱国精神形成

　　福建船政学堂灌输的民族爱国精神发端于中国春秋以来的"忠""孝"观念,经过历代统治者对于"忠""孝"这两个不同概念的融合和转化,尤其是清代康乾年间,更是把"孝"这一伦理范畴和"忠"这个政治范畴结合起来,进行了这两个不同领域范畴的内涵转换,"移孝为忠"。这样在国家政治生活中完成了政治伦理的完美结合。在近代,福建船政学堂继续进行清代的民族爱国精神教育,从第一次招生考试试题题目"大孝终身慕父母论"可以看得出来当时仍然是延续传统的"忠孝"爱国教育。只不过在清政府内忧外患的形势下,更增添了挽救危亡、科技报国的时代意义。

一、传统爱国精神教育

　　船政学堂在传授学生西方科学技术的同时,尤其注重加强学生的传统思想文化教育,特别是培养爱国精神。沈葆桢要求"每日常课外令读《圣谕广训》《孝经》,兼习策论以明义理"①。

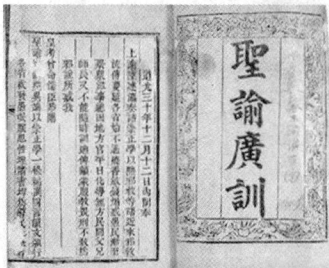

图 4-2　《圣谕广训》

图 4-3　《孝经》

---

　　① 《沈文肃公政书》,见《中国近代教育史资料汇编(洋务运动时期教育卷)》,上海:上海教育出版社,1992 年。

马尾船政学堂通过这两本著作来灌输民族爱国精神教育,在后来的甲申马江海战、甲午黄海海战中,船政学生不畏强敌、誓死抵抗的爱国精神表现得可圈可点。这样的传统爱国教育即使在船政学堂的留学生在欧洲学习时,也要求得非常严格。当时留学生在学成以后,除三位学生病逝外,全部返回中国,报效国家,成为爱国主义教育的成功典范。

《圣谕广训》成书于康乾年间,清政府为证明统治的合法性,极力宣传“存仁义之心,行仁之政”,乃为正统。“孝弟也者,其仁之本与!”以孝治天下。雍正说:“为臣下之道,当奉君如父母。”又说:“人生天地间,最重者莫如伦常,君臣为五伦之首,较交子尤重,天下未有不知有亲者,即未有不知有君者。”为强调统治的合理性,把忠列于孝前,移孝作忠。

《圣谕广训》是由清朝官方颁布,并运用政治力使之成为广为刊行的官样书籍。《圣谕广训》一书的内文,基本上分为康熙《圣谕十六条》与雍正《广训》两个架构。《圣谕十六条》乃摘录自康熙九年(1670年)所颁上谕,每条七字,结构工整,兹列于下:

敦孝弟以重人伦　　笃宗族以昭雍穆

和乡党以息争讼　　重农桑以足衣食

尚节俭以惜财用　　隆学校以端士习

黜异端以崇正学　　讲法律以儆愚顽

明礼让以厚风俗　　务本业以定民志

训子弟以禁非为　　息诬告以全善良

诚匿逃以免株连　　完钱粮以省催科

联保甲以弭盗贼　　解雠忿以重身命

而《广训》部分,则完成于雍正即位次年(1724年)。雍正自云,期望其子民“俾服诵圣训者咸得晓然于圣祖牖民觉世之旨,勿徒视为条教、号令之虚文”。因此就康熙《圣谕十六条》各条目,逐一“寻绎其义,推衍其文,共得万言,名曰圣谕广训”,而创作了十六篇短文,及一篇序言。至此《圣谕广训》一卷于焉问世。

《圣谕广训》出现后,不仅被颁发于各地,清朝政府还一再发挥其政治力,命令及诱导官民阅读该书。《大清会典》即载:“雍正二年,御制《圣谕广训》万言,颁发直省督抚学臣,转行该地方文武各官暨教职衙门,晓谕军民生童人等,通行讲读。"对此,《文溯阁四库全书提要》"圣谕广训"条(乾隆四十七年十月)说得更清楚:

> 方今(注:即乾隆)布在学官,着于令甲:凡童子应试、初入学者,并令默写无遗,乃为合格;而于朔望日,令有司乡约耆长宣读,以警觉颛蒙。盖所以陶成民俗,祗服训言者,法良意美,洵无以复加云。

清朝统治阶级除命令要求帝国各地区都要于每月初一日、十五日朗读该读本之一部分外,还要求清朝士子凡求取科甲功名者,需熟读该书。无论县考、府考还是科考,其中必有默写《圣谕广训》之考试,非但不可有错,亦不得误写或添改。

自康熙以来,《圣谕十六条》条文的定期朗读,即与明以来的乡约制度相结合,成为"圣谕宣讲"传统之始。"圣谕宣讲"后来成了有清一朝地方施政的要目之一和中国各地民众的团体活动之一。各级官员皆需于每月两次(朔望或初二日、十六日)举行公开集会,对百姓进行宣讲,并解释《圣谕十六条》。而雍正《广训》颁布后,"圣谕宣讲"则以该书为宣讲的主要内容。

为求宣讲时,平常百姓得以了解"万岁爷的意思",当时陆续地出现了许多白话解释版的《圣谕广训》。此因定期举行"圣谕宣讲",本来为的是让被统治阶层通晓并遵行《圣谕广训》的条文规约,然而雍正《广训》以简洁文句写成,一般乡野间不识字的百姓们无法了解,加以定期宣讲时,各级官员也需说话材料,因此地方上出现了一些《广训》白话解释本。这些口语化的《广训》版本,极便于宣讲时所用,因而为各省官员所反复刻印,种类极为繁多。然而其中最有名的是《圣谕广训衍》,以及道光三十年(1850年)敕颁的《圣谕广训直解》。

《圣谕广训》的主要内容和特点:

第一,乡约宣讲。清代的乡约制度,一是宣讲圣谕,二是惩恶扬善。顺治十六年,严行设立乡约制度,讲解六谕原文。设约正、约副为讲解人员,由乡人公举60岁以上,行履无过、德业素著的生员担任;若无生员,即以素有德望,年龄相当的平民担任。每遇朔望,进行宣讲,并甄别乡人善恶表现,登记簿册,分别奖惩。

　　第二,地方官宣讲。康熙规定,地方官于每月朔望宣读讲说"上谕十六条"。乾隆更严求地方官听讼之余及公出之便,随事随时,用土音谚语,宣传《圣谕广训》,地方官宣讲,实际主要由教官完成,"教官职司秉铎,宣讲本其分内之事,应令每月周历各镇,宣讲《圣谕广训》",教官的职掌中,宣讲是一主要内容。地方官宣讲还有官僚制度的考课用人做保证。康熙时"举州县卓异,俱开本官每月朔望讲上谕十六条"。乾隆初督抚荐举属吏,首先看宣讲《圣谕广训》。官员的升迁系之于宣讲效果,是推行孝治教化的保证。地方官的宣讲职责终清一代。道光说:"我朝列圣相承,圣谕广训、十六条久垂功令,地方官每月朔望敬谨宣读,俾众著于爱敬睦姻之义,百数十年来,海澨山陬,罔不奉行。"到了清末,亦是如此,光绪二年(1876年),清政府要"各直省督抚、学政,督饬地方官暨教职各官,随时宣讲"。

　　第三,通过学校与科举考试贯彻。雍正三年(1725年)将《圣谕广训》颁发各省学政,刊刻印刷。分送各学,朔望宣讲。嘉庆朝倡议义学,要求一乡一里,分别延师,使儿童初受教育,就学习《圣谕广训》。道光时规定,学政到任,将《圣谕广训》刊印,颁行各学生童,令人人诵习,并将《圣谕广训》内"黜异端以崇正学"一条撰成四言韵文,遍颁乡塾,让民间儿童学习,使之潜移默化。咸丰令学政转饬地方官及各学教官,于书院、家塾教授学生,以《御纂性理精义》《圣谕广训》为主要内容。科举考试也要求掌握《圣谕广训》,凡不能背录者不准录取。嘉庆时又因各学监生不由童试,并举贡监生录科考遗,均一体敬谨默写一二百字,其不能默写者,按其文艺递降等第及斥置不录。

　　第四,宗族宣传。清政府为了维护社会秩序,加强对宗族的控制,在江西、广东、福建等地区任命族正,地方官给以牌照,专司化导约束、劝善规过、排难解纷之事。牌照的第一项内容规定:"宣讲圣谕,以兴教化。"每逢祭祖聚集之时,于公祠内"将上谕十六条句解字释,高声曲喻","俾各宗族姓务各心领神会,父慈子孝、兄友弟恭、夫和妇顺、敦族睦渊,以成仁厚之俗"。对"上谕十六条"诠释,就是以《圣谕广训》为范本,进行宣讲。在清政府的倡导下,清人所修族谱中,不惜资财,将万言《圣谕广训》印入族谱的事例很多。

下面,我们来看看《圣谕广训》的具体表述:

首先在一开篇就讲到"孝治天下",把中国传统社会最重视的伦理观念纳入政治范畴,认为孝治是管理国家社会的权术之一。"敦孝弟以重人伦"篇中明确讲道:"居处不庄非孝,事君不忠非孝,莅官不敬非孝,朋友不信非孝,战阵无勇非孝,皆孝子分内之事也。"认为孝子的本分就是一个人居住时要庄重,侍奉君王要忠诚,面见长官要恭敬,朋友交往要有信,打仗要勇敢,否则就是不孝。

其次,"讲法律以儆愚顽"篇中讲道:"盖法律千条万绪,不过准情度理,天理人情心所同具。"认为国家的法律只是为了惩戒愚顽不化的人,法律本身是讲"天理人情"的,这就把国家法律和伦理道德以及伦理道德背后的形而上的东西等同起来。

再次,"诚匿逃以免株连"篇中以教训的口吻讲道:"毋徇私情而干国宪,毋贪微利而忘身家。"这是警告民众不要徇私情隐匿逃犯而干涉国家法度,不要贪图小利而忘却身家性命,我们在这里看到"家"实际上就是家族范围,这样就可以避免株连家族的忧患。那么这种训诫是通过什么方式传递呢?篇中讲道:"父诫其子,兄诫其弟,队长诫其行伍,乡约诫其比闾。"可以看出,这种教育完全是在家族和乡邻范围内相互传递的,实现了国家法律的软性约束。

还有在"联保甲以弭盗贼"篇中讲道:"所谓寓兵法于保甲中也。"就是发挥国家治理机构中的乡老一级的作用,预防和抵御盗贼,也是通过乡规民约来达到国家治理的目的。

最后,在"解仇忿以重身命"篇中讲到,要化解仇怨,一致对付战场的仇敌,这样才能"下以承家,上以报国。优游盛世,共跻仁寿之域"。这就是通过道德化解达到报效国家的效果。

清朝统治者面临尖锐的民族矛盾;汉族有根深蒂固的华夷思想,在心理极大程度导致对异民族王朝及异民族君主的否定。清朝力图消除汉族的这种认识,掩盖民族矛盾,证明统治的合法性,极力宣传满族入主中原是仰承天命,且"存仁义之心,行仁之政",乃为正统。"孝弟也者,其仁之本与!"以孝治天宇是最好的证明。因此,汉族应尽臣民之道,不得以华夷而有异心,君臣之伦大于华夷之辨。这样移孝作忠、君为臣纲的理论最适合清朝统治者了。从时间上考察,清初顺、康时重视讲孝,中叶雍、乾时注意谈忠。雍正说:"为臣下之道,当奉君如父母。"又说:"人生天地间,最重者莫如伦常,君臣为五伦之首,较交子尤重,天下未有不知有亲者,即未有不知有君者。"这里,为强调统治的合理性,把忠列于孝前,在《圣谕广训》的宣传中,则多把父子放在君臣之前,便于移孝作忠。以孝治天下的强化,是为了加强异民族君主及王朝的统治。

《孝经》是中国古代儒家的伦理学著作。传说是孔子自作,但南宋时已有人怀疑是出于后人附会。清代纪昀在《四库全书总目》中指出,该书是孔子"七十子之徒之遗言",成书于秦汉之际。自西汉至魏晋南北朝,注解者及百家。现在流行的版本是唐玄宗李隆基注,宋代邢昺疏。全书共分十八章。

《孝经》,以孝为中心,比较集中地阐述了儒家的伦理思想。它肯定"孝"是上天所定的规范,"夫孝,天之经也,地之义也,人之行也"。指出孝是诸德之本,认为"人之行,莫大于孝",国君可以用孝治理国家,臣民能够用孝立身理家。《孝经》首次将孝与忠联系起来,认为"忠"是"孝"的发展和扩大,并把"孝"的社会作用推而广之,认为"孝悌之至"就能够"通于神明,光于四海,无所不通"。

对实行"孝"的要求和方法也做了系统而详细的规定。它主张把"孝"贯穿于人的一切行为之中,"身体发肤,受之父母,不敢毁伤",是孝之始;"立身行道,扬名于后世,以显父母",是孝之终。它把维护宗法等级关系与为君主服务联系起来,认为"孝"要"始于事亲,中于事君,终于立身"。具体要求:"居则致其敬,养则致其乐,病则致其忧,丧则致其哀,祭则致其严。"《孝经》还根据不同人的身份差别规定了行"孝"的不同内容:天子之"孝"要求"爱敬尽于其事亲,而德教加于百姓,刑于四海";诸侯之"孝"要求"在上不骄,高而不危,制节谨度,满而不溢";卿大夫之"孝"要求"非法不言,非道不行,口无择言,身无择行";士阶层的"孝"要求"忠顺事上,保禄位,守祭祀";庶人之"孝"要求"用天之道,分地之利,谨身节用,以养父母"。

《孝经》还把道德规范与法律(刑律)联系起来,认为"五刑之属三千,而罪莫大于不孝",提出要借用国家法律的权威,维护其宗法关系和道德秩序。

《孝经》在唐代被尊为经书,南宋以后被列为《十三经》之一。在中国漫长的社会历史进程中,它被看作"孔子述作,垂范将来"的经典,对传播和维护社会伦理、社会秩序起了很大作用。

《孝经》古文经多出第十九章。《古文孝经·闺门章第十九》:"子曰:闺门之内,具礼矣乎!严亲严兄。妻子臣妾,犹百姓徒役也。"

《孝经》在中国古代影响很大,历代王朝无不标榜"以孝治天下",唐玄宗曾亲自为《孝经》作注。

书分古今文两本,今文本为郑玄注,古文本为孔安国注。自唐玄宗注本颁行天下,孔、郑两注并废。清严可均有郑注辑本,宋邢昺疏。

而《孝经》更是一部儒家经典伦理著作,首次将孝与忠联系起来,认为"忠"是"孝"的发展和扩大,后世治国者更是认为"取忠臣于孝子之门",可见其影响之深。

接着我们再来看一下《孝经》的具体表述:

首先在"孝治章第八"中就以孔子的口吻讲道:"昔者明王之以孝治天下也",那么以孝道治理天下国家,自然能得到天下人的欢心,那做父母的,在活着的时候,就可安心享受他们儿女的孝养,去世以后,也就很欢欣地受用他们儿女的祭礼。水、旱、风、火,病、虫、疹疫的灾害,也不会在人间产生。战争流血、盗匪猖獗的祸乱,也不会在这个和平社会里兴起。从这里可以知道历代明德圣王以孝治天下国家的效果,是非常高明了。

从这里可以看出,古人对于孝道,是如何的重视。它并不限于爱敬他自己父母,而要推其爱敬之心于最疏远的人群中去,使人人都能得到欢心,像这样的孝德感召,人人尽孝,化行俗美,国家何患不能强盛?假若不以孝道治理天下,那爱敬之道,不出门庭,家不能保,国不能治。

在"圣治章第九"篇里讲道:

曾子曰:"敢问圣人之德,无以加于孝乎?"子曰:"天地之性,人为贵。人之行,莫大于孝。"

曾子向孔子请教圣人之德,孔子说,故天地之性,唯人为贵重。如果以人的行为来讲,再没有大过孝的德行了。并且讲到周公为了报答远逝的孝道,创制在郊外祭天的祭礼,尊崇他的父亲到了极点。周公这样做并不是有意为之,孝经里面解释了这个原因:"故亲生之膝下,以养其父母日严。圣人因严以教敬,因亲以教爱。圣人之教,不肃而成,其政不严而治,其所因者本也。"

这段话意思就是,圣人教导人以孝道,是顺人性之自然,不是勉强的。一个人在父母膝下玩耍之时就产生出亲近之心,渐渐长大,便对父母一日一日地尊敬起来,这是人的本性,是良知良能。圣人因为人的良知良能,教导爱敬的道理。爱敬出于自然,并非有所勉强。故圣人之教,不依靠严肃惩戒而自然就会成功。圣人从政,不依靠严厉手段而政事得到治理,所凭借的就是人的本性。

而且还继续将"父子之道"和"君臣之义"整合为一个伦理和政治的共同体:"父子之道,天性也,君臣之义也。父母生之,续莫大焉;君亲临之,厚莫重焉。"父子之爱,是天生的,不待勉强,这个父子之爱的里边还含着敬意,父如严君,包藏着君臣义。父亲对子,既是严君,又是慈亲,所以这份恩爱就是非常厚重的。

在"纪孝行章第十"就讲到日常五项应当奉行和三项不该奉行的孝道,并且把奉行孝道作为为政之道:

事亲者,居上不骄,为下不乱,在丑不争;居上而骄则亡,为下而乱则刑,在丑而争则兵,三者不除,虽日用三牲之养,犹为不孝也。

具体表述就是奉行孝道的人,在高位而没有有骄傲自大的习气;作为部属,而没有悖乱不法的行为;在百姓当中,不愿意和他们争斗。假若为长官的人,骄傲自大,则必招来危亡之祸。位居部属的人,悖乱不法,则必招来刑罚的处分。在百姓中与人斗争,难免受到凶险的祸害。以上三项逆理行为,每一桩都有危身取祸,殃及父母的可能。父母常以儿女的危身取祸为忧,为儿女的,若不戒除以上的三项逆行,就是每天用牛、羊、猪三牲来养活他的父母,也不能得到父母的欢心,也不是真正的孝子。

孔子在前面把孝道讲解得清清楚楚。接着在"广扬名章第十四"把移孝作忠,名显至亲具体提出来:

君子之事亲孝,故忠可移于君;事兄悌,故顺可移于长;居家理,故治可移于官。是以行成于内,而名立于后世矣。

孔子说,君子能孝亲,必定具有爱敬之诚心,以这种诚心来侍奉君王,必能忠于君王;能够敬爱兄弟,必定具备和悦态度,以这种态度侍奉官长,必能顺从长官;居家能够处理得有条有理,如果处理公务,必能办得头头是道。所以说,一个人的行为,能成功于家庭之内,这样由内到外,不但做官的声誉显耀于一时,而且忠孝之名,将永远流传于后世。

这段话说明移孝可以作忠,说明移悌可以事长,说明能治家,必能治国。表明孝道是可以由内达外,由近及远,由现在到将来,德行成立于现在,名誉永垂于久远。

《孝经》对实行"孝"的要求和方法也做了系统而烦琐的规定。"以显父母",是孝之终。主张"孝"要"始于事亲,中于事君,终于立身",并按照父亲的生老病死等生命过程,提出"孝"的具体要求:"居则致其敬,养则致其乐,病则致其忧,丧则致其哀,祭则致其严。"卿大夫之"孝"则在"上不骄,高而不危,制节谨度,满而不溢";卿大夫之"孝"要求一切按先王之道而行,"非法不言,非道不行,口无择言,身无择行"。士阶层的"孝"是忠顺事上,保禄位,守祭祀。庶人之"孝"应"用天之道,分地之利,谨身节用,以养父母"。

《孝经》还把道德规范与法律联系起来,提出要借用国家法律的权威维护道德秩序。

《孝经》在长期以来被看作是"孔子述作,垂范将来"的经典,对传播和维护社会伦理起了很大作用。

二、狭隘"忠君爱国"逐渐转变为"爱国救亡"新主题

15世纪以来,随着西方航海家的不断冒险开拓,世界已经被连成一体,任何国家和民族都不可能再孤立于世界之外。但是当时清政府仍处在天朝上国的迷梦之中,在新的时代到来时,远远地落后于西方先进国家。1840年鸦片战争,西方列强利用"坚船利炮"打开了中国的大门,中国被迫进入了近代化的进程。当时为挽救中国,爱国人士同时有多种"救亡图存"

的解决方案,如上层部分官员"中学为体,西学为用"的洋务运动,下层民众自发的"爱国救亡,反帝反封"的农民运动。

其中,中央以奕䜣为代表和地方以曾国藩、左宗棠、李鸿章和沈葆桢为代表的洋务派认为要挽救当前的危局,只能向西方学习。早在林则徐时就提出要战胜西方列强,尽管他一生力抗西方入侵,但对于西方的文化、科技和贸易则持开放态度,主张学其优而用之。根据文献记载,他至少略通英、葡两种外语,且着力翻译西方报刊和书籍,"可师敌之长技以制敌"。

魏源是中国近代史上明确提出向西方学习的人,他在《海国图志·叙》中指出:"是书何以作?曰:为以夷攻夷而作,为以夷款夷而作,为师夷长技以制夷而作。"所谓"师夷"主要是指学习西方资本主义各国在军事技术上的一套长处。魏源说:"夷之长技三:一战舰,二火器,三养兵练兵之法。"他不仅主张从西洋购买船炮,而且更强调引进西方的先进工业技术,由自己制造船炮。所谓"制夷",是指抵抗侵略,克敌制胜。魏源明确地把是否学习西方国家"长技"提高到能否战胜外国侵略者的高度来认识。他强调,不善师外夷者,外夷制之。魏源从反侵略立场出发,以师夷为手段,以制夷为目的,表现了一种光辉的爱国主义思想。让人触目惊心的是,最初的两次危机都是从海上而来(即第一次和第二次鸦片战争),这让当时的清政府大臣和地方势力派深刻地认识到海防重要性。在1860年开始的洋务运动中,各股地方势力不约而同地把目光投向了办理船政,学习西方的先进技术,富国强兵,而马尾船政的独特之处则更多地把着重点放在船政教育上。

1866年,左宗棠上奏清廷《试造轮船先陈大概情形折》,提出"惟东南大利,在水而不在陆",认为"船政乃海防根本。自强莫先于海防,海防莫先于造船"。"中国自强之策,除修明政事、精练兵勇外,必应仿造轮船以夺彼族之所恃",要"尽洋技之奇,尽驾驶之法",在军事上才能抵御外敌,因此极力主张在福建福州马尾创办船政,左宗棠还推荐在家丁忧的江西巡抚沈葆桢为船政大臣。这些都表明左宗棠在船政创办时的爱国初衷。

正当马尾船政局紧锣密鼓筹办之际,左宗棠奉命调任陕甘总督。左宗棠是个明于识人、善于用人的洋务派官员,他认为主持近代工业,要有"熟悉洋务",且"能久于其事"的人才,"然后一气贯注,众志定,而成功可期"。

离闽在即，选任能继办其未完之事的官员已迫在眉睫。经过慎重思考，他选中了林则徐的女婿沈葆桢。其理由是沈葆桢重视西方科技，主张发展民族经济，在洋务派中有较高威望。清政府批准了左宗棠的推荐奏议，除特命沈葆桢总理船政外，还由"部颁发关防，事涉船政，由其专奏请旨，以防牵制"，并赐予"专折奏事"的特殊权力。

沈葆桢把创办船政作为"圣人"之事，在船政学堂建成时，他书写了一副楹联："以一篑为始基，从古天下无难事；致九译之新法，于今中国有圣人。"可以看出，沈葆桢认为天下从来没有难事，办理船政从小到大，引进外来技术，通过船政学堂教育，中国大有作为，才能够培养出很多圣人。

沈葆桢有两大贡献：一是建造兵轮，二是培养海防人才。马尾船政局创立了中国第一所海军学校马尾前、后学堂。左宗棠、沈葆桢把培育海军人才作为"师夷"之根本，其宗旨是为近代海军输送具有专门知识的各类人才。因此，马尾前、后学堂招收资性聪颖、粗通文义的子弟入学。马尾船政局建设工程破土之日，也是学校新生入学之时。船政学堂对学生要求非常严格，不但培养出许多近代工业的工程技术人员，还向中国近代海军输送为数众多的将才。这些人才大都是栋梁之材，成为海防建设的主要依靠力量，荣膺振兴中华的重任。除自身培养外，沈葆桢还上奏朝廷，建议派遣留学生出洋留学深造。

又说"见小利则不成，去苟且自便之私，乃臻神妙；取诸人以为善，体宵旰勤求之意，敢惮艰难"，这副对联表明了沈葆桢坦荡无私，为国分忧，不畏艰难的拳拳报国之心。

为培养出爱国科技人才，沈葆桢又专门提出："每日常课外，令读《圣谕广训》《孝经》，兼习策论，以明义理……盖欲习技艺不能不藉聪明之士，而天下往往愚鲁者尚循规矩，聪明之士，非范以中正必易入奇邪。今日之事，以中国之心思通外国之技巧可也，以外国之习气变中国之性情不可也。且浮浇险薄之子，必无持久之功。他日于天文、算法等事，安能精益求精，密益求密？谨始慎微之方，所以不能不讲也。"这是"中学为体，西学为用"理论的早期表述，也表明洋务派对西方科学技术的基本态度，只可以利用，并且要用中国道学来统领，才不至于变成浮浇险薄之人。

通过以上对《圣谕广训》和《孝经》的具体分析，我们可以了解到这两部书是清朝统治者宣传"忠君爱国"的重要典籍，是对当时社会思想的一种扼制。当然，我们也看到在洋务运动失败后，马尾船政的学子们又走上了不同的探索国家救亡的道路。有的专注当时社会政体改造，如严复；有的立足世界先进科技，力主实业救国、科技救国，如巴玉藻、王助、詹天佑；有的立足于引进西方先进思想，对中国旧思想进行改造，如林纾；等等。我们可以看到狭隘的"忠君爱国"已经逐渐转变为"爱国救亡"的新主题。

第二节　福建船政文化民族爱国精神内涵

一、爱国救亡是福建船政文化民族爱国精神内涵的时代主题

伴随着洋务运动的兴起和衰微，福建船政学堂逐渐没落，但是福建船政学堂的学子们热情不减，仍然积极投身到爱国救亡的活动中去。

比较有名的事件就是广州黄花岗起义，这次反对清政府的起义中，福建籍烈士共有 20 余名，包括方声洞、冯超骧、罗乃琳、卓秋元、黄忠炳、王灿登、胡应升、林觉民、林西惠、林尹民、林文、林时爽、刘六符、刘元栋、魏金龙、陈可钧、陈更新、陈与燊、陈清畴、陈发炎等。在这些烈士名单中，有我们耳熟能详的林觉民和他的《与妻书》。他是专门从国外回来参加起义，怀着对妻子和家人的不舍走上战场的，这种特殊的感情在《与妻书》里以特别的方式表达出来。

在推翻满清帝制中，福建船政学堂还有很多精英人士[1]，他们的简历摘录如下。

蓝建枢（约 1856—?），1855 年生于清朝福建省福州府闽县（今福州市

---

[1]　简历资料参考百度百科。

区）。1874 年毕业于福建船政学堂第三届驾驶班，毕业后在舰上实习，并被派往美国留学，回到中国后进入北洋水师，历任"肇永"舰，"镇南"炮舰，"威云""通济"练习舰，"海镇"巡洋舰管带。1881 年随丁汝昌赴英接收"超勇""扬威"舰，是为中国军舰首次悬挂国旗的洲际航行。此后任"镇西"舰管带，赏蓝翎五品顶戴，补用千总。1889 年因拣员补署官缺而升署后军右营都司，1892 年实授此职，并调任"镇南"舰管带。

中日甲午战争中，蓝建枢在 1894 年 8 月 17 日率"镇南号"随舰队护送清朝兵船至鸭绿江口大东沟，并进入江口协助清朝陆军登陆。1895 年年初，又参加了威海卫防御战，后"镇南"舰被俘，蓝建枢随北洋海军残兵退往烟台，并被直隶总督王文韶以"船亡人存""实属咎无可辞"的罪名，请暂行革职，听候查办。1903 年，时任直隶总督兼北洋大臣的袁世凯以"自革职留营以后，颇知愧奋""才足任用"的理由保奏蓝建枢官复原职，并出任烟台水师学堂正教习。第二年 10 月，蓝建枢任"通济"练舰管带，1911 年调任海军部参赞厅二等参谋官。

1912 年中华民国成立后，蓝建枢任北京政府海军参谋部高级副官，当年 4 月又任海军总司令部左司令（后改称第一舰队司令），授海军少将军衔。1913 年，蓝建枢率第一舰队在上海对二次革命进行镇压，不久调任海军部参谋。1914 年 4 月任海军部参谋处处长；1917 年调海军编史监修；1918 年 3 月，升任海军总司令，授海军中将军衔。1920 年，与海军总长林葆怿联名致电北京政府和广州军政府宣布海军统一而遭反对。1921 年 7 月，被北洋政府授予将军府澄威将军称号，同年 8 月 12 日辞职返回故乡福州，在三坊七巷中吉庇巷的府邸度过晚年。

程奎光（？—1895），民主革命党人。广东香山（今中山）人。福建马尾船政学堂毕业。后任广东水师"镇涛"舰管带。1893 年冬参加孙中山邀集的广州广雅书局抗风轩聚会，商议反清。1895 年由孙中山介绍参加兴中会。后与陆皓东等策划 10 月广州起义，负责联络广东水师。起义前夕事泄被捕。经友人说情免去死刑，但后在营务处被打 600 军棍致死。

程璧光（1861—1918），字恒启，号玉堂，清咸丰十一年（1861 年）生，广东香山（今中山）人，程奎光的兄长。父亲程培芳在美洲经商，1871 年殁于檀香山,程璧光扶柩归里。营葬后,迫于生计,在福建依靠姐夫陆云山生活。陆云山时任"靖远"舰管带,命其习航海术。15岁,程璧光入马江船政局的水师学堂学习。毕业后,被派当"扬武"舰见习生,后历任"超武"舰帮带、"元凯"舰管带、福建水师学堂教习、"广甲"舰帮带、"广丙"舰管带等职。

"广甲""广乙""广丙"三舰皆广东水师。1894年,广东水师派程璧光为粤舰领队,率领"广甲""广乙""广丙"三舰北上会操。会操毕,中日战争爆发,粤舰被留作后备力量。程璧光上书直隶总督兼北洋大臣李鸿章,请求率领粤舰赴前线作战。李鸿章许之,于是三舰编入北洋舰队参战。程璧光奉命率舰护陆军东行,在大东沟洋面与敌舰接仗。

丁汝昌不得已,1895年2月11日服毒自杀。丁死后,海军副提督英人马格禄(M'clure),伙同美国顾问浩威(Howie),借丁汝昌名义作降书,派程璧光向日本舰队司令长官伊东佑亨投递。这是他一生对人讳言的事。甲午战争后,程璧光被解除官职返里。

在这以前,孙中山在广州策划革命时,经常与陆皓东、郑士良等聚谈时事,程璧光与其弟程奎光因与孙中山同乡关系,时常参加聚谈。1894年11月,孙中山在檀香山创立兴中会,并建立兴中会广州分会,程奎光(时任镇涛舰管带)入会为会员。程璧光解职返里后,孙中山着程奎光约他见面,劝他入会。程璧光初表现犹豫,经其弟力劝,才答应入会。1895年10月,兴中会起义的计划泄露,孙中山出走,程奎光与陆皓东等被捕牺牲。程璧光惧牵连,逃到南洋槟榔屿,久久不与革命党人发生关系。

1896年春,李鸿章出使赴欧,路过槟榔屿,程璧光请见。李问程何故南来,程答:"甲午之役全军覆没,朝廷方降罪矣。"李说:"此大事于一人何尤,且归,吾当为君电解之。"于是程璧光回国,复职于海军衙门。

1896年6月,李鸿章推荐程璧光为监造军舰专员赴英。1899年,程璧光率"海天""海圻"二舰回国,担任"海容""海圻"等舰管带。以后又调任北洋营务处会办。1907年,陆军部内设海军处,程入部为船政司司长。1909年,筹办海军事务处成立,南北洋海军统一分为"巡洋""长江"两舰队,程璧光统领巡洋舰队。1910年冬,清廷改筹办海军处为海军部,以载洵为海军大臣,程璧光任第二司司长,载洵对程相当倚重。

1911年5月,英皇乔治五世行加冕礼,清廷派贝子载振为大使,程璧光为副使聘英致贺。事毕,程又奉命率舰前往墨西哥、古巴慰问华侨,道经美国,曾入谒美总统。这时,清廷在英订造的"肇和""应瑞"两舰造成,程奉命从古巴再到英国,携两舰回国。

同年10月,当武昌起义爆发时,程璧光尚在英国未回。南京临时政府成立,有使其主持海军之议,伍廷芳等电促他速回,但他延宕到1912年夏才回到上海,袁世凯早已任命刘冠雄为海军总长了。程见此情况,遂辞去一切职务,闲住在上海。但袁对他住在南方很不放心。1913年春,袁派员邀他入京,聘为海军高等顾问,继又任他为陆海军大元帅统率办事处参议。其后,袁世凯阴欲复辟的逆迹渐显露,程璧光内心很是郁闷。1915年秋,他曾给朋友写信说:"惟时势不佳,实足令人厌世,恨不得早死为快也。"

1916年6月袁世凯死后,黎元洪继任总统,段祺瑞为国务总理。黎元洪早年供职水师时,曾在"广甲"舰任管轮,为程璧光属下。此时,极力推荐程璧光为海军总长,得国会通过。程在以后的"府院相争"中,站在"府"的一边,成为黎元洪的支持者。

1917年4月,在对德宣战问题上,黎、段之间的矛盾白热化起来。为了向总统和国会施加压力,段祺瑞电召各省督军入京,于25日举行军事会议,海军总长程璧光与陆军训练总监张绍曾也被邀出席。段宣布其对德宣战的主张后,把预先准备好的一张"赞成总理外交政策"的签名单塞给出席者,让大家签名。各省区督军或其代表,皆仰承段的意旨,签署"赞成",唯程璧光写:"如国会一致,当服从多数民意。"使段很不高兴。其后,参战案经国务院提交到众议院审查时,段祺瑞指使军警、流氓,演出"公民团"包围议会,殴辱议员的闹剧,一时群情激愤,舆论大哗。程璧光与外交总长伍廷芳、司法总长张耀曾、农商总长谷钟秀等向段建议内阁引咎辞职,被段拒绝。于是当天晚上,程璧光等四人分别向总统提出辞呈,使原来就残缺不全的段内阁只剩下"总理"一人。到5月23日段祺瑞被黎元洪免去总理职务后,北洋系各省督军在段的唆使下,纷纷宣布独立,并准备以武力逐黎。程璧光见事机危迫,即电饬海军第一舰队司令林葆怿率舰驻扎大沽,表示对黎的支持。6月初,程曾请黎离京南下,愿率舰队护送,黎不同意。程不得已只得先行出京,9 日抵沪,当日即召集各舰舰长开会,研究对付叛督办法。

自段祺瑞当国,挟督军团乱政以来,西南各省及孙中山为首的国民党人都站在同情黎的一方。程到沪后,与当时在沪的孙中山、唐绍仪、岑春煊三人有所接触,研究共同拥黎反段的办法,中山曾为海军筹措军费,鼓励程与北京政府脱离关系。

6 月,张勋北上,国会被迫解散。7 月,张勋复辟,黎元洪进入日本使馆。程璧光在沪闻讯,派军舰三艘北上秦皇岛,想迎接黎元洪南下,未成功。3 日,程与淞沪护军使卢永祥联衔发表了声讨复辟、拥护共和的檄文。

当段祺瑞在北方布置圈套,引张勋上钩,又以讨逆英雄自居,拒绝恢复约法时,孙中山在南方酝酿的护法局面略有头绪。7 月上旬,孙中山、章太炎等乘海军军舰先行赴粤。21 日,程璧光与林葆怿率领第一舰队南下广州,翌日,海军自主宣言自沪发出。宣言否认国会解散后的非法政府,提出三项主张:拥护约法,恢复国会,惩办祸首。

这是程璧光在孙中山示意下发出护法的第一声。当时海军第一舰队拥有较大的巡洋舰,是海军主力。南下护法的第一舰队军舰先后有"海琛""海圻""永丰"等八舰,连同原驻广州的"楚豫""永翔"二舰共计十舰。舰队南下途中,段祺瑞着萨镇冰、刘冠雄来电劝诱北归,程、林未予理会。海军的这一行动,使护法声势加大,也使北洋军阀大为震惊。

第一舰队抵粤后,受到各界的欢迎,同时国会议员即纷纷南下。9 月 1 日,国会非常会议选举孙中山为大元帅,10 日,军政府宣告成立,程璧光任海军总长。

广东当时是桂系军阀的势力范围,陆荣廷为两广巡阅使,陈炳焜为广东督军。但又有李耀汉、李福林、魏邦平等广东地方势力。桂系对中山军政府采取表面不干涉、实际不承认、不支持的态度。在这几种势力错综复杂的矛盾中,程璧光由于兼有广东人、国民党元老和桂系的朋友三种身份,受到各方面的拉拢,成为调和派。

先是,广东省长朱庆澜(当时倾向孙中山)有警卫军二十营,称"省长亲军",由陈炯明任"亲军"司令。8 月中旬(海军抵粤不久),朱庆澜忿桂系排挤,邀请程璧光、李烈钧、陈炯明密谈,打算把"亲军"改编为由程指挥的海军陆战队,免为桂系吞并。8月26日,朱被排斥下台,"亲军"二十营被陈炳焜强行接收了去。与此同时,段祺瑞以中央名义派傅良佐代谭延闿为湖南督军,9月9日傅良佐到长沙,湖南形势日急。到这时,陆荣廷才感到北军南犯,有侵犯桂系地盘的危险,必须调整与孙中山军政府的关系。10月2日,陆邀请程璧光来南宁举行会谈,决定了两广当局联名讨段、援湘的计划,由程璧光、陈炳焜、谭浩明、李耀汉通电声讨段祺瑞的罪行,提出迎黎复职,恢复国会等主张,并任谭浩明为援湘联军总司令,出兵援湘。通过程璧光这条渠道,11月陆荣廷又邀军政府大元帅代表举行梧州军事会议,陆同意把二十营"省长亲军"交还国民党,由程璧光节制、陈炯明指挥,去福建开辟进攻北洋政府的第二战场。

两次会议后,桂系表面与军政府合作,暗中却玩弄联冯制段的花招,向北方伸手求和,并处处与孙中山为难。孙中山气极了,想用海军驱逐粤督陈炳焜,因程璧光不主张与桂系决裂而未实现。1918年1月3日,孙中山直接密令"豫章""同安"二舰舰长炮击观音山督军署,代理广东督军莫荣新电请程璧光调处,程急忙命令两舰停止炮击,并将两舰舰长撤职。

军政府与桂系之间的矛盾,虽到了几乎决裂的程度,但1月下旬,湖南方面的桂湘联军进攻北军,收复岳州,同时在广东方面,桂军林虎、沈鸿英等部对受段祺瑞驱使的龙济光也展开了进攻,这是中山系国民党人所欢迎的,于是矛盾又暂时缓和。在此形势下,孙中山命陈炯明率粤军进驻汕头,方声涛率滇军进驻潮州,准备开辟福建战场,以与湖南战场相配合。程璧光原决定率各舰出发,协助征闽,及闻讨龙战争开始,遂调遣军舰游弋北海、闸坡、崖门等地,堵截龙军。海军的活动,使从琼崖登陆的龙军与其根据地失去联系而败退。

孙中山的军政府在法理上应是护法各省的最高权力机关,但事实上两广、滇、黔、湘皆是自主的独立王国,各省军阀自行其是,使军政府形同虚设。而程璧光虽名义上为军政府海军总长,但他更多地迁就地方军阀,与中山精神很不协调。1917年冬,唐继尧、岑春煊、李烈钧等组织西南各省联合会以谋护法各省之统一的倡议。岑、唐以及陆荣廷是想以联合会取代军政府的职权,并准备与北京政府妥协谋和。1918 年 1 月,公布了条例,并开了成立会。对此会的成立,程璧光起了积极的推动作用。但条例一经宣布,就遭到国民党人的反对和章太炎的痛骂,称之为"李完用第二"。

联合会议搁浅,滇、桂军阀又与政学系议员,益友社员相勾结,策动以联合会与军政府合并,把军政府改组为合议制,以削弱大元帅的权力。程璧光为此向孙中山疏通,并于 2 月 2 日由程璧光邀请孙中山、莫荣新等在海珠开会商讨,使孙中山不得不表示同意。

当军政府酝酿改组期间,广东军人李福林、魏邦平、翟汪等人,借口龙济光部尚未荡平,电请陆荣廷以莫荣新专任讨龙军总司令,而以程璧光兼任粤督。这是广东地方势力以"粤人治粤"的口号,排斥桂系势力的表示。正当这一易督活动进行之际,2 月 26 日晚上 8 时,程璧光被人刺杀于广州海珠(海军办事处所在地)对岸,弹中胸部,即时殒命。一般疑刺客为桂系军阀陆荣廷、莫荣新所派遣。军政府大元帅追念程璧光护法之功,在广州海珠公园为之建立铜像,以兹纪念。遗体于 1919 年 1 月葬于江苏宝山。

黄钟瑛(1869—1912),原名良铿,又名鎏,字赞侯,闽县(今福州市区)人,生于清同治八年九月二十日。14 岁考入福建船政后学堂驾驶班。毕业后,曾在"靖远""威远""康济"各舰见习,后入刘公岛北洋水师枪炮学堂学习。不久,到"济远"舰当舰员。

辛亥(1911 年)武昌起义后,清军大举南下,进攻湖北革命军。清海军统领萨镇冰率长江舰队进驻于武汉江面。因海军暗中酝酿起义,镇冰见军心不稳,遂以治病为名,弃舰赴沪,由黄钟瑛担任临时舰队司令。舰队驶至九江,经林森等人联络动员,黄钟瑛审时度势,率舰队起义,与九江陆军起义军联合组织陆海军联合委员会,"共同商定了统一江西和援鄂援皖等决策",并且付诸实施。

十一月汉口、汉阳相继失守,李烈钧与黄钟瑛率舰救援武昌。不久停战议起,各舰代表在上海选举程璧光为总司令,钟瑛为副司令。但程璧光率"海圻"舰在英国未回,由黄钟瑛代总司令。

1912 年孙中山任临时大总统后,任命黄钟瑛为海军总长兼海军总司令。黄钟瑛决心整顿海军,以与英、法、德、美、俄、日诸国抗衡。他支持李钟钰等成立随营宣讲团，并编辑出版《军中白话宣讲书》。

南北和议后，北洋政府于 3 月 30 日任命刘冠雄为海军总长，黄钟瑛仍任海军总司令。黄钟瑛提出辞职，于 4 月 11 日免职，由李鼎新接任。

10 月 28 日，黄钟瑛突然吐血，至 12 月 4 日逝世，年 43 岁。孙中山特写挽联："尽力民国最多，缔造艰难，回首思南都侍侣；屈指将才有几，老成凋谢，伤心问东亚海权。"

陈模（？—1913 年），字勒生，号子范，侯官县（今福州市区）人，生年不详。早年家境贫困，入福建船政学堂肄业，因生活无着而辍学。经人介绍进芜湖江海关当文书，以文笔雄健被调上海税关任职。与林森、魏怀相识，结为挚友，因林森号子超、魏怀号子杞，遂有"三子"之称。清光绪二十九年（1903 年），旅沪福建人士组建福建学生会，林森为会长，陈模为学生会骨干，积极参加各项活动。三十一年（1905 年）同盟会成立，林森率会加盟。陈模成为同盟会员后，与陈其美交往甚多，以才识肯干为陈所重。宣统元年（1909 年），林森调九江关，陈模与其美交往更频，其美甚为器重。

辛亥革命爆发，上海响应，陈模参其美帷幄之谋，当年九月十四日（11 月 4 日），上海光复。十六日其美为上海军政府都督。陈模以海军未举义，恐革命事终不济，遂自告奋勇赶往汉口，见形势不佳，出入锋镝，劝说闽籍海军将士反正，海军军心浮动，统制萨镇冰离队赴沪，"海筹"管带黄钟瑛率舰队举义旗东行，至九江会林森，组成陆海军联合委员会，实施援鄂、援皖行动，稳定辛亥革命大局，陈模功劳不小。

民国肇建，陈模不居功，佣书如故。先是随张静江、张继游历，后潜心学习制造炸弹，资助革命。1913 年，孙中山发动二次革命，7 月 18 日，上海都督陈其美宣布上海独立，后不久失败，其美将偕陈模避往日本。为刺杀助袁世凯、仇国民党者，其美使陈模制造炸弹已成，恰侦骑到，陈模本想掩蔽，不慎炸弹爆炸，身成糜粉，被誉为"辛亥福建三烈士"之一。

林葆怿（1863—？），字悦卿，侯官县（今福州市区）人。同治二年生。光绪六年（1880 年）考入福建船政学堂第九届驾驶班，毕业后于光绪十二年（1886 年），派赴英国学习海军，回国后在北洋水师任职。

宣统二年（1910 年），清政府向英国际摩士庄船厂订购"肇和"舰，林葆怿为监造员。1912 年 9 月,林葆怿任海军部参事,不久授海军少将衔。翌年 8 月,任第一舰队司令。1916 年,孙中山发表恢复临时约法宣言后,林葆怿等人发表宣言,宣布海军独立,通电护法。翌年 6 月,黎元洪下令解散国会,孙中山在上海组织护法运动。7 月 21 日,程璧光、林葆怿通电否认国会解散后的政府,提出拥护约法,恢复国会,惩办复辟祸首等三项主张。22 日,林葆怿借舰队学习鱼雷为名,率"海圻"等 15 艘兵舰赴广东护法。8 月 25 日,南下的国会议员在广州开会成立军政府,林葆怿被任命为海军总司令。1918 年 2 月 26 日,林葆怿任海军总长。4 月,非常国会通过军政府改组,实行所谓七总裁制。5 月,孙中山愤而辞去大元帅职务,陆荣廷等便把军政府改为七总裁制,林葆怿被推选为七总裁之一。1919 年 2 月,南方军政府和北京政府在上海召开会议。4 月,林葆怿与广东督军领衔发出"军人不干政"的通电,促进南北和谈。7 月,林葆怿与北京政府海军部代表商谈海军统一问题未遂。1920 年 10 月,桂军在粤桂战争中惨败,岑春煊与林葆怿等以四总裁名义宣布撤销军政府。12 月,北京政府派人劝林葆怿率舰北返,可任他当福建督军,此议遭到驻穗各舰的反对,他看到事已无望,弃职出走。1921 年 1 月,广州军政府宣布林葆怿等褫职。

林葆怿返居上海,不再涉足政坛。1922 年 7 月,北京政府授林葆怿为将军府葆威将军,卒年不详。

陈天尺,原名韵琴,字尺山,号昊玉,别号莫等闲斋主人,长乐人,居福州,生卒年不详。清光绪间肄业于福建船政学堂,曾游学英伦,回国后居上海,目睹清廷腐败,奋起救国。清光绪二十九年(1903 年),加入以林森为会长的旅沪福建学生会,任总干事,积极投身革命。三十一年(1905 年)孙中山成立同盟会,林森率会加盟,陈天尺遂成同盟会员。翌年,林森为组建福建支会,派陈天尺回闽,先设福州说报社,与上海遥相呼应,秘密传递革命书报,组织社员每周轮值宣讲时事,借以唤醒国人。同时他还联合桥南社、益闻社等组建同盟会福建支会,用"丙午俱乐部"名义成立于福州,陈天尺对此做出贡献。

高鲁(1877—1947),字曙青,号叔钦,长乐县龙门人,生于清光绪三年(1877 年)。幼年丧父,家贫苦读,21 岁进福建船政学堂学习。三十一年

(1905年),因成绩优异,被选派留学比利时,入布鲁塞尔大学攻读工科。留学期间,他着手研究中国古代天文学,编制了以立春为岁首的《长春历书》。宣统元年(1909年),以关于飞机翼的力学计算问题的毕业论文,获工科博士学位,同时被派往德、法等国考察工厂。同年在法国巴黎加入同盟会。

辛亥革命后,随孙中山回国。1912年南京临时政府成立,高鲁任政府秘书兼内务部疆理司司长。1913年,出任北京中央观象台台长,并在北京女子高等师范学校和北京大学任教。他任中央观象台台长之后,打破了中国气象事业由外国人把持的局面,创办气象训练班,培养了一批自己的观测人员。同年,赴日本考察天文、气象事业。翌年,又出席在东京举行的东亚气象台台长联席会议。回国后,创办了《气象月刊》,后改为《观象丛报》。他在《观象丛报》上发表了通俗的天文学文章《晓窗随笔》,普及天文知识。在中央观象台内还设立了历数、天文、气象、磁力等四科。1915年,开始在北京筹建大型天文台,购置许多先进的仪器、仪表,正式测定北京的经纬度,还在库伦(今乌兰巴托)附设测候所,为中国现代天文气象研究打下了基础。

1918年,高鲁出席在巴黎举行的时辰统一会议。不久即任中国留欧学生监督。1921年回国,仍任中央观象台台长。翌年,倡导成立中国天文学会,当选为第一任会长和总秘书。他重视中国古代天文学的整理研究工作,提出了整理古代天文学的四项原则和十七条大纲。

1927年,高鲁任教育行政委员会秘书。次年,国立中央研究院成立,下设天文和气象两个研究所,他任天文研究所所长。在他主持下,完成了紫金山天文台的测量工作。

1928年10月12日,高鲁任中国驻法国公使。翌年3月到任,曾被派为与爱沙尼亚签订通商条约、与希腊签订友好条约的全权代表,以及出席国际联盟会的海牙国际法庭的代表。但仍注视天文学界的新成果,并发明了天璇式中文打字机,送巴拿马国际博览会展出并获奖。

林雨时(1881—1957),原名景清,字祥云,号泽人,医名济生,闽县(今闽侯)尚干乡人,入英华书院。目睹"清政不纲,外侮日亟",遂积极参加反清活动。光绪二十六年（1900年）曾赴台追随林森，不久返闽。后加入上海福建学生会，按会长林森指示，在福州设立益闻报社，以开民智。于三十一年（1905年）四月为首创办桥南公益社，密谋义举。后全会加入同盟会，设机关于社内。林雨时于光绪三十四年（1908年）六月又创办福州闽南救火会，任会长，暗中训练民众。曾就天安寺教案，奔走呼吁，力争主权。后联合各公益社团设立福州社会办事处，以调解外交纠纷。当选为福建去毒总社社长、福州总商会议董、商事公断处评议员等。同盟会福建支会成立后，参与党务，并任机关报《建言报》社长兼体育会会长。辛亥广州起义时留闽参与筹划福、厦两处响应，事败后操办抚恤拯救等事宜，并派人分赴沪汉联络，以谋再举。所有机密文件、印信、枪弹均藏家里，秘密会议也在他家举行，还组织体育会青年编练炸弹队参加福州起义。

　　林舜藩（1888—?），字其南，号振波，闽县（今闽侯）尚干乡人，生于清光绪十四年。早年进福建船政后学堂第十九届驾驶班学习，光绪三十四年（1908年）冬毕业。长江舰队统制萨镇冰为整顿舰队计，派舜藩任"策电"炮舰大副，负督操、出海巡洋之责。宣统三年（1911年）六月，奉派去南京水师学堂专习鱼雷应用技术。时革命潮流风起云涌，校中传阅《自由钟》《扬州十日记》《嘉义三屠》，舜藩痛感亡国之悲与清兵残暴，决心参加革命。八月回舰工作，泊"策电"舰于吴淞口，暗中宣传革命，团结官兵。九月十一日（11月1日）半夜，岸上革命党派人来与舜藩接洽举义。翌日晨，舜藩带领舰员起义，用白餐桌布升上旗杆，清海军举义第一舰"策电"起义成功，岸上陆军也升起义旗，使吴淞比上海提早起义。舰长离舰，舰务交舜藩负责。7时30分他出席吴淞光复后首次会议，报告"策电"舰起义经过，众称大功。

二、创新图强是福建船政文化民族爱国精神内涵的崭新内容

　　福州是一座有着2200多年历史的文化名城，历来文化昌盛，人文荟萃，曾有"海滨邹鲁"之称。福州的学校教育始于西晋，初兴于唐，从北宋至

南宋,福州教育进入全盛时代,官办的府学、县学普遍建立,私人讲学的书院大量涌现,各乡里都有书社。自隋朝至清朝末期,共举行 502 次进士科考试,产生 502 个状元,其中有 50 个是福建人,福州府之人占了 22 个。科举资料记载,福州府"举进士者二千二百四十七人",全国闻名。南宋学者吕祖谦的一首诗生动地描绘了当时福州文化教育的昌盛:"路逢十客九青衿,半是同胞旧弟兄,最忆市桥灯火静,巷南巷北读书声。"

延续千年之久的科举制度,是封建时代中国知识分子出人头地,进入上层社会的最重要途径。鸦片战争后,清政府的惨败使中国的一部分有识之士朦胧认识到中外的差距,林则徐、魏源提出"师夷长技以制夷"。在洋务运动中,自然科学和军事技术开始受重视。

福建船政学堂是中国近代第一所海军学校,创始人是左宗棠。

学堂招生时面临着极大的困难,就是在科举取才盛行的氛围下,这所新式军事学校对读书人却吸引不大,后来把招生一直扩展到广东、香港一带。当时第一次招生考试的试题仍是"大孝终身慕父母论",这种试题题目带有更多的伦理纲常色彩。

学生来源主要是家境贫寒、粗懂文墨之士,以及受到外国影响的家庭和商人子弟、外国学堂学生。获得考试第一名的福建侯官人严宗光(后改名严复),身世遭遇就很具有代表性。严宗光父祖两代皆为中医。他自己从小进私塾,再加上父亲的辅导,打下了较好的学业基础。不久,父亲因抢救霍乱病人受到传染,不治而亡,家道急骤中落。听说船政学堂衣食住全由官家供给,每月还有四两纹银的补贴,便决定前去报名。严宗光的叔叔是个举人,母子俩请他作保,举人对此种新学堂绝无好感,当即回绝,后来只能瞒着他私自填写保结,还引来一场争吵。宗光和母亲只得痛哭跪求,才算了事。船政学堂第一次招考的考题是"大孝终身慕父母论",严宗光在考试时面对试题触景生情,文章自然写得情文并茂,得到沈葆桢的赞赏。

这次招生共录取严宗光、罗丰禄、林泰曾、刘步蟾、方伯谦、林永升、黄建勋、蒋超英、叶祖珪、邱宝仁、何心川等几十个人,年龄为 12～15 岁。另外从香港招来张成、吕翰、邓世昌、叶富、林国祥等,皆已学过英文,基础较好。1867 年 1 月 6 日,学堂正式开学。此时校舍未成,便借城南定光寺

（白塔寺）的空房作教室。

　　除了白塔寺外，学校还在仙塔街、亚伯尔顺洋房设置临时校舍。未几，船政局在马尾新盖的学堂落成，旋将三处学生一并迁入。学堂分作两部分，前学堂以法语授课，包括制造专业和设计专业。制造专业是前学堂的主要专业，它的培养方向主要是船体和蒸汽机的设计制造人员，目标是培养绘图员。后学堂以英语授课，包括驾驶专业和管轮（轮机）专业。它为后来的海军事业培养了大批军官。学堂还附设艺圃，培养技术工人。

　　船政学堂正式办学后，面向全国招生，无论满汉民族皆可报考。但除了闽、粤两省外，其他省籍学生仅有一二人而已。广东及外省人，主要报名学习驾驶。学制造的，全是福建人。即使在驾驶班，福建人也占了多数。这自然是由于学堂设在福建，且福建又地处沿海，得风气之先的缘故。到后来，福建人不仅遍布海军上下，其他海军学堂也由福建人或与船政局有关系的人主持。在旧中国海军中，福建人独多。福建人互相推荐、援引，对于发展海军事业有一定的积极意义，但形成小圈子，排斥非闽系人士，就带有强烈的封建地域集团的色彩，以致被人称作"闽党"。

　　1874秋，英国军舰"田凫号"访问马尾。海军军官寿尔记载了当时他所看到的船政学堂的情景，大致上能够反映早期船政学堂的状况：

　　　　我访问学校那天，学生大约五十人，第一班在作代数作业、简单的方程式。第二班正在一位本校训练出来的教师的指导下，研习欧几里几何学。两班都用英语进行教学。命题是先写黑板上，然后连续指定学生去演算推证各阶段。例题的工作完成后，便抄在一本美好的本子上，以备将来参考。我查阅其中几本，它们的整洁给我很深刻的印象。有的口授的题目是用大写的。当我们想到用毛笔缮写的中国文字和用钢笔横书的拼音语言间的区别时，便更知道这是一件非凡的事。学生每天上学六个小时，但课外许多作业是在他们自己的房间里做的。星期六休假。学生们一部分来自广州和香港，一部分来自福州。这些从南方来的，常是最伶俐的青年，但是他们劳作上不利之处是不懂官话；不懂官话在政府工作便没有升迁的希望。因此他们每天花一些时间同一位合格的本地老师学官话……海军学校招收学生的方法是在福州城所有明显的地点遍贴告示。规定年龄为十六岁以下，但这项并未很严格执行，因为有一些由香港方面

的广告招收而来的学生是在二十岁以上。报名学生,给以中国经典知识
的考试。直到最近,学校未曾录取过对自己国家的经典与文献没有相当
知识的学生。……嘉乐尔先生的职务并不伸展到学生们的私人住宿区
去,那是一位官吏管理的。广州和福州的学生分开住,用不同的厨师。嘉
乐尔先生称赞这些学生,说他们勤勉与专心工作,也许超过英国的学生。
因为他们不管他在场不在场,都坚毅地工作,未曾给他麻烦。从智力来
说,他们和西方的学生不相上下,不过在其他各方面则远不如后者。他们
是虚弱屑小的角色,一点精神或雄心也没有,在某种程度上有些巾帼气
味。这自然是由抚育的方式所造成的。下完课,他们只是各处走走发呆,
或是做他们的功课,从来不运动,而且不懂得娱乐。大体说来,在佛龛里
待着,要比在海上作警戒工作更适合他们的脾胃。[①]

当时旧有教育就业观念仍处在"万般皆下品,唯有读书高"的陈旧氛围
里,马尾船政学堂突破了这一教育传统,注重实用技术,注重生产劳作。在
船政学堂的专业培养和设计上,都充分显现出这一特点。比如,绘事院设
计专业学生在 3 年的专业学习期间,必须经过 8 个月的工厂实习实践,实
际接触各种轮机和工具,积累足够的实践经验,注重实务操作,避免空谈理
论。又如轮机、管轮和驾驶专业学生在学堂学习 3 年基础课程和航海知
识,再在"练船"上通过两年半的时间学习实用知识与技术,最后才算通过
毕业。造船专业学生培养中注重船体建造、机器制造及操纵,每天都要从
事生产劳作,熟悉车间,管理工人。艺圃则实行半工半读的制度。同治七
年(1868 年)第一学期安排每天下厂跟班劳作,晚上 7~9 时上课。第二学
期起,每天上午上两节课,其余时间下厂实习,晚上上一个小时的课。[②]

在洋务运动时期,洋务派认为必须向西方学习科学技术,首先要有精
通外语人才,在京城开设京师同文馆,这是清末第一所官办外语专门学校,
以培养外语翻译、洋务人才为目的,以外国人为教员,专门培养外文译员。
在地方学堂开设外文课程,马尾船政学堂专业教育中,聘请英法教员,如日

① 姜鸣:《龙旗飘扬的舰队——中国近代海军兴衰史》,北京:三联书店,http://jczs.
sina.com.cn,2003 年 1 月 14 日 18:03 舰船知识网络版。
② 沈岩:《船政学堂》,北京:科学出版社,2007 年,第 57 页。

意格等。为更好地学习造船科学技术,与西方先进教学保持一致,在专业教育中,采用双语教学方式。外语学习安排在早晚课前,每天均有固定两个半小时,以保证有充分的外语学习时间。为帮助学生更好地学习法语,船政学堂外籍教员日意格还编写了《福州船政学校常用技术词典》。这一独创的双语教学方式,一方面有利于马尾船政学堂教育学习的学生学习西方科学技术,保持与世界先进科技前沿一致,不断更新知识,扩大眼界;另一方面加强与世界的联系和沟通,在毕业生留学欧美时,能够有效消除语言障碍,更好地融入西方社会,有利于中西文化交流和传播。

马尾船政学堂的新式教育在当时举办得比较成功,随着西方科技文化的输入,船政学堂毕业生的留学教育,马尾船政英才辈出,创新成果丰硕,创造了多个中国第一和世界之最。船政成功创办了中国第一所科技专科学校(船政学堂)和第一所技工学校(艺圃);创造了中国造船的数个第一;船政自制第一台实用蒸汽机、起重机、车床、锅炉、新式抽水机,以及机制铜钱、精密仪器(钟表、经纬仪、罗盘、气压计、望远镜、瞄准器等)、大炮、水雷和鱼雷等;创办第一所航空(勤工)学校、第一所飞机潜艇学校;创办第一个飞机制造工程处;制成中国首架水上飞机并批量生产;建成世界第一个水上飞机站;制造的中国飞机第一次用于实战;创立留学生制度,派遣中国第一批留欧学生;最早在国内发展无线电及通信技术,创办中国第一家电报学堂,铺设中国第一条(川淡)海底电信电缆;最早在国内使用发配电照明,适用范围从生产、生活扩大到船上,并在船上首次使用探照灯、电风扇;制订近代中国第一个国际标准,确定了"罗星塔水准零点"等。

三、抵御外辱是福建船政文化民族爱国精神内涵的应有之义

马江海战又称马尾海战、中法马江海战,是中法战争中的一场战役。

清光绪十年(1884年),法国远东舰队司令孤拔(A. A. P. 库贝)率舰6艘侵入福建马尾港,停泊于罗星塔附近,伺机攻击清军军舰。朝廷"彼若不动,我亦不发",于是张佩纶、何如璋、穆图善等下令:"无旨不得先行开炮,

图 4-4 马江海战

必待敌船开火,始准还击,违者虽胜尤斩。"七月初三日,法舰首先发起进攻,清军主要将领畏战,弃舰而逃,福建水师各舰群龙无首,仓皇应战,福建水师的舰只还没来得及起锚,被法舰的炮弹击沉两艘,重创多艘。福建水师对法国军舰展开英勇还击,但是由于未做任何军事准备,加上装备落后,火力处于劣势。海战不到 30 分钟,福建水师兵舰 11 艘("扬武""济安""飞云""福星""福胜""建胜""振威""永保""琛航"9 舰被击毁,另有"伏波""艺新"两舰自沉)以及运输船多艘沉没,官兵伤亡 760 人,福建水师几乎全军覆没。战斗不到 1 个小时 ,福建水师几乎丧失了战斗力。而法军仅 6 人死亡,27 人受伤,军舰伤 3 艘,还摧毁了马尾造船厂和两岸炮台。初九日,法舰全部撤出闽江口。

马江海战惨败,激起国人极大愤慨,8 月 26 日清政府被迫向法国宣战,中法战争正式宣告爆发。

关于马江海战,福建水师战败的原因分析如下:

第一,福建水师海战前未做任何准备,主战或主和没有得到清政府明确指示。

1884 年 7 月 12 日,法国政府向中国发出最后通牒,要求在 7 天内满足

"撤军""赔款"等蛮横要求。7月14日(闰五月下旬),在孤拔率领下,法国军舰以"游历"为名陆续进入马尾军港。钦差会办福建海疆事宜大臣张佩纶(1848—1903)、闽浙总督何璟(?—1888)、福建船政大臣何如璋(1838—1891)、福建巡抚张兆栋(1821—1887)和福州将军穆图善(?—1886)等,由于对国际法的无知,不知如何处理,竟任由法舰违犯国际惯例,驶入马尾,甚至给以友好款待;同时,命令各舰:"不准先行开炮,违者虽胜尤斩。"

于是,法舰在马江者每日或四五艘,或五六艘,出入无阻。它们与福建水师军舰首尾相接,并日夜监视之,前后为时月余。福建水师处于被法舰围困的状态,战争一触即发。福建海军许多官兵请战,要求自卫;不少士大夫上书要求直隶总督兼北洋大臣李鸿章派北洋水师支援,以挽救大局。但李鸿章执意求和,不准抵抗,更拒绝增援。何如璋等也怕影响和谈,命令各舰不准发给子弹,不准无命自行起锚。

法国舰队进入马尾港后,停泊在罗星塔前的马江江面,占据有利位置、侦察地形,给中国军舰、福建船政造成了极大的威胁。清廷特派主持福建沿海防务的会办福建船政事务大臣张佩纶立即发电,请求其他三洋舰队派舰支援,但只有广东水师派了2艘军舰。在搬救兵的同时,张佩纶及船政大臣何如璋、福州将军穆图善等多次致电清廷询问战守之策,但得到的多是"彼若不动,我亦不发"之类的命令,于是便不顾水师将领的请战,下严令:"无旨不得先行开炮,必待敌船开火,始准还击,违者虽胜尤斩。"

8月22日,法国政府电令孤拔消灭中国福建水师。孤拔决定于次日下午,趁退潮船身转移方向时开战。8月23日,法国驻福州副领事白藻太(1852—?)向何如璋等投递最后通牒,限福建水师当天下午撤出马尾,否则开战。何如璋得知后,竟然对福建水师封锁消息,听任各舰抛锚江心,其结果是导致让各舰坐以待毙。当他们看到法舰升火待发,才慌张起来,以未做好战斗准备为由,要求法方把开战日期改在第二天,即七月初四日,遭拒绝后,才匆忙下令进行临战准备。

第二,双方装备差距很大,实力相差悬殊。

开战前进入马尾港的法国军舰有10艘,总吨位约15000吨,装备火炮77门,中国军舰虽有11艘,但大部分都是轻型炮舰,所有舰只总吨位仅

9800 余吨,装备火炮也只有 50 余门。且中国舰队的军舰大都采用立式蒸
汽机,机器在水线之上,虽然可以多装货物(很多当时的军舰,是军用和商
用的多用途舰船),但是没有装甲保护,极易被破坏。装备的火炮又基本都
是前膛炮,既没有装甲,威力、射速又都不如法国军舰装备的后膛炮。更为
不利的是,法国舰队还装备了当时的新式武器——机关炮、鱼雷。

表 4-1 法国远东舰队

舰 名	舰 型	吨位	马力	人数	炮数
窝尔达(旗舰)	木壳巡洋舰	1300	1000	160	9
凯旋	装甲巡洋舰	4127	2400	410	21
杜居士路因	铁胁木壳巡洋舰	3189	3740	300	10
费勒斯	木壳巡洋舰	2268	2790	250	5
德斯丹	木壳巡洋舰	2236	2790	250	5
野猫	炮舰	515		120	9
益士弼	炮舰	471		120	9
腹蛇	炮舰	471		120	9
45 号	鱼雷艇				
46 号	鱼雷艇				

表 4-2 福建船政水师

舰 名	舰 型	吨位	马力	人数	炮数
扬武(旗舰)	木壳巡洋舰	1560	1130	200	11
永保	木壳运输舰	1358	150	150	3
琛航	木壳运输舰	1358	150	150	3
福胜	蚊子船	250	389	26	1
建胜	蚊子船	250	389	26	1
艺新	炮舰	245	50	30	5
伏波	炮舰	1258	150	150	5
福星	炮舰	545	80	70	5

图 4-5　法国远东舰队"窝尔达"巡洋舰

图 4-6　法国远东舰队司令孤拔

续表

舰　名	舰　型	吨位	马力	人数	炮数
济安	炮舰	1258	150	150	9
飞云	炮舰	1258	150	150	7
振威	炮舰	572	80	100	5

图 4-7　福建水师"扬武号"

　　当时,法国拥有 9 艘军舰,共计 14514 吨,摆在罗星塔的南面和东南,另有鱼雷艇 2 艘。还有 2 艘军舰在金牌、琯头一带江面,阻止清军塞江封

图 4-8　福建水师"福星"舰

口,保障后路安全。参战法舰共有重炮 71 门,还有不少射速为每分钟 60 发的哈齐开斯机关炮,官兵共有 1790 人。福建水师拥有 11 艘军舰,共计 9800 吨,炮 47 门(大口径炮很少),官兵 1176 人。福建水师 8 艘战舰停泊在马江边的罗星塔之西,3 艘停在罗星塔之东。从吨位、防护能力、重炮数量、兵员素质等方面比较,中法两国海军实力悬殊,法国舰队显然占有优势。

由于实力相差悬殊,江面战斗仅进行了近半小时,就以清军的失败而告终。福建水师军舰 11 艘、运输船 19 艘,全被法舰击沉、击毁,官兵阵亡 521 人,受伤 150 人,下落不明者 51 人。法军仅死 6 人,受伤 27 人,有 2 艘鱼雷艇受重伤,其余为轻伤。马尾海战的惨败,主要是清朝政府妥协政策和前敌将领昏聩畏敌造成的,也是中国军事技术落后于法国的结果。

但是在马江海战中,福建水师虽败犹荣,在抵抗法国侵略者的战争中涌现出许多可歌可泣的爱国义士,他们不畏强敌,英勇献身,谱写了一篇篇爱国救亡的篇章。现摘出部分船政旗舰殉国事例,与大家共勉。

"扬武"舰:罗星塔上游,孤拔指挥旗舰"窝尔达"等集中主要火力攻击船政旗舰"扬武",以部分炮火攻击其他舰船。"扬武"来不及调转船头,一面砍断锚链,一面发尾炮还击,第一炮就打中"窝尔达"的舰桥,炸死法军 5 人,法军又以 46 号杆雷艇攻击"扬武",另以 45 号杆雷艇攻击"福星"。"扬武"右舷中鱼雷重创,上层建筑也开始中炮起火,管带张成却弃舰乘舢板逃走。"扬武"舰官兵虽顽强抵抗,但军舰损毁过重开始下沉,在沉没的最后一刻,一名水兵爬上主桅顶挂出龙旗,表示"舰虽亡,旗还在",最后"扬武"舰和舰上的官兵共同殉国。

"福星"舰:法军46号杆雷艇击中"扬武"后,随即遭到中国陆军岸炮的轰击,锅炉被击中爆炸,一人被炸死,军舰完全丧失了战斗力,逃向下游。攻击"福星"的45号杆雷艇偷袭未成,遭到"福星"官兵的猛烈回击。由于距离太近,"福星"舰又没有机关炮,官兵们便用步枪等一切能用的近战武器攻击敌舰,45号艇艇长拉都被步枪击中眼睛,杆雷艇也多处受伤,急忙掉转船头,逃向美国军舰"企业号"附近躲避。"福星"舰管带陈英指挥官兵击退45号艇后,急令起锚,调转船头攻击敌舰。陈英不顾"弹火雨集,血肉风飞,犹屹立指挥,传令击敌"。他的随从劝他暂避敌锋,他对部下说"此吾报国日矣! 吾船与炮俱小,非深入不及敌船",下令冲向敌舰。孤拔指挥3艘军舰围攻"福星"。陈英大呼:"大丈夫食君之禄,当以死报! 今日之事,有进无退!"指挥所有火力猛击法军旗舰,但因炮小未能击中敌军要害,在望台督战的陈英却不幸中炮身亡,三副王涟继之开炮奋击,亦被弹簸船上。"福星"舰"死伤枕藉,仍力战不退"。法舰又施放鱼雷,击中"福星"暗轮,接着,舰上火药仓又中弹起火,"福星号"这才爆炸下沉,全舰官兵95人,仅幸存20余人。

"福胜""建胜"两舰:跟随"福星"之后冲向敌舰的"福胜""建胜"两舰是蚊子船,仅在舰首装备有一尊不能转动的前膛阿姆斯特朗16吨大炮,火力很弱,而且马力小,笨重迟缓,无法靠近援救"福星",只能远距离射击。"建胜"开炮击中孤拔旗舰,轻伤其舰首。敌舰以重炮还击,"建胜"多处中炮,管带林森林阵亡,由游击吕翰继续指挥作战。吕翰,广东鹤山人,船政驾驶班第一届毕业生,战前即遗书老母妻子:"见危授命,决不苟免。"开战后,吕翰短衣仗剑,督率"福胜""建胜"两舰迎击敌舰,面部中弹,稍事包扎又继续指挥。"建胜"迫近敌舰时被击沉,吕翰中炮牺牲,年仅32岁。管带叶琛指挥的"福胜"舰开战后尾部中炮起火,但仍坚持不退。叶琛战斗中面部受重伤,忍痛督炮连中敌舰,最后饮弹身亡,"福胜"舰亦被击沉。

"伏波"和"艺新"炮舰：罗星塔上游方向的另外两艘炮舰"伏波"和"艺新"，在敌舰发出的第一排炮火中就被击伤起火，遂向上游福州方向撤退。法军旗舰"窝尔达号"追击，"艺新"转舵发炮，敌舰退去。"伏波""艺新"两舰退出战斗，驶至林浦搁浅。

"永保"和"琛航"运输舰：两舰毫不示弱，开足马力撞击敌舰，相继被击沉，舰上官兵全部殉难。法国"凯旋号"装甲巡洋舰泊于罗星塔下游方向，船政的3艘炮舰"振威"、"飞云"和"济安"与3艘法国军舰对峙。海战开始后，"振威"舰最快做出反应，立即发炮轰击附近的法舰"德斯丹号"。"振威"管带许寿山，令砍断锚链应战，迅速反击，并冒着炮火登上望台指挥。与"振威"同泊的"飞云""济安"两舰，还没有来得及起锚就中炮起火，很快沉没。法军集中3艘军舰的火力攻击顽强抵抗的"振威"舰。"振威"舰船身多处中弹，遭到重创，轮叶被击毁。最后关头，"振威"开足马力向法舰"德斯丹号"冲去，意欲同归于尽。法舰"费勒斯号"急忙以侧舷炮拦击。"振威"舰锅炉中炮爆炸，船身开始下沉。许寿山仍继续指挥顽强奋战。外国的目击者描述："这位管驾具有独特的英雄气概，其高贵的抗战自在人的意料中；他留着一尊实弹的炮等待最后一着。当他被打得百孔千疮的船身最后倾斜下沉时，他乃拉开引绳从不幸的振威发出嘶嘶而鸣仇深如海的炮弹"，重创敌舰长和两名法国士兵。这位目击者惊叹："这一事件在世界最古老的海军纪录上均无先例。"32岁的许寿山与大副梁祖勋被敌舰机关炮击中，壮烈牺牲。

清光绪十年七月初三日（1884年8月23日），在抗击法军侵略的马江海战中牺牲的福建水师官兵被安葬于马限山麓。

福建水师阵亡将士名录

清军阵亡521人，伤150人，下落不明者51人，军舰被击沉9艘，伤2艘，被毁兵船十余艘。此役中，詹天佑的同学，中国派出的首批留美幼童中4名阵亡，其中3名是麻省理工学院毕业后在福建水师服役。

马江海战之后，朝廷命建昭忠祠，中祀栗主12，东西配飨各24人，均舰上弁目及练童、医生等，两庑祀阵亡兵士736人，船政大臣裴荫森制文立碑，以慰忠魂而垂不朽。

图 4-9　马江海战纪念碑

图 4-10　昭忠祠

阵亡将士姓名附下：

"飞云"督带总兵衔准补广东平海营参将高腾云

"福胜""建胜"督带蓝翎参将衔补用游击尽先都司吕瀚

"福星"管驾都司衔五品军功陈英

"振威"管驾都司衔留闽尽先守备许寿山

"福胜"管驾都司衔留闽补用守备尽先千总叶琛

"建胜"管驾都司衔五品军功林森林

"扬武"兵船副管驾花翎都司衔升用守备尽先千总梁梓芳

平海左营三号师船管驾蓝翎留闽尽先补用都司蔡福安

平海左营一号师船管驾蓝翎尽先补用都司蔡接

平海左营四号师船管驾蓝翎尽先补用守备张启

镇海右营渔船管驾闽浙督标守备衔尽先千总李来生

闽四师船管驾闽安左营千总陈猛

"建威"大副六品军功陈善元

"飞云"大副六品军功尽先拔补外委谢润德

"建胜"大副六品军功补用把总丁兆中

"振威"大副六品军功梁祖勋

"扬武"二副五品军功林鹏

"福星"二副六品军功张春

"振威"二副六品军功邝咏钟

"飞云"正管轮五品军功潘锡基

"振威"正管轮都司衔水师提标尽先守备林维三

"福胜"正管轮七品军功任三穆

"建胜"正管轮五品军功陆崇业

"福星"副管轮五品军功补用把总尽先外委陈士秀

"福胜"副管轮七品军功戴庆涛

"建胜"副管轮六品军功从九职衔郑守三

"扬武"三管轮七品军功庞廷桢

"振威"三副五品军功邱芳泉

"济安"医生吴进阶

"建胜"学习管轮学生陈锦超

"济安"管炮六品军功梁琛

宁船三号队长黄得才

宁船三号队长黄有福

宁船三号队目王益年

平海左营一号师船司事五品蓝翎候选州吏目林荣光

平海左营二号师船司事五品军功尽先外委广东平连

学武生胡定魁

平海左营四号师船司事尽先都司倪竹虚

宁船三号总头目长乐学武生郑景涛

"扬武"正管队五品军功郑葆辰

"扬武"副管队蓝翎闽浙督标水师尽先补用守备郭玉麟

"扬武"管炮正头目六品军功张涌泉

"扬武"留美回国练生六品军功杨兆楠

"扬武"留美回国练生六品军功薛有福

"扬武"留美回国练生七品军功黄季良

"飞云"三管轮五品军功马应波

"福星"三副五品军功王涟

"福星"三管轮六品军功陈常筹

"福胜"大副五品军功翁守正(原名守恭)

"建胜"管炮六品军功江鸿珍

"扬武"水手正头目余怀

"扬武"水手副头目杨保

"飞云"水手头目六品军功刘就

"福星"水手头目黄良庆

"福胜"水手头目杨昌胜

"福胜"升火头目任阿焕

"建胜"升火头目郑德春

福靖老后营差弁花翎游击衔尽先补用都司胡鸟式翼

看管坞口差弁世袭云骑尉候选守备陈俊

"建胜"炮船升火从九职衔李绍芬

"扬武"水手副头目杨宝

"扬武"练生杨绍广

平海左营一号师船炮手五品军功从九职衔蔡五埙

平海左营一号炮手六品军功张林

平海左营一号炮手尽先把总殷明恒

"扬武"管水缸林奇山,管水汽表陈仁图,号手吴进福,鼓手黄扶,舵工邱济、陈裘、陈三、陈承、欧模、孟长雅,水手洪来、林鼎、林俦、朱必、洪集、吴聘、陈胜、林金钊、翁从、黄化、李灿、林实、林魁、黄安、庞翰、吴百达、郭灶、何洪宽、林长安、邱永丰、徐发、洪同,炮勇周世源、张祝、谢恒升

"济安"管水汽表李顺生,管油周玉书,号手周凤翔,鼓手杨豹,舵工陈全、周容根,水手魏成灿、孟长振、陈春淦、许坚、王贞、陈朝、冯福培、庄顺、李炳、梁基、何显、萧正、黄世、卓庆、黄就、吴立、何世弟、李礼、张洪、吴哨,炮勇陈九如、严允、沈砗、陈蒂、黄菜、陈章、李日、李浦、李恳、吴波、薛游、刘大、吴玉、黄鸟、梁祖同、陈床、林堆、黄别、吴永华、郑有、许兴、陈云章、刘清、欧文彬、梁同、梁安、陈关明、何国华、卢三娘、龚秉衡、黄生、文福庆、林有、郭彬、麦祈、江朝志、冯明清、林安、林平、江福,升火杨松柏

"福星"管水汽表彭容富,号手林榆、吴安南、鼓手林呈光,舵工杨国安、翁有华、张如委,水手欧发贵、黄章、欧合美、欧合明、阮猷睦、王大发、郑在旺、陈用恭、郑金球、翁合渐、江论冬、连贵、张天才、杨连年、吴玉安、龚寿、林福成、王得标、卜蓝鱼,炮勇郑枝元、苏玉、王春旺、陈孝弟、吴学成、郑永太、任朗、任国礼、王木霖、张天福、林升发、郭升杨、张新月、林邦玉、王仁齐、郑金略、董阿标、李德、高天瑞、邓制诚、刘绩、王天良、高定机、杨绍年,升火李泉、任利发、董连升、唐忠、林得才、裘得胜、严仪侯、陈常利、林宝

"振威"管油陈兆新,管水汽表郭子廉,鼓手林春涛,舵工郑仁律、杨合平、卜兰如,水手张天禄、张得利、李波、江一鹏、欧天寿、欧万美、林良得、吴得胜、陈钟祺、卢高标、林成禹、洪益瑞、侯钟淇、萨福星、张吉景、欧一鉴,炮

勇林有福、钱以通、严文法、陈恒祥、梁其扬、郑济通、林以宝、吴瑞发、杨国兴、潘其英、许定胜、任胜标、欧绥智,水勇林红其、林木、潘声庸、曾伍、张玉成、王春钿、任如仁、林云悌、陈阿太,升火陈汝安、倪一顺、黄胜友、林睦发、林春兴,木匠陈以扬

"福胜"舵工林玉胪,水手陈双喜、林振新、郑兴、唐顺金、林景、王才利、郑福、薛心思、任成材、任秋、任玉龙、陈胜基、郑家和,升火曾文辉、王竹卿、叶志麟、陈慎水、陈心良

"建胜"舵工翁长吉,水手林天才、戴本道、刘锦江、郑凤岐、吴得胜、杨细弟、江大任、郑桂芳、郑庄、江大训、陈煊、陈宽、王庆兰、陈恺、陈锦章、王利夏

"扬武"水手张举、何汉、张绍文、冯福平、李秩祥、林保升、余明、余振升、陈叶、张兴泉、杨泉、梁新,水勇林阿松、严连登、张禄、林鸿标、杨淡、孙梅、陈白、杨喜、唐瑞标、孙世长、孙双、张忠、侯平安、林金才、陈进隆、蔡德雄、任世德、杨平、陈捷西、陈占魁、梁亨承、林一枝、陈庆标、王孙兴、陈济惠、张量、林天豹、邵金利、严其韬、任得福、林登深、刘其济、林金同、林长有、卞有顺、王天金,升火黄水、区荣业、周玖、陈得贵、张森、陆逸、严良喜

"飞云"管水汽表吴介,水手林元、林贵、叶前、叶东、许贤、刘谟、刘添福、翁金培、洪霄、许楚元,炮勇许回清、仪来焱、林崇勋、黄安、林养、许福水、冼珠、周池、周因、傅益宗、余荣标、刘赞廷、冯焕、姚得华、翁得升、薛细弟、吴其清、黄更新、薛道灼、邹得胜,升火林胜发、黄福胜、庚根、梁功珪、蔡和辉、裘得胜、廖鸿春、梁松

"建胜"水手姚锡桢、张宝升、张微、陈木金、任阿题、林清音,升火陈家铨、邓捷光、邓建祥、任国柱、陈坤和、李绍芬

"永保"舵工林裕,水手叶达、林亦水、林鲁、江亦辉、萧旺英

"琛航"舵工黄祖培、黄金满,水手薛诗群、卢金、王天申、杨天赐、严贞祥、郭胜喜、蔡柏,炮勇薛干、霍义,木匠陈昌

"伏波"舵工纪牙

"扬武"报效勇丁严良善,厨夫周理、周细弟,跟丁林泉泉

"飞云"差丁何航、林容

"济安"厨夫吴清

"福星"厨夫王利用、任细弟、郑依妹,理发匠陈嫩弟

"建胜"水手郑昱,厨夫张细弟、郑国凤,跟丁陈喜、张升,理发匠陈春荣

"琛航"厨夫姜细胜、林生,押江陈源、郑吉、黄得标、徐春华、徐官寿、李晓、卢锦标、万先卑、陈容华、陆事福、郑合、陈斌贵,船户程敏修,副舵陈贵、蔡忠,炮手吴德彪、吴德康,添五品军功蔡性芬,五品军功外委勇丁萧子尽,五品军功外委李光华、卢孔炽、容通、容郁满、刘大地、林升、涂俊廷、沈殿祥、陈元、吴义、刘爽、庄金獭、陈和畅、陈瑚、林月镇、邱见、邱年、吴满、陈坤、陈道、林振忠、林宾、许有魁、蔡懋珠、蔡亮、何以金、林月明,船户张国勋,班手冯来,副舵卢好,炮手洪养、李华,六品军功勇丁张容九、郭四、王改、林金胜、蔡得耀、郭细汉、郭连登、庄宝庆、卢城、高天顺、潘贤郎

"霆庆前营"凌万意、萧得云、洪得胜、黎七、王文保、黄柏、陈标、金水、陈忠、王胜、陈为珠、郭连进、朱元臣、陈芳、龚保湖、陈芳、李五、张吉

"四号师船"张沾晃,班手张福喜,五品军功炮手蔡东发,五品军功应起顺、何兴、梁得胜、黄成、黄灿、庄滩、郑冠英、林技、杨乐、郭禧、何光淋、庄有得

"平海右营一二号师船"雷殿球,副舵布聚,班手赵细,押江林依孙,炮手谭九,水勇郑卓芬、邓澜胜、陈成贵、何东、林允长、吴大标、余福

"三号师船"船户古蓝芬,水勇吴龙标、徐顺彪、陈昭、陈长留、郑远、林宝富、黄春发、吴进

"闽安左右营师船"炮手魏胜标、林昌松,碇手田永隆,缭手江升铨,舢板手郑成标、施朝顺

"得胜一号船"正舵林春升、陈再成

"福靖老新后营"把总戴汉超、李云海、罗桂生、张维贵、张大德、郭胜春、余金元、陈宝堂、姚爱之、陈海棠、严贞祥、姚玉田、陈俊才、欧鹏飞、李海楼,花翎都司什长李俊云,勇丁魏得清,炮队勇丁刘得朝、谢福华

"全福右营"练兵林得亮、段少仪、江启厚,县丞戴伟、齐从九、戴进思、莫维汉、莫廷晋、张成

"督水营捷字师船"水勇刘拱星、王景福、方龙光、林观德、陈乌枣

"宁字三号"勇丁陈清胜、朱江连、朱桂元、黄声木、朱火品、朱本标、李汉被、陈惠、陈金芦、游泳桂、陈永清、林金龙、郑宝国、邵雄武、陈新正、陈增福、吴康、吴则发、林道巧、陈成芬、陈同木、何如珍、黄仁春、赵炳天、陈宝泰、五先达、郑玉贵、李邵先、徐锦泰、吴福荣、吴宝蓉、范文炳、黄自申、程锦祥、郑身标、王天成、谢飞彪、王有金、黄有才、王金谭、陈文连、蔡得标、李得中、陈用兵、郑枚春、黄青标、朱联标、王玉熙、陈有贵、陈得胜、陈金金、江犬犬、金益寿

"镇海左右营"勇丁林祥经、林弟、陈备、黄连升、李宝春、王德春、郑得升、郑连升、吴天喜、朱佶、柳信春、陈春福、刘春弟、许子春、李春发、黄永泉、潘福、林明包、蔡升、蔡炽、蔡子、王銮、朱合义、赵栋、李阿桂、曾抛、刘四、柯玉成、杨进、林捷为、朱科、朱兆准、李升、张正旺、李传彩、赵只海、林化、王金、林天送、李子兴、黄身标、王发兴、游木龙、赖得川、郑高升、郑凤章、王海元、朱嫩面、王吉水、林开春、程福星、李得春、林大高、杜奇、严中、任得、卢得泰、伍何忠、曾玉琳、郑福标、吴玉蓉、陈国寿、张大有、何春、何宇、陈春贵、郭海、谢金松、吴皆标、王未泉、李金标、李连高、连得升、李凌云、蔡长琴、丁兴旺、蒋仁利

"镇海水师营"谢朝福、王得升、叶大标、杨保年、林金鉴、吴学龄、潘魁

"潮普营"什长许尚、杨顺、杨山、萧甲、陈进、李立、余启、赖发、方信福

"潮水军"勇丁王福、陈松、蔡兴、陈德、陈铨、黄亨宝、王进、陈福标、黄春瑞、何经元、王人堪、陈阿元、陈得标、苏国芳、陈有利、李玉坦、黄天送、郑胜春、陈世福、郑国全、许定方、林四四、林韩川、李发升、黄进得、吕宗庙、杨来成、林福春、林春、郭向、魏前、吴金胜、吴文林、邱进生、邱进世、吴朝进、邱进隆、杨文查、吴万隆、李庚、吴乞、杨得成、林尔泉、陈求、刘锦、林成高、林牧花、蔡曰、柳火生、刘得升、林有祥、林文齐、傅如清、倪春芳、陈复春、倪天良、张阿木、黄房、陈东罗、倪阿来、陈得安、柯道、吕执、万和、秦游、庄顺、黄日升、陈旺亮、黄春元、李正兴、柯江水、李聚升、张歪、张叠、张班、张良泗、黄得调、陈蕙、翁华林，版筑所工匠汪齐金、汪齐善、鄢阿十，巡更严香，广储所长夫宋履冰

（池仲祐:《海军实纪·述战篇》）

（另据《长乐六里志》载，尚有李全寿、郑禄进、李连安、张十三四烈士遗漏未列入）

（《中法战争》丛刊，第三册）

四、维护海权是福建船政文化民族爱国精神内涵的现实需要

自从海权理论创始人艾尔弗雷德·塞耶·马汉（Alfred Thayer Mahan，1840—1914）的《海权对历史的影响（1660—1783）》（*The Influence of Sea Power upon History* 1660—1783）及相关著作发表的近百年来，海权问题成为军事学术的重要组成部分。

根据当时国际形势和海洋局势出发，马汉创立"海权论"，其中心思想是：

1.马汉引证英国在拿破仑时代的战争中获得海上霸权的事实，来证明欲发展海权必须以强大的海军控制海洋，以掌握制海权。

2.海权的发展属外线作战，以攻击为主要任务，陆权则以防御为主。

3.有优势之海军，优良的海外基地、海港，才能与敌人抗衡，发挥海权之力量。

（1）马汉认为海军的目的在于会战，而最终的目的则为取得制海权以控制海洋。因此舰队所需要的不是速度，而是强力的攻击火力，拥有优势的海军，才能控制海洋。

（2）拥有广大又富饶的海外殖民地及优良海港，有利于舰队补给、维修，对延伸海军战斗能力有很大助益。马氏认为海权必须能确保自己的交通线安全，并同时能切断敌人的交通线。交通线愈长，则海权所能赐予的利益也就愈大。而交通线的建立，就依赖线上的各个海外基地（殖民地）与海港了。18世纪英国在地中海南岸拥有众多海外基地，因此方能封锁法国海岸，拥有地中海制海权；法国拿破仑远征埃及，其目的即欲切断英国经地中海到印度之交通线。

4.丹麦的日德兰半岛与西兰岛控制北海与波罗的海的航道咽喉；直

布罗陀海峡紧扼大西洋与地中海的交通;苏伊士运河为地中海与印度洋的海运衢道,若能掌握这些战略要地,就可发挥以海制陆的优势。

中国学人广泛地将英文"sea power"的概念转译为汉语"海权"。马汉的"海权论"为美国争霸世界指出了道路。他说:"商船队是海上军事力量的基础,海上力量决定国家力量,谁能有效控制海洋,谁就能成为世界强国!"马汉为美国指引了一条争霸世界的胜利道路,即获得海权,控制海洋,进而控制世界贸易,获得世界财富,取得世界霸权。1898 年,美国发动美西战争,击败西班牙,牢牢控制加勒比海,并在远东从西班牙手中夺取菲律宾,攻占关岛,吞并夏威夷等战略要地。一战后美国成为世界上最强的海权国家;二战结束时,太平洋成了美国的内湖;冷战结束后,美国在海外拥有 700 多个军事基地,4 个作战舰队,13 个航母战斗群……美国用事实告诉世界:海权维系着一个国家的命脉,谁控制了海洋,谁就能成为世界霸主。

近代,海权决定国权,海洋大国纷纷崛起,而中国重视陆权,海防空虚。据学者统计,自 1840 年始,英、美、日、俄、法、德、意、奥、葡、荷、西十余个帝国列强,从海上不断入侵中国达 84 次,入侵舰艇 1860 多艘,进入中国港口达 14697 艘,平均每年有 1633 艘,每天有 4～5 艘外国军舰进入中国港口。

(一)早期海权意识

清末有识之士已经认识到海权的重要性,如林则徐提出"师夷长技以制夷",魏源的《海国图志》、严如煜的《洋防辑要》、李光建的《海防新编》和桂文灿的《海防要览》等一大批探讨海防著作问世。洋务和船政,使清朝一度建成一支号称世界第三的庞大舰队——北洋水师,但战略主导只不过是御强敌于国门之外。当北洋水师在甲午中日战争中全军覆没,中国再无像样的海军。以至孙中山在民国首任海军总司令闽人黄钟瑛挽联中叹道:"伤心问东亚海权。"

"海权"一词最早见于驻德公使李凤苞节译、1885 年刊印的《海战新义》一书中。1890 年,美国海军上校马汉的《海权对历史的影响(1660—1783)》一书被认为是海权理论的经典著作,标志着近代海权理论的确立。

由于清政府漠视海权,马汉的著作直到1900年才在上海翻译连载。闽系海军元老,曾任北洋军阀政府海军总长的刘冠雄也认为,中国陆海交错,不能仅重视陆军而忽视海军和海防,否则就无以自存,"独注重陆军,而于海军忽焉不务,务焉而又力不厚,势将无以自存,更无论称雄于今世"。因此,海军发展规模应与最强邻国相当,"方能并列于强国之间"。

要谋取海权,必然要先夺取制海权。海军作战原则,乃在于制海权之获得:"制海权云者,即我海军能击灭敌舰或封锁之于一地,使绝迹于海上,而海上全归我管制之谓。"1919年编印的《海战学》把海军战略原则归结为一条,即争夺制海权,并主张海军以在敌海作战为主,以攻为守,积极争夺制海权。

(二)民国海权提倡者

民国初期,提倡海权者,以孙中山和陈绍宽为重。

1912年12月,孙中山给海军部长黄钟瑛的挽联写道:"尽力民国最多,缔造艰难,回首南都俦侣;屈指将才有几,老成凋谢,伤心问东亚海权。"他精准地看到了中国屡遭外敌欺凌的症结所在——海权的缺失。表达了孙中山对中国近代海洋权的由衷感叹,进而认为国家需要从控制和利用海洋的高度,统筹政治、经济、军事而去发展海军,从而开创了中国人清醒面向海洋看世界的先河。到20世纪20年代中后期,孙中山以海兴国的思想形成,从而奠定了其为中国屈指可数的伟大海权思想家的历史地位。

孙中山的海权思想是他在不懈地探索救国之路,实现三民主义理想,建设近代化国家的历史过程中形成的。它根植于中国土壤,承继中国近代海权思想,把中国的独立、进步、富强与世界发展大势紧紧地联系在一起。孙中山主张"参仿西法","讲求新法",循"世界进化之潮流","集中外之精华,防一切之流弊";主张中国人恢复和掌握自己的海权,建设一个发达的陆海大国,从而形成了较为完整的近代化海权思想。

首先,孙中山从进化论观点出发,认为海权对近代社会发展起重要作用,掌握了海权,国家才可以强盛,并阐述了世界海权的发展趋势;结合中国实际,指出国家独立恢复主权是争取海权的前提。

他说:"何谓太平洋问题? 即世界之海权问题也。海权之争,由地中海而移入大西洋,今则由大西洋移入太平洋矣!""昔日之地中海问题、大西洋问题,我可付诸不知不问也,惟今后之太平洋问题,即实关于我中华民族之生存,中华国家之命运也。""盖太平洋之重心,即中国也。争太平洋之海权,即争中国之门户权耳。谁握此门户,即有此堂奥,有此宝藏也。人方以我为争,我岂能付之不知不问乎。"

1923 年 12 月,广东人民掀起了收回海关主权的反帝爱国运动,孙中山给予大力支持。当列强 20 艘军舰停泊在黄埔江面进行武力恫吓时,孙中山向列强明确表示,"列强对于此事,绝无干涉之权","使列强以武力反对此要求,余亦惟有以武力对抗之","即使难胜外舰联队,虽败犹荣",还向列强在北京的外交公使团郑重申明中国收回海关主权的决心,发表了《关于海关问题之宣言》,强调"中国海关始终为中国国家机关",表达了中国人民已觉醒的海权意识和保卫海权的坚强决心。显然,孙中山把海权当作国家主权的一部分,并作为国家的发展权来看待,将争取海权与实现三民主义目标结合起来,从中可以看出孙中山的海权思想具有强烈的爱国主义思想内涵。

其次,孙中山从中国所处的环境及地位出发,在海权理论上非常强调制海权问题,认为要恢复、保卫和发展中国海权,必须强固海防,建设一支着眼于世界和未来的海上武装力量。

孙中山目睹近代世界海权的竞争,不仅是列强之间商业和贸易的竞争,而且更以制海权争夺为前提,"自世界大势变迁,国力之盛衰强弱,常在海而不在陆,其海上权力优胜者,其国力常占优胜"。他把这一世界发展大势及规律同中国实际结合起来,从世界的角度来分析中国,看到近代以来由于丧失了制海权,海权薄弱给中国带来的灾难和耻辱,让国家任人宰割,"因为我们的海陆军和各险要地方没有预备国防,外国随时可以冲入,随时可以亡中国"。孙中山在阐述制海权问题上,指出应注意本末之关系,在国家政治、经济与军事关系上,把改造国家、发展经济作为根本基础,不赞成单纯地学习和吸收西方技术和装备。从中可以看出孙中山是从国家整体利益考虑国家海权问题,阐述制海权的重要性,并不是忽略海军建设,而是从国家战略高度和历史教训中,摆正两者之间的关系。

在此基础之上,孙中山把海军建设放在国防建设之首位。近代海防建设,一直是清政府的重心。孙中山从中国近代的教训和 20 世纪初中国面临的形势,首次提出"海军建设应列为国防之首要",提倡陆、海、空军并重:"海军实为富强之基,彼英美人常谓,制海者,可制世界贸易;制世界贸易者,可制世界富源;制世界富源者,可制世界,即此故也。"为了实现这一目标,牢牢掌握中国的制海权,孙中山进行了不懈的努力,奋斗到底。他毕生关心海军事业,重视海上武装力量建设。在辛亥革命、二次革命、护国运动、护法运动、反击陈炯明叛变的过程中,都有赖海军的参加。他曾说过:"向来革命之成败,视海军之向背。"1921 年,他在拟定"建国计划"中的"国防计划纲目"时,就如何建设与中国地位相适应的海军问题提出了设想。该计划所列海军建设共五大部分,在孙中山拟定的六十三条项目中,还有二十几项计划涉及海军问题。

制海权主要是海军实力的竞争,从孙中山《国防计划纲目》,可以看出孙中山是站在国防战略的高度关心和重视海军建设的,从中可见孙中山近代化的制海权理论。孙中山制海权思想是他海权思想的重要组成部分,占有突出的位置,这显然是与孙中山对海权的认识和对中国周边的安全环境分析分不开的。

再次,孙中山把海洋作为连接世界市场的纽带,指出它具有重要的经济地位,积极主张发展中国自己的海洋实业,以港口为"策源地",外通内联,带动国家整体实业的发展。这些内容是孙中山近代化海权思想的突出表现,构成他海权思想最光辉的特征。孙中山认为,国家兴衰同海权密切相关,"兴船政以扩海军,使民国海军与列强并驾齐驱,在世界称为一等强国。今中国欲富强,非厉扩张新军备不可"。

(三)中国海权观建设者——陈绍宽将军

陈绍宽将军出生于马尾船政之地福州。他早年由萨镇冰引荐,投身海军,从下级军官起步,随后又出使英国,接触了西方先进的海军理论,亲历了一次世界大战,民国时执掌海军大权达 17 年之久,是船政事业的后起之秀。抗战后,陈绍宽在艰难处境中,日益体会海权之重,从 1931 年开始数次主持制订海军发展计划,谋求在立足防御的同时,海军应能出战,"获得中国海之制海权"。他认为,海防是国防第一线,没有海军,无以立国,"海既是国防的边界,海权被人侵占,比陆地被人侵削更厉害。国家要是没有海军,简直不能立国"。陈绍宽的海权观主要体现在他的海军建设思想,实际上是对孙中山海权观念在国防军事上的具体阐述和发挥,与孙中山一脉相承。孙的理论磅礴大气,气吞四海;陈的论说细密周到,具有可操作性和实用性。[①]

图 4-11　陈绍宽

陈绍宽(1889—1969),字厚甫。国民党陆军、海军一级上将。汉族,闽侯县城门乡(今福州郊区城门镇胪雷村)人。他的父亲原先是一名箍匠,后加入晚清海军,担任水手。由于家庭影响,陈绍宽在求学时代就不自觉地向海军靠拢。他 17 岁进入南洋水师学堂,攻读航海技术。毕业后,加入清朝海军服役。后归附国民革命军。在任期间曾规划四大战区,提出 20 艘

---

① 《陈绍宽的"海权论"背景与"航母梦"碎灭》,http://blog.sina.com.cn/s/blog_5de3d2650102e5h4.html.

航母计划,并且指挥了著名的江阴海战。

光绪二十九年(1903 年),陈绍宽考入福州格致书院。光绪三十一年(1905 年)赴上海,经萨镇冰介绍,在江南水师学堂学习,3 年后毕业,到"通济"练习舰见习,不久调任"镜清"练习舰上尉驾驶大副。民国三年(1914年),升海军总司令部少校副官,驻上海。翌年,陈绍宽因夺回"肇和"舰有功,升"肇和"舰上校代理舰长。

民国五年(1916 年),陈绍宽奉命赴欧洲考察海军,第二年在英海军中参加第一次世界大战的格罗林战役,被授予"欧战纪念勋章"。民国七年(1918 年),为中国驻英公使馆海军武官。民国八年(1919 年),任巴黎和会中国代表团专门委员,又任伦敦万国海路会议中国代表及中国海军留欧学生监督。是年 10 月,因奔丧回国。后留国任"通济"练习舰中校舰长。民国十二年(1923 年),改任"应瑞"舰上校舰长。民国十五年(1926 年),升海军第二舰队少将司令。

民国十六年(1927 年)10 月,继第一舰队司令陈季良之后,陈绍宽宣布归附国民革命军,并率舰与北洋军阀孙传芳大战,大获全胜。以拱卫京畿有功,得国民政府一等勋章和"中流砥柱"大勋旗。接着又组成西征舰队,沿江而上,克汉口,为中央政治委员会武汉分会委员,接着又克长沙、岳州等地。民国十七年(1928 年)1 月,西征结束,奉命回南京。同年 12 月海军司令部撤销,设海军署,陈绍宽为中将署长,力谋统一中国海军,但没有成功。

民国十八年(1929 年)3 月,蒋桂战争爆发,陈绍宽亲自以"应瑞"旗舰护送蒋介石第二次西征,随即占领湖北、湖南,被委湘鄂政务委员会委员兼湖南省政府委员。6 月,国民政府恢复海军部,陈绍宽为海军部政务次长兼第二舰队司令。不久,海军部长杨树庄兼福建省长,部务由陈绍宽代理,接着被正式任命为代理部长兼江南造船所所长。

民国二十一年(1932 年),升海军部上将部长,并为国民政府国防委员会委员、国民党中央执行委员。民国二十三年(1934 年),因创办"海军大学",聘请日本海军专家分别讲授"高等军事学"和"国际海法",引起以"应瑞"舰长林元铨等 23 位舰长的不满,联名控告陈绍宽"亲日"。陈绍宽被

"查处",因此愤而辞职。以后汪精卫几次到上海"慰留"。林元铨等人分别受到"调离"处理,陈绍宽才回部视事。

民国二十六年(1937年)4月,陈绍宽为国民政府代表团副团长,赴英国参加英国国王乔治六世的加冕觐礼,事后转德国考察海军。同年7月7日,中国抗战爆发,陈绍宽即回国组织"江阴阻塞线",封闭长江下游水道,保卫中国的大后方。

江阴(古称暨阳),这个上海与南京之间长江最狭窄的地段,江面仅宽1250米。借长江水之灵性,小城的人文历史相当悠久。扼长江咽喉,地理环境优越,便于货运和征收赋税,江阴在唐代即为重要港埠。至宋代更是番舶常集,熙熙攘攘。南宋绍兴年间于江阴置市舶司,是当时中国沿海设置市舶司的11个对外通商口岸之一。阅不尽的大江南北两岸风光,浪急涌高,峻岩夹持,只要在两岸安上几门大口径火炮,江中再庞大的舰队也难以上溯。

1937年,随着抗战烽火的降临,在这里展开了二战中中国战场规模最大,也是最为惨烈的一次海空大战。时任海军部部长海军一级上将的陈绍宽在这里发起了二战中中国海军战斗最惨烈,也是最后一次残酷的海陆空作战。

1937年8月11日,海军部派"甘露"测量舰,"皦日""青天"测量艇及"绥宁""威宁"炮艇破坏西周、浒浦口、铁黄沙、西港道、狼山、大姚港、通州沙、青天礁、刘海沙到长福沙、海北港沙、龙潭港、福姜沙等各处的灯标、灯桩、灯塔、灯船及测量标杆。各舰在两日内完成了航标的破除作业,使敌舰失去了导航标志。在此同时,海军第一舰队与第二舰队主力由湖口与下关向江阴的集结已经完成,49艘军舰进入长江待命,"拱卫京畿"。

8月12日,两个舰队主力在江阴江面集合完毕,这次甲午战争之后海军的第一次对外大型动员,全体海军全体官兵皆怀高亢斗志,誓与日寇决一死战!但当舰队在江阴江面集中完毕之后,满怀热血等待着"中国深望每人能尽其至责"旗令的官兵们,愕然发现他们将目击中国海军规模最大的一次集体自沉。

首批自沉的军舰为舰龄最大的"通济"练习舰,"大同""自强"巡洋舰,

"德胜""威胜"水机母舰,"武胜"测量艇(已停用),"辰"字与"宿"字鱼雷艇(均已停用),这批军舰大多为清代遗留的旧舰。此外,海军向招商局与各民轮船公司征集的"嘉禾""新铭""同华""遇顺""泰顺""广利""醒狮""华新""回安""通利""宁静""鲲兴""新平安""茂利二号""源长""母佑""华富""大簀""通和""瑞康"20艘轮船同时自沉,以构成江阴锁线。当第一舰队抵达江阴时,等待自沉的28艘军民舰船已经停泊在君山江面。

12日上午8时,江阴江面各舰由"平海"舰率领进行升旗典礼。8时整,"平海"舰举行升旗仪式,各舰官兵在舰舷"站坡",向军旗行礼致敬。陈绍宽的上将司令旗在军乐声中冉冉上升到主桅顶端。一个国家的海军竟要用如此悲壮的方式保护自己的领水,真是滑稽而又沉重!随后,自沉舰队由旗舰"通济"率领,驶向福姜沙就位。

在各舰抵达位置之后,坐镇"平海"的陈绍宽发出沉船命令,各舰同时打开水底门,缓缓下沉。自沉作业一直进行到傍晚才初告结束,陈绍宽站在"平海"舰桥上,黯然无语。是日汽笛哀鸣,军旗低垂,令人欲哭无泪。

因为水流甚急,第一批各舰下沉时多半被水流冲离理想原位,导致封锁线并不完整。当海军部发现封锁线并不完整而空隙甚多之后,又征用了"公平""万宰""泳吉"等3艘民轮沉入封锁线,在镇江、芜湖、九江、汉口、沙市等地缴获的"吉安""贞安""福安""汉安""泰安""永清""德安""沙市"8艘日籍趸船也先后被拖到封锁线凿沉。海军部又请行政院训令江苏、浙江、安徽、湖北各省政府紧急征用民用小船、盐船185艘,满载石子沉入封锁线的空隙中。这些民船一共使用了30.94万立方英尺石子,合65020担。加上自沉的"海容""海圻""海筹""海琛"4艘巡洋舰,在江阴的沉船封江作业之中一共自沉老旧军舰与商轮43艘,合计吨位63800余吨。

1937年9月下旬,日本海军增派舰只70多艘、飞机300多架和战斗人员10万人,力图打通江阴防线。最惨烈的战斗发生在9月22日和23日,日海军轮番轰炸中国海军及岸上阵地,旗舰"平海号"遭到80架以上飞机的轰炸,"平海号"的姊妹舰"宁海号"也遭到至少70架次飞机的轰炸。

9月22日这天,从早上8时至下午5时,中国集结在江阴水面的诸舰和岸边炮台的官兵作战达9小时,"宁海"军舰消耗高射炮弹400余发,机枪弹 8000 多发;"平海"军舰消耗高射炮弹 265 发,机枪弹 4000 余发。敌机的空袭未造成太大损失,仅"平海"舰阵亡 5 人,伤 23 人。当晚,陈季良司令召开各舰舰长会议,下令"平海"绝不能因为避开日机重点轰炸而降下桅顶的司令旗,各舰也不得为了机动,向上游驶去。

日军以 72 架飞机围攻中国"宁海""平海"两舰并将其击伤、击沉,又开始向中国海军的其他舰只实施攻击。

25 日清晨,加贺号航母上的日军海基第二航空战队又以 94 舰爆、96 舰攻击机各 8 架,在 96 舰战斗机 4 架的掩护下集中攻击"平海"舰。

"平海"军舰高炮弹药用尽,军舰的下沉已经无法控制,于是叶可钰副舰长下令军舰驶往江北十二圩的浅滩搁浅,并且开始拆卸火炮与重要零件运往南京,参加首都保卫战。

这艘中国自制的海军主力舰在搁浅之后舰身继续向左倾斜到 45 度,缓缓滑入长江。战斗中,官兵共阵亡人员有军需官叶宗亮、中士张朗惠、下士谢道章、列兵王允吉、黄顺忆等 11 人,负伤 20 余人。后来有人回忆,"平海号"所有的牺牲官兵的遗体,均在各炮位下面,负伤者亦全是在战斗中挂彩。全舰所有官兵,在 23 日的大战中,均未离其战斗岗位一步。

"宁""平"两舰被炸后,舰队旗舰改由吨位稍小的"逸仙"舰担任,第一舰队司令陈季良移至该舰指挥。

9 月 25 日夜,这 4 艘名舰进行了最后一次航行。在封锁线后方集结完成之后,4 艘军舰战舰在凄凉的汽笛声中打开海底门,静静地沉入长江。这夜,中国海军失去了自己的舰队。

江阴之战后 3 年,陈绍宽将军在《纪念伟大的"九二三"》一文中写道:"'九二三'是中国海军抗战史上最值得纪念的一页。……谁都知道,在这次倭寇对我侵略的武力中,最有把握的,是他的海军。但自江阴封锁线在我海军手中树立以后,情势却为之一变,因敌要用舰队从扬子江上驶,就必须破坏我封锁线,要破坏我封锁线,就不能不歼灭我英勇之海军!"

附：

(1)江阴之战中的中国海军序列

海军部部长海军一级上将陈绍宽

海军第一舰队司令部司令陈季良中将

海容巡洋舰(江阴自沉)舰长欧阳勋上校,副长杨道钊少校,轮机长黄辉如少校

海筹巡洋舰(江阴自沉)舰长林镜寰上校,副长郑翊汉少校,轮机长黄辉如少校

海琛巡洋舰(江阴自沉)舰长张凤仁上校,副长吴支甫中校,轮机长陈精文中校

海圻巡洋舰(江阴自沉)舰长唐静海上校,副长刘乃沂中校,协长许世钧中校,轮机长邱崇明中校

宁海轻巡洋舰(被日军捞起,改装为"八十岛号"巡洋舰)舰长陈宏泰上校,副长甘礼经少校,轮机长姚法华上尉

平海轻巡洋舰(被日军捞起,改装为"五百岛号"巡洋舰)舰长高宪申上校,副长叶可钰少校,轮机长周烜

应瑞轻巡洋舰(1937年10月23日于采石矶空袭沉没)舰长陈永钦上校,副长华国良少校,轮机长郎昌炽少校

逸仙轻巡洋舰(被日军捞起,改装为"阿多田号"练习舰。战后归还,1958年6月退役)舰长陈秉清中校,副长杨希颜上尉,轮机长黄贻庆

自强巡洋舰(江阴自沉)舰长张日章中校

大同巡洋舰(江阴自沉)舰长罗致通中校,副长曾侍珰上尉

中山炮舰(1938年10月24日于金口空袭沉没)舰长萨师俊中校,副长张天浤

永绩炮舰(1938年10月21日于新堤被日军缴获,1949年5月于上海被人民解放军缴获)舰长曾冠瀛中校

咸宁浅水炮舰(1938年1月九江遇轰炸沉没)舰长薛家声少校,副长贾珂上尉

德胜号水上飞机母舰(江阴自沉)舰长刘焕乾中校

威胜号水上飞机母舰(江阴自沉)舰长王夏鼎少校

陈绍宽指挥下的中国海军第一、第二舰队

曒日测量舰(1937 年 8 月 26 日被击沉)舰长谢为良少校

辰字鱼雷艇(江阴自沉)

宿字鱼雷艇(江阴自沉)

武胜测量舰(江阴自沉)

海军第二舰队司令部司令曾以鼎少将

建康驱逐舰(被日军捞起改装为汪伪海军"海绥号")舰长齐粹英中校,副长严又彬,轮机长吕文周上尉

江贞浅水炮舰(1938 年 7 月空袭搁浅,11 月于岳阳自行烧毁)

江元浅水炮舰(保存至战后,1949 年 12 月退役)

楚同浅水炮舰(保存至战后,1949 年被人民解放军缴械)

楚有浅水炮舰(1937 年 9 月 29 日于六圩港空袭沉没)舰长郑耀恭中校

楚观浅水炮舰(保存至战后,1956 年退役)

楚谦浅水炮舰(保存至战后,1949 年退役)

湖鹏鱼雷快艇(1937 年 10 月 3 日于江阴目鱼沙空袭沉没)舰长梁序昭上尉

湖隼鱼雷快艇(抗战中期因老旧报废)

湖鹗鱼雷快艇(1937 年 10 月 3 日于鲥鱼港空袭沉没)

民权炮舰(保存至战后)舰长刘焕乾中校

民生炮舰(1938 年 7 月空袭搁浅,11 月于岳阳自行烧毁)舰长郑世璋中校

永绥浅水炮舰(保存至战后)舰长傅成少校

江犀浅水炮艇(1941 年 8 月 21 日四川巴中空袭沉没)

江鲲浅水炮艇(1941 年 8 月 21 日四川巴中空袭沉没)

甘露测量舰(1941 年 9 月 3 日巴中空袭沉没)

青天测量舰(1937 年 10 月于龙梢港空袭沉没)舰长叶裕和少校

(2)江阴之战中的日本海军序列

第二舰队司令部司令长谷川清大将

旗舰:出云号、能登吕号

第一遣外舰队:平户号、天龙号、对马号、常盘号、安宅号、宇治号、伏见号、隅田号、势多号、比良号、保津号、坚田号、鸟羽号、热海号、二见号驱逐舰浦风、第 24 驱逐队

第二遣外舰队:球磨号、八云号、第 13 驱逐队、第 16 驱逐队

第 3 战队:那珂号、阿武隈号、由良号

第 1 水雷战队:夕张号、第 22 驱逐队、第 23 驱逐队、第 30 驱逐队

第 1 航空战队:加贺号、第 2 驱逐队

第 10 战队:藤森清一郎少将

第 11 战队:近藤英次郎少将

第 4 水雷战队:细萱戊子郎少将

第 6 驱逐队:伏见宫博义王中佐

第 10 驱逐队:板垣盛大佐

第 1 水雷队:涉谷紫郎中佐

第 1 连合航空队:户冢道太郎少将

第 2 连合航空队:三并贞三少将

上海海军特别陆战队:大川内传七少将

第 1 陆地队:园田滋少将

第 3 航空战队:寺田幸吉少将

第 4 舰队:丰田副武中将

旗舰:足柄号

第 9 战队:妙高号、长良号……

第 14 战队:天龙号、龙田号……

第 4 水雷战队:木曾号、第 6 驱逐队、第 10 驱逐队、第 11 驱逐队

第 5 水雷战队:名取号、第 5 驱逐队、第 22 驱逐队

第 9 战队:小林宗之助中将

第 5 水雷战队:后藤英次少将

第 3 驱逐队:藤田俊造中佐

第16驱逐队：岛崎利雄中佐

第23驱逐队：高桥一松中佐

第3潜水战队：锄柄玉造少将

第9潜水队：仁科宏造中佐

第4航空战队：鲛岛具重少将

其他：第二舰队赤城号航母战斗群，龙骧号航母战斗群，第三舰队凤翔号航母战斗群……（日本第一舰队、第二舰队临时派遣协助日本舰队作战）

（3）攻击"宁海"、"平海"的日本航空队资料

①陆基：第2联合航空队（驻上海公大机场）司令官：三并贞三少将

a.第12航空队司令：今村修大佐

12架中岛95式舰战（Nakajima A4N1）

12架空技92式舰攻（Yokosuka B3Y1）

12架爱知94式舰爆（爱知D1A1）

b.第13航空队司令：千田贞敏大佐

12架三菱96式舰战（Mitsubishi A5M2）

12架空技96式舰攻（Yokosuka B4Y1）

12架爱知96式舰爆（爱知D1A1）

②海基：第2航空战队司令官：堀江六郎少将

第22驱逐队

航空母舰：加贺号

12架三菱96式舰战（Mtsubishi A5M2）

24架空技96式舰攻（Yokosuka B4Y1）

12架爱知94式舰爆（爱知D1A1）

在9月22日和23日的战斗中，因为日军补充损失和将部分陆基航空队配备到海基的航母上使用，因此部分数据可能与实际出动情况不符。

江阴海战具有重要的战略意义，是江阴保卫战中的海上战役，自1937年8月16日江阴大战拉开序幕开始至1937年12月2日江阴防线失守，前后历时共108天，是抗日战争中罕见的陆海空三栖立体作战，也是抗战期间唯一一次海军战役。长年威震中国海疆的舰队，一部分在烟台自沉，

主力则全数沉在江阴,是中日甲午战争以来最重大的损失。保卫江阴封锁线的战斗阻遏了日军沿长江西进的企图,粉碎了日军三个月灭亡中国的美梦,保护了长江下游军政机关、工矿企业向四川大后方的安全转移,为国民政府以空间换取时间之持久抗战的最后胜利做出了卓越的贡献。

但当时海军受排挤,陈绍宽奋斗维艰。民国三十四年(1945年5月),赴美国参加联合国大会,参与制定《联合国宪章》。9月9日,在南京参加接受日本侵华军投降仪式,但以后在接收日本海军的实际工作中,屡受阻挠。

抗战胜利是年冬,蒋介石电令陈绍宽率"长治"舰赴山东堵击共产党军队。陈绍宽以"抗战后海军元气尚未恢复,且绍宽在抗日期中报效无多,已愧对国人,若再参加内战,内疚殊大"为借口,南下检修。蒋介石认为陈绍宽抗令,借端撤销并武装接收海军总司令部,免除陈绍宽职务。陈绍宽因此回乡,闲居不出。民国三十八年(1949年),蒋介石派朱绍良请陈绍宽赴台湾"共商国是",陈誓死相拒。

中华人民共和国成立后,陈绍宽出任华东军政委员会委员,福建省政府副主席、副省长,民革副主席等职,又被选为全国人民代表大会第一、二、三届的代表、主席团成员,还是全国国防委员会委员。1969年,因患胃癌病逝,享年80岁。

陈绍宽的海权意识主要体现在以下三点[①]:

(1)强调现代海军在维护国家主权中的重要地位,为立国之本

陈绍宽在《海军之建设》(1941年4月)一文中总结道:"细考世界历史,近世纪各国之兴衰,均以海军之消长为枢纽。可知海军为立国之本。"

(2)要争霸海洋,必须大力发展海军

1928年,陈绍宽担任海军署长,撰文告诫国人要重视海权。他还总结一次世界大战的经验教训:"联盟国致败,以海军为主因。英哲有言,勃列颠为帝国(英国),得以国富民安,惟海军是赖。欧美各国之消长,莫非以海

---

①　高晓星编:《陈绍宽文集》,北京:海潮出版社,1994年,第97页。

权得失为主要关键。"①并且严词痛斥了那些想要废除海军的无知之人。

他还在海军内部掀起了一场关于海军、空军配合作战的大讨论。1934年,他根据参加欧洲海战的经验,写成了《海战》一文,对"海战中的飞机"进行专门讨论。他写道:"现代海军在海战时,欲取攻击手段,必有赖于舰上所载的飞机。"

(3)明确海军的责任,表达自己的海权观

陈绍宽在《驻英海军武官报告书》(1919年5月)中提到:"论国势之强弱,定国位之崇卑,当视其海军力量之大小。"发表了自己的海权观,并且提到了海军的责任:"收回海权,紧守国家门户,保护侨外商民,抵制外力侵略,都是海军的责任。"②

1937年,全面抗战的枪声响起。正在英国访问的陈绍宽被紧急召回。蒋介石任命他为中国海军司令,主持长江防务。那时,日本已经拥有了世界第三位的强大海军,而中国海军弱小落后,主力舰的吨位,甚至还不如几十年前的北洋水师。领命之后,陈绍宽紧急征用了几十艘商船,连同海军的8艘旧舰一起沉入江底,几乎在一夜之间建成坚固的"江阴封锁线"。陈绍宽指挥的军队将日军阻击了一个月之久。江阴水战,中国海军几乎全军覆没,但虽败犹荣。在旁观战的德国顾问感慨地说:"这是一次世界大战后,最为激烈也最为奇特的一场海战。"

(4)提出海军六年造舰计划案,首次提出建造中国第一艘航空母舰

1932年1月,陈绍宽将军担任海军部部长后,2月21日,他在中央广播电台发表谈话,指出海军未来的发展目标为发展成一支60万吨的海军,短期内海军将会专注于巡洋舰与潜艇的购置("治标"),长期则希望能建立一支各类舰种齐备的大洋海军("治本")。长程的建军蓝图渐具初型,但是由理想进入实际仍需要时间。

① 海军部成立五周年纪念特刊发刊词(1934年6月):《陈绍宽文集》,第123页。
② 海军部成立五周年纪念特刊发刊词(1934年6月):《陈绍宽文集》,第124页。

表 4-3　1930 年（民国十九年）提出海军六年造舰计划案

舰种	艘数	备注
航空母舰	1	—
装甲巡洋舰	2	—
巡洋舰	2	—
驱逐舰	28	包含大小型驱逐舰
潜水艇	24	包含大小型潜水艇

说明：另炮舰、扫雷艇、潜水母舰、鱼雷艇、运输舰等共计 106 艘。

早在 1928 年，时任中国海军第二舰队司令的陈绍宽就曾经上书，要求花 2000 万元建造中国第一艘航空母舰（以下简称航母）。从辽东到南海中越边界，划分四大战区，建造 20 艘航母，每艘航母造价约 18 亿元。

江阴海战中，日军的空中肆虐让陈绍宽进一步看到了航空母舰的作用。1943 年 11 月，陈绍宽代表海军部再次提出海军建设的规划。在这次规划中，他已经不再满足于拥有几艘航母了，而是要建造几个航母群。他设想将中国沿海划为四个海军区：第一区从辽宁安东到山东半岛成山头；第二区从成山头到长江口；第三区从长江口到广东汕头；第四区从汕头到中越交界。每个区成立一支海防舰队，各拥有 5 艘航母，全国沿海共需要 20 艘航母，每艘航母造价 18 亿元。陈绍宽说："这笔钱国家是省不得的。"

1945 年 8 月，在抗战即将胜利之际，陈绍宽、军政部部长陈诚、铨叙厅（主管人事）厅长钱卓伦，结合现有海军舰艇情况，制定了《海军分防计划》。该计划对几年前的规划做了修订，将拥有航母的数量从 20 艘减为 12 艘，目的是让更多的人接受这一方案。陈绍宽解释说，这 12 艘航母当然不是一次完成，期限为 30 年。第一个 10 年计划先造 1 万吨和 8000 吨航母各 1 艘，每吨造价 6280 美元。

1946 年 6 月，蒋介石发动了对解放区的进攻，大规模的内战全面爆发。国民党海军被卷入内战中，陈绍宽的强海军梦随之破灭，航母梦也自然烟消云散。中国人第一次试图拥有航母的努力就此结束。①

第三节　福建船政文化民族爱国精神时代意义

爱国主义是中华民族的光荣传统,是推动中国社会前进的巨大力量,是各族人民共同的精神支柱,是社会主义精神文明建设主旋律的重要组成部分,同时也是中国培养"四有"新人的基本要求。爱国主义教育是提高全民族整体素质的基础性工程,是引导人们特别是广大青少年树立正确理想、信念、人生观、价值观,促进中华民族振兴的一项重要工作。

爱国主义是千百年来固定下来的对自己祖国的一种最深厚的感情。它同为国奉献、对国家尽责紧紧地联系在一起。爱国主义是一种崇高的思想品德。

中华民族的历史之所以悠久和伟大,爱国主义作为一种精神支柱和精神财富是起了重要作用的。爱国主义是一种深厚的感情,一种对于自己生长的国土和民族所怀有的深切的依恋之情。这种感情在历史的长河中,经过千百年的凝聚,无数次的激发,最终被整个民族的社会心理所认同,升华为爱国意识,因而它又是一种道德力量,它对国家、民族的生存和发展具有不可估量的作用。

在近现代的历史上,当中国遭到帝国主义列强的疯狂侵略,出现了亡国灭种的危机时,中华儿女的爱国主义精神更是越加激发而不可动摇,越发显示出它的战斗锋芒和精神力量。爱国即爱祖国,而祖国的直接体现是同胞,国家的直接体现是政权,祖国与国家不是一回事。公民应该热爱自己的祖国,国家应该效忠自己的公民。这就是孙中山、何子渊等革命先驱反抗大清帝国,建立中华民国,但依然被尊为爱国者的根本原因。

---

① 马骏杰:《旧中国海军梦夭折:1945 年曾计划造 12 艘航母 (3)》,《环球时报》,http://www.china.com.cn/news/txt/2009－04/17/content_17623590_3.htm.

几千年来,中国人民的爱国主义精神从来就是推动历史前进的一种巨大力量。它是在中华民族悠久历史文化的基础上产生和发展起来的,反过来又给予中华民族的历史发展以重大的影响。爱国主义在不同的国家和每个国家的不同时代,具有不同的内容,因而进行爱国主义教育的内容也都有所不同。中国人民的爱国主义虽然在每个不同的历史阶段都有不同的具体内容和特点,但是也具有共同的内容和特点。

在社会主义初级阶段,爱国主义主要表现为热爱祖国的壮丽河山、悠久的历史、灿烂的文化,关心祖国的前途和命运。热爱社会主义制度和社会主义现代化建设事业,热爱中国共产党和各族人民,维护祖国的独立和统一。进行爱国主义教育,就是要从学习历史入手,特别是要学习近代史和现代史,使人们了解祖国的历史和现状,引导人民群众树立民族自尊心和自信心,树立对自己祖国的高度责任感和祖国利益高于一切的思想,树立为祖国、为人民勇于献身的精神,结成最广泛的统一战线,把爱国之心、报国之志转化为爱国行动,为完成祖国统一大业积极效力;为实现"四化"建设的宏伟目标,建设有中国特色的社会主义,实现共产主义的远大的理想而努力奋斗。进行爱国主义教育,还必须同进行无产阶级国际主义教育结合起来,坚持爱国主义国际主义相统一的原则,使人民群众懂得我们既是爱国主义者,又是国际主义者。

爱国主义教育是指树立热爱祖国并为之献身的思想教育。爱国主义教育是思想政治教育的重要内容。爱国主义是一面具有最大号召力的旗帜,是中华民族的优良传统。中国爱国主义教育的特点是:艰苦奋斗、辛勤劳动,不断丰富和发展中华民族的物质文化财富;反对民族分裂和国家分裂,维护各民族的联合、团结和国家的统一;在外敌入侵面前,团结对外,英勇抵抗,维护祖国的主权和独立;同一切阻碍历史发展和社会进步的势力和制度进行斗争,推动祖国的繁荣和进步。

进行爱国主义教育,要引导广大人民充分认识无产阶级的爱国主义和社会主义的一致性,明确建设有中国特色的社会主义是新时期爱国主义的主题。

进行爱国主义教育,要引导人们正确认识弘扬爱国主义精神与坚持对外开放政策关系,既要继承和发扬中华民族的优秀传统,也要学习和吸收世界各国包括资本主义发达国家所创造的一切文明成果,既要反对崇洋媚外,也要反对盲目排外。

1874年沈葆桢亲率福建舰队赴台,以坚定的爱国精神与坚强的武装实力,逼迫贪得无厌的日本侵略军退出台湾,保卫了中华民族的尊严并开始了台湾的近代化进程。1884年甲申中法海战,船政学生参战25人中捐躯18人;水师牺牲的6位舰长中有5位是船政学堂毕业的青年;留学归来的船政学堂毕业生杨兆楠、薛有福、黄季良等一批参战青年也在战斗中献身。1894年甲午中日海战中,北洋舰队在黄海之战中勇搏强敌,自午至酉,力战5个小时,迫使日舰狼狈逃遁,日本未能实现聚歼北洋的侵略计划。军中营副将"致远"管带、船政学生邓世昌命舰开足马力冲撞日舰"吉野"时中雷舰沉,"犹直立水中,奋掷詈敌"。船政学生、左翼总兵"定远"管带刘步蟾,在提督丁汝昌受重伤后,督阵指挥,变换进退,发炮伤敌督船,"以寡敌众,转败为攻",在威海船中弹沉没,"遂仰药以殉",壮烈殉国。在这次海战中,船政学生壮烈牺牲的还有:"经远"管带副将林永升,"超勇"管带副将黄建勋,"扬威"管带参将林履中等人。船政制造的"平远"舰在都司、船政学生李和管带下,与主力舰并驾齐驱,屡受巨弹,船身并无损裂。据美籍历史学家唐德刚考证,参战12舰有舰长14人,其中至少有10人是马尾船政学堂第一期同班同学。1938年抗日战争在保卫武汉大会战中,"中山"舰(原名"永丰")官兵与敌机奋战到底,16名将士壮烈殉国。舰长萨师俊在指挥台中弹,在自己腿被炸断、手臂重伤的情况下仍坚守岗位继续指挥,高呼:"全舰官兵努力杀敌,誓与本舰共存亡!"他们大义凛然、浩气长存,不愧为民族的脊梁,永远值得后人怀念。

2005年,福州马尾船政文化遗址群被中宣部评为"第三批全国爱国主义教育示范基地"。

在当前高等教育中,国内高校都在探索培养高素质专业人才,更多关注的是培养具有先进专业知识的学生,但是仅仅注意这一点是远远不够的。

一个国家、一个民族的高等教育如果只注重专业技能教育,培养出再多的科技专家和人才,其后果都是灾难的,不可想象的。据印度工商联合会(FICCI)公布的一份调查报告称,印度 IT 行业人才的缺口为 65%;而印度全国软件及服务公司协会的统计则表明,2008 年印度需要 220 万名软件技术人员,但目前只有 80 万人。由于工作待遇和生活环境等因素的影响,许多印度 IT 人才选择通过技术工人签证转去美国工作。人才外流给印度的经济发展、国际竞争力的提升带来一定负面影响。有人用"奶牛现象"来形象地比喻印度人才的培养与流失:牛的嘴巴在印度,吃的是印度的草,而牛的乳房却在国外,最终挤奶的是外国人。①

印度"人才外流"的教训是惨痛的,这也需要我们高等教育工作者认真反思,引以为戒。究其根本原因,就在于忽视了民族主义、爱国主义教育。

爱国主义体现了人民群众对自己祖国的深厚感情,反映了个人对祖国的依存关系,是人们对自己故土家园、种族和文化的归属感、认同感、尊严感与荣誉感的统一。它是调节个人与祖国之间关系的道德要求、政治原则和法律规范。

本章阐述了福建船政文化中传统爱国精神教育,国家危亡时期狭隘"忠君爱国"逐渐转变为"爱国救亡"新主题,概括了福建船政文化民族爱国精神内涵——爱国救亡、创新图强、抵御外辱和维护海权,论述了福建船政文化民族爱国精神的重要时代意义。

参考文献

1.《沈文肃公政书》,《中国近代教育史资料汇编(洋务运动时期教育卷)》,上海:上海教育出版社,1992 年。

2. 姜鸣:《龙旗飘扬的舰队——中国近代海军兴衰史》,北京:三联书店,http://jczs.sina.com.cn,2003 年 1 月 14 日。

3. 沈岩:《船政学堂》,北京:科学出版社,2007 年,第 57 页。

4.《陈绍宽的"海权论"背景与"航母梦"碎灭》,http://blog.sina.com.

---

① 文建、廉海东:《印度"人才新政":企业为培养和留住人才舍得投入》,载《环球时报》2008 年 7 月 3 日。

cn/s/blog_5de3d2650102e5h4.html.

5.高晓星编：《陈绍宽文集》，北京：海潮出版社，1994年。

6.海军部成立五周年纪念特刊发刊词(1934年6月)：《陈绍宽文集》。

7.马骏杰：《旧中国海军梦夭折：1945年曾计划造12艘航母（3)》，载《环球时报》，http://www.china.com.cn/news/txt/2009—04/17/content_17623590_3.htm.

8.文建、廉海东：《印度"人才新政"：企业为培养和留住人才舍得投入》，载《环球时报》2008年7月3日。

9.汪受宽：《孝经译注》，上海：上海古籍出版社，2004年。

10.本书编写组：《思想道德修养与法律基础》，北京：高等教育出版社，2012年。

11.《圣谕广训》。

思考题

1.传统国学经典对船政学子爱国主义人格塑造有哪些重要影响意义？

2.新时期中国为什么仍然强调和重视爱国主义教育？

推荐阅读书目

1.沈岩：《船政学堂》，北京：科学出版社，2017年。

2.汪受宽：《孝经评注》，上海：上海古籍出版社，2004年。

第五章

福建船政文化时代创新成果

"发上等愿,结中等缘,享下等福;择高处立,就平处坐,向宽处行。"

——左宗棠

创建于清同治五年(1866年)的福建船政,是中国最早、远东最大的专业造船厂,中国第一艘铁甲舰艇和第一架水上飞机均在这里诞生。作为中国民族工业的重要源头,福建船政在近代中国的舰船制造、海军建设、科技人才培养,以及包括飞机制造等诸多工业领域的开拓都做出了令人瞩目的贡献。后人把清朝末年在福建马尾创办船政时所形成的,包括工业、科技、教育等文化以及所造就出的杰出人物的思想成果称之为船政文化(卢美松,船政文化是近代中国先进文化的旗帜),这种文化表现出了一种强烈的开拓创新精神,并缔造了杰出的创新成果,对中国近代工业、近代海军和近代航空事业的发展产生了巨大的影响。

第一节　福建船政文化与中国近代工业

福建船政是洋务运动的一个组成部分,其筹建目的就是通过向西方学习先进技术以达到富国强兵、自强自立。福建船政虽然是专门造船和筹建海军的军工企业,但由于造船工艺非常复杂,涉及近代工业许多方面的技术,因而在学习造船和训练海军的过程中,对整个中国近代工业产生了很大的影响。船政创办人左宗棠说:"火轮船之制……道光初元前后也。萃彼中千数百年之奇秘,并之一船之中,百物之所为备,不但轮机一事巧夺天工,而我欲于五年中尽其能事归之于我……夫使学造轮船而仅得一轮船之益,则自造不如雇买聊济目前之需;惟必求其精、求其备,而尽其所长归之中土,相衍于无穷,非许以重资不可。"①这段话说明了船政创办人左宗棠希望通过创办船政系统地学习萃于一船之中的"奇秘",即期以五年"求其精,求其备,而尽其所长归之中土";办造船厂不是为了单纯造船,而是通过造船学习到西方先进的科学技术,以"兴别项之利","相衍于无穷",即提高整个国家民族的工业技术及科学知识水平。为了以上宏伟目标的实现,故"虽难有所不备,虽费有所不辞"。左宗棠的可贵之处,在于他在创船厂之初,即意识到绝不能满足于仿造,而要做到自己能创造性地设计制造,这才能赶上和超过西方,而仿造只能永远跟在别人后面爬行。要做到创造性地设计制造,就非学习西洋新的科学知识不可,就非办新型学堂培养新式人才不可。他说:"执柯代柯,所得者不过彼柯长短之则,至欲穷其制作之原,通其法意,则固非习其图书、算学不可,故请于船局中附设艺局,招十余岁聪俊子弟,延洋师教之。"②福建船政在创办造船厂的同时创办了船政学堂,并在后来不断选派留学生出国学习,其用意是要培养出具有创新能力的创新人才。船政的创办和发展所带来的影响不仅仅局限于造船这一实体行业,不仅仅是学会了造船和驾驶技术,而是对整个中国近代工业的发展都起了很大的推动作用。船政对中国近代工业技术水平的提升所带来的影响集中在以下几个方面:其一,通过引进设备和技术人才使中国第一批产业工人掌握了机器设备的制造技术,为中国近代的机器化生产奠定了基础;其二,通过创办新式教育,为中国近代工业发展培养了大量的高端人才;其三,造船厂直接为中国近代工业发展生产出大量的先进机器设备和舰船,为中国近代工业的发展奠定了物质基础。

①　夏东元:《洋务运动史》,上海:华东师范大学出版社,1992年,第100页。
②　夏东元:《洋务运动史》,上海:华东师范大学出版社,1992年,第100页。

一、船政对中国近代机器制造工业的影响

从 18 世纪到 19 世纪,西方列强完成了第一次工业革命,即从手工业发展到机器制造工业。但由于清朝政府采取闭关锁国的政策,中国对于西方的第一次工业革命知之甚少。两次鸦片战争之后,中国人对西方的坚船利炮有了切身的感受,于是欲"师夷长技以制夷"。安庆内军械所、江南制造局以及福建船政等军工企业相继建立起来,从而开启了中国近代的工业化之路,其中尤以江南制造局和福建船政对中国近代工业的发展所产生的影响最为突出。福建船政与同时期的江南制造局相比较,其发展思路和运作模式是有区别的。江南制造局的主导思想主要参考了容闳为曾国藩所建议的"中国今日欲建设机器厂,必以先立普通基础为主,不宜专以供特别之应用……简言之,即此厂当有制造机器之机器,以立一切制造厂之基础也"①,就是要为整个近代工业奠定一个机器化生产的基础。因此,江南制造局不仅生产枪炮弹药,而且生产出大量的用于制造机器的机器设备,它为近代工业的发展所做出的贡献是毋庸置疑的。福建船政则集中生产兵船和炮舰,但由于舰艇的生产是极其繁复的过程,涉及近代工业技术的很多方面,因而,在其发展过程中,同样为中国近代工业的发展打下了很好的基础。

(一)机器制造工业设备的引进

中国机器工业是从军用工业开始的,福建船政是中国最早的机器化生产工厂之一。近代工业是以机器制造为主,因而其发展需要一定的物质基础,即要有制器之器以及动力装备。19 世纪 60 年代,中国还没有近代机器工业发展所要的一些基础条件,如生产机器用的优良的钢铁材料和机器加工的车床等设备。福建船政通过引进造船设备和工艺,在学习造船的过程中,逐渐掌握了制造动力机和生产机器的机器设备的方法。中国近代机

---

① 容闳:《西学东渐记》,长沙:湖南人民出版社,1981 年,第 75 页。

器制造工业的发展遵循的是一条从引进设备到模仿制造,再从模仿制造到自行设计制造的路径。

船政创办之初,率先从国外引进了大量的机器设备及其材料,包括机床、蒸汽机、铁条、铁板以及水泥等,建造了机器化生产的各种车间。从1866年到1874年,经过6年的发展,这所近代工厂的各个车间已大体建成,为中国近代工业的发展奠定了客观的物质基础,至1874年外国技术人员合同期满,已建起制造船舰、轮机和船壳等设备齐全的车间和工地。其中包括可以铸造铁条和铁板的锻铁厂,三个用以制造机床和调整设备的再热炉,一个铸铁厂,三个造船台和一个拉拔特式的拖船坞。专家认为,这些设备比起当时日本横须贺造船厂(同样是由法国官员协助建立)的设备更优良,并可以和欧洲几家大的造船厂的设备相比较。

福建船政的工作从一开始就在一个明确而合理的既定目标指导下进行,这一目标并不仅仅是制造一定数量的船舰,而是使中国获得技术上的独立和学到能在各个企业都应用到的新生产程序。自造的目标要做到不依靠别人就能造成船只,那就是要从轮机到各部件均自我为之。左宗棠说:“至自造轮机成船,较买现成轮船多费至数倍,即较之购买现成轮机配造成船,亦费增过半。所以必欲自造轮机者,欲得其造轮机之法,为中国永远之利,并可兴别项之利,而纾目前之患耳。”[①]他认为,造船厂不是买西洋的轮机等件来装配成船,而是要用自制的轮机造成轮船;福建船政基本上是按照左氏的规划进行筹建的,并且在5年以后也基本上实现了他的目标。经过船台、船坞、厂房、住所、办公房、学堂等工程的建造和机器装配,到1874年,福建船政已经成为一所以造船为中心的大型机器工厂,它规模宏大,机器设备也很齐全。根据日意格1875年出版的《福州船政局》的记载,大致情形如下。

铁厂。包括锤铁与拉铁西厂,占地4190平方米。锤铁厂有7000千克大汽锤1个,6000千克双锤1个,2000千克单锤1个,1000千克单锤1个,300千克铁锤2个,又有锻铁炉16个,再热炉6个。拉铁厂拥有再热炉6

---

① 夏东元:《洋务运动史》,上海:华东师范大学出版社,1992年,第99页。

座,轧机 4 台,设有 100 马力的发动机 1 座。此厂昼夜开工,每年能轧铁 3000 吨。

水缸厂。占地 2400 平方米。厂屋分三部:中间大厂房,两边小厂房。厂内装有 15 马力的发动机 1 座,用以推动鼓风炉并运转两厂的机器。

轮机厂。占地 2400 平方米。厂中装有 30 马力的发动机 1 座。拥有年产 500 马力蒸汽机的能力。

合拢厂。占地 800 平方米。厂的上层设有绘事楼,以供工程师绘制机器图像。

铸铁厂。占地 2400 平方米。厂内拥有 15 马力的动力设备和铸铁炉 3 座,每月能铸件 90 吨。

钟表厂。占地 720 平方米。厂分三部,一为时表制造部,一为望远镜制造部,一为指南针制造部。能制造经纬仪,船用罗盘和精密度较高的光学仪器。

打铁厂。占地 2160 平方米。专制修造船舶所需要的各种小型铁件。厂中安设了 44 座化铁炉,又有 3 个 3000 千克的汽锤。此外,还有一个占地 510 平方米的专制修造船舶所需要的小件装配物和铁锁等物的小厂。

转锯厂。占地 1020 平方米。其旁有木器模型厂,占地 1440 平方米,专为船用部件制造木模。

造船厂。由 3 个船台组成。拥有 1 架能起重 40 吨的起重机,还有 1 座铁船槽。铁船槽能容龙骨长达 100 米、排水量达 1500 吨的船只。此船槽系法国进口的拉拨式船槽,设备尚属先进。“万年清号”船后来上槽修理,仅花了 2 小时就修理完毕。

最后,在局厂之外,建了 1 座砖窑,制造普通的砖和耐火砖。砖窑旁另有灰窑,制造石灰。船政局全部用地计约 600 亩,各工厂、储藏所、煤栈等共占 1/3。

以上记录的是福建船政在 19 世纪 70 年代的车间设备。这些机器包括车、刨、钻、压、碾、旋、拉、锯各类机床,设备较为完整。其设备规模已大大超过了当时正拼命向西方学习的日本造船工业的水平。日本于 1865 年始在横滨创办铁局和横须贺铁厂,设铁厂一,舰渠二,船厂三,但规模是无法与福建船政相比拟的。① 这些机器设备的引进和厂房的建造,为中国机器造船工业的发展以及近代机器工业的发展打下良好的基础。

图 5-1　福建船政概貌

(二)机器制造技术的消化吸收

要实现机器化生产,光引进机器设备是不够的,还必须要学会机器制造的技术。船政通过引进国外的技术工人并对中国工人进行培训,开设船政学堂和外派留学生等途径来实现消化吸收机器制造技术。根据与日意格签订的合同,船政雇募外国工匠 37 名,后根据需要增加到 52 名,其中监督一人,帮办 1 人,技师 4 人,匠首 8 人,工人领班 23 人,普通职员 3 人,医生 1 人,翻译 1 人,教师 9 人,是所有洋务工厂中聘用外国人员最多的一所工厂。② 根据合同,外国人员承担了开办造船、驾驶、管轮专业及艺徒班的教学任务,务必使中国学生及工人"能自监造、驾驶"。船政前后学堂是以西方自然科学及造船工艺、驾驶技术为授课内容的新式学校,所聘用的外国教师,承担了监造轮船和教授学生的双重任务。到 1873 年外国技工合同期满离开时,中国的技术工人已能独立工作。这样,西方先进的造船工艺,通过中国最早的造船工厂福建船政,与中国传统的手工工艺相结合,产

① 夏东元:《洋务运动史》,上海:华东师范大学出版社,1992 年,第 102～103 页。
② 林庆元:《福州船政局史稿》,福州:福建人民出版社,1999 年,第 71 页。

生了第一批造船技术工人。中国技术人员和工人在很短时间内就掌握了近代兵轮的制造技术。

(三)机器制造技术的独自运用

1. 轮船主机的自行设计和制造

近代欧洲轮船之所以能够横行海上,在于它采用蒸汽机为动力,增加船速。福建船政制造的第一艘至第四艘轮船的船上主机是从英、法进口的,所谓制造实际上是船体的制造。而制造轮船的核心技术应该是它的动力设备即蒸汽机的制造技术。船政局非常重视动力与船用主机的自造。1870年9月船政实践左宗棠"以机器制造机器,积微成巨,化一为百",引进设备动工仿制船用主机,经成胚、车光、刮磨、合拢等工序,至1871年6月制出1台二汽缸式普通蒸汽机,压力达234大气压(25816千帕),功率150匹马力(110千瓦),后被安装在安澜号炮船上。1876年4月,英国"田凫号"海军军官寿尔看后写道:"他们的技术与最后的细工,可以和我们英国自己的机械工厂任何产品相媲美而无愧色。……这个造船厂和外国任何其他造船场并没有多少区别。"[①]尽管早在1862年徐寿、华蘅芳等已造出中国第1台蒸汽发动机,但系试造性质,不甚得法,功率小,压力低,而船政自制的蒸汽发动机则适于船上使用,开创了中国自己生产蒸汽轮船的新局面。国外蒸汽机在不断更新换代,同治十三年(1874年),沈葆桢已经知道外国有新式轮机,他说:"外国近又创新式卧机以为兵船,取其机器与水(面)平,可以避炮也;创新式立机以为商船,取其机器所占舱位无多,可多装客货也。较省煤而机较灵。"[②]船政决定跟上时代步伐,1875年1月8日沈葆桢上奏朝廷,请准派日意格在英国购买新式卧机、主机各一副,带工匠二三人到厂合拢,并传授制造技术。1876年7月新式卧机主机及两副锅炉均运抵船厂。船政引进新的科学技术,淘汰旧的150匹马力轮机,仿制新式省煤康邦轮机。

---

① 《左文襄公书牍》卷八,《上总理各国事务衙门函》。
② 《沈文肃公政书》卷四,第70页。

2. 轮船其他设备材料的自行设计和制造

由于造轮船用的木材极难获得,船政计划造铁胁船,1875 年 12 月 8 日兴建铁胁厂,1876 年 7 月完工。厂中购置有钻床、火炉等适用于造铁胁的机器设备。1876 年 9 月即开始自造铁胁与轮机。1877 年 7 月 29 日,第二号铁胁船"超舞号"开始安上龙骨,"所有铁胁、铁梁、铁龙首,斗鲸及所配轮机均系华工按图仿造"。与此同时,船体所用铁板、铜板也是厂中自造。为了造出适应铁胁船需要的铁板,船政局于 1878 年对拉铁厂原有设备做了改造。经改造后,拉成钢板 2500 余片。经此添置和改造后,铁胁船所需之截堵板无须购诸欧洲,并为将来制造铁皮船打下基础。到 1879 年,铁胁、铁梁、铁牵及船舱锅炉应用之四尺零阔之铁板华工均能自造,"铜板、铜条、铜线之工均各精良",与此同时,碾轴也开始自己铸造。1880 年,又添置碾铁轮架,炼钢机器各一副,功率 40 马力、25 马力水缸各一具。这些设备的增添改制,在一定程度上增添了轮船制造的自立能力。这标志着船政的机器制造技术引进和消化吸收取得非常好的效果。

船政学堂学生陈兆翱在法国学习期间创制新式锅炉,引起法国人重视,他改进船用抽水机和轮船车叶,车叶化平为侧,性能优异。外国制造商争相仿效,取名陈兆翱抽水机,说明他的技术已达国际先进水平。1880年,陈兆翱回国后留厂任蒸汽机制造总司,从事设计与监造船机工作。

造船是综合性的技术,在造船的过程中,掌握了机器制造方方面面的技术。1883 年 1 月黎兆棠奏"船上轮机由厂自制者,如铁汽鼓、铁轮机座、铁冷水柜、铁滑轨、铁水缸、烟道等,大小一千余件,均已藏事"。"现在各厂制件,隆然高者,呀然深者,星罗鳞叠,只待刨光琢平,排比妥贴,便可成副,关揆咸张。"显然用到切、削、刨、钻等工具,制出船上所需的各种零部件。

3. 工作母机和精密仪器的制造。船政一开始就能制造各种工作母机,而且已调拨各地使用,从流传下来的实物来看近来罗源农机厂发现同治十年(1871 年)船政生产的大型车床 1 台(最近文字被毁,照片犹存)。除生产工具外,船政还代其他单位制造各种铁工具,有的利用边角料制造,如代罗星塔制大铁球上装避雷针;有的是来料加工,如岑毓英筑大甲溪堤,曾托船政制铁笼,派知府单惟芳去香港买铁条十余万斤;船政还为福州鼓山涌泉寺制 2 个大铁架,实物尚存。

为了自制助航设备,1868 年 8 月船政已建成钟表厂,制造精密仪器,如轮船中所用钟表、星宿盘(星盘)、量天尺(经纬仪)、罗盘、水气表、风雨镜(气压计)、寒暑表(温度计)、千里镜(望远镜)、玻璃管子,以及制造塞轮机之软皮(橡皮塞)、软毡和船舱瞄准器等,国产品取代了舶来品。

沈葆桢上奏朝廷道:"风雨针、寒暑表皆轮船必需,其制法则钩心斗角,其器具或牛毛茧系,当其游思无间,炫于日光则目神散,有所隔蔽,则目力穷。"①洋监督日意格认为:"这是难度很大的产品,在欧洲,制造这种仪器的熟练工人,也是很少的。"

1875 年以前,钟表厂分 3 个制造部,即钟表、望远镜、指南针。其余精密仪器归入其中一个或两三个制造部。"田凫号"军官寿尔参观后写道:"除了学校之外,还有……一个[时刻测定学科]分为三组:(一)测时表(即经线仪)制造组,(二)光学器具组,(三)船用罗盘针制造修理组。整个制度的组织基础有一个特色,就是眼光广阔而完善。这个特色最有效证明它的天才的创办者兼管理者日意格的才能。同时,人们可承认,到今天为止,他的努力所获得的成功是美好将来的征兆。"②

外国工人在五年期限满期之前,即先行撤离车间,让中国工人放手自制。1873 年 6 月外国工人撤离木模厂(木工车间),中国工人独立操作,制造出两台 150 匹马力的蒸汽机,制造出难度最大的曲轴。同年 8 月 4 日撤出轮机厂(装配车间),中国工人完成新旧型蒸汽机铸件各一台,难度最大的汽缸质量也过了关。当月 25 日,中国工人接管木模厂,他们能按图施工,有设计能力,学徒也能放大图样。9 月,外国工人撤离铸件厂(翻砂车间),10 月撤离水缸厂(锅炉车间),中国工人独立制出两套船用锅炉。11 月,沈葆桢接受日意格的建议,中国匠徒自行按图制造,不许洋匠在旁,以半年为期,到了 1874 年 2 月,各洋员期满,除留 3 人外,其余如期回国。

---

① 《船政奏议汇编·船政》卷二〇,光绪八年十二月初三日,黎兆棠《创制巡海快船下水并陈厂工情形折》。

② 寿尔:《田凫号航行记》(1875 年 3 月),载《洋务运动》(八),上海:上海人民出版社,1961 年。

"教导工成",清政府各给奖励,发给旅差费。自此,船政工人走上了一条独立制造的道路,十多年间生产的仪器都能满足船厂需要,假使不是清政府腐败,经费调拨严重不足,船政是大有可为的。当船政得不到发展时,精减人员,员工散处全国各地,有的被新办的工厂罗致,他们把在船厂学到的知识易地发挥作用,有力促进了新兴工厂的发展。饮水思源,这应是船政的另一方式的贡献。

二、船政为中国近代工业的发展培养了高端的技术人才

　　福建船政为中国近代工业发展所做出的第二大贡献就是为近代工业发展培养了大量的优秀人才。

　　福建船政的宗旨是"自造轮机,欲得其造轮机之法"①,福建船政的创办方案明确提出必须通过制造轮船培养中国自己的造船和驾驶人才。船政在创办之初就把培养工业技术人才放在了非常重要的地位,在筹建造船厂的同时办起了船政学堂,聘请外籍教师教习造船和驾驶。当时闽浙总督左宗棠就说:"兹局之设,所重在学西洋机器以成轮船,俾中国得转相授受,为永远之计,非如雇买轮船之徒济于一时可比";"夫习造轮船,非为造船也,欲尽其制造驾驶之术耳;非徒求一二人能制造驾驶也,欲广其传使中国才艺日进,制造驾驶展传授受,传习无穷耳。故必须开艺局,选少年颖悟子弟,习其语言文字,诵其书,通其算学,而后西法可衍于中国"。② 因此,船政局在引进国外技术,雇佣洋人造船时,与洋人订立合同,除规定完成造船任务外,还议定必须在雇用的五年期间教会中国学生造船和驾驶。左宗棠认为育人比造船还重要。由左宗棠推荐的首任船政大臣沈葆桢秉承了"不重在造而重在学"的"创始之意",认为"船政的根本在于学堂",日意格也认为"建并不十分重要,最重要的是教会学生如何造船和驾驶"。船政学堂的课程、实习、奖励都是围绕五年之内能按现成图纸或船样造船,能在不远离

---

① 《左文襄公全集·奏稿》卷一八,第1页。
② 《密陈船政机宜并拟艺局章程折》,《左宗棠全集·奏稿》第3册,第342页。

海岸驾驶轮船这一规格培养应用型的技术人才。由于上下思想明确,培养规格定位准确,成绩显著。据载,1873 年,洋教习与技术人员尚未满期之前,试行让学制造专业的学生和艺童"放手自造","验其工程,均能一一吻合"。学驾驶的学生,不但能沿海岸驾驶船舶,而且能在公海驾驶。第一届毕业生中,驾驶专业有 14 名已具远航能力。管轮专业有 14 名担任轮机长,制造专业有 26 名接近工程师水平,超出原定的预计。

船政学堂招收学生不拘出身,广求社会贤慧子弟,对学生实行优奖劣汰,优予拔擢,以达到加速培养优秀新式科技人才,以便将"彼之所长"转变为"我之长",并进而达到"驾西人而上之"之目的。

福建船政学堂是厂校一体的办学体制,以应用型人才为培养目标,教学采取基础理论与实践相结合的原则。即在学专业过程中结合实际到工厂、轮船进行操作训练。学生有大量的实习实践机会,如制造专业,有蒸汽机制造实习课,有船体建造实习课;绘事院的设计专业,三年学习期间,有 8 个月的工厂实习,熟悉各种轮机和工具的实际细节,以便为各种机件准备施工图和说明书。1871 年,船政派学生严宗光、刘步蟾、林泰曾、何心川、叶祖珪、蒋超英、方伯谦、林承谟、沈有恒、林永升、邱宝仁、郑浦泉、叶伯鋆、黄建勋、许寿山、陈毓淞、柴卓群、陈锦堂 18 人,并外学堂学生邓世昌等 10 人,登"建威"练船练习,巡历南至新加坡、槟榔屿各口岸,北至直隶湾、辽东湾各口岸。1875 年,以"扬武"作练船,除将"建成"练船上的练习生移入外,复派萨镇冰、林颖启、吴开泰、江懋祉、叶琛、林履中、蓝建枢、戴伯康、许济川、陈英、林森材、韦振声、史建中等,登船见习,航行海外,游历新加坡、小吕宋、槟榔屿各埠,至日本而还。这种注重实用的教学方法,在中国是新式的、开创性的,它打破了完全在书斋中生活的陈规,在中国近代教育史上应占有重要一页。正是由于重视实际训练,船政学堂办了五年以后,制造专业的学生就有独立制作的能力。1875 年,吴德章、汪乔年等学生就自行设计自造了"艺新号"轮船。

福建船政还派遣留学生出国学习,以便把先进国家的科学技术学到手。1875 年,沈葆桢趁日意格回国采购之便,在前、后学堂中挑选出魏瀚、陈兆翱、陈季同、刘步蟾、林泰曾 5 名学生随同去法国参观学习。此后,先后派了三批学生去欧洲留学。这些出国的留学生,学习非常勤奋,无论是学驾驶、制造,或是学矿务、化学等各种专业,从基础理论到工艺操作,均力求理解深入、技术全面,故无论军用工业或是民用工业,无论是设计或是管理,都能胜任。

图 5-2 造船专家魏瀚(船政学堂第一届毕业生)

福建船政学堂在晚清 40 多年,共毕业学生 510 名(连同民国初期毕业的共 629 名,其中制造学堂 8 届 178 名,驾驶学堂 19 届 241 名,管轮学堂 14 届 210 名)。① 这批学生毕业后分布到全国各地,对中国社会的近代化发展,包括军事、经济、政治和文化都起了巨大的推动作用。而选派学生出国留学对中国近代工业的发展更是发挥了显著的作用。这些留学生回国以后,他们或担任船政要职,或从事经济及建设,对中国近代造船、铁路、矿业、冶炼、邮电等实业的振兴,做出了重要贡献。如铁路建设方面的魏瀚、高而谦、丁平澜、詹天佑;矿业开发方面有罗臻禄、林庆升、池贞铨、林日章、

---

① 沈岩:《福建船政学堂历史地位探析》,《福建农林大学学报》2006 年第 9 期,第 87~90 页。

沈庆喻、刘敖、张金生等；邮电方面有苏汝灼、王平国、陈彩寿等；造船方面有陈兆翰、魏瀚、汪乔年、郑清廉、吴德章、李寿田、杨廉臣、罗冯禄、陈义宽、陈林璋等等。还有很多船政毕业生毕业后在全国各地很多学堂任教，如严复等，他们的教学活动培养了中国工业近代化所需要的各类人才。福建船政前、后学堂的作为，既远出同时期的京师同文馆之上，也超过上海、广东方言馆。实践证明，福建船政的教育方针对头，教学原则合理而实用，教育成效也颇为显著，为中国近代工业的发展奠定了坚实的人才基础。

图 5-3　詹天佑

中国铁路工程专家詹天佑，1881 年又以优异成绩毕业于美国耶鲁大学，获学士学位，并于同年回国。回国后詹天佑入马尾船政学堂学习，学成后派往福建水师旗舰"扬威号"任炮手，参加了马尾海战。

三、船政对中国近代造船工业的影响

制造轮船是福建船政的主要工作，自 1868 年 1 月开工造第一艘轮船

"万年清号"起到 1905 年止,福建船政造了兵商轮船共 40 艘,其所造船情况列表于下。

表 5-1 福建船政局造船一览表

成船顺序	船名	下水日期	船型	实际功率(马力)	排水量(吨)	时速(海里)	配炮(门)	制造费用(银万两)	监造者
1	万年清	1869.6.10	木质商船	580	1370	10		16.3	达士博
2	湄云	1969.12.6	木质兵船	320	550	9	5	10.6	达士博
3	福星	1870.5.30	木质兵船	320	515	9	5	16.1	安乐陶
4	伏波	1870.12.12	木质兵船	580	1258	10	7	16.1	安乐陶
5	安澜	1871.6.18	木质兵船	580	1258	10	5	16.5	安乐陶
6	镇海	1871.11.28	木质兵船	350	572	9	6	10.9	安乐陶
7	扬武	1872.4.23	木质兵船	1130	1560	12	11	25.4	安乐陶
8	飞云	1872.6.3	木壳兵船	580	1258	10	7	16.3	安乐陶
9	靖远	1872.8.21	木壳兵船	350	572	9	5	11	安乐陶
10	振威	1872.12.11	木壳兵船	350	572	9	5	11	安乐陶
11	济安	1873.1.2	木壳兵船	580	1258	10	7	16.3	安乐陶
12	永保	1873.8.10	木壳商船	580	1353	10	1	16.7	安乐陶
13	海镜	1873.11.8	木壳商船	580	1358	10		16.5	安乐陶
14	琛航	1874.1	木壳商船	580	1358	10		16.4	安乐陶
15	大雅	1874.5.16	木壳商船	580	1358	10		16.2	安乐陶
16	元凯	1875.6.4	木壳兵船	580	1258	10	9	16.2	安乐陶
17	艺新	1876.3.28	木壳兵船	200	245	9	5	5.1	汪乔年、吴德章等
18	登瀛洲	1876.6.23	木壳兵船	580	1258	10	7	16.2	汪乔年、吴德章等
19	泰安	1876.12.2	木壳兵船	580	1258	10	7	16.2	汪乔年、吴德章等
20	威远	1877.5.31	铁胁木壳兵船	750	1268	12	7	19.5	舒斐
21	超武	1878.6.19	铁胁木壳兵船	750	1268	12	7	20	吴德章等

续表

成船顺序	船名	下水日期	船型	实际功率（马力）	排水量（吨）	时速（海里）	配炮（门）	制造费用（银万两）	监造者
22	康济	1879.7.20	铁胁双重木壳商船	750	1310	12		21.1	吴德章等
23	澄庆	1880.10	铁胁木壳兵船	750	1268	12	6	26	吴德章等
24	开济	1883.1.11	铁胁双重木壳快碰兵船	2400	2200	15	14	38.6	吴德章、李寿田等
25	横海	1884.12.18	铁胁木壳兵船	750	1230	12	9	20	吴德章、李寿田等
26	镜清	1885.12.23	铁胁双重木壳快船	2400	2200	15	10	36.6	吴德章、李寿田等
27	寰泰	1886.10.15	铁胁双重木壳快船	2400	2200	15	10	36.6	吴德章、李寿田等
28	广甲	1887.8.6	铁胁木壳快船	1600	1300	14	3	22	魏瀚、陈兆翱等
29	平远	1888.1.29	钢甲钢壳兵船	2400	2100	14	12	52.4	李寿田、杨廉臣等
30	广乙	1889.8.28	钢胁钢壳快船	2400	1030	14	9	20	李寿田、杨廉臣等
31	广庚	1889.5.30	钢胁木壳快船	440	316	14	3	6	魏瀚、陈兆翱等
32	广丙	1891.4.11	钢胁钢壳快船	2400	1030	13	11	20	魏瀚、陈兆翱等
33	福靖	1893.1.20	钢胁钢壳快船	2400	1030	13	11	20	魏瀚、陈兆翱等
34	通济	1895.4.12	钢胁钢壳练船	1600	1900	13	7	22	魏瀚、陈兆翱等
35	福安	1897.4.19	钢胁钢壳商船	750	1700	12		12	魏瀚、陈兆翱等
36	吉云	1898.8.8	钢胁铁壳掩船	300	135	11	2	5.6	杜业尔

续表

成船顺序	船名	下水日期	船型	实际功率（马力）	排水量（吨）	时速（海里）	配炮（门）	制造费用（银万两）	监造者
37	建威	1899.1.29	钢胁钢壳快船	6500	850	23	10	63.7	杜业尔
38	建安	1900.3.3	钢胁钢壳快船	6500	850	23	10	63.7	杜业尔
39	建翼	1902.6	钢胁钢壳快船	550	550	21	3	2.4	杜业尔
40	宁绍	1905.3.30	钢胁钢壳快船	5000	2160	15		37	柏奥铠

资料来源：林庆元《福建船政局史稿》附录二。

从表 5-1 可以看出，船政造船，晚清 40 年来更新换代三次。这三代是：第一代为木胁木壳轮船（1869—1875 年）；第二代为铁胁木壳合构船（1875—1886 年）；第三代为钢胁钢壳船（1887—1907 年）。

（一）木胁木壳轮船时期

从 1869 年至 1876 年，船政制造了 19 艘木胁木壳轮船。反对船政的人认为当时船政造出的是"过时货"。其实那时欧美制造的大部分也是木壳船，1870 年英国所有 110 万吨舰艇中大部分是木船，就是一例。1875 年左右，欧洲才开始逐渐淘汰木质船，至 1880 年欧洲开始了钢船和木船的混合时代。

船政制造的第 1 号轮船（兵商两用木壳船）于 1868 年 1 月开工，1869 年 6 月下水，排水量 1370 吨，功率 427 千瓦，是中国制造的第 1 艘千吨级轮船。用螺旋桨推进，有风帆助力，航速 10 节。就吨位与功率看，不及西方国家，但大大超过同时期日本制造的"千代田号"及"清辉号"。制造这种"兵商两用"的木质轮船，不要单责怪左宗棠缺乏造船知识，当时清朝是穷国，"一船多用"的建议是有吸引力的，何况西方也都走过这一条路，那时在各大洋游弋的大多数还是这类船只。左宗棠上《总理各国事务衙门》的奏折中对此做过解释：

铁底船遇礁触损，难于粘补，遇近处有船厂尚可收泊修整，否则竟成废物;木底触礁,以木塞补即可驶行,故外洋兵船用木底,不用铁底,其出售亦铁底多而木底少,铁底廉而木底贵也。此次开局试造,取暗轮不取明轮,取木底不取铁底,盖欲仿其国自用之兵船。

1869年6月10日,船政第一艘轮船"万年清号"下水时,用牛油、猪油、肥皂等物为润滑剂,灌在船底凹槽。脂膏作润滑剂至迟春秋战国时已有,《左传·襄公三十一年》"巾车脂辖",《吴子·治兵》"膏锏有余则车轻人",都是用脂膏涂车辖以减小摩擦力。宋代巨船下水亦用此法,船政结合了古法使船身顺利下滑。"万年清号""自陆入水,微波不溅,江岸无声,中外欢呼"。

1873年,船政与外国人签订的合同期满,外国员匠基本上完成"包制""包教"的任务。1866—1874年的8年中,共造蒸汽兵轮15艘(包括1艘巡洋舰、9艘运输船和5艘炮舰),其吨位及航速均超过设计标准。表5-1中从"万年清"到"大雅"的15艘船,是日意格任监督期间所造。在沈葆桢领导下,船政局的制造水平和中国的自造能力是不断有所提高的。"万年清""湄云""福星""伏波"四船的轮机均购自外洋,从第五艘船"安澜"开始,轮机即由船厂自己制造,这是左宗棠早就定下的"轮船一局,实专为习造轮机而设"的方针的实现。它虽然仍是仿造,虽然从绘图到制成成品仍是在洋技术人员指导下进行,但都是通过中国自己的工匠操作制成,质量且不亚于外国同类产品,表明中国的技术工艺水平大有提高,对船厂的发展有着奠定基础的意义。中国在技术设备一无所有的情况下,短短几年间,船政局就造成15艘轮船,又训练了一批年轻人熟练掌握一定的技术,成效是较为显著的。

1874年以后,船政生产与教学的任务由中国人自己来完成。此时船政学堂毕业生设计了一艘炮艇,功率37千瓦,排水量245吨,"轮机水缸图系艺生汪乔年所测算,船图则系艺生吴德章、罗臻禄、游学诗所测算,并无蓝本,独出心裁"。这是中国学生(那时他们都未出过洋)自行设计制造的舰艇——"艺新号",1876年试航成功,船政进入自主造船时期。之后,又生产两艘木壳船"登瀛洲"(1876年5月下水)与"泰安"(1876年12月下水)。前后7年船政共制造19艘木壳船,这些船只在巡海捕盗、运输货物及兵员,保护台湾领土完整,救护海难中都起过重要作用。

(二)铁胁木壳合构船时期

1859 年,世界上第一艘木壳铁胁船"光荣号"下水,次年英国"勇士号"也下水,至 1876 年西方盛行铁胁舰。铁胁指铁胁骨(含其他铁骨架),用铁骨架敷以木壳(双层)船面两旁装炮处,以钢板为台,比过去全用木头制造的前进一步。由于木胁需要用天然的弯木,很难求购,福建船政计划改用铁胁,1875 年 1 月 8 日,沈葆桢上奏,请准购买铁胁与新式卧机,以便仿造。派日意格到法国定造铁胁全副,并带工匠一二人来厂斗合,并传授制造技术。1875 年 12 月 8 日将新旧打铁厂改为铁胁厂,兴工改建,1876 年 3 月完工。

自 1876 年至 1889 年,船政共建造了 10 艘铁胁木壳合构船。1876 年 9 月 2 日,船政第一艘铁胁船"威远号"安上龙骨,标志着中国摆脱木船时期,进入钢木合构时期,此时,福建船政的造船技术在不断接近先进造船国家。"威远"于次年 5 月下水,该舰为铁胁木壳,采用铁钉连接捻缝工艺制造。舰长 64 米,宽 8.99 米,吃水 3.81 米,排水量 1258 吨,采用康邦卧式 2 汽缸蒸汽机(英国谟士莱公司生产,这是福建船政军舰使用新式康邦蒸汽机之始),4 座圆式锅炉,功率 750 马力,航速 11 节,备有风帆索具,顺风航速 16 节。

第二艘铁胁船"超武"于 1877 年 7 月 29 日安上龙骨,"所有铁胁、铁梁、铁牵、铁龙骨,斗鲸及所配轮机均系华工按图仿造。视'威远'经始时手技较熟",与"购自外洋者一般"①。到"康济"(1879 年 7 月 20 日)、"澄庆"(1880 年 10 月 22 日)下水时,船厂工人已掌握了钢材加工和铆接装配技术,造船步入更高层次。

铁胁船的进一步发展是制造铁胁快船(巡海快速船、快碰船,即早期巡洋舰)。魏瀚报告,"西国头等大号快船"制于 1871 年,"第二等中号快船"制于 1875 年(光绪元年),"最盛在于光绪三四年间,前此未曾有也"。

---

① 《中国近代舰艇工业史料集》,上海:上海人民出版社,1994 年,第 315 页。

1876 年李鸿章曾函船政大臣吴赞诚，要他"应于铁甲船未购之先，配造巡海快船四只，以备将来购成铁甲，可以练成一军，请由厂分年筹造"①。吴赞诚即请日意格向法国地中海船厂购买快船的图纸，准备仿造。因为经费不足，搁置下来。1879 年 12 月上谕督促船政："福建制造各船，必精益求精，不可蹈常袭故，李鸿章此次定购之快船，如能仿造，始裨实用。"船政在此压力之下，立即进行准备，1881 年 11 月 9 日终于动工，克服种种困难，"绘图六百余纸，制模二千余件"，自制铁汽鼓、铁轮机座、铁滑轨、铁水缸等大小 1000 余件。1883 年 1 月 11 日下水，取名"开济"。排水量 2200吨，配低燃耗康邦轮机一副，功率 1788 千瓦，汽鼓 3 座，水缸 8 个，有截堵防漏措施，抗沉性强，1883 年 10 月 11 日试航成功，被认为是："船身尚属牢固，轮机尚属灵捷，洵中华所未曾有之巨舰，海防必不可少之利器。"

图 5-4　福建船政生产的中国第一艘铁胁巡洋舰"开济号"

"开济"建成后，受到各方重视，南洋大臣左宗棠特定造两艘——"镜清"（1885 年 11 月 23 日下水）、"寰泰"（1886 年 10 月 15 日下水），规格与"开济"相同。"镜清"制法之精密，船机之稳快，远过于"开济"，试航评语

---

① 《洋务运动》（五），上海：上海人民出版社，1961 年，第 242 页。

是:"该船机件均各坚利灵快,并无疵病,即前往看验之,英国海军军官亦无不盛称美备,谓非经目睹难信闽厂有此精工巨制也。""镜清""寰泰"都已装上自制的舭龙骨(bilge keel),一种装在船体舭部(船底与船侧间的弯曲部分)外侧纵向鳍状构件,长度为船长的 1/3~1/2,与船壳底相垂直,起减轻船舶横摇的作用,减摇效果可达 20%~30%,可以说外国有的先进设备,船政也都有了。

裴荫森于 1886 年 11 月上奏时报告英法等国制造快船在 1880 年前后最盛,可见差距并不大,如不因经费困难而拖延,可以说直追国外进度。船政大臣裴荫森对船政学生及其制造铁胁快船成就的看法是:"学生等于制造之学研虑殚精,不特创中华未有之奇能,抑且侵侵乎驾泰西而上之,矧三船皆为南洋代造,而制法则日新月异,复有不同。'开济'之坚韧灵捷,既非'南瑞'、'南琛'之所能及,而'镜清'又胜于'开济','寰泰'又胜于'镜清'。"

1895 年,清两江总督刘坤一看到船政产品质量水平高时说过:"其实前在外洋定购之'南琛'、'南瑞'等船,均不如船政(局)所造之'开济'、'寰泰'、'镜清',及上海制造局所造之'保民'等船,此臣在南洋所目击者,则亦何必舍己求人,舍近图远?"他建议沿海各省所需要的轮船"概归福建船政(局)承办"。

(三)钢胁钢壳船时期

早在 1877 年沈葆桢率舰队保卫台湾时,就多次提出要造铁甲兵船:"有铁甲而兵轮乃得用其长,无铁甲而兵轮恐终失所恃。"1884 年 8 月爆发中法马江海战,福建水师几乎全军覆没,有识之士总结成败教训,认为中国海军缺少钢甲舰是一大原因。1885 年 7 月 5 日,督办闽省军务大臣左宗棠、船政大臣裴荫森等联名上疏朝廷,请求建造钢甲舰并获得批准。根据了解到的情况:英法已能制造时速为 18~19 海里的钢甲快舰,日本已在购买和仿制最新式的钢甲船。而清政府还在购买西洋的时速为 15 海里的钢甲船,船政局于是下决心自己制造这种钢甲船。船政大臣裴荫森认为当年法国制造双机钢甲兵船"柯袭德"(Cocyte)、"士迪克士"(Styx)、"飞礼则唐"(Phlegeton)3 艘,性能很好,可以仿造。提调周懋琦呈送拟制的船图

（总图与分图），拟派魏瀚、郑清濂、吴德章监造船身，陈兆翱、李寿田、杨廉臣监造船机，他并提出保证"确有把握，如果虚糜工费，甘与该学生等一同科罪"。1886 年 3 月，魏瀚出洋选购钢甲舰料件，9 月初回华，钢甲船钢胁即行开工，轮机亦制模开铸，12 月安上龙骨，动工仿制国外尚属保密的双机钢甲兵船"龙威号"，中国进入钢船时期。

图 5-5　中国第一艘钢甲巡洋舰"平远号"

　　动工后，裴荫森奏称："该监造等绝无师援，竟能独运精思，汇集新法，绘算图式，累黍无差，其苦心孤诣，直凑奥微，即外国师匠入厂游观，莫不诧为奇能，动色相告。……国家设立船政，垂二十余年，糜费不为不巨，今兹饬制钢甲，脱手自造，不用一洋员、洋匠，按图以成范，课实以求精，是可知其确有把握，而不愧奇才异能之选矣。"①经过 3 年精心设计制造，"龙威号"于 1887 年 12 月下水。"龙威"舰上配有探照灯、鱼雷发射器各工具，标志着近代中国造船的最高水平，后编入北洋海军，改名"平远"，是八大"远"字舰中唯一国产的战舰。甲午战争黄海大战中受弹 20 余处，未见损伤。这

---

① 《中国近代舰艇工业史料集》，上海：上海人民出版社，1994 年，第 374 页。

条钢甲船虽速力机件均未达到预期的先进水平。但有了造钢甲船的开端，以后又继续造钢甲船多艘，不断有所改进，虽横向比较还较落后，但纵向比较，从无到有，从木质到铁胁到钢甲，是不断在前进的。"甲午之役与日人交战，屡受巨弹，毫无损伤，较之外购之'超勇'、'扬威'、'济远'似有过之，即较之'镇'、'定'、'致'、'靖'、'经'、'来'六'远'，亦无不及也。"①甲午战败，"平远"被日人俘虏，参加日俄之战，颇著战绩，可见此舰建造技术的高超。

制造钢甲舰中，很快发展了"穹甲"舰。穹甲的作用就是"内用铁胁，外加穹甲一层，以保卫轮机、锅炉、药弹等舱，以便冲击敌船"（裴荫森奏文）。1889 年下水的"广乙"，就是第一艘穹甲舰。以后"广丙"、"广丁"（后改称"福靖"）、"通济"、"福安"、"吉云"等都是此类钢甲船。

大型钢甲舰也有缺点：过于笨重，速度不高，运转不灵。舰艇发展到19 世纪末，各国都转向轻型，出现了鱼雷艇。裴荫森奏："海防利器，攻剿莫捷于鱼雷，守口莫猛于水雷。"

魏瀚认为，"钢船守口，莫如雷艇"，主张多造雷艇。1891 年 3 月下水的"广庚"鱼雷艇排水量 320 吨，其余"广乙""广丙""广丁"排水量都是1030 吨，属于鱼雷舰。

鱼雷能自航、自控（自导）或复合制导，射出后自动前进，是水雷中最先进的一种，以鱼雷为主要武器的小型高速艇叫鱼雷艇（又叫鱼雷快艇）。国外在 1879 年出现鱼雷艇，排水量 10～200 吨，航速 40～50 节，装有 2～6门鱼雷发射管和自卫舰炮，用于攻潜和在交通线上布雷。体积小，机动灵活，隐蔽性好，攻击威力大。军用船 500 吨以下的叫艇，500 吨以上的叫舰（潜艇除外），鱼雷舰吨位达一两千吨叫驱逐舰，船政制造出中国第一艘鱼雷舰。

1884 年，张佩纶已认识到鱼雷艇的重要性，特向德国定购 1 艘作为样船，于 1888 年 9 月到闽，名曰"福龙"，功率 1103 千瓦，时速 21～23 节，派陈才、陈兆翱验收，准备仿造。1886 年 9 月底魏瀚参观欧洲回国后，请自

① 南洋劝业会编：《福州船政成绩概略》，福州船政局，第 14 页。

制穹甲船、鱼雷船等,自制的每艘仅需银 53 万两,比外购的省 10 万两,因为清政府经济困难,一再拖延。

1898 年 3 月 4 日,船厂开始制造鱼雷快舰(可以捉获鱼雷舰,又叫猎雷舰、猎舰),吁请朝廷匀款接济。猎雷舰是一种测雷与排雷的军舰(500 吨以下的叫猎雷艇),舰上设有探雷、定位、标雷和灭雷器件,能在 200～500 米范围内消灭 100 米左右的沉底水雷,对扫除液压水雷较有效,适于己方控制水域或战后扫雷。船政制造的"建威""建安"都是中国最早自制的猎雷舰。

1898 年 12 月上谕准兼管船政增祺所奏,将各省押解到部的银 35 万两内,留 15 万两,供船厂造鱼雷快舰之用。上谕令提高鱼雷艇速度。一个多月之后,1899 年 1 月 29 日"建威"鱼雷舰下水,排水量 850 吨,功率 4843 千瓦,蒸汽压力指数达 456 千帕,航速已赶上世界先进水平,达 23 节。鱼雷舰以钢槽为胁,以钢板为壳,桅杆及船机、锅炉都用钢制成,船内可装放鱼雷,可捉获鱼雷艇。电灯、暖气炉、电风扇等具备。

1900 年 3 月 3 日,"建安号"下水,规格与"建威号"相同,都是高功率、高速度的猎雷舰。

这时船政因经济困难,处于衰落阶段,尚能制造新型猎雷舰,可见中国技术员工还是有作为的。国际上一有新型产品,船政都力求仿制。1907 年 1 月,按法国图纸制造出折叠式水上飞艇,容 1 人,以厚篷布为船底,船舷及艏艉皆用木片,轻如一叶,开合自如,备作战时渡水之用。

从 1868 年至 1907 年,船政共制造各种兵商舰船 40 艘,当时全国造船业没有一家比得上它。晚清造 50 吨以上轮船 48 艘,其中船政 40 艘,占 83.33%;总吨位 5735 万吨,其中船政 4735 万吨,占 82.26%。1890 年,中国 4 支水师(北洋、南洋、粤洋、福建)有 86 艘舰艇,其中向外国购买的有 44 艘,自制的有 42 艘,福建生产的占 30 艘,占全部舰艇的 34.88%,占全部自制的 71.43%。可知船政造船在当时占举足轻重的地位。

船政生产的 40 艘舰艇中船式结构最全,计兵商两用及运输船 8 艘,舰艇 24 艘,鱼雷舰艇 6 艘,练船 1 艘,拖轮 1 艘(不包括小型汽艇),其中木壳 19 艘,铁胁木壳 10 艘,钢甲钢壳 11 艘,基本上包括近代舰艇的各个方面,足以反映船政科技的一个侧面,所以马尾船厂被推为"中国制造之肇端"。①

四、船政与中国近代采矿和冶金技术的发展

铸铁的出现最早在中国,是世界上震古烁今的一项发明,公元前 566 年《叔夷钟》已记载铸铁的事。中国古代开采矿藏的历史也不落人后,汉魏以来把煤炭作燃料用已司空见惯,此时开采煤矿的技术已很完善,宋朝已能炼焦炭。可惜这些技术没有很好总结提高,以至近代我国采矿和冶金技术都落后于西方。

由于船政造船需用大量的钢铁材料,因而,船政"开风气之先",用近代欧洲的生产方式采矿冶炼,比全国大多数地区都先走一步。据日意格《福州船政局》中透露,1874 年 12 月船政铸铁厂一个月最高产量是 90 吨铁件。船政曾将古田铁矿石炼出的钢铁送往英国钢铁厂化验,证明"铁质良好,可称上等",于是向国外购买一套化验室设备,随时化验产品,"船政炼成之钢,亦甚合用"。

为了解决原材料、燃料等问题,就必须发展煤铁的开采与冶炼工业,这一点,丁日昌与沈葆桢的认识是一致的。丁氏一针见血地说:"今不急图开炼煤铁,而但图制造,是灯无膏而求其明,木无根而求其茂也。"为了解决这个问题,沈葆桢于 1875 年请开采与马尾一水之隔的台湾基隆煤矿,得到清王朝批准,基隆煤矿于 1878 年开工投产,经过努力经营,产量连年递增,到 19 世纪 80 年代初,基本上已能满足船政局的需要。但钢铁由自己生产以供应船厂的目的,由于资本、技术、资源等多种原因,未能达到。

19 世纪 50 年代初已发现穆源(闽侯、闽清、永泰之间)煤矿、铁矿,1884 年 5 月 7 日督办船政何如璋上奏,报告穆源铁矿"苗砂甚旺,只以销路未广,举办维艰",请求准予"添机扩厂,仿造铁甲"。1877 年前往巴黎矿务学堂学习的船政学生林庆升、池贞铨、张金生、罗臻禄、林日章等 5 人期

---

① 陈道章:《论福建船政科学技术的成绩》,《船史研究》1996 年第 10 期。

满取得矿务总监工官凭后,到德国矿山荟萃的哈次学习淘洗熔炼。他们回到船政,立即投入勘测冶炼工作,勘测福州穆源煤矿、铁矿以及东南各地矿藏,打破外国对中国煤、钢的垄断。1880年,林日章回国参加勘探开滦煤矿。1882年5月池贞铨被北洋大臣李鸿章调往烟台勘测铅矿,6—7月勘得登州府宁海州、霞县,招远均有铅矿,准备制造铅弹头。

1885年,刘傲主持台煤,禀请裁撤外国煤师,另派张金生为煤师,1893年张金生到兴国大冶面泉湾探勘铅矿。这批留学生还勘测过湖南邵阳新化煤矿、湖北大冶铁矿,主持过福建、台湾、山东、湖南等地煤、铅、铜、铁、锡等矿的勘测和开采。"闽厂学生分赴衡州(衡阳)、宝庆、辰州(沅陵)、永州等府暨毗连鄂境之四川夔州,陕西之兴安、汉中等府,毗连湘境之江西萍乡、贵州青溪等县查勘煤铁,并委赴素产煤铁之山西省(东南部)泽、潞、平、孟等处采取煤铁各式样。"①

1897年,洋监工达韦德带学生到穆源等地勘测,次年又带杨济成至厦门林焙、湖头等地勘矿。1898年,建安黎山煤矿也开采利用。1907年,池贞铨在赣州办铜矿。船政员工分头奔走全国各地,为探矿冶金做出了贡献。在炼铁中高炉炉衬用的耐火砖,池贞铨就地取材,利用连江白石粉,"以之砌造各种炼铁炼钢火炉,其能耐受绝大火力,较之外洋所购者为良"。

船政生产的圆铁条经过检验:"当其受三千五百启罗时,验该铁条加长至一密里零十分密里之一,然其面积不缩小,外容不改观。"②即把圆铁条加压3500千克时,伸长1.1毫米,把它弯曲成环形,绞成麻花形,中间放大,两头放大都没有出现裂痕,"列入最良之品"。

林日章回国后引进西方炼银方法,从开采淘洗、冶炼至提银,"颇有条理"。这为后来民国海军银圆局铸银打好基础,那时最高日铸双角银币20万~30万枚,不久北伐军入闽,宣告停办。

铸造方面,船政有"转运重件之将军柱、碾机、风箱、风柜等二十三幅"。船上所需铜铁件均能自制,曾铸3万斤大铁件,1万斤以上铜件,铸铜铸铁

---

① 《艺学图表》,《政艺通报》卷一,第22页。
② 《福州船政成绩概略》,第29页;《船政奏议汇编》卷四八,第27页。

大小炉共 11 座。非军工产品也制造过不少,如同治七年马尾天后宫建成,船厂铸出铜钟,重 425 千克,铁鼎重 600 千克,分别陈列天后宫内外(近已散失)。

五、船政与中国近代电器、电信技术的发展

1879 年 9 月 27 日,外文报纸《新报》刊载"船政试用电灯"的消息,北京同文馆学生把它译成中文送到总署,这是中国自己使用电灯照明之始。

用电激发作用发光,早在 1802 年就已开始研究,到 1841 年,英国莫林斯获得白炽灯的专利权。1878 年 9 月,爱迪生加以改进,推出白炽碳丝灯,1880 年取得专利。1907 年出现第一盏钨丝灯。

新事物的出现,不都是一帆风顺的,国外电灯还不很普及的时候,中国使用电照明与爱迪生改进白炽灯相隔不过一年,说明船政员工在科技应用上急起直追。1882 年 8 月 2 日,上海《申报》载,上海试用电灯已数夜。船政试用电灯比近代开放的窗口上海早了约 3 年。使用电灯照明,必须购机建房,这笔费用已见于船政奏议中。1888 年 11 月 28 日船政上报开支时说过:"设电灯以利夜工,添水龙以备不虞,计添购各厂夜工通用电灯机器一副,并起盖电灯房及安装合拢添工价银二千八百余两。"

新科学技术的运用,军事上往往抢先一步,从白炽灯发展到探照灯,先用于舰艇上。探照灯系用反射器形成集中光束,光强高,用来探照远处目标,或用作信标。国外约在 1870 年采用碳弧灯,1877 年法国陆军上校芒让发明双球面玻璃镜,改善探照灯的照明强度,1885 年前后才改用抛物面反射镜。1885 年中国已把探照灯安装在舰艇上,12 月船政制造的铁胁快船"镜清号"已配备电照明,更于望台上添配双灯电机一台,"以烛黑夜,防雷艇之暗劫也"[①]。目的是夜间照明,防敌人鱼雷艇暗中袭击。

可见舰艇使用探照灯,中国与外国相差不过几年,自此船政造舰均采

---

① 《船政奏议汇编》卷三〇,光绪十一年十二月初二日,裴荫森《厂造第二号快船竣工下水折》。

用探照灯。1888 年 1 月 29 日下水的钢甲舰"龙威号"("平远号")整个设计建造都由中国技术人员负责,船上装有 2 具探照灯,还备有电风扇等。1年后下水的鱼雷快舰"建威号"全船安装上电灯、电风扇,船头装有探照灯。同样规格的"建安号"于 1900 年 3 月下水。这时陆上也使用探照灯,1892年闽浙总督卞宝第奏设长门山炮台,山上就设探照灯,改名为电光山炮台。

1889 年 9 月 6 日,外文《新报》报道数日前福州船厂由外洋买到电光灯器一套,在钦差公署后墙试验发电,"电光灿目,殊属可观",吸引许多人围观。这是福州电灯民用的开始。

光绪二十六年十一月二十八日(1901 年 1 月 18 日),船政提调沈翊清上奏,去年购到电机,添造电光坪 1 座,电线杆 20 根及 130 匹马力的轮机锅炉 1 座。1904 年 6 月铜元局总办知府马景融在鱼雷厂旧址发电,供夜间铸币照明。这些都说明船政已把电灯用于照明,自 1879 年至清末应用不断。

1922 年,船政局局长陈兆锵向英国购买 150 千瓦和 100 千瓦发电机各 1 台,除向厂部及职工宿舍供电外,还向马尾居民供电,每晚 6 时至次日晨 6 时供电,1 日发电 3600 度,耗煤 12 吨。

电话是利用电信号互通语言的通信方式,通过导线进行(有线电话)。1876 年 3 月美国人贝尔发明电话,1887 年 4 月第一部电话在美国马萨诸塞州安装。

电报是利用电信号传输文字、图表的远距离通信方式。1835 年,美国人莫尔斯创造一种电码,以点和划的组合代表各字母、数字和标点符号,用手开关电路发送电报符号。1842 年,莫尔斯在纽约港铺设第一条海底电缆。1844 年,美国建成第一条架空电报线路(全长 60 千米),用双金属线环路,次年即改用单线、地线回路。以上都是有线电报。

中国的电报,早在 1842 年英国人于闽江口川石岛设大东电报公司,埋设川石—上海、川石—香港两线。同治年间(1862—1874 年),英使阿礼国请在中国境内设电线,被清政府拒绝。外国人有的私下动工,有的强行动工。1873 年,丹麦大北公司在吴淞口偷偷将电线从水下引到陆上,接通到上海,以后在厦门—福州—马尾架设电线,这些都是外国人办的。

　　洋务派中,李鸿章对电报早有认识。他在1872年10月写给丁日昌的信中提道:"电线由海至沪似将盛行。中土若竟改驿递为电信……吾谓百数十年后,舍是莫由。"①

　　1874年,中国已自建电报线,那一年日本派兵侵略台湾,清政府派沈葆桢为钦差大臣巡台。6月3日,沈葆桢上奏:"台湾之险甲诸海疆……欲消息常通,断不可无电线,并由福州陆路至厦门,由厦门水路至台湾。水路之费较多,陆路之费较省,合之不及造一轮船之资,瞬息可通,事至不虞仓卒矣。"②

　　6月中,沈葆桢抵台后,略加修改架线计划,准备铺设由台湾府城到沪尾转向白沙渡海,从福清万安寨登陆接马尾、福州的电线。承包工程的丹麦大北电报公司抬高价格,洋商"欲以旧线搪塞,迟迟未上",不过这时中国已有电报。7月21日,清帝批准购买铁甲船及军火后,沈葆桢上奏:"日意格回闽之日,臣葆桢即嘱其由电线打探,近得回报。……拟更由电线查获。"1875年1月8日,沈葆桢又奏:"饬日意格先赴厦门打电报出洋,探悉三项实价。"

　　第二任船政大臣丁日昌(在职1875—1876年)认为:"轮路(海上运输)、矿务、电线(有线电报)三者,必须相辅而行,无矿务则轮路缺物转输而经费不继,无电线则轮路消息尚缓而呼应不灵。"发展电讯事业要靠自己,丁日昌主张不雇用洋人,"倘于理有窒碍难通之处,即翻译泰西《电报全书》以穷奥妙",或短期雇用一二洋人,将来把洋字改译为汉字,作"通报军情,货价之用。然后我用我法,遇有紧急机务,不致漏泄"。

　　在这个思想指导之下,必须培养电讯人才,于是在船政学堂兴办电讯专业班,招收数十人入学。1876年3月,船政大臣丁日昌派唐廷枢与丹麦大北公司签订《通商局延请丹国电线公司教习学生条款》。3月9日在马尾船政学堂附设电报学堂,聘大北公司工程师培训人才,学习电气、电信及制造电线专业,生源来自从广州、香港招收的懂英语的青少年和船政学堂

---

① 《李文忠公全书·朋僚函稿》卷一一,同治十一年九月十一日函,第27页。
② 《船政奏议汇编》卷一〇,沈葆桢等会奏《遵旨会筹台湾防务大概情形折》。

已学过几年的具有数理基础的学生,到 1882 年共培养出专业电讯人员
140 人。

接着,各地纷纷架设电报线,办电报学校。光绪三年(1877 年)五月,
李鸿章复信给福建巡抚丁日昌提到:"此间(指天津)水雷学堂兼习电报诸
童颇有进益,昨将东局至敝署十六里内试设电线,需费数百元,使闽粤学生
司其事,能用浅俗英语及播出华文,立刻往复通信,洵属奇捷,闽中学堂已
散,台地电报将如何试造,幸速筹办,俾可逐渐推广。"

这说明 1877 年 6 月天津已铺设电线 16 里,由船政闽粤学生主持。这
仍是试验性的,线路较长的正式电报,可能迟至 1884 年才有。李鸿章奏:
"北洋本无电报,自光绪十年创办以来,接续经营,周环渤海。"但早在 1880
年 10 月李鸿章已派人在天津设电报学堂。

1882 年左宗棠于南京设同文电学馆,此时上海也设电报学堂,规模较
大,成为输送电报人才的中心。1890 年台湾也设电报学堂,这些学堂都比
船政设的晚几年或十几年。

李鸿章向上力陈办电报的好处,由官督商办设电报学堂,经清廷同意。
1879 年,英、法、德、美各国准备在上海设万国电报公司,其中有上海—福
州线(福沪线),李鸿章知道后,下令加紧自办沿海陆线,先行一步,使外人
无利可图,自行中止。同年,福州线电报办成,挫败了外国人在福州架线的
计划,福州至各县,至马尾、川石、长门、三都都架设了专线。

1877 年,福建巡抚丁日昌命游击沈国先负责办电报,船政学堂电报专
业学生苏汝灼、陈平国负责工程技术,"专司其事"。先搞台湾线路,7 月开
始架设,9 月 5 日旗后—台湾府—安平的电线路共 95 里架设毕,10 月对外
营业。10 年后,台湾巡抚刘铭传铺设沪尾(淡水)至川石的海底电线(水电
电缆)竣工,全长 117 海里。派"飞捷号"(炮艇改装的水线船)专修水线,海
峡两岸直通电报。《申报》曾两次报道过此事,技术人员用的多是船政学堂
学生。

马尾船政的电报,1884 年已经正式通往福州、北京。据裴荫森上奏:
"张佩纶任内购买电机全副,于船政公署内另盖洋式楼房一座,作为电报
房,派学生数人专递紧要之事,以与将军行营、督抚省署互通消息。"7 月 14

日,清政府接到会办海疆事务的钦差大臣张佩纶来电,提及"前由北洋寄奉电旨"。这一年中法战争马江战役爆发前后,马尾与北京电讯频繁。

中法马江之战后,船政恢复电报房,"嗣就署内添盖电报楼屋一座,计用工料银六百余两,购制电报应用机器料件,计用工价银六百余两"。不但收发电报,而且能制造电报机件。这些都说明船政最早办电报学堂,较早铺设电线与各地互通电信。

电报人才除船政电报学堂培养 140 多人外,留学生回来也充实了电讯队伍,留学生在国外学新潮,剪辫子,穿西装。清官员看不惯,主张撤回。1881 年撤回 94 名,其中头批 21 名均送电报局学传电报,第二、三批由船政、上海机器局留用 23 名,余 50 名派往天津水师,在机器、电报等处学习当差,可以看出电报事业中船政先行了一步。

六、船政与中国近代大炮、鱼雷制造技术的发展

火药是中国的四大发明之一。宋、金、元连年战争,火炮技术辗转流传国外,欧洲人加以改进后,用以攻打发明火药的母国,以船坚炮利来压迫中国人。

船政建厂初期,船上所用大炮多向英、法、德等国购买,这些国家不可能把高性能的大炮卖给中国,英国卖给中国的多 8 英寸以下大炮,迫使船政不得不自谋发展。

1874 年 3 月 11 日,左宗棠函沈葆桢建议船政派遣学生时,要去德国学习火器(大炮,水雷等)、水器(农业机械),介绍德国布乐斯开花大炮精妙绝伦。次年,左宗棠向清廷提出在船政设厂制造枪弹,以免受制于人,这年台湾事件发生,船政才开始制造开花弹。

1884 年中法马江之战后,左宗棠奉派来闽督战,调查战败问题,看到造炮的重要性;战时外国如按国际公法停卖大炮给中国,情况将不堪设想。1885 年 3 月 1 日,上奏中提到:"参观比较,仍以德国克虏伯、英国法华士做法为妙(炮身、炮筒、炮箍皆炼成全钢)。故中外各国用该两厂之炮为最多,中国欲兴炮攻,必于此两厂择一取法,雇其上等工匠定购制炮机器,就

船政旧厂开拓加增,克日兴工铸造。"①

左宗棠去世后,船政着手制造大炮,请留学德国归来的学生李荣芳监制。1887 年 10 月,向德国购买钢坯 6 块,向英国购买钻炮膛、刨炮膛机各一副,量炮箍、炮筒内外径尺各一副。陆续购买机器,建设厂房,开始铸炮。终因费用问题,无法大量生产,仍需向外补充一部分大炮。

水雷是放在水面或水下的药罐,以爆炸力摧毁战舰。我国在明代已有"水底雷""水底龙王炮"等多种。水雷有铺设水雷(停于一处,防御用),有游击水雷。鱼雷是游击水雷的一种,能自航、自控或自导,射入海中后,以体内之动力自动前进,在水下 1~6 米间得任意加减深度浮沉,用以摧毁敌方舰艇等水上目标。

1866 年,英国工程师罗伯特・怀特黑德(Whitehead Robert)研制出第一枚鱼雷,用压缩空气发动机带动单螺旋桨推进,1872 年投产,1895 年采用陀螺仪控制鱼雷的航向。

中国在道光二十三年(1843 年),广东候选道潘仕成试制水雷成功,能够"轰起水面二丈有余……木排亦被轰断碎"(军机处档案)。1874 年李鸿章上折时,介绍各种水雷在战争中的作用,其中有一种能行动的水雷——鱼雷。"沪津各局现只能仿造其粗者,而电机、铜丝、铁绳、橡皮等件仍购自外洋,须访募各国造用水雷精艺之人来华教演,庶易精进。"

1881 年,船政设水雷所,制造水雷,次年春试爆一枚,效果不好,"但见烟腾水上,未闻声震河中","现已封闭,不再施工"。那是配方不妥,爆炸力差。1884 年 10 月 23 日,署船政大臣张佩纶奏折中提到仿造大炮、水雷、地雷,同年年底至次年 1 月,左宗棠、张佩纶等奏请于法国购买鱼雷艇及鱼雷,计用银 85000 两,张佩纶奏:"饬学生修改碰雷,并令设法创造地雷,价廉工速,旬日可成,用以塞港阻船,出奇设伏,较为灵便,虽雷学未尽精深,雷引未能齐备,然巧由于习,有胜于无。"②

1885 年,裴荫森与杨昌睿商量,由陆汝成、杨仰曾分制各种沉雷 23

---

① 《左文襄公全集・奏稿》卷六四,第 6 页。
② 《船政奏议汇编》卷二六,光绪十年九月初五日,张佩伦《筹办船政事宜折》。

具,以供守口之助。以后购到德国鱼雷10具。由陈才"逐件修配,以便试演,一面出图仿造,不使外人傲我所无"。裴荫森又上奏朝廷:"委员翰林院待招陆汝成……向从英人哈伦授学有年,心思灵敏,通晓化学,能自造各种油药、白药及水雷、火箭、洋枪诸法,尤能自造雷引,极为灵捷。绘算图式,制成新式子母水雷可以洞穿铁舰,曾在乌龙江口演放,以巨木扎成九层方,贯以数百铁条,厚及八尺,该水雷礮力能击起木离水十数丈,裂为五段,较德雷尤为猛烈。""委绅附生兼云骑尉世职杨仰曾……苦心研虑,精求西学,旁通默悟,推陈出新,能自造电雷、碰雷、连环地雷及一切神机火弩之法。尤能造自发蚌雷,其形如蚌,两雷相对,能开能合,在水中轻不满斤,使善泅水者挟之伏水而往至放船之下,机发人离。其雷自能紧贴船底,四五分钟时两雷并发,礮力极大。"①

　　子母雷,雷内装有一枚至多枚弹体,在抛射药、炸药等作用下,脱离母体,引发简易引信,子体炸开产生破片或金属射流,摧毁目标。陆汝成制的子母雷,每子雷1具,内装火药150斤,外用熟铁三百数十斤;每母雷1具,内装火药500斤,外用生铁一千五百数十斤。制成后在船厂对面峡兜试验,由闽浙总督杨昌濬、船政大臣裴荫森与提督黄少春亲临指挥,朝廷要员锡珍、卫荣等路过马尾,均往参观,效果已见上述。

　　船政绘事院学生陈才于1882年1月出国,在德国学习鱼雷。1884年12月学成回国,在造船厂担任鱼雷工程总司(总工程师),着手建鱼雷厂,用银四百余两,次年7月2日建成,裴荫森认为:"习鱼雷者于新式鱼雷尺寸、制雷、修雷各项……莫不详求博览,理法兼精。"

　　鱼雷零部件多,1885年2月向法国刷士考甫厂订制样机23项,1889年到厂。这年采办到大批制造鱼雷的机器,根据船政报销单可以看出设备是比较完整的。"闽省前购鱼雷十具,操演修整所需机件为工次所无,因添配十五匹马力轮机水缸一副,用银三千三百余两,旋床三副用银一千五百余两,双机钻床一副用银五百余两,压水力验雷气柜一副用银三百余两,刨

---

①　《船政奏议汇编》卷三一,光绪十一年十二月初十日,裴荫森《会同考核船政员绅分别应裁应留及应备咨取各衔名折》。

齿轮机器一副用银四百余两,蓄气柜一具用银七百余两,较定鱼雷各机件全副用银三百余两,操鱼雷用入水衣服机具全副用银五百余两,掣机总轮轴全副用银一千三百余两,以上各款应归光绪十四年分制船经费项下造销。"①

有了设备,自然可以放手制造,可惜当政的慈禧太后竟把经费用于修建颐和园。船政经费严重不足,裴荫森被迫将鱼雷厂、炮厂等裁员 100 名工人,留下学生 81 名,雇员、教习 15 名,每年节省十万两。接着新任兼管船政卞宝第撤销鱼雷厂,继续制造浮雷、沉雷。总计陆汝成制造子母雷用银 1 万两,杨仰曾制造各种碰雷,用银 9542 两。

先进的鱼雷虽然停产,船厂生产水雷却未停止。抗日战争中船厂大部机器内迁,但马尾工人仍在生产水雷,用于闽江阻塞线。厂房受到日本飞机不断轰炸及日本占领军的破坏,到抗日战争胜利时,船厂几成一片废墟。

第二节　福建船政文化与中国近代海军的发展

一、福州船政的创办是中国近代海军建设之始

世界海军近代化是以海军装备近代化或者海军装备的突破为基础的,包括军事体制编制、军事理论、军事人才培养等因素相结合的军事变革。18 世纪后期,西方先进国家开始了海军近代化进程。18 世纪中叶以后,蒸汽机被广泛应用到生产中,它带动了整个机械制造技术、冶金技术、造船技术、轻工技术和其他技术的革命性发展,以及其他相关工业领域的发展,产生了第一次工业革命。西方国家更是凭借第一次工业革命,在枪炮技术和

---

① 《船政奏议汇编》卷四〇,光绪十五年十月十二日,裴荫森《广庚轮船试洋赴粤并现办厂工情形折》。

海军装备等方面做出了极大的改进。富尔顿于 1807 年造了一艘长 40.5 米、宽 5.5 米、深 2.75 米、排水量 400 吨、桨轮装在两舷的木质蒸汽机船，自此轮船在欧洲发展迅速。1839 年螺旋桨应用到轮船上，更加推动了现代轮船的进步，同时轮船也应用到了军事上，出现了最初的近代军舰。火炮也从前装到后装，从膛滑到线膛，先进的火炮很快就被应用到军舰上，加速了世界海军的近代化发展。1855 年，法国造了 3 艘装了护甲的浮动炮垒 Devastation、Tonnante 和 Lave。英国为对付法国的装甲舰也赶紧于 1856 年建造 4 艘 Terror 级铁甲炮舰，舰长 115.8 米，排水量达至 9358 吨，最高航速达 14.5 节。1853—1856 年的克里米亚战争可以说是海军发展中的一个里程碑。对海军而言，螺旋桨的发明则更具意义，这大大地加强了海军作战能力，为技术优势一方取得海战的胜利起着重大的作用。1854—1855 年，克里米亚战争中，由螺旋桨推进的英国战舰发挥了强大的威力。从此，风帆和明轮就逐渐从战舰上消失了。这次战争不仅显示了螺旋桨的巨大优越性，更把铁甲舰推到了世界前台。铁甲舰体积大、航程远，采用隔舱结构，炮座也比较稳固。英法正是凭借这样的装备优势取得了克里米亚战争的胜利。1862 年发生在美国南北战争期间的海战，不仅敲响了木质战舰的丧钟，而且出现了作战双方炮弹都不能打穿对方装甲的情形。由此引发了炮弹与装甲之间旷日持久的激烈竞赛，并导致大炮巨舰主义的兴起，世界海军的近代化趋势，那就是追求吨位更大、炮位更多、装甲更厚和航速更快的舰船系统，同时实行武器系统的多样化。

清朝实行闭关锁国政策，从雍正帝开始禁止西方在华传教，到乾隆时期，仅留广东一口岸为中西贸易交往的通道，这使得中国与世界隔绝，以致西方如火如荼地进行第一次工业革命时，清王朝依旧认为自己是东亚文明的中心，做着"天朝上国"的梦。19 世纪军事技术发展的一大特点是军事技术越来越依赖于科学与经济的进步。晚清的经济水平低下，科技发展停滞不前，再加上国家实行闭关锁国的政策，没觉察到世界的发展趋势，所以，晚清的军事技术非常落后，清朝水师基本上沿用明朝的水师制度，而晚清水师自建立以来，没有任何大的变化发展。晚清旧式水师不是独立的军种，而是八旗、绿营下辖的一个兵种而已，其军制跟陆军基本一致。晚清水师都是分布在沿海各省,主要是直隶、浙江、福建和广东等省,这其中又分为外海水师和内河水师。嘉庆年间,清朝外海水师有各类战船 891 艘,内河水师则拥有各式战船 1197 艘。另据统计,光绪中期以前,清朝外海水师有各样战船 264 艘,而内河的各类军用船舶则多达 1510 艘。这表明到光绪年间为止,晚清的旧式水师越来越侧重于内河水师的发展,外海水师相对发展缓慢,这种情势是不利于近代海战的。鸦片战争期间,中国水师官兵总数有 6 万人以上,大概有 5 万人是集中在广东、福建、浙江和江苏 4 省。清朝水师的巡海战船虽有 891 艘之多,但船质低劣,多为单桅小船,几乎都是靠帆行驶,速度缓慢。最大的战船长 11 丈 2 尺、宽 2 丈余,火力也差,最大的战船有火炮 10 余门,一般战船仅有 2 到 4 门火炮。火炮不但数量少,而且质量也低,炮是用泥模铸成的,炮身多有蜂眼,极易炸膛。炮弹基本上是实心弹丸,威力有限。冷兵器仍然是中国水师使用的重要兵器,且占相当的比重。福建是清朝海军布防要地之一,驻有福州八旗水师和福建绿营水师,但武器装备依然相当落后。福州三江口设八旗水师一营,包括协领、佐领等军官共 11 人,水兵等共 600 多人。装备有"大赶缯船 2 艘、2 号赶缯船 2 艘、官座船 2 艘、大八桨船 6 艘、小八桨船 4 艘"福建绿营水师在清代全国各绿营水师中,算是实力比较雄厚的一支,水师提督除直辖部队外,还统领 3 个镇、1 个协及一些独立营。共配各式战船 185 艘,但绝大多数船都很小,只有 8 米左右的宽度,动力要么靠人力,要么用风帆,基本不适合在外海巡逻,更别说是作战了。福建水师也配备了大量火器,但这些火器都仅限于初级的火器,威力大的大炮很少,使用的枪炮一直停留在前装滑膛的水平,没有什么发展。

　　战争使部分中国官员意识到自己武器装备的落后,林则徐等是最先感受到自己武器装备落后的。林则徐、奕山等这些在广州前线经受过英军船炮压力的人,都意识到改善武器装备的必要性,因而广东在改善武器装备方面最为积极。他们想通过学习西方先进的船炮技术,改善自己的武器装备,以加强中国的军事力量。林则徐有一个雄心勃勃的计划,打算建造 100 艘类似英国战舰的大船,50 艘中新船,1000 门大炮。1861 年 11 月 2 日慈禧太后与恭亲王奕䜣发动政变,免除肃顺等 8 人赞襄政务大臣职务,改年号为"同治"。奕䜣进入总理衙门、军机处,主持清政府的政务,他为洋务运动提供了坚强的政策保证,做出了突出的贡献。地方大员中,在第一线参加抵抗西方列强的曾国藩、李鸿章、左宗棠和沈葆桢等都领略到西方先进武器装备的力量,再加上清政府所处的国内外环境,因而他们都积极主张向西方学习先进的科学技术,都想提高清政府的军事、外交实力,改善清政府的国际地位。

第二次鸦片战争让清政府深刻意识到自己武器装备的落后,而此时,西方列强为获取更多利益,改变外交政策,决定帮助清政府镇压农民运动,提供军事援助。"阿思本"舰队就是在这样的背景下提出来的。1863年,英国外交部和海军部先后同意帮助中国建立"英中联合海军舰队",李泰国先后从皇家海军买下了8艘退役舰只。他们分别是"北京号""中国号""厦门号""广东号""天津号""江苏号"6艘炮舰,一艘叫作"穆克德恩号"的供应船和一艘"退荒号"快艇。1863年1月,李泰国还擅自与阿思本签订"十三条合同"。这个合同的实质就是要把新的舰队置于英国的控制之下,这明显地侵犯了中国的主权,清政府最后解散了"阿思本"舰队。洋务派购舰成军的梦想破灭了,受"阿思本"舰队的影响,清政府明显放缓了海军近代化的进程。

左宗棠在杭州时对近代科技产生了浓厚的兴趣,曾试图造船,还想经营法国的一家造船厂,这期间跟日意格和德克碑来往密切。左宗棠意识到被动科技文化交流的不利影响,所以他一直期望创办有自己独立主权的军事企业,他深感要想建立近代的军事企业,必须发展近代科学教育。这正是福州船政局的两大主要任务,也是福州船政局创办的主要原因。1865年,中国的海关总税务司,英国人赫德给总理衙门递交了政策性建议《局外旁观论》,英国使馆参赞威妥玛撰写的《新议论略》也于稍后以照会形式呈给了总理衙门。他们的建议表面上是为中国海军近代化、中国的政治改革等出谋划策,实际上是想通过这一政策性建议更好地控制晚清政府,这让晚清的政府官员更是震惊。总理衙门对英国人这两份陈条非常重视,建议两宫太后以皇帝谕旨着令沿江沿海督抚对这一事件发表自己的看法。沿江沿海的督抚都是经历了与西方列强的战争,都认为外国的船炮技术比清政府要先进,他们也都接受了"师夷长技以制夷"的主张。除了两广总督瑞麟与浙江巡抚马新贻仍然采取不屑一顾的态度之外,其他 7 位督抚(左宗棠、曾国藩、李鸿章、官文、崇厚、蒋益澧和刘坤一)或者主张"斟酌仿行",或者明确表示"中国欲自强,则莫如学习外国利器"。左宗棠就是凭借此次机会,上奏朝廷:"彼之所恃以傲我者,不过擅轮船之利耳!"所以创立船政局是当务之急。他就是想借此机会"建造轮船","整顿水师",以便实现中华民族的自强,维护中华民族的利益。左宗棠的战略思维为中国海军近代化的发展做出了重要贡献。福州马尾的地理优势,在日意格选择马尾时论述得已经相当充分了。"一、福州海口多山,军事上易于设防;……四、海口水位较深,凡吃水二十二尺至二十三尺的火轮船皆可进口;五、福州附近有铁矿,开发后厂中所需钢铁可以就近取给;六、台湾产煤,便于炼铁。"①而这些正是马汉海权理论中建立强大海军的必要条件。1840 年,英国用坚船利炮打开了封闭的中国大门,福州被迫开放成为通商口岸,也为福州船政局奠定了一定的经济基础和人口基础。

在日意格和德克碑的帮助下,左宗棠最终选定马尾为福州船政局的建厂地址。得到清政府正式批准之后,左宗棠即着手筹办,于 1866 年 12 月 11 日和日意格、德克碑订约,并于同年 12 月 23 日正式动工兴建。福州船政局包括造船厂和船政学堂两部分,自 1866 年创办到 1907 年停办共 41 年,制造了 40 艘舰船,培养了掌握近代科技的军事人才 1357 人。

虽然在福州船政局创办之前,林则徐就曾购买军舰,尽管清政府也着手购舰成军,但"阿思本"舰队事件之后,购舰成军的战略未能实行。但是只有 1866 年,闽浙总督左宗棠创办福建船政,才开始了真正的中国近代海军建设。福州船政局发展了中国自己的造船业,为中国海军近代化提供了大量的武器装备,推动了中国海军武器装备近代化进程,带动了中国整个军事工业的飞速发展。而自福州船政学堂创办之后,洋务派大臣纷纷仿效,一时掀起了创办水师学堂的高潮,在福州船政学堂的影响下建立起来的水师学堂有天津水师学堂、江南水师学堂、广东水师学堂、昆明湖水操学

---

① 〔法〕日意格:《福州船政局》(P. Giquel, *The Foochow Arsenal*),1874 年,第 9~10 页。

堂等。其中受福州船政学堂影响最深的当属前三所学堂,天津和广东水师学堂章程按照福州船政学堂章程制定。它为中国近代海军——福建海军、广东海军、南洋海军和北洋海军奠定了一定的物质基础和重要的人才基础。所以,福建船政是维护中国海权的实践者和先行者,是中国海军的发端。

中国海军近代化是以蒸汽动力战舰系统为核心的军事技术变革。福建船政的两大主要的任务就是制造军舰和培养制造及驾驶指挥军舰的军事人才,船政的创办和发展导致了中国近代海军的武器装备和军事理论的重大创新,并进一步为适应近代海战要求而进行军队编制体制的重大调整。下面主要从武器装备、军事人才和军事训练三方面来论述福建船政与中国海军近代化的相互关系。

二、福建船政与中国海军装备近代化的关系

虽然江南制造局也建造舰船,但它生产规模和水平都远不及福建船政,所以说福建船政是晚清海军近代化的工业基础。福建船政不仅仅建造舰船,还生产舰船所需的大部分构件,包括钢铁、轮机、火炮等。船政自“万年清号”到“江船号”,一共建造 40 艘兵商船。

福建船政早期生产的船要么是小炮艇,要么是大型的运输舰,这些运输船当需要时能改作炮艇。1871 年皇帝批准船政自第 7 号即“扬武号”起改为生产兵轮。“扬武号”是一艘配有 13 门火炮的兵轮,其火炮都是英国制造的前膛炮,包括一门 17.5 寸炮和两门 6.3 寸炮,比当时的后膛炮射程要远一些,威力要大一些,持续发射时间要长一些,但仍然属于旧式的滑膛炮,射速较慢,所以,“扬武号”的打击力相对来说是还比较弱;“扬武号”是一艘木质兵轮,所以防护力不强;“扬武号”的轮机是 250 匹马力常式卧机,全部安装在船舱内,同时也安装有风帆,航速达 12 节;中国直到 1871 年才有侵略者在上海铺设电报线路,1875 年在福州船政学堂里添设了电报学堂,而电报应用到军事则更晚,且都是有线电报,因此,“扬武号”的信息力都是通过旗语发挥的,其信息力仍是比较弱的。从四个基本要素整体上来

看,"扬武号"比西方先进的战船大为落后,1875 年英国海军军官寿尔参观福州船政时指出:"一直到今天为止,这里所建造的船只的类型都是炮舰和运输舰一类,就是便于执行警察职务一类的船。"尽管船政局已造出了一些木质巡洋舰,但显然在寿尔看来都不算是真正的巡洋舰。就亚洲来说,"扬武号"是当时远东最强大的,其设备在当时中国算是最先进的,光绪二年正月十一日访问日本,震动了日本国。

　　自 1876 年开始建造,1877 年 9 月开始试航的第 20 号兵轮"威远号"起,船政局所造舰船出现了两个大的转变:一是舰船结构的改变,从木质到铁胁木壳,再钢胁钢甲;二是轮机马力有大幅度的加大。"威远号"马力则达 750 匹,此后,福州船政生产的不少兵轮和商轮达到了 2400 匹马力,有的甚至达到了 6500 匹马力。"威远号"安置有 1 门 120 磅的阿姆斯特朗前膛钢炮,6 门 40 磅的前膛钢炮,4 门哈乞开斯机关炮,2 门神机炮。由于所配备的火炮仍然采用前膛炮,射速、射程和威力都受到一定的限制,打击力相对较弱;采用康邦卧式双汽缸的蒸汽机,4 座圆式锅炉,备有风帆索具,顺风时最大航速达 16 节,可以说达到了铁胁木壳舰船的极限;采用铁胁木壳合构结构,大大加强了舰船的防护力,能经受住一定的炮火打击;信息力仍然限于先前的古老通信方式。综合来看,"威远号"的战斗力比起福州船政局此前所造舰船的战斗力有大幅度的提高,是造船技术水平提高的一个标志。1889 年 5 月开始试航的第 29 号兵轮"平远号",亦称"龙威号",是中国生产的第一艘钢甲钢壳巡洋舰。中法战争后,船政大臣裴荫森奏称法国铁甲军舰威力强大,建议清政府仿制类似军舰。它就属于法国"黄泉"级这种蚊子船的变种。"平远号"于 1889 年试洋,安装了 3 门当时最先进的德国克虏伯旋转式后膛炮,一门是 1880 式 35 倍口径 260 毫米克虏伯钢箍套炮,另外两门是安装在军舰两舷的耳台内的 1880 式 150 毫米克虏伯钢箍套炮,除此之外还装备有 47 毫米哈乞开斯五管小速射炮 4 门,10 管格林炮 2 门;军舰采用双层钢底设计,整个舰船基本上都安有钢质装甲在弹药舱、锅炉舱等重要部位防护装甲厚达 8 英寸;动力系统采用了 2 台福建船政局制造的三胀往复式蒸汽机,轮机转速 80 转/分钟,配套使用 4 座圆形高式燃煤锅炉,每座有 2 个炉门,主机功率 2400 匹马力,双轴推进,航速

10.5 节。就战斗力的四个要素来看,"平远号"的火炮都是采用最先进的德国克虏伯,打击力明显地提高;采用钢甲钢壳,防护力大大提高;比较笨重的装甲使先进的轮机不能发挥应有的功能,机动力不强;应用了有线电报等新式的通信方式,大大地提高了信息力。综合来评价,"龙威"可以认为是 19 世纪中后期一典型的近海防御铁甲舰,各项参数性能在当时世界同类军舰中居于中上水平。中日甲午海战时,"平远"轮屡受巨弹,毫无损伤,较之外购之"超勇""扬威""济远"似有过之,即较之"镇"、"定"、"致"、"靖"、"经"、"来"六"远",亦无不及也。

整体上看,福州船政造船厂的舰船建造水平逐步提高,体现在:舰船排水量由小到大;船体质料由木壳到木壳铁胁,再到铁壳和小型装甲;舰炮配备由小到大,从少至多,由差到好。到甲午战争时为止,中国海军军舰的总吨位是 83900 吨,而由福建建造且当时仍在服役的军舰总吨位是 29449 吨,自造军舰占总军舰的吨位比为 35%。

晚清当时薄弱的工业基础,以及落后的经济和科技实力,再加上当时特殊的政治环境,使中国海军近代化举步维艰。有人这么解释,中国近代的海军造船,自然难以与已经经历了 40～50 年甚至更长时间的英、法等国相比,加之中国的政治、经济比较落后,使刚刚起步的近代海军造船事业遇到了诸多困难。尽管如此,"威远号"以后,中国的船舶进入钢木合构阶段,而这个时期,中国跟先进造船国家相比,不是拉大差距,而是在逐步接近。

福州船政局从一开始就以"自强"为目的,而当时大部分官员都认为晚清仅仅是武器装备落后了点,就连李鸿章也这样认为:"中国文武制度事事远出西人之上,独火器万不能及。"[①]左宗棠也明确地以发展自主的武器装备为首要目的,推动了我国晚清的军舰事业。从创办到 1907 年暂时停办,大致经历了木船时期、铁木合构时期、铁船和钢船时期,共建造了 40 艘舰船。这也是世界造船史的发展历程,至少我们跟上了世界舰船的革命步伐,仅仅是节奏慢了一点。总的来说,仍处于仿造阶段,舰船的质量在逐渐提高,到"平远号"是一个转折点,说明我们的军舰上升到一个新的台阶。

---

① 李鸿章:《江苏巡抚李鸿章致总理衙门原函》。

"至此,武器系统三个基本要素中的打击力、防护力和机动力的高度统一在蒸汽装甲军舰的制造过程中已基本完成,并为陆地战争中类似技术的发展提供了一个可资借鉴的楷模。"①可以说"平远号"达到了这样的要求,对于我们当时的经济水平和科技层次,这样的成就已经很突出了。虽然"平远号"还是没有达到西方造船先进国家的水平,但我们从无到有,从劣到优,舰船的吨位、功率和火力不断地发展与提高,达到了中等水平。到甲午战争时为止,中国海军军舰的总吨位是 83900 吨,而由福建建造且当时仍在服役的军舰总吨位是 29449 吨,自造军舰占总军舰的吨位比达 35%。江南制造局虽然也建造了一些舰船,但是却存在一些问题:一是它所造舰船的原材料都是从国外购买,仅仅是在中国进行组装而已;二是它所造舰船数量少、质量稍低,在晚清海军历史上并没有太大作用,只是制造了中国近代意义上的第一艘舰船。总之,福州造船厂是我国第一家造船工厂,在我国造船历史特别是军舰史上占有重要地位,在我国海军史上同样占有重要地位。

三、福建船政是建立近代中国海军的基础

自福建船政创立后,随着成船的日益增多,建立海军也就有了物质条件。造船厂所造舰船逐渐进步,逐步完善,为晚清的福建、广东、南洋和北洋四支海军的装备提供了一定的保证,为四洋海军装备的近代化奠定了物质基础。所谓海军装备近代化就是海军的武器系统相关技术出现实质性的转变或变革,从而最终引起了海军装备生产、体制编制和军事理论等要素变革的发展过程。近代海军是以拥有蒸汽动力的钢铁舰艇为主要标志的。

中国真正意义上的海军近代化是从福州船政局造船厂建造舰船开始的。其中福建海军的战舰基本都是由福州船政局生产提供的,北洋海军虽

① 刘戟锋等:《自然科学与军事技术史》,长沙:湖南科学技术出版社,2003 年,第 131 页。

然没有像其他三支海军那样采购太多的福州船政局的舰船，但受船政的影响却似乎有过之而无不及。

福建海军的装备主要是依赖福州船政局，也是福州船政局享有其管理权。自"万年清号"轮船以后至中法战争时，福州船政局先后有"万年清""福星""伏波""扬武""飞云""振威""济安""永保""琛航""大雅""艺新"共11艘舰船划拨到福建海军，加上从英国购买的"福胜"等炮艇，福建海军总共有16艘军舰。福州船政局所造舰船占福建海军战舰的68.7％。福建海军主力舰是以"扬武号"等福州船政局的舰船为主，这些舰船虽然是近代意义上的蒸汽动力的战舰，但依然是木质结构为主，没有铁甲舰。所以中法战争时，法国海军兵船不足30号，上等炮船，不过与"福胜""建胜"等船争猛，上等兵船，不过与"南琛""南瑞"等船争快，徒以二三铁甲，纵横闽浙洋面。尽管福建海军几乎全军覆没，但它有力阻止了法国海军的北上行动，为保住台湾省起到了一定的作用，为清政府加快海军建设发挥了积极的推动作用，特别是加快了铁甲舰的购买和制造。

广东海军是在广东旧式水师的基础上改造而来的。虽然舰船数量可观，但实力却一直不济。广东海军早在林则徐时期就不断购买军舰，1889年共有巡洋舰和炮艇21艘，另外还有200吨以下的炮艇和鱼雷艇29艘。其中包括福州船政为广东协造的"广甲""广乙""广丙"三艘铁胁巡洋舰，这是广东海军的最大舰船，也是其主力舰，此外还有船政1868年制造的"安澜号"舰船。虽然福州船政为广东海军提供的军舰不多，但却都是广东海军的主心骨，为广东海军守卫南海起到一定的作用。

南洋海军实际上是管辖江苏、浙江、福建和广东四省，是跟北洋海军相对的。1875年，沈葆桢督办南洋海防事宜，之后左宗棠就任两江总督，他们为南洋海军发展都做出了巨大努力。但由于晚清政治上的特殊性，广东海军独立发展，福建海军则由福州船政督管，出现了各归节制，不相统辖的情况。福州船政自1873年将"靖远号"划拨到南洋之后，又先后划拨"登瀛洲""超武""康济""元凯""澄庆"，还为南洋代造了"开济""镜清""寰泰"三船，而"开济一号"是南洋海军的第一艘巡洋舰。"镜清"和"寰泰"性能相同，是铁胁双层木壳快轮，排水量达2200吨，马力有2400匹，配炮10门及鱼雷发射管2具。虽然船政局的舰船占南洋海军所有军舰的比例不大,但却都是南洋海军实力最强的战舰。

北洋海军是清政府近代海军的代名词,它从创建之日起就由李鸿章督办,由于李在晚清政坛上的特殊地位,北洋海军发展后来居上。福州船政局的第2号兵船"湄云号"一下水就划拨到奉天,先后又从船政局调拨了"镇海""海镜""康济""泰安""威远""平远""福靖""通济"共8艘军舰给北洋。对北洋海军而言,中国自造的军舰实力并不强,但我们仍然不能忽视两艘舰船,分别是中国第一铁胁船"威远号"和第一钢甲舰,也是中国自造舰船中实力最强的"平远号"。由于李鸿章历来都主张购舰成军,所以北洋海军的进口军舰占的比例远远大于中国自造的军舰。但是,在甲午海战中,中国自造的平远舰,虽然不是主力,却取得了骄人的战绩,它重创同本主力舰"松岛号"及其姊妹舰"严岛号",并且参加了保卫威海卫的战役。"平远号"装甲舰在中日甲午战争中的表现,充分展现了中国当时的最高造舰水平。

四、福州船政学堂对中国近代海军人才的突出作用

船政学堂于同治五年十二月(1867年1月)正式开学,从1866年开办到1911年,有文字记载的毕业生超过1357人,已查明的毕业生共计650人。其中,制造学堂毕业生167名;驾驶学堂,毕业生245名;管轮学堂,毕业生129名;电报学堂,毕业生6名。学堂对中国海军近代化做出重要贡献的两件大事就是:开启了近代科学教育、近代军事教育的先河;创造性地实施了留学教育制度。首届留学生学成回国后,对中国近代海军建设做出了巨大贡献。制造专业的学生魏瀚、陈兆翱、郑清廉、吴德章、李寿田、杨廉臣等从"艺新号"开始监造,特别是监造了"平远号"铁甲舰,充分体现了中国的造船技术,极大地增强了中华民族的民族自信心、自豪感,为中国造船业的继续发展准备了一定的技术人才。而驾驶专业的留学生回国后更是得到了清政府的重视。是时中法关系开始紧张,四洋海军也正加快发展,急需掌握先进科学技术、军事知识的海军人才,所以基本上他们都得到了

重用。李鸿章于 1881 年奏请派遣船政学堂 10 名学生赴英、法学习，是为第二批留学生。1886 年，船政学堂与北洋水师学堂联合派出第三批留学生，其中船政学堂的学生 29 名。甲午海战后清政府派出了第四批留学生 7 名。船政学堂毕业生自光绪元年（1875 年）遣赴欧洲游历起，至民国五年（1916 年）最后 2 名学生学成回国止，在 41 年间，陆续派遣出国留学生共计 111 名。留学生除了安排在国外使馆工作或病死的，其余全部学成归国供职。留学生毕业回国后得到了李鸿章等海军领导的重视，"南北洋争先留用，得之唯恐或后"①。这些留学生回国后，在许多领域代替洋工程师工作，制造国产军舰，担任新式海军舰艇的管带、大副、海军军官、军事学校的教习等。福州船政学堂的留学教育不但是对海军留学教育有重大的推动作用，更是有力地推动了陆军留学教育。

船政学堂共培养了 1357 人，共派遣留学生 111 名，为晚清输送了大量的军事指挥人才和军事技术人才。学堂主要是培养了制造类和军事指挥类人才。"艺新"轮是法国技术人员回国后，由前学章第一届毕业生吴德章、汪乔年等自主设计制造的第一艘兵船。自此之后，他们监造了除"威远"和最后 5 号轮船的 18 艘兵轮，特别是监造了第一艘"开济号"铁胁快碰船和第一艘钢甲舰"平远号"。对快碰船当时的官员评价道："中华所未曾有之巨舰。海防必不可少之利器，非寻常轮舶可比。"且在西方流行没多久，就由出洋留学生将图纸带了回来，并仿造成功。有人评论说，福州船政出国学习归来学生的重大作用之一，是推进制造了铁胁快船。"平远号"是由船政回国的留学生魏瀚等监造，体现了船政的最高水平，为中国军舰制造取得了较高的地位。船政的学生还监造了几乎所有中国从国外进口的大型军舰，包括"定远""镇远""致远""靖远""经远""来远""海天""海圻""海筹""海容""海琛""肇和""应瑞""永丰""永翔"。另外，有许多船政的学生一毕业就出任驻外使馆、海军机关或机器局的翻译，为晚清购买军舰活动发挥了重要作用；在与国外海军的交往中维护了中国的主权，为中国海军近代化做出了积极的贡献。同时，学堂的毕业生还触类旁通，制造枪炮、

① 中国史学会主编：《洋务运动》（八），上海：上海人民出版社，1961 年，第 483 页。

炸弹等。船政学堂的毕业生还分配到其他船厂和机器局担任重要职务,主持工作。如罗丰禄担任大沽船坞总办,魏瀚于 1890 年主管广东船坞。

总之,船政学堂培养了大量的军事高技术人才,他们不但为我国自造军舰付出了艰辛的努力,也为后来各地的水师学堂提供了大量军事技术和军事指挥方面优秀的教员。后学堂主要是驾驶和管轮两个专业,它培养的是海军军官。驾驶类专业的学生为中国海军近代化做出了巨大的贡献,他们先是学习并传播了先进的军事理论,为中国海军的近代化奠定了坚实的理论基础;为中国近代海军的建设造就了一批急需的指挥人才,为晚清海军提供了海军主力舰队的骨干力量和一批近代海军的高级将领;再就是接受了西方先进的体制编制,极大地推动了晚清军事变革的进程。

船政的学生接受的是西方近代的军事教育,学生不仅学习到了西方的军事理论,而且接受了西方的民主思想观念。人的思想观念的转变是关键的。而这些科学思想的传入,无疑为早期资产阶级改良主义者推行变法革新提供了有力武器。且学堂毕业生有很大一部分又投入到海军教育之中,这为近代海军又培育了诸多的军事人才。如严复任天津水师学堂的总教习,1890 年设立江南水师学堂,调蒋超英为总教习。1903 年设立烟台海军学堂,调谢葆璋为监督。1904 年设立广东水师鱼雷学堂,魏瀚为总办。民主思想经船政学堂在船政局广为传播,深刻改变了船政局学生的思想,也影响了他们的军事、政治活动。

后学堂驾驶和管轮专业的毕业生共有 374 名,他们几乎都成为晚清新式海军的将领,领导和组织了晚清海军近代化建设,有许多还在民国担任重要职务,有 6 人还曾担任海军总长。学堂前几届毕业生毕业之时,正赶上晚清政府加快近代海军的建设步伐,所以他们都被南北洋海军留用。截至 1884 年福建水师有驾驶第一到第四届毕业生 24 名在军舰任副官以上职务,其中包括在中法战争中牺牲的吕翰、许寿山和梁梓芳三名舰长;而仅驾驶专业第一届毕业生到 1889 年就有 24 人任晚清海军各军舰的舰长,包括"镇远"的林泰曾、"定远"的刘步蟾、"致远"的邓世昌、"靖远"的叶祖珪、"经远"的林永升、"来远"邱宝仁、"济远"的方伯谦和"平远"的李和。北洋海军的主要将领和主力舰管带许多出自船政学堂,据统计,1892 年,北洋水师所升署的 64 名各级将官中,船政后学堂毕业的学生即占 23 名。船政毕业生担任清政府和民国政府高级将领的比例也是各水师学堂所占比例中最高的,这足可见福州船政局为中国海军近代化做出的巨大贡献。

科技人才战略无论怎么说都是现代国防科技发展战略的核心战略。同样,军事人才也是中国海军近代化的核心。有了近代军事人才,我们才能不断增强海防意识;才能接纳并掌握新的军事理论;也才能发展近代的武器装备;也才会实行新的军队编制体制进行军事革命。所以从福州船政学堂培养的大量军事技术和军事指挥人才来看,它为中国海军近代化准备了新型的军事人才,特别是培育了大量的高级将领,为传播新的军事理论做出了突出的贡献。沈葆桢首创的留学生教育制度,不仅为我国培养了更多的优秀军事人才,还开创了中西军事科技文化交流的新局面,并推动了陆军的留学教育。船政学堂的毕业生有文字记载的达 1357 人,而从福州船政学堂毕业生中挑选出国留学生达 111 名。他们要么服务于晚清的军工企业,努力实现晚清军事工业的近代化;要么成为近代海军的建设者,推动海军近代化的发展;还有许多积极投身于中国军事教育近代化之中。他们都是接受全新教育训练的军事人才,本身就成为中国海军近代化的领导者,更有 8 人先后担任总长或者相当于总长的职务,这在我国海军历史上是绝无仅有的。学校和工厂相结合的办学形式、培养科技、人文和培养爱国情操相结合的教育形式是福州船政学堂最突出的特点,为培养出如此多的海军人才提供了合理的解释。总之,福州船政学堂作为第一所引进西方教育模式的高等军事院校,开创了中国近代的军事教育新模式,为中国海军近代化奠定了人才基础。

五、福建船政与中国近代海军军事训练

福建船政自创办之日起,就注重武器装备和军事人才的训练,左宗棠在奏请设立船政的奏折中就说:"成一船之轮机,即成一船,成一船,即练一

船之兵。"①"大凡,水师宜常川住船操练,俾其服习风涛,长其精力,深其阅历。然后,可恃为常胜之军。近观海口各国所驻兵船,每月操演数次,俨临大敌,遇有盗艇,即踊跃攫击。"②军事训练不仅仅是海军指挥人员的训练,也包括军事技术人员的训练,这里仅以驾驶专业学生的军事训练为例来论证。

驾驶专业学生在学堂学习时必须经过至少 2 年的练习舰实习,只有实习期满并合格才算是正式毕业。1870 年,沈葆桢先将"福星号"作为练习舰供学生实习之用,后购德国夹板船"马得多"并易名为"建威号"正式作为船政学堂的专门练习舰。1871 年,驾驶一届的学生首先是进行出海的近海训练,第一次出海先后到达牛庄、天津、大连湾、烟台等地;1872 年再历经浙江、上海、烟台、威海等处最后返回福州。1873 年,他们在德勒塞的带领下,进行远航训练,从福州出发,经厦门、香港到新加坡、槟榔屿,历时近4 个月。"实在洋面七十五天,海天荡漾,有数天不见远山者,有岛屿萦回、沙线交错、驾驶曲折而进者。去时教习躬督驾驶,各练童逐段誊注日记量习日度、星度,按图体认,期于精熟。归时则各童自行轮班驾驶,教习将其日记仔细勘对。"③船上的实习成绩是学生评定的重要因素。练习舰是驾驶专业学生的第二课堂,颇为船政大臣沈葆桢所重视。留学生在国外的军事训练主要是按照所在国的海军训练办法进行,他们都是把课堂教学与舰船实习交叉进行,先进行理论课程的学习,完成理论课的学习之后,就到海军舰艇上实习。如第一届学生,刘步蟾在"马那杜"铁甲船,林泰曾上"勃来克珀林"铁甲船,林颖启和江懋祉到西班牙"爱勤考特"兵船,黄建勋赴美国"伯里络芬"兵船,学习枪炮、水雷及行军布阵诸法。而严复随"菩提西阿"兵舰巡防非洲西南洋面时,观看了英舰在当地的战争,取得了海战的实践经验。

船政学堂的毕业生绝大部分在四洋海军担任职务,他们是掌握近代军

---

① 左宗棠:《试造轮船先陈大概情形折》。

② 左宗棠:《试造轮船先陈大概情形折》。

③ 沈葆桢:《续陈轮船工程并练习经历南北洋各情形折》,同治十二年七月,《沈文肃公政书》卷四。

事知识的新式海军。他们负责制定海军的军事训练,包括单舰训练和编队训练。而单舰训练又包括共同科目训练和专门训练。共同科目训练是海军官兵一切训练的基础,包括条令、枪炮、损伤管制、游泳潜水等方面的训练;专门训练是海军官兵根据职责分工,加深进行的技术训练,包括远海训练、枪炮训练、水中武器训练、帆缆训练、通信训练等等。编队训练主要内容是演练海上战斗队形的布列和变换。北洋海军的军事训练在晚清海军中具有很强的典型性,而北洋海军的高级将领近半数都是福建船政毕业。更进一步说,天津水师学堂又基本上受福州船政学堂的影响,就连总教习也是福州船政学堂毕业的严复,所以从北洋海军的军事训练可以了解船政学生毕业之后的军事训练。

北洋海军相当重视军事训练,《北洋海军章程》规定舰队必须经常考核各级官兵的训练成果,且成果要作为提升时的参考。单舰训练方面,北洋海军规定北洋军舰每年三次沿海操巡,主要是近海训练,夏季大致经奉天、山东、直隶等;冬季则南下到江苏、浙江、福建等地,与福州船政学堂学生的近海训练基本一样。另外还进行日操,包括掌握四轮炮、火炮、洋炮和刀枪等操法。北洋的编队训练围绕阵法进行大操、会操、会哨等。《北洋海军章程》规定舰队每月大操一次,两个月全军会操一次,北洋各船每年须与南洋各船会操一次。每逾三年,由总理海军事务衙门王大臣请旨特派大臣,会同北洋大臣出海校阅一次。

实际上北洋海军自 1888 年正式成军之后,一共举行了两次阅操,一次是 1891 年李鸿章和海军衙门大臣张曜巡阅舰队,另一次是 1894 年李鸿章跟帮办海军大臣安定一起巡阅舰队。第一次舰队演习了袭营阵法、施放鱼雷、打靶等,李鸿章在 1891 年巡阅后自我陶醉说:"综核海军战备,尚能日异月新,目前限于饷力,未能扩充,但就渤海门户而论,已深固不摇之势。"[1]第二次是 1894 年 5 月 7 日至 5 月 27 日,李鸿章与帮办大臣安定巡阅海军舰队。本次共调集南北洋军舰 21 艘,海面桅樯林立,巨炮轰鸣,颇为壮观,谁料竟是昙花一现。至于编队训练,"定远"枪炮大副沈寿堃在甲

---

[1] 姜鸣:《龙旗飘扬的舰队》,北京:三联书店,2002 年,第 294 页。

午战争失败后检讨失利缘由时呈文指出:"大东沟之败……乃将领之勇怯不同也。勇者过勇,不待号令而争先;怯者过怯,不守号令而退后。此阵之所以不齐,队之所以不振也。致败之由,能勿咎此乎?"他说:"平日操演船阵,阵势总须临时应变,不可先期预定。预定则各舰管驾只须默记应操数式,其余则可置之。……大东沟之役,初见阵时,敌以鱼贯来,我以雁行御之,是也。嗣敌左右包抄,我未尝开队分击,致遭其所困,此皆平时操演未经讲求,所以临时胸无把握耳。""平日操演枪炮,总须精益求精,熟益求熟……若徒求其演放整齐,所练仍属皮毛,毫无裨益。"①北洋海军前期在琅威理的管理下,他替行伍出身且不懂海军事务的海军提督丁汝昌进行了严格的训练,军中流行这样一句话"不怕丁军门,就怕琅副将"。北洋海军确也取得很好的效果,训练水平也达到了巅峰,但在"撤旗事件"之后,琅威理离开了北洋海军,自此训练水平不断下滑,在甲午战争中,连基本的队形变换都完成不了,所以在甲午战争中北洋海军输得一败涂地。

第三节　福建船政文化与我国近代航空事业

在第一架飞机于 1903 年成功起飞之后,飞机的研制马上形成全球性风潮,中国人也不甘置身事外。1909 年 9 月旅美华侨冯如自制了一架飞机,在美国奥克兰飞行了 804.7 米。冯如在试飞成功之后,准备在祖国展示推广飞机并设厂制造。1912 年 8 月冯氏在广州燕塘进行飞行表演,不幸失事,机毁人亡。在冯如之后,冯氏的好友谭根在美国自制了一架水上飞机,并返国表演。1913 年,袁世凯大总统成立了南苑航空学校,购入 12 架高德隆教练机,开始培训中国的第一代航空人员。航空学校教官厉汝燕在航校制成水上机一架,但无法试飞,南苑航校修理厂厂长潘世忠利用修理厂的有限装备,自行制造了一架 80 匹马力的法尔曼式飞机,成为中国第

---

① 姜鸣:《龙旗飘扬的舰队》,北京:三联书店,2002 年,第 293 页。

一架本国自制的飞机,该机在航校试飞,并在直隶工业观摩会上展览。而真正大规模制造飞机的活动始于福建船政局。1917—1918 年,马尾造船厂筹建了海军飞潜学校和海军飞机工程处,正式开始有规划地制造飞机。所以福建船政与中国近代航空事业有着密切的关系,对中国近代飞机的制造,飞行员的培训,以及航空人才的培养做出了积极的贡献。

一、船政文化与近代中国的飞机制造事业

(一)福建马尾船政局创办了我国第一家飞机制造厂

民国初年,日、美在华争夺权益十分剧烈。当时我国不少留学生是留日的。为了抵制日本势力在华扩张,美国政府向中国政府建议扩大留学生的派遣。袁世凯窃取大总统职位后,美国为拉拢袁世凯,同时抑制日本在华势力,提出愿帮中国培训飞行人才,一批留学生赴美国学习航空技术。时任海军总长的刘冠雄受西方军事思想的影响,对飞机在军事上的使用前途有所认识,提出培育人才、自造海军飞机的意见,并得到袁世凯的支持,他就着手开办海军制造飞机事业。

1913 年,袁世凯即命令刘冠雄从舰队中挑选舰员、舰生魏子浩、韩玉衡等 14 人,派造舰专家魏瀚为监督,率员生赴美留学。经费从卖军舰款中支出。清朝曾向意大利定购"飞鸿号"军舰 1 艘,第一次世界大战发生后,海面受德国潜水艇封锁不能驶回中国。刘冠雄决定将此军舰就地售与协约国,将剩款 30 余万作为留美费用。此外,另命原留英学生向国华等同往美国潜艇基地新伦敦,学习潜艇制造。

1915 年,海军又选派已经毕业于英国德兰姆大学机械科的巴玉藻、王助、王孝丰和曾诒经 4 人赴美国,学习航空工程。先学习飞行技术,后来转入麻省理工学院深造。次年,袁世凯复辟帝制,国内政局动乱,国库空虚,留学经费无着,留学生便各谋出路。巴玉藻、王助、王孝丰三人在麻省理工学院获得航空工程学硕士学位,曾诒经转入寇提司飞机制造厂学习航空发动机。为了积累飞机制造的经验,他们毕业后应聘到美国各飞机制造厂工

作。其中,巴玉藻被美国通用飞机制造厂任命为总工程师,王助则被聘为波音飞机公司第一任总工程师。由于成绩突出,王助和巴玉藻很快跻身于美国航空界佼佼者的行列。但抱着立志献身于祖国飞机制造业的志向,1917年冬,他们启程回国,分配于船政局。同年,海军部派陈绍宽调查英国飞潜制造状况后,即令回国留学生筹建飞机制造工厂及其学校。

图5-6　飞机设计师巴玉藻

图5-7　飞机设计师王助

　　由于福建马尾造船厂有着"地段最宽,足敷展布,而厂所机器尤足"的优点,遂定在马尾办厂。1918年2月,海军马尾船政局局长陈兆锵呈请海军部并获批准,在船政局内增设"飞机工程处",经北京政府国务院通过,1918年2月正式在福建马尾船政局内创设了我国第一个飞机制造厂——"海军飞机工程处"。任命巴玉藻为主任,王助、王孝丰、曾诒经为副主任,开始试造飞机。这是中国第一个正规的飞机制造厂,主要是设计和制造水上飞机。由曾诒经负责机务,巴玉藻负责设计。

　　船政局让出铁胁厂和船厂,改作制造飞机的车间、工场及办公室。其中,铁胁厂改为木作间和机工间;船厂及其附近旷地建成飞机装配厂和机库;临江地段铺设飞机滑行水道,并改建办事处一所。飞机工程处从原来的船政局选择了近50名优秀的木工、机工、钳工、油漆工,配上机灵的二十几个学徒,组成了中国第一批飞机制造产业的工人队伍。因为未专拨开办经费,所以只得利用原有的造船机器设备,如锯木床、刨床、车床、钻床等。好在工程初期,主要是试制,并无成批生产,尚能应付需要。这是我国最早的一个飞机制造工厂,巴玉藻、王助等人利用马尾造船厂原有造船的机器设备,集中优秀技工,进行专业培训,筛选国产材料,测试物理性能,开始了飞机研制工作。

(二)飞机工程处的飞机研制

在马尾制造飞机,虽属我国飞机制造业的萌芽阶段,但在我国航空史上,却占有重要的地位,起了首创奠基的作用。

飞机工程处成立后,巴玉藻等先向美国订购发动机,同时调查国内制造飞机可用材料的情况,进行收集和试验。

当时世界上制造的飞机机体主要采用木质材料,欧美各国大都用白银枞,但向国外购买此种材料价格昂贵。经过反复试验,认为国产杉木、榆木、樟木和白梨木4种木材完全可以用于飞机制造。于是将选购来的木材锯成适合加工的大小板片,用蒸气熏干炉进行人工干燥,防止开裂或扭曲。之后,便抽样进行拉力、扭力和耐压力等项试验,合格者才用来制造机身各部件。制作蒙皮的纺织品,曾选用山东黄绸和江西夏布,但试验中发现受干湿度影响太大,强度也不够,最后还是采用进口麻布。保护木质材料的油漆,为中国特产,比外国货好。内部结构使用以桐油为主要成分的油漆;修饰表面则用福建生漆。如当时制成的杉木机桴,就是先上两道桐油,再上一遍生漆,最后加上一层光漆,不仅光亮美观,阻力小,寿命长,而且不易渗水。1929年夏,在杭州西湖博览会期间,中国自制的水上飞机与类似的外国飞机同时停泊在西湖水面2个月。经检查,外国飞机的木桴,浸水处油漆已脱落,木板渗水,严重处已腐朽,可以撕下。而国内制造的飞机木桴,里面干无滴水,外面光洁如新。至于制造飞机的钢、铝等金属材料,当时国内尚无生产,只能依靠进口。

在简陋的条件下,1919年8月飞机工程处造出第一架自制军用机,甲式一型水上教练机。它是一种利用水面滑行继而升空的飞机,性能一点也不低于同时代欧美各国的产品。这架水上机是以 B&W-C 为蓝本制成的双翼双桴水上机，配备 1 具寇蒂斯 OX5 型内燃机，马力达 100 匹。高3.88米，长 9.32 米，幅长 13.70 米，最大时速 126 千米，最小时速为 56 千米。空机重量 836 千克，载重 1063 千克，装油量 114 升，飞行高度 3690 米，可航行 3 小时。航距 340 千米，乘员 2 人，并可载炸弹 4 颗。1920 年 2 月华侨飞行员蔡司度进行试飞取得成功。之后广州政府的航空局局长杨仙逸北访巴玉藻，也顺便试飞甲式一型，评语却不见佳，杨氏认为这架飞机只能飞到 333 米高度，而且操作困难。这架飞机一直保留在马尾海校，用以训练飞潜学校学员。巴玉藻并以此机为典型，于 1920 年 5 月制成甲式二型，1921 年 2 月制成甲式三型等两机。

图 5-8　1919 年福建船政局制造的中国第一架飞机模型(陈列于船政文化博物馆内)

第一架飞机造出后，飞机工程处加建了一座飞机装配厂棚，并修建了办公处。水上飞机，即以水面为跑道，在水面建停靠站的一种早期飞机。浮站形如方舟，利用竹排依次叠成，上面覆盖木板，两旁系以铁链抛锚江中，使泊定一地。浮站上有候机室等设备。工程处所制甲型一号实际只有 3 个座位。因为是水上飞机，不需要机场，以水面为跑道，在江中修建停靠站。当时,有人介绍华侨蔡司度当第一架飞机飞行员,由于经验不足机身坠毁,第一次试飞失败了。但设计人员坚信不是出自设计的错误,仍然继续制造甲型二号与甲型三号。此后,飞机工程处又进行设计乙型一号水上教练机。

1922 年 8 月,王助与巴玉藻合作,又设计了世界上第一个水上飞机浮动机库——浮坞,由上海江南造船所制造成功,解决了水上飞行停置和维修的难题。该浮动厂棚长 21.5 米,宽 10.8 米,高 8.1 米,平时吃水 0.86 米。采用离心式水泵抽水或灌水,可使机库上浮或下沉,便于维修水上飞机。浮动厂棚曾运到长江上使用,性能良好。自 1918 年 1 月成立"海军飞机工程处",到 1931 年 10 月"海军制造飞机处"并入上海江南造船厂止,约 13 年又 9 个月的时间中,在马尾共造水上飞机 17 架。除第一架和第五架海鹰一号双翼飞船试飞失事外,其余都是安全飞行。1922 年年初,乙型机制成,该型机只造了 1 架,是甲型机的改进型。

1924 年选出了丙型一号机。这是我国制造的第一架双翼水上轰炸机。该机 350 马力,拖进式,6 座,装机枪 1 挺,并可携 1 枚鱼雷或 8 枚炸弹,最高时速 165 千米,续航距离 850 千米。二号机于 1925 年造出。

丁型机也于 1924 年试制出来。该型机为双翼双桴海岸巡逻机,350 马力,最高时速 177 千米,续航距离 900 千米,6 座,装备同丙型机一样。该型机共造出 3 架,分别命名为"海鹰一号""海鹰二号"和"海雕号"。

1926 年制成了戊型机。这是双翼双桴水上教练侦察机。该机 100～120 马力,最高时速 150 千米左右,续航距离约 400 千米,双座,可携炸弹 4 枚。该型机共造出 4 架,其中 3 架被分别命名为"江鹳""江凫"和"江鹭"号。

己型机是双翼双桴的高级教练机,1930 年间共造出 2 架,分别命名为"江鸿"和"江雁"。该型机 165 马力,最高时速 177 千米,续航距离提高到 1230 千米,双座,也可携 4 枚炸弹。"江鸿号"飞机由许成榮驾驶,从马尾成功地飞返汉口,显示了我国海军飞机的新水平。飞机制造处在造完 15 架飞机后,于 1931 年由马尾迁往上海,并入江南造船所。

1931 年,庚型机问世。这是一种可以水陆变换的双翼双桴高级教练侦察机,165 马力,最高时速 190 千米(陆机 196 千米),续航距离 1150 千米(陆机 1260 千米),双座,可携炸弹 4 枚。制成的 2 架飞机被命名为"江鹤"和"江凤"。1933 年,海军又选出了"江鹊"和"江鹗"2 架水陆两用教练侦察机,这是仿英国"摩斯式"飞机制造的。该机 100 马力,双座。

这一时期所制造的飞机,在性能和时速方面都有明显的改进。在此期间,飞机工程处曾多次向海军部呈请增拨经费,扩建厂房,以成批制造飞机,但均未获批准。厂中设备多数已经陈旧,也得不到更新。1925 年 8 月台风侵袭,机库倒塌,将"丙二号"飞艇、"乙一号"飞机压坏,损失严重。1928 年 7 月制成"海鹰号"、1929 年 3 月制成"海雕号"水上鱼雷轰炸机,最大时速 180 千米,最大飞行高度 3800 米,海面爬高率每分钟 161 米,总重量 2500 千克,装有机枪、火炮各 1 门,可携炸弹 8 颗,并可带鱼雷。不但可供 6 人乘坐,而且飞行时间能达 5 个半小时。这种飞机的制成,表明该处的生产能力已有很大提高。1930 年 8 至 10 月,又先后制造莱提式双桴名为"江鸿""江雁"两架水上飞机,机身宽 1.88 米,长 8.29 米,高 3.78 米,总重量 1.168 千克,功率达 165 匹马力,最高时速为 177 千米。1930 年,飞行员驾驶"江鸿",从马尾飞往武汉,这是自制飞机第一次飞行最远的航程,在我国航空史上具有重要的意义。1931 年继续制造的"江鹤""江凤"两架飞机,不但时速大,而且是双翼可以折合的新型飞机。

1928 年 9 月,"飞机工程处"奉命改为"海军制造飞机处",隶属于海军总司令部公署,仍然以巴玉藻为处长,主持其事,后巴玉藻病故,处长由王助继任。1931 年 1 月海军部下令"海军制造飞机处"迁往上海,归并于海军江南造船所。所有员工以及机器、材料和设备等,都由"靖安号"运输舰起运,2 月 20 日全部运到上海。早先的工程主持者,只剩下曾诒经一人。迁沪之初,由于许多福建省籍的技术人员不愿离开乡土而未能到沪,工程技术人员减少,作业水平下降。曾诒经接任处长后,多方努力,局面略有好转。后来建成一座机库,可以同时装配 3 架飞机。装配出一批教练机后,又添购轧金属机、万能铣床、钻床、刨床和车床各数台,热处理电炉二具,热处理盐液炉一具,以及各种测试仪器。

1937 年 8 月,抗日战争形势紧张,"制造飞机处"撤往他地。先迁湖北宜昌,后移杭州笕桥,最后搬到成都。那时,海军已是分崩离析,该处并入国民党政府的中央航空委员会,成为所属第八修理厂,飞机制造事业陷于停顿状态,海军制造飞机专门机构至此告终。

表 5-2 民国八年至二十年(1919—1931 年)福建飞机制造情况表

成机年月	名 称	型 式	用 途	马力(匹)
1919.8	甲型一号	双桴双翼水上飞机	教 练	100
1920.5	甲型二号	双桴双翼水上飞机	教 练	100
1921.5	甲型三号	双桴双翼水上飞机	教 练	100
1922.1	乙型一号	双桴双翼水上飞机	教 练	90
1924.春	海鹰一号	双翼飞机	海岸巡逻	200
1924.4	丙型一号	双桴双翼水上飞机	教 练	120
1925.4	丙型二号	双桴双翼水上飞机	教 练	120
1926.4	江 鹳	双桴双翼水上飞机	教 练	100
1927.1	江 凫	双桴双翼水上飞机	教 练	120
1927.4	江 鹭	双桴双翼水上飞机	教 练	120
1927.9	戊 型	双桴双翼水上飞机	教 练	90
1928.6	海鹰二号	双翼飞机	海岸巡逻	200
1929.3	海 雕	双翼飞机	海岸巡逻	200
1930.8	江 鸿	双桴双翼水上飞机	教 练	165
1930.10	江 雁	双桴双翼水上飞机	教 练	165

航空制造处在飞机制造上自行设计、选料。除发动机之外几乎全部自制。工厂设有木肋、铁壳、合拢等车间,由曾诒经负责厂务,巴玉藻与王助负责设计监造。飞机制造厂的选址在马尾造船厂西北濒江处。飞机棚厂和装配厂由一个造船台改建。工人盛时达 300 人(多为原造船工人)。但是由于经费短缺(这是整个北洋政府的致命伤),航空工程处的制造工作时停时辍,有时花费大半年时间在一些零碎材料整集上,所以进度极为缓慢。但是巴玉藻、王助等本身是飞机设计师,所以在制造中不断加以改良,巴玉藻回忆道:"因为飞机做得少,所以变换计划,更改制造法都很容易。所以

我们飞机的各部分在这十年之中经历了不少次改良,我们从不肯使我们的出品在制造上落在西洋出品之后,这一层我自信勉强地做到了。我敢说在质的方面是成功的……在量的方面可说是失败。因为我们是没有资本的,并且不能当营业性的事业做。"飞机工程处的经常性费用(每月1500～3000元)由马尾船政局本身支付,尚称稳定。但是一个新发展工厂所需的添购设备,采买材料等费用就极不稳定,导致飞机制造处迟迟不能进行"营业性生产"。其场棚由船坞改建,改装经费5000元,装配场的设立费用8000元,落水道的修建耗费6000元,均由马尾船政局拨付。为节省经费,飞机制造处的机器直接采用船政局的造船机具。生产飞机所需的料件仅有向外采购的部分由海军部付款,国内采办的材料均由马尾船政局自理。飞机工程处在20年之内制造了30余架各式小型飞机,每架飞机的成本都在3万多元以上,与由外国进口差不多,这是不能规模生产的原因之一。飞机制造处所选用的材料尽量自国内采购以节省经费。当时欧美飞机多以白银枞、白杨、胡桃木或桃花心木制成,飞机制造处成立时即利用闽北的杉木,白梨取代白银枞,以榆林取代胡桃木。巴玉藻等人并发现桐油比金属油更合适水上机的木桴,所以材料与油漆均采国内成品。但是国内不能制造的材料如钢丝、钢线、流形钢线、钢管、松紧扭、铝板、铝条,特别钢条乃至麻布、涂布油、干酪胶等均由国外采购。因为飞机工程处重视质量和人才培训,飞机的制造水平不断提高,而且性能并不低于同时代欧美各国的产品。1918年到1928年秋季10年之间,飞机制造处共制造了各式飞机13架。在巴玉藻病逝之后,马尾飞机制造处又根据巴玉藻生前的设计继续制造了己式二型("江燕号")、庚式一型("江鹤号")与庚式二型("江凤号")等3架军机。

飞机制造厂的早期飞机在制造完成之后均留在马尾船政局内,供飞潜学校学员飞行训练之用。孙传芳入闽时原周荫人部张毅团溃兵一度逼近马尾,巴玉藻以数架飞机对溃兵投掷土制炸弹将张毅团吓退。这是这批教练与实验机唯一的实战经历。

二、福建船政造就航空人才

在制造飞机的同时,在福州船政局内创办了培养飞机制造、潜艇制造和机器制造的海军飞潜学校。1918 年创办的福州海军飞潜学校是我国第一所培养飞机和潜艇制造专业人才的学校,设有飞机、船体和轮机制造专业,学制 8 年 4 个月。该校共招生 5 个班,毕业 3 个班。其中有飞机制造学生 17 名,船体制造学生 19 名,轮机制造学生 20 名。

(一)飞机制造技术人员的培养

制造飞机主要依靠技术人员和工人。飞机工程处创办伊始,先从海军马尾船政局内挑选各行熟练工人 40～50 人,其中有机械工、钳工和漆工,主要是木工,因为制造机身的工作要由木工来做。这些工人已经有较好的造船技艺,对机械常识、工具使用和识图等有较好的基础,加以分专业的训练后,固定在各车间里工作。为使工人们对飞机制造有整体上的了解,巴玉藻等人分别向工人们授课,内容有简明飞行原理、发动机原理和机体构造学等,并讲解了飞机各组成部分的原理和特点,进而使工人们懂得制造飞机的精确性,学会根据机体强度的需要选择合适的材料。对少数基础好的工人还教习了发动机校验、装卸、试车、排除故障,以及各种仪器、仪表的使用方法。所有这些技术培养,都是边学边干,以至达到很熟练的程度。这批工人成为制造飞机的骨干。此后招收的学徒,也按照上述方法进行培养,每日加授两小时的机械课,并学算术,学使用量具、工具。迁厂上海后,又陆续补进 40～50 人,工人数量达近 200 余人,在技术培养上又提出了新的要求。为及时转向制造以金属材料为主的飞机,还聘请德国工程师培训了一批掌握金属加工技术的工人。

为培养专门的工程技术人才,北洋政府于 1918 年就在福州马尾设立海军飞潜学校。1915 年海军部首次提出开办飞潜学校,北洋军阀政府予以否定。但是,海军中的有识之士并未放弃努力。1916 年,海军选派了蒋达等人去北京南苑航校学习,为建立海军航空兵做准备。当时在欧洲观战的中国海军军官陈绍宽为此呼吁不遗余力。1918年,他经过对英、美、法、意等国海军的考察之后,写出了《飞机·潜艇报告书》,提出了制造海军飞机和潜艇,培养航空和潜艇人才的具体计划。

1916—1917年间,一批在欧美学习飞机、潜艇工程的海军留学生结业后陆续回国。他们之中,有的是1909年随清朝海军大臣载洵和海军统制萨镇冰出国考察时留下的(先学造船,后改学飞机工程),有的是1915年春由福州船政局局长魏瀚出访美国时带去的。中国海军以这些人为骨干,首先开始筹办飞潜学校。经办人员在大沽、上海、福州三处勘测选址,经比较后决定在福州马尾建校。

1918年2月,海军飞潜学校终于开办。这是中国第一所培养大专水平的航空、潜艇工程人才的学校。福州船政局局长陈兆锵兼任校长。飞潜学校成立之后编有甲(飞机制造)、乙(造船)、丙(机械)等3班,其后续召丁、戊两班,学制8年零4个月,巴玉藻、王孝丰、王助、曾诒经、陈藻藩、王超等人任教官。甲班是飞机制造专业班。该班学生需攻读热力学、高等数学、材料力学、飞机结构学、飞机设计学等几十门课程,并到工厂实习。培养出陈钟新等多名优秀学生,其中不少人为我国航空事业做出了重要贡献。第一届学生毕业后不久,飞潜学校就并入了福州海军学校。

海军飞潜学校是中国最早的培养飞机、潜艇制造和驾驶人才的高等学校。但因为飞潜学校的经费完全仰赖船政局,船政局在1920年代初政局动荡之际自顾不暇,只能勉强维持到甲、乙、丙三班毕业。学生毕业之后多半调入飞机制造处学习。丁、戊两班无法支持,只好并入马尾海校。中国第一个专业的航空工程学校就这么草率结束。尽管如此,海军飞潜学校在巴玉藻等人的努力下,在10年之内培养了陈钟新、沈德熊、杨福鼎等17位工程师及500余位技术工人。在福州飞机工程处并入江南制造局后,这批工程师进行了江字号水陆交换式飞机与宁海附机的设计,成为飞机制造处的中坚。海军飞潜学校设立飞机制造、潜艇制造和轮机制造3个专业。飞机制造专业课程有热工学、高等数学、蒸汽机、材料力学、材料与处理、动力学、机械零件、机械原理、流体力学、造船原理、实用造船学、飞机结构、飞机制造、航空发动机和气体动力学等;潜艇制造专业课程有材料力学、轮机、电机学、高等数学、锅炉设计、内燃机、液体力学、机械学原理、造船设计及制图等；轮机制造课程有热力学、电机学、高等数学、材料力学、锅炉设计、锅炉构造、实用水力学、船舶结构、金属构造学、汽机制图和轮机制造等。学制8年。分普通、特别和专业三级。普通级学习2年6个月，主要学习基础课，尤其英语和数学。特别级学习3年，主要学习高等学校基础理论课。专业学习2年6个月。英文采用原版教材，国文采用四书白语注解及古文选编等为课本。当年，共开设甲、乙、丙3个班，学生约150名。民国十二至十四年，甲、乙、丙班学生相继毕业，实际毕业人数为56名。民国十五年，该校与福州海军制造学校、福州海军学校合并，统称福州海军学校。民国十七年，附设军用化学班学生毕业一届10人。至民国二十三年，航空班计毕业学生三届21人。

（二）飞行员的培训

飞机制造处早期的试飞员均临时招募。"甲一"甚至因为无人敢飞而延搁试飞半年。1920年，海军派遣了曹明志、吴汝夔、陈泰耀、刘道夷等人去菲律宾学习驾驶飞机技术，于1921年4月学成回国，成为中国第一批海军飞行员。1923年6月，中国海军开始自己训练飞行员，在马尾设立了航空教练所，曾聘请俄籍飞行师萨芬诺夫为教官，学员有黄友士等人。北伐中期，依附广州的闽系海军舰队时常遭到东北舰队的偷袭，海军部决定建立海面侦察机队配合舰队。于是命令飞机制造处尽快研发侦察巡逻用飞机，并成立了飞机制造处附设飞行人员训练班，以沈德燮为教育长，挑选海军军官4名与飞潜学校毕业生数名受训。1929年，海军部将这个班迁到厦门并改派留德飞行员陈文麟主持，不再受飞机制造处管辖，并购买亨克尔教练机1架供训练之用。1929年并招募第2届新生9名，20世纪30年仅再招第3届。1926—1934年间，海军航空处开办了3届飞行训练班。该班曾继续使用过海军飞潜学校的名义，共毕业飞行学员21人。他们是：陈长诚、何建、揭成栋、彭熙、许成荣、李利锋、林荫梓、苏友谦、唐任伍、梁寿章、许葆光、陈启华、任友荣、傅恩义、庄永昌、黄炳文、陈亚维、傅兴华、何启人、李学慎、许声泉。1923年3月，马尾设航空教练所（海军航空处），培训专业飞行人员,聘请流落在国外的俄国人萨芬诺夫为教练员,教授中国学生。学员都有大专水平。

马尾航空文化是船政文化的重要组成部分。其一,马尾飞机制造业的诞生是和船政奠定的工业基础分不开的。没有船政这个历史积淀,马尾的飞机制造业无从诞生。1866年创建的福建船政为飞机制造业的首创奠定了丰厚的物质基础和人才基础。水上飞机制造之前,福建船政已制造了一批千吨级的船舶,成为中国近代科技和工业的摇篮。巴玉藻、王助等航空界精英都是留英留美归来的学生。巴玉藻取得硕士学位后曾任美国通用公司第一任总工程师,王助任美国波音公司第一任总工程师。正因为有如此坚实的根基,在筹建飞潜学校和飞机厂的时候,虽然大沽、上海等处也列为选址的地方,但最后还是选定在马尾。其二,马尾飞机制造业的诞生与海军建设分不开。马尾船政是海军的摇篮。我国第一支海军舰队在这里诞生,晚清和民国的大多数海军将领在这里产生,知名的就有叶祖珪、萨镇冰、刘冠雄、黄钟瑛、程璧光、李鼎新等。中法马江海战的英烈吕翰、许寿山,中日甲午海战的英烈邓世昌、林永升等也都是船政的学生。船政的学生很多到各地水师学堂担任要职。正如李鸿章所说,"闽堂(福建建船政学堂)为开山之祖"。正因为国防建设的需要,在马尾设立海军飞机工程处,生产水上飞机,就是顺理成章之事。所以,没有船政这个海军摇篮,也就不可能有马尾飞机制造业的崛起。今天,我们纪念马尾首创中国飞机制造业,也就是在揭示船政的丰厚历史,以弘扬船政文化。

福建船政文化是那个年代各个历史人物及人民群众创造性活动的结果,其发展过程渗透着船政精英奋发图强、改革创新的精神。船政的创始人左宗棠和沈葆桢都受到明清之际的经世致用思想影响。左宗棠将其掌握的经世致用思想与当时中国国情结合起来,创办了福建船政,使福建船政成为中国近代工业技术思想的肇始,成为中国近代军事技术思想的发源地和中国近代中外科技思想交流的重镇。沈葆桢则身体力行,将经世致用的价值观落实在对船政的创办和管理之中,结出了丰硕的创新成果。沈葆桢离任之后,船政的发展尽管遭受到如经费困难等多方面的问题,但依然对中国近代社会特别是近代工业和海防事业做出了很大的贡献。随后在

20世纪,船政在飞机制造方面又做出了创新贡献。创新是船政文化的重要内容,船政在几十年发展过程中,充分体现出革故鼎新的精神,其创新精神主要表现为:(1)主动向技术领先者学习,聘请国外技术专家,引进国外先进技术设备,提升我们自己的技术水平;(2)引进新式的西方教育,将创办实业和培训人才完美结合起来,不断进行产品创新和工艺创新;(3)打造船舰,制造水上飞机,培养军事人才,创建海军,为中国近代工业的发展、中国近代海军的发展和中国近代航空事业的发展做出了巨大的贡献。船政文化的主动学习和开拓创新精神对后人有着非常重要的启示作用。

参考文献

1.张作兴:《船政文化研究——船政奏议汇编点校辑》,福州:海潮摄影艺术出版社,2006年。

2.陈道章:《福建船政大事记》,北京:中国文联出版社,2010年。

3.陈道章:《船政研究文集》,福州:福建省音像出版社,2006年。

4.夏东元:《洋务运动史》,上海:华东师范大学出版社,1992年。

5.《船史研究》1996年第10期。

6.《左文襄公全集》。

7.《洋务运动》(五),上海:上海人民出版社,1961年。

8.郑剑顺:《福建船政局史事纪要编年》,厦门:厦门大学出版社,1993年。

9.林庆元:《福建船政局史稿》,福州:福建人民出版社,1999年。

10.沈传经:《福州船政局》,成都:四川人民出版社,1987年。

11.沈岩:《船政学堂》,北京:科学出版社,2007年。

思考题

1.船政文化对中国近代工业发展产生了哪些积极影响?

2.船政文化对中国近代海军的发展做出了哪些贡献?

3.船政文化对中国早期航空事业的发展产生了哪些影响?

推荐阅读书目

1.林庆元：《福建船政局史稿》，福州：福建人民出版社，1999年。

2.陈道章：《福建船政大事记》，北京：中国文联出版社，2010年。

3.夏东元：《洋务运动史》，上海：华东师范大学出版社，1992年。

第六章

福建船政名人

致天下之治者在人才，成天下之才者在教化，职教化之任者在师儒，教化之所本者在学校。

——《宋史·胡瑗传》

历史是人创造的，船政历史和文化也是由一大批人物创造的。如创始人左宗棠，船政之父沈葆桢，船政朝廷支持者恭亲王奕䜣。此外，船政学堂的学风极为严谨，在教学中十分注重理论联系实际，马尾船政前后两学堂共毕业学生 629 名，其中涌现了严复、詹天佑、陈兆翱、陈季同等精英，在中国近现代史上都有过非凡的表现。

第一节　两位创办人

船政的筹划者是左宗棠，他首先向朝廷提交报告，要求创办船政，得到了朝廷的批准后，他又推荐沈葆桢任船政大臣。沈葆桢不负所托，在他任船政大臣的 9 年里，政绩斐然。两人均可谓是船政之父。

一、船政创始人左宗棠

从 1866 年到 1907 年福建船政局存在的 41 年间,共制造了 40 艘各类舰船。尽管福建船政局在经营过程中,有各种各样的问题,但是左宗棠在中国近代史上却抹有浓重的一笔——他奠定了中国轮船制造和海军建设的基础。用当时著名思想家郑观应的话说:"创始之功甚伟!"特别需要指出的是,作为福建船政局的组成部分,福建船政学堂的创办,标志着中国第一所海军学校的问世。从 1866 年到 1912 年,福建船政学堂为中国培养了 504 名海军各类人才。严复、邓世昌、刘步蟾、林泰增、林永升、萨镇冰等著名海军人物,都毕业于这所学校。所以,左宗棠在中国海军建设史上有着不可磨灭的重要影响。

(一)左宗棠简历

第一次鸦片战争以来,轮船东渐。林则徐、魏源等地主阶级开明派,曾提出设厂造船的主张,却得不到清政府的重视和采纳,相反还被道光皇帝斥为"一派胡言"。随着西方列强对中国掠夺性贸易和航运业的发展,战后不久外国资本就在广州、香港、上海等地设立造船厂。然而,20 多年来,清政府却没有设立自己的造船厂制造轮船。直到 1866 年,左宗棠创办福建船政,中国才有了自己的轮船制造工业。

左宗棠是一位著名的历史精英,在晚清军事、政治、经济等方面均有重要的影响。他一贯力主制造轮船,建立海军,抵御西方列强的侵略,实为中国近代造船工业的奠基人。

左宗棠,字季高,一字朴存,湖南湘阴人,生于嘉庆十七年十月初七(1812 年 11 月 10 日),光绪十一年七月二十七日(1885 年 9 月 5 日)逝世于福州,享年 73 岁。

左宗棠一生可分为三个阶段。第一阶段,即左宗棠 40 岁(1852 年)以前,他是一个满怀忧国忧民激情的乡村知识分子,他在道光十二年(1832 年)中举。后三次参加进士考试,虽饱学诗书,但屡试不中,于是灰心科举,

图 6-1　左宗棠

留心农事,研究方志、地理和兵法,一度主讲醴陵绿江书院,为两江总督陶澍所赏识,因此得名。1849 年冬,林则徐辞去云贵总督之职回福州,舟过长沙,邀左宗棠相见,舟上畅谈竟夜,林则徐称他为"绝世奇才"。第二阶段,自 1852 年至 1873 年,左宗棠则是参与镇压太平天国、捻军和陕甘回民起义的军事将领。因胡林翼的推荐,左宗棠步入湘军军营,参加镇压太平军,他屡出奇谋,左征右战,功劳卓著。1863 年升任闽浙总督,天京陷落后,清政府论功行赏,封他为一等恪靖伯。第三阶段,自 1874 年至 1885 年,则是一位收复边疆抵御外侮,为维护民族利益做出重大贡献的爱国主义者。

（二）创设船政

左宗棠造船活动是与他的自强御侮的爱国思想有着直接联系的。

19 世纪 50 年代中期,清政府为了镇压太平军,曾经购买和租赁过几艘小型的外国轮船。1860 年,朝廷讨论购买船舰大炮,用来镇压太平军,1861 年,总理各国事务衙门和总税务司会商购买,即所谓"阿思本舰队"。这时,左宗棠任浙江巡抚,他曾指出,将来如有经费,应当准备仿制轮船,这才是海疆的长久之计。其意已不在购买而在制造,不在镇压太平军而在海疆了。

1864 年,左宗棠驻杭州时,曾经聘请工匠,仿造了两艘小火轮,试用之后均能用;并和法国军官日意格、德克碑多次商讨设厂造船的事情。1866年正月,左宗棠由粤东回到福建,担任闽浙总督。这时,清政府经过威妥玛、赫德游说,又准备购买、租赁外国轮船,并下文件让各省督抚讨论此事。

左宗棠详细分析了借用、租赁、购买外国轮船的弊端后指出:"就局势而言,借不如雇,雇不如买,买不如自造。……欲防海之害而收其利,非整理水师不可;欲整理水师,非设局监造轮船不可。泰西巧,而中国不必安于拙也,泰西有,而中国不能傲以无也。"

林则徐、魏源的反侵略军事思想,为左宗棠倡议创设福建船政奠定了理论基础。德克碑、日意格的具体筹划,为他的倡议制定了蓝图。但他对福建船政从建议到离开福州,前后只有几个月。作为当时京外三大领袖之一,他能承担后果而向皇帝提出见识深远的建议,并知人善任地推荐沈葆桢出来主持,比起那些尸位素餐、不愿革新图强的官吏而言,显得卓识远见。

设厂造船遇到重重阻力,而左宗棠敢于承担风险,并且抱有很大的决心,这是难能可贵的,也是曾国藩、李鸿章所不及的。

他的折子是在 1866 年五月十三日(6 月 25 日)发出的。当时主政枢政的恭亲王奕䜣、文祥等人采纳了左宗棠的正确意见,并得到慈禧太后的批准。六月初三(7 月 14 日),同治皇帝的朱批就到了:"左宗棠奏见拟试造轮船,览奏均悉。中国自强之道,全在振奋精神破除耳目近习,讲求利用实际。该督现拟于闽省择地设厂,购买机器,募雇洋匠,试造火轮船只,实系当今应办急务。左宗棠务当拣派妥员认真讲求,必尽悉洋人制造驾驶之法。"

于是在左宗棠的倡议下,扭转了租赁、购买外国轮船的原议,终于得以建立我国近代的第一所造船厂——福建船政。如果没有他,中国的造船业又不知要延迟到何年何月。

(三)建立章程

在当时的条件下,左宗棠创办福建船政是必须借助于西欧国家的。但是他在引进西方先进技术的同时,十分注重自力更生发展本国的造船业,自力更生建设本国的海军。一方面,他采取订立合同等各种有效措施,使得"用洋人而不为洋人所用"。另一方面,他十分强调不仅仅在于仿造轮船,而更重要的是把外国的先进技术真正学到手。他指出:"夫习造轮船,非为造轮船也,欲尽其制造、驾驶之术耳,非徒求一二人能制造、驾驶也,欲广其传,使中国才艺日进,制造、驾驶展转授受,传习无穷耳。故必开艺局,选少年颖悟子弟习其语言、文字,诵其书,通其算学,而后西法可衍于中国。"又指出,"艺局初开,人之愿习者少",必须采取"非优给月廪不能严课程,非量予登进不能示鼓舞"的措施。同时提出在"恭呈御览,伏恳天恩俯准照拟办理"的同时,"即饬司刊刻章程,出示招募艺局子弟"。

左宗棠在折中提出的《求是堂艺局章程》规定:

第一条 各子弟到局学习后,每逢端午、中秋给假三日,度岁时于封印回家,开印日到局。凡遇外国礼拜日,亦不给假。每日晨起、夜眠,听教学、洋员训课;不准在外嬉游,致荒学业;不准侮慢教师,欺凌同学。

第二条 各子弟到局后,饮食及患病医药之费,均由局中给发。患病较重者,监督验其病果沉重,送回本家调理,病瘥后即行销假。

第三条 各子弟饮食既由艺局供给,仍每名月给银四两,俾赡其家,以昭体恤。

第四条 开艺局之日起,每三个月考试一次,由教学洋员分别等第。其学有进境考列一等者,赏洋银十元;二等者,无赏无罚;三等者,记惰一次。两次连考三等者,戒责,三次连考三等者斥出。其三次连考一等者,于照章奖赏外,另赏衣料,以示鼓舞。

第五条 子弟入局肄习,总以五年为限。于入局时,取具其父兄及本人甘结,限内不得告请长假,不得改习别业,以取专精。

第六条 艺局内宜拣派明干正绅,常川住局,稽查师徒勤惰,亦便剽学艺事,以扩见闻。其委绅等应由总理船政大臣遴选给委。

第七条 各子弟学成后,准以水师员弁擢用。惟学习监工、船主等事,非资性颖敏人不能。其有由文职、文生入局者,亦未便概保武职,应准照军功人员例议奖。

第八条 各子弟之学成监造者,学成船主者,即令作监工、作船主,每月薪水照外国监工、船主辛银数发给,仍特加优擢,以奖异能。

图 6-2　《求是堂艺局章程》

同治五年十一月二十四日(1866 年 12 月 30 日)清廷批准左宗棠所奏的艺局章程。

左宗棠见识远大,规制的缜密,今人读之,犹觉切中要害,实属难能可贵。

福建船政正在筹办之时,左宗棠在 1866 年九月调任陕甘总督,他未因为马上要离开福建,而撒手不管,而是加紧进行筹办,使之定局。于是,为物色接办人员,筹措经费,与洋员立约画押,制定章程,筹购机器,规划厂坞等事,发折 30 多件,片 40 多件,终于让各事大定。他推荐丁忧在籍的江西巡抚沈葆桢为船政大臣,获得清政府批准。

11 月 23 日,左宗棠交卸督盐两篆,由福州将军英桂兼署,遂驻营福州城外东教场,专待洋员来。29 日,胡雪岩、日意格、德克碑同来福州,带来白莱尼签字的担保书。连日复与胡雪岩、黄维煊、日意格、德克碑往返具体商议,至 12 月 9 日才具有眉目。待交接完毕,左宗棠遂于 16 日离开福州。

（四）心系船政

左宗棠在 1866 年十一月离开福建经江西、湖北去陕西,他人虽然去了西部,但心思却关注福建。离开的时候,他反复考虑此事,十分担忧有人反对。果然,左宗棠离开福建后,继任闽浙总督吴棠,一反大臣之所为,声称"船政未必成,虽成也何益",企图使之功败垂成。吴棠本质上是一个庸吏,但靠山很硬,来头很大。慈禧未入宫时,父亲死了,家境困厄,吴棠和其父亲有交情,曾经周济其家。于是屡次得到提升,直到官居总督。左宗棠在陕西收到福建官绅们的来信,痛斥吴棠横决之状,觉一腔热血,不知洒向何处。心里十分痛心。于是,上奏朝廷,陈其荒谬,最终导致吴棠调离福建,使沈葆桢免除掣肘,能专心办理船政。

嗣后,福建船政的建设和生产日渐发展,颇见成效。1870 年,沈葆桢丁父忧,暂时辞职(1872 年重新恢复职务)。

1871 年十二月,内阁学士宋晋上奏:造船靡费太贵,名为远谋,实同虚耗,应将江南、福州两处轮船局暂行停止。宋晋所奏在内容上和吴棠相差无几,然而其性质有很大的不同。吴棠计划裁撤福建船政,很大程度上带有新任总督自作威福的成分;而今宋晋的观点,实际上是清政府内外一切苟且偷安、因循守旧的保守派顽固地反对造船建军、自强御侮的集中反映。宋晋的歪理邪说出来后,奕䜣也难以措手。于是令左宗棠、沈葆桢、曾国藩、李鸿章等对是否应该撤停进行讨论。左宗棠坚决反对停止造船,力陈制造轮船"实以西洋各国凭其船炮横行海上,每以其所有傲我所无,不能不师其长技以制之"。现船政日有起功,不为靡费,不可停撤。否则,对敌人有利,而国家失去自强的希望了,实在是大大的失算。

沈葆桢奏称:

　　查宋晋原奏称,"此次轮船将谓以之制夷,则经议和,不必为此猜嫌之举"。果如所言,则道光年间已议和矣,此数十年列圣所宵旰焦劳者何事?天下臣民所痛心疾首不忍言者何事?耗数千万金于无底之壑,公私交困者何事?夫恐其要挟,为抱薪救火之计者非也;激于义愤,为孤注一掷之计者亦非也。所恃者,未雨绸缪,有莫敢侮予之一日耳。若以此为猜疑,有碍和议,是必尽撤藩篱,并水路各营去之而后可也,夫以数年草创伊始之船,比诸百数十年孜孜汲汲、精益求精之船,是诚不待较量,可悬揣而断其不逮。然亦思彼之擅是利者果安坐而得之耶? 抑亦苦心孤诣不胜糜费而得之也。略举一二已见当时朝臣多庸懦无能苟且偷安之辈,对稍图振作改变积弱行为,不说糜费旷时,就目之为好大喜功。

此微臣所以反复思之,窃以为不特不能即时裁撤,即五年后(指与日意格订立合同期满)亦无可停,所当与我国家亿万年有道之长久永垂不朽者也。

沈葆桢对昏庸颟顸、苟且偷生之徒痛加挞伐,坚持造船是国家亿万年永远不可停止之举,实在是一篇很好的文章。

曾国藩也不同意裁撤,认为"只能因费多而筹省,似不能因费绌而中止"。

宋晋掀起的这一场风波总算平息了,中国近代造船工业幸运地未被夭折。

1874年,日本侵犯我国领土台湾,沈葆桢率船政新造的"扬武""福星""安澜"等船及水陆师赴台备战,日本未能得逞。但是,日本侵台之举,颇使清政府内外震惊。是年九月,沈葆桢上奏包括"练兵、简器、造船、筹饷、用人、持久"六条建议,它虽仍未对如何筹建海军、加强海防问题提出具体办法措施,但其所言所论,不失为数十年来对海防问题比较清醒、客观的高层议论。

各督抚纷纷对此奏折发表意见。总理衙门原文只以"海防未固""急需整顿",丝毫未涉及停撤塞防之事。一些督抚却节外生枝,挑起海防、塞防之争。左宗棠则称:"窃维时事宜筹,谟谋之宜定者,东则海防,西则塞防,二者并重。"论事公正,并未以其统兵西北而偏废海防。

左宗棠自1866年西去,至1880年回京,经营西北14年。其间,他虽关注福建,但毕竟对东南的造船建军巩固海防诸事难以过问。自从海防兴起之后,李鸿章以直隶总督兼北洋大臣督办北洋水师,于是逐渐把持了海军大权。但李鸿章主张购船,早在1876年就擅自命令江南制造总局停造轮船,福建船政也因经费短缺,难以维持。

1881年10月,左宗棠任两江总督,即决定由南洋协拨造船经费(先后共拨100余万两),由福建船政代南洋建造"开济""镜清""寰泰"等3艘铁胁木壳快船。该船长87米,排水量2200吨,马力2400匹,速度15节,为船政前学堂自行设计制造。这时,西欧英、德等各国以制造钢质船舶为主,此虽为铁胁木壳,但其性能颇佳,也足以说明当时中国造船工业的技术进步。

左宗棠还打算在江南制造总局建造轮船。长江水师提督彭玉麟奏请修造一些小型炮艇,以供长江巡防之用。此报告得到朝廷批准。彭玉麟便和左宗棠决定叫江南制造局与福州船政局修造10艘长109尺的炮艇。第一艘即将着手在上海江南制造局试造。此艇造成后如果会用,再决定其他各艘是否修造。他们初步打算叫沪、闽二局各造一半。但是这一计划未曾实现。在左宗棠两江总督任中,江南制造总局开始建造的1220吨钢质轮船"保民号",与以后几年福建船政建造的"广乙""广丙""平远"等钢质舰船表明,当时中国的造船技术水平与西欧先进造船国家的差距不是太大。

1884年,左宗棠为钦差大臣督办福建军务。1885年正月,他奏请拓增船炮大厂。

奏上,留中不发。五月,又奏请试造新式兵船,拟造钢甲兵船3艘,并重申拓增船炮大厂之议。又奏请设"海防全政大臣",驻扎长江,南拱卫闽粤,北拱卫京津。但两个月后,左宗棠与世长辞,上述诸议也未能实现。至此后,清政府大肆购买外国轮船,清政府的造船工业日趋委顿。

二、船政之父——沈葆桢

沈葆桢之事业,以督办福州船政和创建福建水师为最。尽管左宗棠是主要筹划人,但福州船政局刚刚筹建,他即赴任陕甘总督,留下的事业由沈葆桢完成,故有"创自左宗棠,成于沈葆桢"之说。二人均被马尾地方建祠纪念。福建船政从开创到初具规模,从不懂造轮船到中国能独立自造轮船,沈葆桢苦心经营了9年。

（一）沈葆桢简介

沈葆桢（1820—1879），字幼丹，福州人。27 岁中进士，历任翰林院庶吉士、武英殿撰修、江南道监察御史、江西九江知府。1855 年调署广信（今上饶）知府，后升迁为吉南赣宁兵备道帮办江西全省团练。1862 年升江西巡抚。1866 年任总理船政大臣，主办马尾造船厂。1874 年奉命办理台湾等处海防兼理各国事务大臣。次年调任两江总督兼督办南洋海军事宜。1879 年 12 月 18 日病逝，享年 60 岁。

图 6-3　沈葆桢雕像

沈葆桢一生最突出的业绩就是办理福建船政、制造兵船、创办学堂，为巩固海防、培养科技人才做出贡献，是中国近代海军的奠基人之一。

（二）出任背景与经过

道光年间，受林则徐委托而撰写《海国图志》的魏源，是中国最早提出设厂造船的人，比左宗棠的建议还早 20 多年。由于鸦片战争的教训，他第一个提出"师夷长技以制夷"的思想，主张用洋器来制洋人。他建议设立工厂，聘请洋师、洋匠，选闽粤巧匠精兵，司造船械，学习西方的技术，为我所用。由于清政府闭关锁国，他的建议没有被采纳。

直到 1862 年前，中国还没有以蒸汽机为动力的近代化海军，虽设有水师，但只能用于抓捕海盗，谈不上抵御外侮，保卫海疆。第二次鸦片战争之后，清政府请英国人海关总税务司李泰国，在英国代买中小兵舰 7 艘，组成"中英舰队"，于 1863 年开到中国。后因领导权问题，又令开会变卖，出银赔偿损失，才算了事。清政府最初建立"海军"，就这样宣告破产了。后来，曾国藩和李鸿章,在上海合并成立江南机器制造总局,主要是造枪炮,其次才是轮船。直到1867年,造船设备仅有泥船坞一座,造船业长期停顿。

1863年,左宗棠任闽浙总督,后又节制赣、粤、闽三省清军。他认为陆战中国有优势,海战洋人有优势,因此他重视轮船。他手下两个洋将——德克碑和日意格,建议建立造船厂,并愿代为筹划。后因战争,无暇顾及,一直拖到1866年6月25日,左宗棠才奏请朝廷,在福建马江设厂制造轮船,于7月14日得到批准。8月19日,日意格来闽划订合同,因久候德克碑未来,先返上海见法国总领事白莱尼,请求担保。这时,陕甘回民起义,清政府于9月25日调左宗棠为陕甘总督。10月5日,德克碑自越南到福州,左宗棠一面令德克碑到上海约日意格及参与商订合同的福建候补道胡雪岩等同来定约,一面想亲自物色人员后再出发。

恰好这时沈葆桢丁母忧,在福州守制。左宗棠于是三顾茅庐,并在10月31日上奏推荐沈葆桢主持船政。但沈葆桢以丁忧者不应过问政务为理由拒绝,经左宗棠劝说后,才最后表示同意就任。清政府同意了左宗棠的推荐。

沈葆桢推诿说"重孝在身",不肯赴职,实际上担心有职无权,无所作为。左宗棠年长沈葆桢8岁,二人经历、性情、做事风格颇为相似,沈葆桢为江西巡抚时曾协同曾国藩、左宗棠作战,并在一次重大战役中确保了左宗棠军的运粮通道安全,深得左宗棠赞赏。左宗棠举荐沈葆桢继承船政事业,主要是他看中了沈葆桢的能力。因此,左宗棠不惜三顾茅庐并鼎力举荐他,同时推荐著名绅士、商人胡光墉(胡雪岩)相助,所有的原班人马,都归沈葆桢调遣。

沈葆桢虽多受林则徐儒雅之风的熏陶,但是做起事来,雷厉风行。有人评价沈葆桢是"儒家风范,君子之风,但作风之强硬出人意料"。于大事方面,他果断宣称"铁甲舰不可不造,日本不可不防"!沈葆桢把福州船政局定位为要自己建造兵船,达到中国在东亚的海军霸主地位的目的。于小事方面,有部下偷了外国人的汗衫,他认为此事有辱国格,将此人斩首示众。船厂需要大量铁皮,布政司主管售铁的官员故意为难,索取好处费。沈葆桢抓个属吏,以"阻挠国事,侮慢大臣"的罪名,斩首示众。这一轻罪重判,小题大做,但杀一儆百,从此没人敢忽悠沈葆桢。

设地造船,先从征地下手,当时马尾中岐罗星塔联合远近几十乡,出来阻挠,说服教育不听,强令禁止遭到他们反抗,且打伤差役。沈葆桢亲自出面劝告说服,当时他正在丁忧,两人抬一顶白布轿子,未带太多随从,村民更加轻视他。沈葆桢苦口婆心,晓以大义,但村民依然喧哗聒噪,且用砖头石块投掷,导致沈葆桢脚踝轻伤流血。如果不是卫兵奋力救护保卫,他甚至有生命危险,于是他折回濂浦大王宫休息。翌日早晨,调来五艘炮舰,300士兵,驻扎在中岐乡,责令绅士交出昨日为首闹事的18人,否则开炮洗村。村民还在犹豫,沈葆桢于是下令连朝天空开大炮示威,声震大地,万人变色,立即捆绑送出18人,沈葆桢下令把他们全部就地正法。几十个父老下跪求饶,请大人饶命,愿具结担保,不敢违抗。于是,沈葆桢下令把昨天投砖石打伤他的两名愣头青就地正法,其余16人以箭穿耳示众,然后交县衙关押,等征地完成后才释放。从此,马尾老百姓当沈葆桢来临,立即恐惧地躲避,关门潜伏,不敢大声出气。

现在台江一带老一辈商人中,有的还记得儿时所听到的传说。当年,沈葆桢经常坐两人抬的白色轿子到台江码头换船赴马尾。回来后也坐这白色轿子进城。中途若遇到抚院府县的官轿车马,回避的不是两人抬的白轿子,而是他们。

(三)对船政的贡献

沈葆桢上任后,一方面有日意格、德克碑回国购买设备,并聘请洋师、洋匠。当时法国造船业发达,长于制造,所以引进法国的先进设备和技术;英国擅长航海,所以聘请英国人教授驾驶,各取其长。另一方面,在马尾中岐征购土地、建设工厂、船坞、学堂、宿舍等等。左宗棠原订合同设工厂5所、学堂1所,用地200余亩。在沈葆桢主办期间,却大加发展:工厂为13所,学堂为5所,用地为600亩,规模相当可观。为了防潮,沿江厂地,用土填高5尺,用钱购土,导致方圆十余里无土可买,可见工程的艰巨。

在造船和购船这个问题上,李鸿章认为造船成本高、速度慢,主张订购;左宗棠侧重于造。而沈葆桢主张学习西方造船技术,自己造船,这才可以掌握主动权。

按原计划只设"求是堂艺局"一所学堂,沈葆桢在建厂同时,在福州白塔寺和仙塔街两处民房及城外亚伯尔洋房先行招生,后移到马尾,分设两个学堂,即"船政前学堂"和"船政后学堂"(1913 年 10 月,前者改为海军制造学校,后者改为海军学校)。前学堂培养造船人才,专攻制造和法语,也叫"法语学堂",后学堂培养航海人才,专习驾驶和英语,也叫作"英语学堂"。后学堂又分"管轮学堂"和"驾驶学堂"。为了培养工程制图人才,1867 年年底,沈葆桢增设"绘事院"(即船政局图算所),招收有文化的优秀子弟,由外国工程师教授。翌年 2 月,又创设培养技工的"艺圃"(1916 年改为海军技术学校),招收有膂力的工人子弟,让其白天在工厂工作,晚上在技校读书,类似今天半工半读的技校。艺圃又是船政学堂的预备班,优秀的选拔到前学堂进修。

沈葆桢认为,中国人专门学习四书五经,不重视科技(器艺),造成国家衰弱,主张学习外国的先进科技;但又怕外国的生活方式腐蚀中国。因此,他规定学生每天课余要上政治课(学习《圣谕广训》《孝经》之类的道德文章),当然主课依然是科技。沈葆桢对学生要求严格,经常对他们进行考核。对成绩好的学生,既有饭食、赡家费(助学金),又有赏银 10 元的奖学金;成绩差的轻则戒责,重则开除。以船政前学堂为例,从 1867 年 2 月成立,到 1873 年 11 月,入学学生 105 人。其中除 6 人死亡外,被开除的就有60 人,只有 39 人跟上了进度。宽进严出,保证了教学质量。

沈葆桢认为外国先进技术,首在自然科学(算学)。他曾经建议皇帝设算学科举,考取人才。遭到保守派反对后,他仍然上疏,建议废除武科,让李善兰为阅卷官。在封建时代,武科是列祖列宗的成法。沈葆桢敢于触动它,率先更改皇规,可见他对科技的重视,显得十分卓越超群。

由于中国初次造船,有些人怕不成功,祸将无底,而沈葆桢却满怀信心督促日意格依约行事。他强调传授技术的程序是边教、边造、边用,让学、造、用三结合。他与日意格约定,期限满后,如果中国学生实能按图仿造,虽轮船未下水,也算教导成功。他把完成教学比完成造船数量看得更重要。怕洋人不肯传授技术,他一面笼络洋员,请朝廷赏赐日意格为提督官衔,并戴花翎,也赏德克碑戴花翎,其他洋师也给以三品等顶戴;一面又允许教导成功,奖励优加,给予巨额犒金。沈葆桢就是这样用高薪、高奖励的办法来调动洋员、洋匠的积极性,以达到购买先进技术的目的。他还说,合同期限到后,所有的洋匠将全部遣散。他不是长期依赖外国技术力量,高薪雇人是为了传授先进技术,是借用外国技术力量的一种临时性措施,以便独立自主地建立我国的造船工业。

左宗棠原建议造的船,既要能运兵,又要能漕运。所以,一号至六号轮船,既像运输船,又像商轮。作战,不能催坚陷阵,运输,又浪费太大。从第七号起,沈葆桢决定仿造各国军舰,增设炮位,加强马力。第七号取名"扬武",轮机额定马力为 1130 匹。一号至六号轮炮位一般为 3 门(少数是 6 门),"扬武"则为 13 门,实际上即为今天的中型巡洋舰。造舰获得初步的成效。

1873 年 7 月,一批在船政学堂和"艺圃"学习的学生已经学成。制造十二号轮船时,内外机器均能自制了,已不必完全依靠外国技术人员了。从这时起,沈葆桢为了有意识地培养和考验中国学生能否独立操作,命令日意格挑选出中国学生,通晓图纸的为工匠头,次者为副匠头,洋师付给全图,不再入厂,让中国学生督率工人放手自造,并令前学堂的学生、绘事院的技工分厂监控。即摆脱洋师、洋匠,由中国人独自制造。

几个月后,沈葆桢亲自检验工程,认为均合格。对于后学堂学生,也令他们上船教练,并在两次出洋之后,挑选 2 名学生令其自行驾驶。经过考验,其中堪任驾驶的有 10 多人,分派各船管机者也有 10 多人。造船学生中有 7 人可以指挥轮机生产,1 人可担任教授,20 人可以成总木匠师,6 人可以指挥建造船体;技校毕业生中,有 87 人能独立按图施工,其中 53 人可担任车间领导,少数可成为工程师;工人中有 189 人可以按图施工,少数人可以当工头。于是沈葆桢报告朝廷,制船成功,并提出一面遣散洋员、洋匠,一面把聘请外国人的工资移作经费,选送一些有一定技术基础的学生出国深造。在沈葆桢的建议下,洋员和洋匠被遣散了,同时还派出了我国海军第一批留学生 45 人。规定出洋的学生,首先必须是懂行的、优秀的;其次,出去后必须学习最先进的技术。对出去留学的学生,他认为选拔 10

个,有 5 个成才,就是对我国海防建设大有裨益了。

1874 年 2 月,《中西见闻录》说:建设不过五年,船已造这么多,而毕业学生,也卓有成效,可谓敏捷啊。

1876 年 4 月,英国海军军官寿尔随英舰"田凫号"到马尾造船厂参观。他在《田凫号航行记》中记载:"我到时,人们正在把两对一百五十马力的船用引擎放到一块儿去,它们是本船政局制造的,它们的技艺与最后的细工可以和我们英国的机械工厂任何出品相媲美而无愧色。整个而言,除了工人之外,这个造船厂和外国任何其他造船厂并无多少区别。"

马尾造船厂从 1867 年开工到 1911 年清朝灭亡的 40 多年间,共造船 40 艘,在沈葆桢主政的 9 年间,就造船 20 艘,其中由外籍员工造的只有最初的 12 艘,其余都是中国人制造的。这 40 艘中马力最大的是 2400 匹,一般是 580 匹,最低的是 320 匹,速度最高的每小时 23 海里,一般 12 海里,排水量最大达 2000 多吨。特别值得一提的是,我国最早发动改造铁胁轮船和采用康拜式轮机的就是沈葆桢。十九号船以前都是木壳(胁)船,从二十号船就开始制造铁壳和采用卧式锅炉。这种锅炉与水面平,既省煤又可避开枪炮。从此以后,我国自己也能制造铁胁船了。这些制成的军舰,虽然还不能和列强匹敌,但从无到有,总是打破了列强傲我所无和横行于我国海疆的局面。到 1872 年,我国轮船招商局成立,马尾造船厂除了在技术上给予支援外,后来还无偿调拨千吨以上的"海镜""琛航""大雅"3 艘,归其所用。由于船只增多,生意较兴旺,以前轮船招商局只做北三口的生意,后来天津、烟台各口海运生意,也归招商局了,成为洋商竞争的劲敌,扭转了外国商船独占我国航运的状况,这的确是一个重大的成绩。

马尾船厂是当时远东规模第一的轮船修造厂,平日有二三千工人,在工程繁忙时有一万多人。它为我国培养了一批工人阶级队伍,也造就了许多人才。船政学堂第一届毕业生、我国翻译界先驱严复,不仅系统地把西方学术思想介绍到中国来,后来更为维新变法运动提供了理论和政策依据。陈兆翱在留法期间,就为法国改进了一部以他命名的新式抽水机。其他如《聊斋志异》法文翻译者陈季同,《马氏文通》作者马建忠,以及魏瀚、萨镇冰、叶祖珪、罗丰录等知名人士,都是船政人。我国海军从清末的南北洋舰队乃至于民国，许多舰艇长、舰队司令、海军大臣、总长、部长，都是从马尾船政学堂毕业的。他们当中有许多爱国人士，如中法海战中壮烈牺牲的陈英、许寿山等，甲午战争中壮烈牺牲的邓世昌、林永升、刘步蟾等人，都为保卫我国海疆，抵御外国侵略，贡献出了自己的生命。此外，后来各省新办的铁路、矿务、兵工厂、电报、航海、制造等重工业、运输业、通信业以及外交人才，多从福建船政抽调。我国自行设计和建造的第一条铁路——京张铁路的总设计师詹天佑，是船政后学堂第八届毕业生。

总之，在沈葆桢的努力下，福建船政不仅成为我国海军的发源地，中国第一个轮船公司——招商局的生母，而且成为我国科技人才的摇篮。

（四）为建立和发展船政而斗争的业绩

沈葆桢所主办的福建船政，在政治上经历了许多困难和斗争。尽管它是为加强大清帝国的海防力量、抵御外侮而建，但也同样遭到保守派、顽固派的强烈反对，他们害怕动摇他们所依赖的封建经济基础。

1967年秋，正当建厂工程紧张施工时，闽浙总督吴棠就利用职权进行破坏刁难。吴棠最初说："船政未必成功，就算成功了又有什么益处？"刚开始沈葆桢还希望各行其是，彼此不相妨碍，坚不为所动。后来，福州由于出现了反对船政的匿名小字报（揭帖）刻本，吴棠按惯例进行立案调查。当时任船政提调的代理布政使周开锡，被匿名小字报所牵涉。吴棠明明知道他是被冤枉的，但还是不让周到局办事。船政局员、署藩司叶文澜也被诬陷。另一局员，延平知府李庆霖，吴棠又弹劾他专事趋奉，报告朝廷把他罢官了。吴棠就是这样，用釜底抽薪的办法，把办理船政得力的人员一个个抽掉，企图扼杀船政这个新兴的造船工业。对此，沈葆桢再也无法保持沉默了，他挺身而出，抗疏力争。在他的辩护下，原被吴棠调离船政局的周开锡等人，终于被朝廷下令留局差遣，而吴棠在年底也奉命调离福建入四川。

同时，西方列强也极力进行破坏捣乱。如英国公使威妥玛、海关总税务司赫德，想要通过为清政府购买军火而获得回扣等利益。先后任福州税务司的有雅芝、美里登也早就对清政府说，"制造开支大，购买租赁节约成本"，企图阻挠中国造船，以便垄断专利。美里登更加露骨地胡说中国造船是做梦,福州有三四只轮船巡逻台湾、厦门就足够了,多造船并无所用。他并且要求清政府给日意格、德克碑4个月薪水,停止办理船政。当日意格回国购买机器,聘请洋师、洋匠时,他们又秘密造谣,说中国造船缺乏合法性,没有得到朝廷批准,法国政府便让日意格停止雇佣师傅工人,待往返查询弄明真相后,已经耽误了好几个月时间。美里登为了控制船政,继又百般钻营,向沈葆桢要求委任他为正监督,将日意格、德克碑为左右监督,即为其副手,遭到沈葆桢严词拒绝。他的图谋不遂后,进而居中挑拨离间,制造洋匠和匠头对立,总监工和正监督对立,导致铁匠博士巴(白尔思拔)辱骂匠头博士忙(白尔思蒙),并指使总监工达士博进行种种挟制,大有山雨欲来风满楼之势。沈葆桢查明情况后,先后开除了博士巴、达士博等人的职务。他们认为这是日意格开除的,控告到法国驻福州领事官巴士栋处。巴士栋趁机出面干涉船政,公然行文要日意格、洋匠和中国工人到领事处接受审讯,并请美里登坐堂会审。沈葆桢得到日意格的书面报告后,立即在他的报告上严词批驳:"如果当日禀撤达士博,事涉虚诬,本大臣非贵监督之问而谁问耶?监督为船政而设,船政为中国工程,中国有大臣主之,若法国领事官可任意把持,则是法国船政,非中国船政也。监督有约束外国员匠之责,员匠不遵约束,监督理应检举,至撤与不撤,本大臣自有权衡,非监督所能专擅也。当日格里那滋事,本大臣照会贵监督立予撤退,贵监督虽再三求情,本大臣不能曲允。法之所在,不可私也。若谓撤退收回,监督可以随便主张,然则本大臣所司何事耶……至撤留员匠……谓领事官转可以任意讯之罚之,此何理耶……撤退员匠之事,不特不应向贵监督查问,非领事官责成所在,亦不应向中国官长查问也……"日意格以此批示,抵制了法国领事馆过堂。沈葆桢针对西方列强的干预,深恶痛绝。他一面又上书总理衙门,请求撤退法国驻福州领事官。他说,福建本来没有设立法国洋商领事馆,本来就是赘疣,巴士栋凭借领事阻挠船政,搬弄是非,更是必须撤销。沈葆桢维护国家尊严、主权,给了帝国主义分子以迎头打击。

沈葆桢敢在列强面前威武不屈,除了受林则徐爱国思想的影响,审时度势外,还由于中国民族资本主义在半殖民地半封建的中国,是从官办通过官督商办、官商合办、招商承办向商(民)办过渡。官办阶段正是洋务派

"求强"阶段,所办企业大多是军事工业。这一时期半殖民地化过程刚开始,资本主义经济成分、官僚资本和买办制度还未形成,主权损失不多。沈葆桢初创的福建船政,正是在官办时期,从机器的购买、安装到技术操作,虽借材法国,但也有它自己的特点:招聘洋师、洋匠不是通过政府之间而是通过民间的契约关系。船政开办时,法国公使伯洛内写信给总理衙门,至于中国这次开设船厂,均应随便中国做主,本大臣绝不过问,至此举后来成否开收,也是中国自作主张,于外国并无干涉,设有事内的法国人,亏欠中国银两多寡,而中国不得向法国讨要赔偿,不过将亏欠的法国人,法国官只能根据所立合同,给中国出力催还。这些洋师、洋匠不是法国政府派遣来的,不必通过法国政府就可以解雇、遣散。船厂的资金不是资本,也不依赖外国人。船厂的产品不是通过市场交换的商品,不受市场节制规律的影响,是直接用来装备海军的。日意格、德克碑只负责技术上的指导和教授学生,船厂的行政,如经济的筹划、材料的保管出纳等等,为中国人所掌控,而最高领导权还是从属于中国官僚,目的也是为巩固中国的政权服务的,并没有损失主权。

1871年年底,正当第七号轮动工兴建时,以内阁学士宋晋为代表的顽固派说福建省制船浪费太重,上疏皇帝要求停止造船,并把造成的船拨给富商,收取租金。朝廷把原案发给左宗棠、沈葆桢等人讨论。这是一场关系福建船政生死存亡的斗争,自然是十分剧烈的。宋晋认为,第二次鸦片战争之后,已经订立了和约,如果现在制造轮船,是为着抵抗外国人,则是猜嫌之举;认为外国制造的轮船,如果和外国人打仗,不如外国人,所以断言办船政名为远谋,实际上是虚耗。这时,沈葆桢丁母忧在家,但他立即密疏朝廷,驳斥宋晋所提的第一点指责说,第一次鸦片战争也早就议和了,为什么还会发生第二次鸦片战争呢? 如果听任列强要挟,要什么给什么,这是抱薪救火,不是办法;如果因列强侵略,一时激于义愤与敌人孤注一掷,也不是办法。唯一可靠的办法还是加强国防,准备抵御外来侵略。如果这样做,又怕引起外国的猜疑,破坏和议,那只好撤销所有的国防力量就可以了。他一针见血地揭穿了顽固派的昏聩无知和妥协投降。对于宋晋的第二点指责,沈葆桢首先实事求是地承认,刚起步的福建船政肯定不如发展了 100 多年的外国海军。他以读书做比喻,读书读了几年,就说学生应当胜过老师,这是不实在的;若说学生就是不如老师,不如弃书不读,不是更加虚妄吗？只有不甘心落后,勇猛精进者才算远谋,如果因循苟且才为虚耗。他不甘示弱地一一予以驳斥。特别是对把已造成之船,租赁给富商,更驳斥为无知愚昧。他说他们不知道商船和军舰不一样,商船船高舱大用以装客人和货物,军舰是避弹压风用来作战;就是把军舰拨给商人,不收其租金,商人也是肯定不会要的,因为成本太高,无利可图。沈葆桢说,如果说军舰太贵,没有开支,间或制造商船,未尝不可,也不用担心没有租赁者。有人认为这是沈葆桢支持把造成的轮船由商人租赁购买。其实,他是同意间或制造商船,即趁制造兵船的间隙,制造一些商船,而不是把已造成的军舰由商人雇佣租赁购买。因为他接着说,因为军舰是为了抵抗侵略,不容因为节约经费而制造过少。他主要还是造军舰。沈葆桢还特别指出,洋人垂涎船厂已经不是一天了,我国如果抛弃,他们会立即夺走,刚开始说是借用,无法拒绝他们,然后他们在其他地方挑衅制造事端,勒索军费赔偿,然后以福建船政做抵押,横生枝节,这不是我们所能预料到的。这些驳斥,的确痛快淋漓,既泼辣透辟,又深谋远虑,值得称道。最后,沈葆桢直截了当地提出:福建船政不但不能撤销,即 5 年合同期满后,也不可停止,它应该与国家共长存。这表现了他对自己正确主张的坚强信心,对顽固派的昏庸无比蔑视。后来,在左宗棠等人在支持下,福建船政得以保存,顽固派的阴谋又一次被挫败了。

当造船期限将满,原约所造轮船将次竣工,沈葆桢因未接到朝廷命令不敢擅自兴工。在 1874 年 8 月,他上书朝廷,认为中国匠徒已经掌握了造船技术,不如仍此成局,接续兴工。他说,厂中多造一艘船,便精一船之功,海防多得一艘船,便多收一船之效果。同年 9 月份,他得到朝廷命令,批准了他的请求,可以继续造船,以资利用。在他的建议下,马尾造船厂后来得以每年造两艘军舰的速度,继续保持下来。所以,从船政的建立、开展到完成合同后得以继续下来,沈葆桢力排众议,力挽狂澜,苦心经营,厥功甚伟。

（五）船政衰落、马江之败与沈葆桢无关

1884 年 8 月,中法马江海战,清军丧失了 11 艘军舰,其中 9 艘是沈葆桢主持船政之初制造的,同时牺牲了700多名官兵,福建水师全军覆没。马尾这个当时中国最大的造船基地,也遭到了严重的破坏。有人为了否定洋务运动,否定当时向西方学习先进科技的进步意义,便以此来攻击沈葆桢。说他所制造的军舰,都是日意格用法国破旧机器装配的山寨货,不堪一击,甚至因此而证明福建船政至此完全破产,洋务运动也宣告失败了。

尽管沈葆桢已经逝世5年了,但朝廷上下都把造船不坚列为第一条罪状,用以推诿战争失败的责任。御史钟德祥也攻击沈葆桢偏听洋将日意格的邪说歪理。当然,他们不敢涉及朝廷腐败无能的本质原因,只是在沈葆桢身上罗织罪名,这显然是对历史真实的歪曲。

福建船政日趋衰落的原因,有人说是由于清政府念念不忘官办,不敢归于商办,没有采取近代企业经营管理方式等等,因而无法盈利,维持不下去。这对官办的民用企业而言,无疑是正确的。因为资本主义比封建主义的生产方式总是进步的。但沈葆桢创办福建船政,原是求强而不是求富,它是专门制造军舰和培养海军人才的,是为巩固海防服务的,这和左宗棠军民合一不同,也和其他官办或官督商办的民用企业不同。它产品不通过市场,不搞经济核算,即使间造的商船也是直接拨给,并未按价收回成本。为了求强,它对军事新产品只求成功,只求精益求精,所以不计成本,也就是只算军事账,不算经济账,先天就是亏本的企业。这在当时列强有,而我们还没有的劣势下,原本是无可厚非的,即使到了现在,对国防一类的军事工业,也还不能赚钱的才办,不赚钱的不办。因为中国不论过去、现在和将来,从不作军火商,不从军火中求富,更不允许招商承办军火工业,不存在盈利不盈利的问题。除非把它转轨,把制造军舰转为制造商轮,把所有的船政学堂下马,才能降低成本。但这样做,那就是不要海军了。当然,经营管理得好会促进发展,但不能转亏为盈,不必多说,其理自明。

福建船政从无到有,这是一个突破,突破了列强"傲我所无"的垄断局面。但它不能从小到大得到发展,反而衰落下去,却是清政府的一大失误。

要有强大的海军,便不能没有强大的舰队;要有强大的舰队,便不能没有制造军舰的造船厂。可是清朝统治者昏庸腐朽,在国家财力日趋枯竭的情况下,重视颐和园却不重视海军。他们故步自封,不求发展,当原订合同完成后,便把专任船政大臣的沈葆桢调走了。随后不是督抚兼管,便是由督抚的属下司道兼权。船政领导人的地位下降,资望不足,且经常变动,这些船政局领导,既无事业心,也无长远计划,用人也没有沈葆桢那样比较清廉正派。这从1890年5月(光绪十六年),闽浙总督卞宝第《恭覆寄谕片》中可以看出。船厂自同治六年(1867年)开办,前江西巡抚沈葆桢总理其事,经营制造极费苦心。用人尤其慎重,即使是亲旧故交,也不随便收录,导致不利众口,诽谤纷纷,时任福建巡抚,知道得最详细。等到沈葆桢调任两江总督,此后接任船政局的官员,想要消除诽谤,不得不稍微变通,各路推荐书难以拒绝,厂员多是本地绅士,更觉得碍于情面,此近年来滥收滥委任的实情。在经费开支上,每年从原来的60万两降低为20万两,顽固派在协饷上又多方拖欠。后来,李鸿章借口造船太慢、成本太高,陆续向英国等国订购。各省需要的轮船,也多向外洋订购。造船资金流进洋人腰包,成船更加困难了。1895年9月(光绪二十一年八月初七日),两江总督刘坤一在《整顿船政铁政片》中说得十分明白:"中国各省所需的船,不由中国船政局制造,实属不成事体……其实,前在外洋订购的'南琛''南瑞'等船,均不如福建船政局所造的'开济''寰泰''镜清'等船,我在南洋所看到的,则何必舍己求人,舍近图远?"由此可见,不是福建船政所造的船不如从外国订购的船。在李鸿章之后,慈禧便把海军经费移建颐和园,使得初露锋芒的马尾造船厂,由于缺少资金,百尺竿头不能更进一步了。这是它日趋衰落的根本原因,和沈葆桢没有任何关系。

马江本来地势险要,夹岸皆山;从闽江口到马尾又是层峦叠嶂,暗礁密布;口外有许多岛屿,星罗棋布,如五虎、芭蕉、黄岐、熨斗等都是天然的屏障。百里之内都设有炮台,层层控制,形势极为险要。马尾造船厂距罗星塔约3里,中隔一座小山。一旦发生战争,大炮无法直射厂房,小炮又不足以摧毁厂房。在江口只要布置几个水雷,便能阻拦入侵的舰艇。当初选择这个港口建厂的八个原因之一,就是因为这个港口军事上易守难攻,容易设防。

马江海战失败的主要原因,是当时清政府决策者路线错误,导致错失战机。他们一心求和,放松战备,一再下令"不可先发开衅",如有法军前来,我则按兵不动,我以静待之,导致敌舰长驱直入,不但未受到阻击,还受到会办福建海防的钦差大臣张佩纶等人卑躬屈膝的欢迎。当时敌我双方军舰在马江对峙长达40多天。根据国际法,军舰入口不得超过两艘,停泊不得超过两个星期,违者即行开战。福建海军官兵面对前敌,纷纷请战,要求先发制人。但闽浙总督何璟、督办船政大臣何如璋却下令"不准先行开炮,违者虽胜也斩"。张佩纶下令各舰艇不准无命自行起锚,导致福建海军失去战机,处于被动挨打的不利局势。

8月23日午后,法舰开始突袭,何璟、何如璋、张佩纶等人先行逃避;负责指挥调度各舰艇的闽安副将"扬武"舰管带张成,也乘坐救生艇逃跑,让福建海军各舰艇失去指挥,连锚都来不及起。海军官兵仓促自卫迎战,但依然斗志昂扬。如沈葆桢所培养的船政后学堂第三届毕业生、"福星"舰陈英,第一届毕业生、"艺新"舰长许寿山,第二届毕业生、"福胜"舰长叶琛等,在提督衙门没有挂起升火起锚的情况下,都下令砍断锚链,仓皇迎敌。"福星号"转过船头,开足马力冲入敌建群,左右舷同时发炮,击中法军旗舰"伏尔他号"舰桥,最后因自己火药仓中弹爆炸,陈英等95名官兵壮烈牺牲。许寿山、叶琛等在激战中身负重伤,仍然指挥战斗,最后也壮烈地与船同亡。"振威号"在首尾起火,即将下沉的最后一刻,还向法舰射击,重伤法舰舰长和两名士兵。

在敌舰队企图遁走时,素有"双龟守户,五虎把门"的闽江口咽喉,长门要塞,由于守将穆图善又放弃了堵口的机会,才任敌舰队扬长而逃。从有关资料看来,在这次战役中,法舰队司令孤拔及其上尉副官赖威尔和信号兵也被击毙,后埋在澎湖马公岛。根据国际惯例,主帅战死,即为失败。当时,为了要挟威胁清政府屈服,法国清政府秘不发表,仍以孤拔的名义活动,企图掩盖真相。清政府昏庸无知,以胜为败,可谓腐朽到极点。

总之,主要由于以陆军指挥海军的那些昏聩的清军高级将领没有战争的思想准备,特别是执行朝廷一贯幻想的依靠列强调停来挽救危局(所谓以夷制夷)的投降路线,既不能先封口塞河,又不能先发制人,加上当时南北洋舰队坐视不救,导致1884年8月23日马江之役的失败,也葬送了由沈葆桢所苦心经营的福建海军。但是,沈葆桢初创的福建船政培养的,在马江海战以及后来在甲午战争中壮烈牺牲的学生陈英、许寿山、叶琛、邓世昌等，却永载史册，他们的爱国主义精神，永远为中国人民所怀念。

第二节 为船政做贡献者

福建船政的创建，有"创自左宗棠，成于沈葆桢"之说，许多人将船政归功于两个船政之父——左宗棠、沈葆桢。其实如果没有首席军机大臣兼总理衙门大臣恭亲王奕䜣的倡导和支持，没有裴荫森、丁日昌等人的努力，船政是很难发展起来的。

一、恭亲王奕䜣与船政

（一）洋务派中央领袖

奕䜣是道光帝第六子，咸丰帝的同父异母弟。1856 年，第二次鸦片战争爆发后，他开始是主战派，但在 1860 年 9 月，奉命议和后看到约 1.8 万名英法联军攻陷天津、北京，长驱直入，火烧圆明园，20 万名清军作鸟兽散，屡战屡败，不得不屈辱地接受侵略者的全部无理要求，亲手签订了丧权辱国的《北京条约》。

奕䜣在签字仪式上受到英国公使额尔金傲慢的凌辱，使得其自尊心受到严重的伤害。1860 年 10 月 24 日，奕䜣来到礼部衙门和英国签约。等了两个半小时之后，额尔金带着千名卫兵，坐着八抬金顶大轿优哉游哉地来了，沿途三四千名英军，三步一岗五步一哨，要够了威风。从安定门到礼部，五

图 6-4 幼年奕䜣与母亲孝静成皇后

图 6-5 1872 年的奕訢

千米的道路两旁,挤满了看客。恭亲王一看额尔金来了,马上按照中国礼节前来迎候,额尔金看都没看他一眼,直接坐到自己的位置上去了。双方签约后,额尔金大喝一声:"Stand up(起立)!"所有的洋人随即"嚯"的一声站了起来,不解其意的奕訢和其他所有的中国官员吓了一跳,也忙站了起来。堂下一名英国摄影师,"咔嚓"一声,刺眼的灯一闪,原来是拍照。不知照相机为何物的大清官员们个个呆若木鸡。耻辱啊,奇耻大辱啊!奕訢后来成为洋务派的中央领袖,跟这次受辱有很人的关系。

(二)支持建立船政

在第二次鸦片战争中,奕訢深切感受到了清朝国事衰微,又看到了清军没有斗志,一听到炮声,马上惊慌溃散,不堪一击,所以痛定思痛,发出"自强"的呼声。他主张用新式武器训练清军,设法向英法等国购买枪炮轮船,同时积极支持曾国藩提出的学习洋人造船炮的主张。咸丰帝采纳了这一建议,下令照办。曾国藩、李鸿章便先后办起安庆军械所、上海洋炮局、苏州洋炮局。清政府的"自强"运动进入小规模的尝试阶段。

图 6-6　恭亲王墓石牌坊

左宗棠正是在奕䜣"制器自强"思想的推动下,在 1864 年 10 月聘请德克碑、日意格在杭州仿造了两艘小轮船,并不断向清政府建言仿造轮船的重要性和必要性,以求获得清政府对其支持。但由于造轮船比造枪炮技术复杂,耗资巨大,清政府对此是否赞成,左宗棠心中没底,所以还不敢贸然向清政府正式提出建厂造船的计划。

太平天国被镇压后,总税务司赫德和英国驻华公使威妥玛,粗暴干涉中国内政,要中国购买、租赁英国轮船。奕䜣为此在清政府内部,就租赁、购买轮船以加强海防问题进行大讨论。奕䜣发动的这场大讨论,为左宗棠阐述其设厂造船的主张提供了机会。左宗棠提出在马尾设厂造船,恭亲王奕䜣马上以同治帝名义发布命令,表示支持。从此,福建船政开始进入筹备阶段。

1866 年 9 月,左宗棠调任陕甘总督,调令下后,沈葆桢等联名上疏,恳留左宗棠暂缓西行,等洋师、洋匠来齐,一切事情有了一定头绪后,再让左宗棠西征。同时,左宗棠也请求稍留二三十天,以便建厂事情有个定局,并推荐沈葆桢为接办人,还建议增加沈葆桢有专奏请旨的权力,增加其实权,以防受到地方官的牵制。对此,奕䜣全部批准。为此,左宗棠抓紧时间,为福建船政制定了建厂方针和章程。对这些方针和章程,奕䜣给予充分的肯定和支持,全部批准,并称赞左宗棠有远见,并给予远在西北的他继续过问船政的权力。

（三）保护船政

继任闽浙总督吴棠，为了显示权威，加上对福建船政有成见，竟然说什么"船政未必成，就算成了又有什么益处"，并散布总理衙门忧虑福建船政用钱失当等等，向船政施加压力。不仅如此，他一步步釜底抽薪，把船政骨干调走，如周开锡、叶文澜、胡雪岩，导致人心惶惶。沈葆桢把这些情况报告给奕䜣，请求帮助。奕䜣感到吴棠继续留任闽浙总督，对福建船政势必妨害很大，他毅然采取果断措施，任命吴棠为四川总督，将其调离福建。吴调走后，福建船政遂于1868年1月18日正式举行了开工典礼。开工后，奕䜣担心福建地方领导和船政出现摩擦矛盾，特意发布上谕，要福建领导英桂、马新贻、李福泰、卞宝第等给予支持。上述事实证明，如果没有奕䜣的支持，福建船政很难创办起来的。

福建船政开办后遇到的主要困难是经费问题。开办后，清政府根据左宗棠的建议，从福建海关中拨出40万两白银作为开办费，以后每年从福建海关中拨款60万两作为常年经费。

随着新造轮船陆续下水，每造成一船都要配备士兵水手，开支日益增多，已建成的5艘轮船，每月约需要9000两白银。为了解决这一困难，奕䜣下令将造好的船分拨给沿海各省使用，其每艘船所需的经费即由所拨省分担。广东、山东、直隶、奉天等省先后照办，从而减轻了福建船政的经费负担。

1873年1月，福建船政经费陷入困境，船政奏请每年增加24万两白银，至洋匠、洋员撤回为止；并请求从国外进口的各项材料，给予免除海关税。奕䜣对此一一批准。有了这两项支持，福建船政才得以广购木材，保证了第十二号至第十五号轮船的建成下水。

福建船政的建成和投产，引起顽固派的不满和仇视。1872年1月，内阁学士宋晋借口船政经费耗费白银四五百万，浪费太多，请求下令停办。理由是造船无用，造船无益。面对宋晋对设厂造船的攻击，在清政府内部引起了福建船政是否要继续兴办的一场争论。奕䜣倾向性地下令就此进行讨论,最后,他引用左宗棠、沈葆桢、李鸿章等人反对裁撤船政的意见,做出结论:船政必须继续办,不可浅尝辄止。在奕䜣的保护和支持下,福建船政得以保留下来了,继续制造其他轮船。

图 6-7　恭亲王墓

福建船政原定 5 年之内制造 150 马力船 11 艘,80 马力船 5 艘,共 16 艘船的计划,任务完成后,福建船政出现了还要不要继续兴办的问题。沈葆桢为了争取主动,上疏请求继续兴办,并派船政子弟出国留学。奕䜣马上给予支持。

1874 年,发生日本侵略台湾事件,此事最后以有失清政府体面的方式,签订了《北京专条》而结束。奕䜣就练兵、造船、简器、筹饷、用人、持久等问题发起讨论。他倾向性地认为从长久来看,必须自己造船,以期精益求精,用不胜用。各省督抚纷纷表示支持福建船政继续兴办,从此再也无人提出类似问题挑起争论,从而使福建船政此后得以长期保存下来。

总之,福建船政是在清政府尤其是恭亲王奕䜣的倡导和支持下兴建起来的。没有奕䜣这个"保护伞"的支持,福建船政很难兴建起来,即使建造起来了,也很难长期办下去。

二、最后的专职船政大臣裴荫森

裴荫森是清代第八位船政大臣,任期从 1884 年 12 月到 1890 年 4 月,首尾约 6 年。任期之久,仅次于首任船政大臣沈葆桢。也可以说,他是最后一任的专职船政大臣。因为,自他之后,船政大臣多为闽浙总督或福州将军兼任,而且名称也时有改变。所以,专职船政大臣这个名称,实只到裴荫森为止。在历任大臣中,除了沈葆桢艰难创业,劳苦功高,其次便算他的建树颇多了。

(一)寒门书生

裴荫森(1823—1895),字樾岑,1823 出生于江苏淮安府阜宁县洲门村。幼年家境贫寒,父亲裴大保务农,兼摆米摊为生;裴荫森有两兄一姐,他排行第四,7 岁才到外馆入塾,从山阳县秀才卞文英先生学。3 年后,老师见他读书勤奋,聪敏过人,将来必有大成,便把 8 岁的女儿许配给他。

图 6-8　裴荫森

由于连年灾害,不能常年上学。1839 年,17 岁的他就塾于韩家社,从表舅山阳贡生韩饬读。是年十月,父亲病逝。20 岁时,往江苏阜宁县城从岁贡生张庭桐学,遂矢志奋发,竭尽精力,致吐血甚剧,乃辍学回家,病愈后仍还阜宁城勤学如前。1851 年他负笈读书江苏淮安府城,住东门梁陂桥下凌云道院,从山阳县岁贡生王宾游,不久乡试落榜。1853 年太平天国定都南京,江南乡试遂停。1855 年,他去北京应试,长途策驴,一仆徐姓随往,六月间抵京,寓淮安会馆,应试落第,仍单身留京读书,随带银两日益减少,常以 2 枚铜板买火烧或豆粥充饥,后虽日仅一炊饼,不以为苦,而读书不能荒废。

卞夫人恐资不足以久留,居恒勤俭,兼缝纫所蓄。1856 年,再派徐仆携碎银几十两进京。时山东境内抢劫频繁。她将几十两碎银亲手缝入破棉袄衣中,交徐仆穿裹身上,视之苦丐状,徐仆历经险阻,始抵京城。1858年,裴荫森终于考中举人。1859年,正主考柏葰为肃顺所陷,处极刑。门生故吏,无敢至刑场者,裴荫森独穿丧服送之,直至刑场。洋务派京官郭嵩焘十分钦佩他的忠义,与他结交,二人结为知己,裴荫森受其爱国洋务思想影响颇深。

1860年,裴荫森参加会试,正值英法联军火烧圆明园,导致这年的礼闱未能及时发榜。裴荫森回家办团练,抵御捻军,被朝廷赏戴蓝翎。1863年,慈禧垂帘听政,他参加补行殿试,钦赐进士出身,分任工部都水司主事,从此走入仕途。

1864年,裴荫森以道员身份赴湖南长沙参办团练,颇受李鸿章兄长、湖南巡抚李瀚章信任。在长沙,经郭嵩焘的介绍,他兼任湖南通志局提调。1870年,经李瀚章推荐,裴荫森往李鸿章处办理军事,六月发生天津教案,他不满李鸿章的媚外,要他多赔钱,少偿命,释放无辜,为百姓留元气,为国家培国脉,学习林则徐,强硬对外。因李不听,裴荫森愤而辞职,又在长沙办团练,主持过湖南全省的营务处,并代理了几任兵备道,逐渐成为军事内行。

(二)出任船政大臣

1883年,61岁的裴荫森调任福建按察使,抵福州就职。那时,刚好爆发中法战争,朝廷下令加强海防,闽浙总督何璟、福建巡抚张兆栋因为裴荫森懂军事,邀请他参与海防工作,带他同往马尾、连江一带巡视。

1884年6月,法舰攻打台北,福州戒严,何璟、张兆栋、裴荫森登城巡视。裴荫森虽才来福建几个月,但很得民心。当时,有一个洋人进入督署衙门,百姓误认为是法国人,以为何璟通法有据,顷刻,几千人烧毁督署头门,来到大堂,要杀何璟和洋人。裴荫森闻讯赶来,对群众说:"此人是英国商人,不是法国人,如杀了他,英祸将起,对你们也不利。"众人听后都说:"裴荫森是好官,他的话可信。"于是散去,对裴荫森的解围,何璟十分感激和欣赏。

马江战败后,裴荫森写信给郭嵩焘,指出失败的几点原因,均切中要害,这事让何璟更加重视他的才干,于是让他督办海防。他受命后,亲驻马尾林浦,建炮台,放水雷,以防法舰入侵福州。后来,张佩纶代何璟办理船政,又派裴荫森前往船政协助。

1884 年 9 月,左宗棠以钦差大臣督办福建军务名义来福州,何璟、张佩纶被撤职逮捕,福建船政大臣空缺,左宗棠在郭嵩焘处已早闻裴荫森之名,于是让他担任福建船政大臣。

(三)对船政的贡献

裴荫森的上任是受命于败军之际,奉命于危难之间。船政局在马江海战中被法国侵略者炮击后,满目荒凉,残破颇甚,一切需要重建。裴荫森克服各种困难,做出各种成绩。

建造钢甲军舰。船政自 1867 年开办以来,造的船都是木壳的,1877 年,才改用铁胁木壳,或铁胁双重木壳。马江之战,缺点全部暴露,无法抵抗法国钢甲船。经过努力,1887 年 12 月 24 日钢甲船"龙威号"下水,1889 年试航。"龙威号"长 65.7 米,宽 5.7 米,吃水深 7.1 米,2400 匹马力,排水量 2100 吨,速度每小时 14 海里,12 个炮位,船首置探海灯 1 台,全船均配有电灯。在当时可谓全部现代化。裴荫森对此舰十分满意。清代船政自制钢甲军舰仅此一艘,也是裴荫森的最突出的政绩。"龙威号"的制成,的确是中国造船史上的一大创举。从世界范围看,制造钢甲舰历史不长,19 世纪 60 年代,世界上第一艘钢甲船才在俄国造成,英国到 19 世纪 80 年代才普遍使用钢质造船。但在"龙威号"建造过程中,监造人急于求成,抽水机曾发生问题,在开往天津途中,一度机轴折损。后经修好,驶往天津,归北洋使用,改名为"平远号",成为北洋水师"八大远"之一,在中日甲午海战中,中弹 20 多处,却毫无损坏。

裴荫森还修复了"横海号"。"横海"本制自前任,在中法战争中被敌击穿百孔,经裴荫森修复,于 1885 年 6 月成。该船系铁胁木壳,长约 83.3 米,宽约 10 米,排水量 1230 吨,马力 750 匹,时速 12 海里,炮位 10 个。它不幸在 1886 年 2 月在澎湖遇大雾沉没。

建造碰快船及其他轮船。这些碰快船都是铁胁木壳,比过去仅用木壳有进步。之所以叫碰快船,因为其船首锋锐,可以冲碰敌船,实际上就是现在的巡洋舰。裴荫森建造的碰快船包括"镜清""寰泰"2艘。"镜清号"于1886年7月建成,"寰泰"于1887年7月建成。两江总督刘坤一盛赞船政造船技术的进步,他说,"镜清""寰泰"等船工料坚致,驾驶精良。造船技术的提高,是与裴荫森朝夕艰苦的劳动分不开的。

此外,裴荫森还应两广总督张之洞的请求,为广东水师代造"广甲""广乙""广丙""广庚"4条快船。它们都是穹甲船,内用铁胁,外用穹甲,马力最高的是"广丙",达2400匹,排水量最大的是"广甲",1300吨。其中"广甲"为快船,其他3艘为鱼雷快船。

建造罗星塔船坞。这是裴荫森对船政的另一伟大贡献。船坞于1888年3月动工,并建造通济桥,接通马尾与罗星塔。1889年因经费困难停办,1890年2月复工,1896年竣工。船坞长128米,宽110英尺,深33.5米,被誉为远东第一大船坞,名列世界第二,冬季不冻,除接受我国当时最大的军舰"海筹""海琛""海容"进入维修,也修理过英、法等国的兵商船。而船坞建成之日,创办人裴荫森已经看不到了。

设置练船,加强训练。练习舰在海军中起着训练官兵的作用,为实战打下基础。马江海战前,有"建威""扬威"2艘练习舰,但"建威"已损坏不能用,"扬威"也有名无实,练务废弛。马江战后,裴荫森认为与官兵缺乏训练有关,因此他向英国购买了一艘甲板船,名曰"平远号"(和北洋舰队的"平远号"同名),作练习舰用。1888年4月,此舰归台湾使用,裴荫森又把之前调往南洋水师的"靖远"调回,充当练习舰,在其任职的6年,练习船制度始终不废。

自制鱼雷并设鱼雷厂。裴荫森十分注重防守。他认为封港塞口,实以水雷为第一利器。他派在英国学造水雷的粤人陆汝成制成水雷20具,每个子雷1具内装火药150斤,母雷1具内装火药500斤,1885年2月在乌龙江实验,效果很好。他还写了一篇《水雷记》记载此事。1887年,他奏请设立鱼雷厂,派留学生陈才鍴任厂长,添建厂屋,购置机器,收到一定效果。

培育选拔人才。船政初办时,设有前、后学堂,分学制造、驾驶,又以所雇佣工匠,多为中年人,学习工程不易领会,于是设立"艺圃"(技工学校),招 15～18 岁健壮青年,加以训练,作为骨干工人。随着造船业务发展,各种所需工人越来越多,因此,扩充"艺圃"也越来越迫切。裴荫森在 1886 年 7 月,扩大"艺圃"招生名额,扩建校舍,提高待遇,对提高技工素质作用很大,所以后来造船技术也不断进步。

在船政人才方面,裴荫森最赏识前学堂第一届毕业生魏瀚、陈兆翱、郑清濂等人。1886 年,第二届船政留学生 8 人回国,裴荫森均给予重用,如德国留学生陈才锴就担任鱼雷厂厂长。1886 年,裴荫森派出 24 名船政学生出洋,1890 年回国时,裴荫森已经去职了。

此外,裴荫森的贡献还有添设机厂设备及机件,筹建城门镇石步村乌龙江大桥。他还整理了自船政开创以来的所有奏稿,成书付印,即《船政奏议汇编》,初编为 54 卷,到裴本人为止,实 42 卷,从此以后,为后人续编,这使得船政大量文献得以保存。

(四)去职原因

裴荫森在任 6 年,主观上很想做一番轰轰烈烈的事业,所以任劳任怨,事必躬亲,后来因为经费短缺,一切无法按原计划实行,导致情绪消极。此外,也因为当时朝野视船政为肥差,与盐务、海关、漕运同属肥缺,逐鹿者很多,裴荫森本身清廉无什么劣迹,但难保其下属不会贪污。

裴荫森修造的"横海号",在澎湖迷雾触礁沉没,等到他所造的"平远"轮驶往天津途中,抽水机又出问题,也受到指责,让他精神上受到极大刺激。1889 年 8 月,裴荫森积劳成疾,他在新建的钢甲轮"龙威"上看试行,突然被大风吹,头晕跌倒在地。1889 年,闽浙总督卞宝第与裴荫森意见不合。以上几个原因,迫使他请病假,但还不想辞职。不料朝廷趁他请假之时,下旨将裴荫森调任光禄卿这个无实权的闲职,福建船政大臣一职由卞宝第兼任。这是 1890 年 3 月间的事情。朝廷说:"船政事宜,关系甚大。近年以来,该局积习甚深,所有各员办事,多有不尽不实之处。裴荫森性情长厚,于刁劣员绅,未能管束,以致诸务废弛。"

卞宝第接任后,弹劾裴荫森推荐的原船政提调王崧辰。王崧辰是福州闽县人,同治进士,曾任提调几年。卞宝第说他名声最恶劣,贪污最多,结果王崧辰被罢免,裴荫森被降一级。

三、丁日昌对福建船政的贡献

福建船政是造船、海军、学堂三位一体的官办军事企业。第一任福建船政大臣沈葆桢在 1875 年离职就任两江总督前的 9 年时间,船政已经初具规模。在马尾 600 多亩土地上,已设立船体、轮机、木模、翻砂、锅炉、安装、仪器、仪表、锯木、砖灰等 13 个厂,并在 1867 年开始造船。

沈葆桢推荐北洋帮办大臣丁日昌继任。他说丁日昌果毅精明,不避嫌怨,是洋务巨擘。而且天津和福州走海路只要五六天时间,丁日昌可使南北洋的联系加强。当时,丁日昌正在天津和英国驻华公使威妥玛就云南"马嘉理事件"谈判。英国人大肆讹诈,威妥玛咄咄逼人,强势凶悍,丁日昌极度悲愤,吐血病复发。1875 年,他抱着报仇雪耻的心情赴福州接办船政大臣,后兼任福建巡抚。1877 年 8 月,丁日昌回乡养病,在福建两年多时间里,不管是专任或兼任船政大臣,丁日昌都殚精竭虑,做了不少工作。

图 6-9　丁日昌

(一)筹措经费

丁日昌接任船政后,发现船政缺少经费问题十分严重,几乎是赤手空拳。他先后两次上疏朝廷,说的均是船政的经费问题。

他分析了船政的开支。在工各船并镇海水师,每月要 13676 两,出洋游历赴台绘图学习赡养,每月要 169 两,台湾炮台洋匠、扬武洋教习并日意格等工资,每月要 4541 两。只此三款,每年共需银子 220616 两。核计历年征收的洋药票税(福建海关税),同治八年至九(1869 年和 1870 年),还有 7 万~8 万两。同治十年(1871 年)以后,则只有 6 万两了。支出和收入,相差数额太大。造船经费,自从 1875 年 6 月到 12 月,共欠下 35 万两。即使欠款全部付清,而购买材料款,应还的数目还很多。台湾开路建城,一切工程尚未竣工,各轮船运送木材、石头、粮食、军饷、军火,络绎不绝,又没有将各轮船分拨各省,导致台湾的建设,因为缺少经费而有所掣肘。

在奏章中,他要求朝廷将养船开支全部归地方政府负责,即造船和养船的开支,不要都由福州船政局负责。

(二)提高造船能力

福建船政自 1873 年 2 月到 1875 年,共造成 17 艘船。1875 年夏,因为南洋弯木购办未齐,150 马力兵船无法马上动工。前学堂学徒吴德章等呈献上自绘的 50 马力船图纸,请求试造,在五月一日安上龙骨,取名"艺新"。丁日昌接任后,认为吴德章等独出心裁,克著成效,是中华造船发轫之始,大力支持他们的试验。"艺新号"终于在 1876 年 4 月下水。下水时,丁日昌说它"乘潮纵江,具臻稳善"。

为了提高造船能力,解决船肋骨弯木缺乏的问题,沈葆桢任船政大臣时,决定改用铁胁,并让日意格往法国定造一副,带工匠来教会中国学徒打造。丁日昌接任后,将打铁工程归并拉铁厂,新旧打铁厂改作铁胁厂,并由洋员施恭塞格绘制了厂房图纸,并在 1875 年 12 月兴工起盖。当时铁胁样品,以及新式省煤立机、卧机、挖土机等,都是法国地中海、英国谟士来铁厂定制。

由于造船能力逐步提高。福建船政对中国近代海军建设发挥了很大的作用。据统计,从 1866 年至 1907 年,福建船政共造船 40 艘。当时广东、福建、南洋、北洋 4 支水师的军舰共 88 艘,其中 46 艘是从外国购买的,42 艘是中国自己建造的,其中福建船政制造的有 30 艘,达 70% 多。

(三)培养人才

丁日昌曾经促成 1872 年第一批派遣幼童留美一事,对中国学习西方,发展科技贡献良多。

接办福建船政后,他发现前、后学堂的学生,大多是新选的少年,仅能学习一点外语。但轮船日益增多,如果不把他们培养成航海人才,熟悉航海知识,则一出大洋,便茫无津涯,岂能和洋人并驾齐驱,决胜顷刻之间。为了早出人才,快出人才,他调查了张成、吕翰等几位学业优秀,洋教习也称赞其才华的学生,发现他们都是从香港英国学堂招收来的。所以,他派遣熟悉洋务的唐廷枢、黄达权两人到香港英国学堂挑选学生40人,接来福建船政学堂,聘请洋教习教他们学习天文、算学、驾驶等航海知识,让人才日盛,不至于有有船无人之虑。

1877年5月,丁日昌架设台湾府城至旗后、至安定的电线,是福建船政电报学堂选派学生苏汝灼、陈平国等勘测的。

后来,他发现前后学堂学生中,很多学生专心航海知识,急需派他们出国留学,以期精益求精。于是,在1876年12月,他和李鸿章、沈葆桢等联名具奏,建议朝廷派遣福建船政学生留学欧洲。经过一番努力,严复、刘步蟾等35名学生终于在1877年3月31日,乘坐"济安号"到欧洲学习。这是我国近代第一批赴欧留学生。

(四)制定《海难救护章程》

闽台沿海,风浪较大,且经常有台风。中外船只受损、触礁、搁浅者频频发生。船只遇难,常有贪婪残忍之人,趁火打劫,乘危抢掠,谋财害命,如果是外轮,又容易多引起外交争端。所以,他决定制订一项海难救护章程,以便沿海地区普遍施行。

1876年2月,丁日昌所订立的章程上报了。它共六款,内容为:"第一,具体规定船只求救信号,责成沿海厅、州、县会同各营汛,将辖界分每里一段,饬令就近绅士推荐一人负责此事。第二,凡是遇到漂、撞、礁、浅船只,一面飞报文武汛官,一面即行指派入船抢救,如有救援不力者,予以严究。第三,如将船上财物擅自搬取,图谋侵占,即给予追求治罪。第四,不论救护船货人员,均视其多少,分别给予奖金、提成或顶戴、匾额。第五,所有救出之人,不论中外,均先后给予衣食,然后就近移送地方官、领事馆,分别资遣回籍。第六,外国人无领事可交者,即由通商局给盘缠,使其自行回国。此章程由总理衙门,饬令各省仿照办理,及照会外国公使。"这是中国第一个海难救护章程。

章程实行后,据各地方政府奏报,效果很好。如 1876 年 5 月,台湾台风大作,安平旗后各口,有中国商船 20 多艘,外国甲板船 5 艘,遭台风击损,经过就近营、县竭力救护,均无趁火打劫事情。又有苏丹船,在恒春县辖猫鼻海岸撞破,也经过保护无事。事后,英国、德国领事还向中国申谢。又如 7 月,凤山县辖猪哥寮洋面,陈顺丰商船遭风击破,该县县令孙继祖闻报,即派丁勇奔往,协同甲首乡民,多用船筏,乘风破浪,救起舵手、水手、搭客、男女大小 19 人,捞起货物全部交还,绝无丝毫隐匿。

此外,1876 年 3 月,他派唐廷枢与丹麦大北公司订立条约;接管福州至马尾的电报线;促成福州电气学堂(福建船政电报学堂)于 4 月份开学;处理德轮"安纳"、英轮"广东"海难事件;搜集和翻译外国图书等等,均对福建船政有益。

1877 年 8 月,丁日昌告病假回老家,但还一直操心船政建设。如 1879 年总理衙门检讨海防事务时,他在 5 月份上奏《海防应办事宜》十六条中,其中第二、第四两条中具体对江南、福州轮船之拒外侮战斗力,对福建船政经费提出了恳切的建议。10 月份的奏折中,他还极力推荐福建船政留学生张成、吕翰、刘步蟾、林泰曾、蒋超英等 5 人,说他们造诣都有可观,才学皆可用,极力主张自行培养将才,方为经久大计。

从 1864 年 9 月向朝廷建议筹建江南制造局造船起,丁日昌对船政,始终是殚精竭虑、拳拳服膺的。

第三节　船政培养的人才

船政学堂培养了一大批优秀人才,形成了一个具有爱国思想、能奋发自强、眼光敏锐、思路开放、容易接受新生事物的新型知识分子群体。他们走在时代前列,成为有突出贡献的思想家、外交家、科技专家、学者以及海军将领。

一、启蒙思想家严复

在船政历史发展过程中,众多船政学子、精英和广大船政员工,对中国近现代历史的进程和社会发展产生了极为重要的影响。其中特别值得一提的是船政文化的杰出代表人物,著名的启蒙思想家、翻译家和教育家严复。严复早年毕业于船政学堂,随后又被派往英国留学,学成归国后长期从事教育事业。在维新变法运动中,创办了《国闻报》,提出了令国人振聋发聩的"物竞天择,适者生存"的观点,《国闻报》遂成为维新变法运动的两大思想阵地之一。同时,严复介绍和翻译了大量西方的政治、经济、法律著作,突破了"中学西用"的束缚,为中国社会的发展提供了新的思想武器,其意义并不亚于船政制造的军舰。

(一)严复简介

严复(1854—1921),初名体乾、宗光、又陵,后又改名复,字几道。福建侯官(今福州)人,父亲是个中医。他是中国近代进步的思想家,是向西方国家寻求真理的一派人物之一。他是清末很有影响的资产阶级启蒙思想家、翻译家和教育家,是中国近代史上向西方国家寻找真理的"先进的中国人"之一。

1866年,严复13岁时,进入福州船政学堂读书,学习自然科学及航海、驾驶等专业。1871年,他毕业

图6-10　严复

后在福建水师从事海军生涯达5年之久,随军舰先后前往过南洋、日本等地;曾随沈葆桢往台湾,测量台湾各海口。1877年,被派往英国学习海军;1879年,他回国后曾在福州船政学堂和天津北洋水师学堂任教。他在英

国虽然只有两年多的时间,但对他一生的思想发展,有很大的影响。严复的进化论社会观和资产阶级民主思想,就是在这个时期内开始产生和形成的。

中日甲午战争后,他积极宣传、介绍西方的科学技术和社会思想,抨击清政府的腐败统治,主张改革变法。维新变法后,他翻译了《原富》《群学肄言》《法意》《穆勒名学》等,传播西方政治经济思想和逻辑学,并加按语,抒发己意。所加《原富》按语,集中反映了他的经济思想。他首先提出了信、达、雅的翻译标准。辛亥革命后,他的思想日趋保守,1915 年被列名"筹安会",支持袁世凯复辟称帝。

他通过翻译赫胥黎的《天演论》,阐发了进化论思想。他把进化论应用于中国社会,阐述了他的天演哲学——"物竞天择,适者生存"。严复的进化观点,带来的进步思想,在激发中国人民救亡图存、变法图强,振奋精神方面起着积极和进步的作用。

(二)严复是船政哺育的精英

船政学堂培养了严复求实创新的精神。1866 年,左宗棠在创办福州船政局的同时,创建了"求是堂艺局",提出必须设立"艺局"(船政学堂)。马尾从此成为福州船政局的基地和中国近代海军的摇篮。船政学堂率先引进西方军事教育的体制,在招收学生、聘用教习、教学内容以及教学方法等方面都具有与传统封建教育不同的特点,在中国的大地上,建立起了一套全新的教育体系。船政学堂是我国最早的高等教育学府,是当时中国师资力量最为雄厚的高等职业技术学校。

1866—1871 年,严复在船政学堂接受了 5 年近代自然科学教育。1877—1879 年又留学英国,在此期间,严复阅读了大量西方社会科学理论。船政学堂的教育模式与人才培养方式,把严复带入了一个全新的世界,潜移默化地改变了严复的思想观念。船政中西合璧的组织管理模式、近代西方教育教学模式、借船出海的师资战略、"权操诸我"的学生管理模式,以及"窥其精微之奥"的留学深造继续教育方式等一系列船政学堂教育活动,造就了严复日后改革创新、严谨求实的学风。1871 年,严复以最优等的成绩毕业于福州船政学堂。1879年,他从英国学成归国,回到船政工作,1880年被李鸿章调入天津水师学堂,此后,严复长期从事海军教育工作。"求是、求实、求精"的船政教育观念,无时无刻不在严复的身上闪现。

船政爱国精神哺育了严复的爱国主义情操。福州船政在其诞生之初,就闪现出鲜明的爱国主义精神,肩负着厚重的社会历史责任。1871—1877年,这6年严复在福建水师服役。其间发生了日本悍然侵略我台湾一事,清政府任命沈葆桢为钦差大臣赴台处理台湾防务。在此次抵御日寇侵略的活动中,严复乘"扬武号"军舰随行,历时一个多月。严复参与勘测了台东莱苏屿各海口,调查了当时的肇事情形,将有关情形全部测绘成图,并将撰写的调查报告上报给沈葆桢,而沈葆桢则据其报告上奏朝廷。以严复为代表的这些船政学堂的毕业生与精英们,在日后的中法马江海战、中日甲午战争等重大历史事件与日常社会生活中,无不以他们的实际行动实践了他们的爱国信念,船政文化那伟大的爱国主义精神在他们身上得到了充分的体现和升华。

船政人物活动激励了严复求索向上的精神。在闭关锁国的中国,办洋务、兴船政本身就是一大创举。福州船政的创建,本身就是中国从传统农业文明向工业文明过渡的标志。在其一系列举措中,许多都是极具前瞻性的。由于时代条件的限制和洋务运动"中体西用"指导思想的束缚,创新难免受到许多主客观的限制,但在船政文化发展过程中,船政人物的改革和创新精神还是不时闪现,任何困难都不能阻拦广大船政员工追求船政事业蒸蒸日上的决心。

中国在鸦片战争中惨败,这使得当时以林则徐、魏源等人为代表的先进知识分子认识到了中国与西方的差距,提出了"师夷长技以制夷"的向西方学习的主张。林则徐提出了设立翻译馆翻译洋书,建设一支新式海军的主张,成为近代开眼看世界的第一人。左宗棠、沈葆桢等人则将这一思想付诸实践,在洋务运动中大力创办国防工业,建立了近代海军,拉开了近代中国向西方学习的序幕,突破了传统文人那种"天不变,道亦不变"的落后社会发展观。船政事业之所以能够取得不断的发展与突破,并初有成就,是因为船政先驱与广大员工们拥有一种不断改革、追求创新的时代紧迫感。

从"中体西用"观到留心西方资产阶级政治经济学,从"天不变,道亦不变"的社会发展观到"物竞天择,适者生存"的社会进化论,正是船政精神驱使严复不断地思考,不停地探索;船政人物先驱左宗棠、沈葆桢等人的活动与行为激励了严复求索向上的精神,最终成为一代启蒙大师与维新运动巨擘。

(三)严复弘扬了船政精神

严复是一位在近代甚至现代中国都具有很大影响的启蒙思想家、翻译家和教育家。严复一生及其思想政治主张与活动都体现着早年在船政学堂学习时打下的烙印,不论是其政治活动、教育生涯还是文学翻译都是船政文化的弘扬与光大,船政文化在严复身上得到了更好的升华。

严复发扬了船政教育的精髓,促进了中国教育近代化。船政学堂教育的目的就是要为国家建设提供大量的人才,促使中国教育从八股科举教育的禁锢中解放出来,使中国教育适应时代进步的要求。严复一生寻求真理,其教育救国实践活动正是这一船政教育精神的体现。通过学校教育、书报出版,严复不断地探索和追寻着真理,实践着船政教育的战略初衷。严复主张教育救国,首倡德、智、体三育思想;批判旧学,提倡新学,主张废除科举,兴学校;重视教育的作用,适应时代发展的需求。

从福州船政学堂到北洋水师学堂,严复培养了大量的海军人才。从清末参与组建复旦公学,担任复旦大学校长,出任安庆高等师范学堂监督到辛亥革命后担任北京大学校长,严复主持了多所名校。在教育实践中,严复提出了自己丰富的教育理论,积极实践自己的教育理念、方针,力图按照自己的教育理论组织教学管理,对原有的设置和管理方式实行了大刀阔斧的改革。例如,1906年继任校长后,严复对复旦公学进行了大力的改革,曾打算重新修订《复旦公学章程》,受到了学生的拥戴。而尤为值得一提的是,为创建、保存和发展北京大学,严复经历了一生办学实践最为艰难的时刻。严复两次上"说帖",请求保留京师大学堂,拯救了将遭停办的新生学堂;严复倾注大量心血,改良教学,提出"兼收并蓄,广纳众流,以成其大"的主张,这成为日后北大办学思想的主流和传统。严复一系列教育救国的主张与实践活动促进了中国教育近代化。

严复的爱国忧民思想进一步深化了船政爱国精神的内涵。在历史发展的过程中,船政文化体现了鲜明的爱国主义特色,而这也正是船政文化得以不断发展前进的源泉之一,无数船政员工、精英用自己一生的实践活动践行着船政爱国精神,许多人甚至为此献出了生命。中华民族历来不缺少民族脊梁,而严复一生爱国忧民的思想与活动正是一个民族脊梁的写照。

如果说中国现代化的历史,是从器物、制度层次,逐渐延伸到文化的层次,那么严复所扮演的是文化的改革者。这种选择虽然是严复受到当时客观环境限制的结果,但这其中也有相当程度是严复的自我觉醒与抉择,期望借由广泛地翻译西方经典,以启发民智。因此,其对于西方思想的翻译介绍,想必内在当中不无夹杂着对现实的深深失望,以及对于未来改革发展的殷殷期盼。严复一生爱国忧民,心系祖国,进一步深化了船政爱国精神的内涵,其著作对于研究严复思想乃至近代中国社会思想都具有相当重要的历史意义和现实价值。严复翻译的西学巨著,提高了国民思想素质,这使船政爱国精神升华凝练到了一个更高的层次。

严复积极实践了人才为本的战略,培养了大量的人才。船政根本在于学堂。沈葆桢提出了船政以人才为本的战略,船政力图通过培养精通西学的科技人才以实现振兴国家和民族的愿望。严复主张废除科举,兴西学,办学校的根本目的就是要培养新式人才。严复深深地知道,人才对于国家兴亡盛衰的重要意义。严复认为中国积弱不振的症结就在于缺乏人才。严复认为单纯的自然科学技术教育还不足以救亡图存,学西学不仅要按照西学教育方式,更要培养智、力、德(即德、智、体)三者兼备的人才,培养出农工商军事等各方面的人才。只有有了各方面的人才,国家才能富强。严复的人才观有与时俱进的特质,改变了传统人才培养与选拔的方式,体现了严复爱国忧民、谋求国家富强的强烈愿望和追求。

从福州船政学堂、北洋水师学堂、北京通艺学堂、安庆高等师范学堂、上海复旦公学、京师大学堂等高等院校,到《国闻报》《时务报》《外交报》《中外日报》等舆论媒体阵地,再到商务印书馆等翻译机构,这些地方无不成为严复宣扬救国思想,培育民力、民智、民德新型素质人才的重要场所。严复一生积极投身办学实践,创办了以科学教育为内容的各类学校,努力为国家培养了各类新式人才。例如,严复主持天津北洋水师学堂长达20年,其间该校共毕业出驾驶与轮管专业学生各6届,计200多人。而在北京通艺学堂时,严复则亲自到学堂讲解"西学门径功用"专题,为维新变法培养人才。

二、轮机制造的奠基人陈兆翱

陈兆翱(1850—1896),字鹤亭,福建闽侯(今福州人),中国近代优秀轮机专家。

图6-11　陈兆翱

陈兆翱是船政前学堂制造班第一届学生,以学业成绩第二名毕业。毕业后留船政工作。1875年,他与魏瀚等5人受船政选派随法籍船政监督日意格前往欧洲学习考察。他聪颖好学,在留学期间就深谙洋人的制机技术。在法国期间,他创制的新式锅炉和制造的抽水机均受到西方人的推崇,该抽水机还以"陈兆翱"命名;他还将轮船车叶化平为侧,外洋竟效之。陈兆翱于1879年学成归国,回船政工程处总司制机。不久,又奉命往德国伏尔铿船厂与魏瀚、郑清濂等共同监造中国订购的"定远""镇远"两铁甲舰。

1883年,船政自行建造第一艘巡海快船"开济号"。其图纸购自法国地中海船厂,而工料费用则由魏瀚、陈兆翱估算,较为切实低廉。1886年4月,中国向德国购买的鱼雷快艇"福龙号",由德国人驾驶到闽,陈兆翱奉派登艇勘察并验收。这在当时是一项十分新颖的技术,其他轮机人员是难以胜任的。

1889年,中国建成的第一艘钢甲巡洋舰"平远号",系仿照德国钢甲舰设计,由魏瀚等监造船体,陈兆翱等监造船机。此舰监造质量甚高,"舱位工程布置妥贴,大机器两副亦复坚固灵通",船政大臣裴荫森对此曾给予很高的评价。自1887年开始,船政先后建造的"广甲""广乙""广庚""福靖""通济""福安"等舰艇,均由陈兆翱总管船机方面的设计与制造。

陈兆翱是中国近代轮机制造的奠基人,惜中年早逝。

三、《聊斋志异》法译者陈季同

陈季同(1851—1907)清末外交官,字敬如,一作镜如,号三乘槎客,西文名Tcheng ki-tong(Chean Ki Tong),福建侯官(今属福州)人。早年入福州船政局,后去法国学习法学、政治学,历任中国驻法、德、意公使馆参赞,刘铭传赴台湾幕僚、副将。他曾建议组织"台湾民主国",任"外务大臣",失败后内渡大陆。其弟弟陈寿彭是法语翻译家。

1866年,15岁的陈季同考入福州船政局附设的求是堂艺局前学堂读书。学堂的教员多为法国人,用法语讲课,所用的教材也是法文书,所以陈季同打下了扎实的法文基础。1875年陈季同毕业,因"西学最优"而受船政局录用。同年,他随法国人日意格到英、法各国参观学习,1876年年底回国,任教师。

翌年,他以翻译身份随官派留欧生入法国政治学堂学"公法律例"。后任驻德、法参赞,代理驻法公使并兼比利时、奥地利、丹麦和荷兰四国参赞,在巴黎居住 16 年之久。

由于长期在欧洲工作和生活,陈季同通晓法文、英文、德文和拉丁文,特别是法文造诣在晚清中国可谓独步一时,于西方文化也有较深入的了解,同时又有深厚的国学修养。为了让西方人更好地了解和认识中国人、中国文化及其价值,他著、译了 7 种法文书,在当时的西方很有影响。他也译介了一些法国的文学作品和律法文献。

陈季同率先把《聊斋志异》译成法文译本,从而推出了介绍中国文

图 6-12 陈季同

化的西文畅销书。译作名为《中国故事》(《中国童话》),1884 年在法国巴黎卡尔曼出版社出版,其中编译了《聊斋志异》中的《王桂庵》《白秋练》《青梅》《香玉》《辛十四娘》等 26 篇故事。

该书出版后,一年中曾三次再版,总至少再版 5 次以上,可见该书受法国人欢迎的程度。次年,即由詹姆斯·威灵顿译成英文在伦敦等地出版,同样受到英语读者热烈而友好的欢迎。1890 年 4 月 1 日,荷兰著名汉学家施古德在 1890 年 4 月 1 日的《通报》上专文推荐此书。

陈季同认为《聊斋》中每一篇都"构成了一个民族的自身生活",它最"能完整地体现一个国家的风俗习惯",在一定意义上,它"比所有其他形式更能完美地表现一个民族的内心生活和愿望,也能表现出一个民族理解幸福的独特方式"。这是陈季同译介《聊斋志异》的动机。

四、第一部中文语法著作作者马建忠

马建忠(1845—1900)，别名干，学名马斯才，字眉叔，江苏丹徒(今镇江)人，中国清末洋务派重要官员、维新思想家、外交家、语言学家。其所著《马氏文通》是第一部中国人编写的全面系统的汉语语法著作。

图 6-13　马建忠与《马氏文通》

马建忠于 1845 年 2 月 9 日(清道光二十五年)生于一个天主教家庭，是《文献通考》作者马端临第二十世孙。父亲马岳熊，马建忠在兄弟中排行老幺，有四兄一姊。二哥马建勋早年受曾国荃拔擢，入李鸿章幕府，司淮军粮台。四哥马相伯是震旦大学、复旦大学的创办人。

马建忠从小学晓中国传统经史，1853 年(咸丰三年)，太平军攻入南京，马家遂搬去上海躲避战乱。马建忠与四哥就读中西学并重的天主教耶稣会徐汇公学，学习法文和拉丁文等课程，同时准备科举，后与其四哥同为该校首届毕业生。受 1854 年至 1860 年第二次鸦片战争的影响，他"决然舍其所学，而学所谓洋务者"，进入耶稣会初学院做修士，继续学习拉丁文、法文、英文和希腊文等。经过十余年的刻苦努力，成了一位"善古文辞，尤精欧文,英、法现行文字以至希腊、拉丁古文,无不兼通"的学贯中西的新式人才。

1870年(同治九年),经二哥马建勋引荐,他也成为李鸿章的幕僚,随办洋务。因为熟悉西洋文化和语言,他受到李鸿章的赏识。1876年(光绪二年),他以郎中资格被李鸿章派往法国学习国际法,同时兼任中国驻法公使郭嵩焘的翻译。1877年(光绪三年),他通过了巴黎考试院的文科和理科考试,成为第一个取得法国高中会考毕业证书的中国人。1878年(光绪四年)至1880年(光绪六年),他进入巴黎自由政治学堂(巴黎政治大学前身)全日制学习公法。

1880年(光绪六年),马建忠回到天津,重新在李鸿章幕下办理洋务。翌年,奉李鸿章之命赴英属印度,与印度总督里蓬交涉鸦片专卖及税收问题。1882年(光绪八年),李鸿章又派他去朝鲜,协助朝鲜政府与英、美、德签订商约。同年朝鲜发生壬午兵变,闵妃请求清朝出兵,直隶总督张树声和李鸿章派淮军将领吴长庆平乱。马建忠设下诱擒叛乱头目之计,参与了抓捕大院君李昰应的行动。同年10月18日,李鸿章派马建忠赴天津与法国公使宝海达成越事草案三条,即中国撤兵、通商、中法分巡红河南北。

1884年(光绪十年),马建忠加入唐廷枢主持的轮船招商局。中法战争后,他升任轮船招商局会办。1890年(光绪十六年),马建忠开始撰写《富民说》,主张发展对外贸易、扶持民间工商业等措施以富民强国,并将《富民说》上呈李鸿章。不久,受李鸿章委派其担任上海机器织布局总办,旋因资金周转等问题去职回籍。1895年(光绪廿一年),甲午战争失败后,他应李鸿章之邀到北京,襄助李鸿章赴日本马关议和。翌年,马建忠与上海《时务报》主笔梁启超相识,并出版了《适可斋记言记行》。

此后,马建忠一直埋头整理《马氏文通》一书,于1898年(光绪廿四年)出版。该书以西方语文的语法为本,对照从古书中精选的例句,研究古汉语的语法规律,创建了一套汉语的语法体系,是奠定汉语语法学基础的开山之作,对后世汉语语法研究产生了巨大影响。1931年,语言学家杨树达著成《马氏文通勘误》由商务印书馆印行,将《马氏文通》补完增订。

1900年(光绪廿六年),马建忠再度应李鸿章之召,任上海行辕襄理机要。8月14日，因赶译长篇急电而猝然去世，享年55岁。

　　马建忠主张废除厘金，收回关税主权，发展对外贸易，扶持民营工商业，致力推行洋务，并称许西方议会制度。同时建议开设翻译书院，提倡国人多学洋文，汲取外国科学文化知识。

　　1882年（光绪八年），朝鲜使臣朴泳孝和金玉均即将出使日本，临行前向清朝政府请求将中国的龙旗作为国旗使用，清朝回复称藩属国不能用五爪龙旗只能用四爪龙旗。其时奉李鸿章之命出使朝鲜的中国使节马建忠建议朝鲜政府采用中国传统的太极八卦旗，作为国旗使用，这个建议得到了朝鲜政府的采纳。

五、铁路之父詹天佑

　　詹天佑（1861—1919），生于广东南海一个破落茶商之家。1872年8月作为中国首批官派留学生赴美学习，1881年毕业于耶鲁大学土木工程系（铁路工程专业）。

图6-14　幼年詹天佑

图6-15　青年詹天佑

图 6-16　詹天佑全家合影

图 6-17　詹天佑在美国留学(后排右二)

1881 年 7 月，詹天佑回到上海。上岸第一天，就听说曾国藩死了，由淮系军阀李鸿章接任北洋大臣。留学生们便搭了刚开辟 1 年的北洋航线的招商局轮船，从上海转到天津的北洋大臣衙门报到，听候政府派遣任用。

在天津，詹天佑住进了海河边的一家小客栈。小房间十分闷热，浑身汗水淋漓，极不舒服，他的心情也十分焦躁。那些日子，有门路的留学生都去活动了。只有农家子弟出身的詹天佑无门路可走，也不愿意走门路。到天津后，

图 6-18　晚年詹天佑

富裕的同学纷纷住进舒适的大旅馆，他摸摸自己的腰包，默默地叫上一辆黄包车，住进了这家破旧肮脏的客栈。虽然他口袋里还有一封信，一封他最敬爱的老师容闳亲笔写的八行书，是给当朝某权贵的，但他羞于拿出来。他是容闳的得意门生，在美国留学的时候，容闳曾经鼓励他，希望他做中国的伊藤博文。容闳说，伊藤博文提倡西学，导致日本富强，中国也要自己的伊藤博文，才能让国家进步。这时，詹天佑十分激动，他立志发奋努力，科学救国。但尽管他成绩斐然，却和留学生正监督吴子登的关系越搞越坏（这时容闳和陈兰彬已分别任清廷驻美的正副公使）。吴子登是保守派，十分迂腐，一直认为中国学生到外国留学是离经叛道。容闳告诉詹天佑，吴子登在给清政府的报告中，投诉容闳教唆学生不尊师，不听监督训诫，读书时间少，游戏时间多。而清政府听了其一面之词，不仅命令留学生全部回国，而且还要交地方官严加管束。怪不得詹天佑到了天津，先干坐了一个多月的冷板凳。

几天后，留学生们终于被卫兵引进北洋大臣的衙门。正官厅上，坐着一个干瘪的老头，他就是大名鼎鼎的李鸿章。他不耐烦地扫了一眼这群留学生，看到他们一个个袍褂不整、帽斜辫歪的样子，气得脸色发青。心想，靠这些学生能富国强兵？李鸿章本想狠狠训斥他们一通，但终究没有发

作——他考虑到他们大多和朝中大臣有些交往,不少人还送了八行书和见面礼,但对其中一人尤其看不顺眼,不管怎样,大部分学生进了官衙,都穿袍着褂,戴上假辫子,唯有此人依旧西装革履,连辫子也没有装一条。他从花名册上查到此人名字——詹天佑。猛然想起吴子登信中几句话:"若放任这些学生……他日学成回国,不但对国家无好处,反而贻害无穷。"想到这里,李鸿章拍桌骂起来:"离经叛道,无父无君!"

詹天佑对李鸿章粗暴恶劣的态度十分反感,想要反驳几句,但终于忍住了没有开口。接着,李鸿章气呼呼地端起茶盅,卫兵马上大喊:"送客——!"这一场戏剧性的接见就算结束了。

回到客栈,詹天佑烧毁了容闳给他的八行书。又过了几天,北洋衙门发榜,詹天佑的名字赫然在榜末,被派往福建船政差遣使用,到水师学堂学习驾驶。

光绪七年(1881年)10月,詹天佑来到了福州。其时在福州水师学堂担任驾驶课的教习是名叫泰勒的外国人。他获悉詹天佑在美国耶鲁大学获得过学士学位,所以对他格外客气,要他不必交作业。可是詹天佑并未因为自己是大学毕业生,而有丝毫自高自大的情绪,学习非常刻苦努力,不仅每次都认真完成作业,而且阅读了水师学堂从外国购进却无人阅读的许多外文书刊,有关航海知识的,还有许多海战的著名战例。

1882年6月,他以一等第一名的优异成绩在水师学堂毕业。船政大臣黎兆棠赏给他五品顶戴,派往福建水师旗舰"扬武号"上担任驾驶官,指挥操练。

"扬武号"管带(舰长)张成,40多岁,紫红脸膛,身躯魁梧,作为旗舰管带,他颇为自负,总要摆出一副威严十足的官架子。他对船政大臣把水师学堂一等第一名毕业,而且是美国耶鲁大学的高才生,派到他的军舰上担任驾驶官,相当高兴。这一来,他作为旗舰的管带,不仅在福建水师,而且在北洋水师、江南水师中都增加了声望——只有他的军舰才配有这样的驾驶官,也只有他这位管带才有资格指挥这样的驾驶官。所以,詹天佑一来到军舰上,他就以礼贤下士的姿态,亲自带着詹天佑视察该军舰的轮机舱、驾驶室和前后炮位,并让詹天佑和他一起站到"指挥台"上,让水勇们做了一番操练表演,以显示他是位训练有素、指挥有方的管带。

1884年8月,法国舰队侵犯台湾未遂,又强行开入福建马尾军港,与中国的福建舰队同时停泊一处,包围了福建水师,妄图伺机发动进攻,海战迫在眉睫。

当时,詹天佑正在福建舰队旗舰"扬武号"上担任驾驶官。目睹法国军舰包围福建舰队的险情,詹天佑和广大官兵立即提出:法国军舰来了很多,居心叵测,我们必须有所防备;否则,法国军舰一旦开炮,我们将要全军覆没。然而,在清政府中的妥协派的控制下,福建水师没做一点战斗准备。掌握军政外交大权的李鸿章还屡次电告,"勿轻起衅",严令水师"不准先行开炮,违者虽胜亦斩"。所以,当法国舰队发动突然袭击时,福建舰队陷入被动挨打的处境。

詹天佑没有参加马江海战。马江海战后的两个月,即1884年10月,詹天佑被张之洞调往广州任博学馆英文教习。

1888年,詹天佑入铁路公司任职,参加诸多铁路的修建。在建造唐山天津铁路时,采用"压气沉箱法"解决打桩难题,建成滦河大桥;在建北京张家口铁路时,创造性运用"折返线"原理,设计"人"字形线路……他以修建铁路频出新法闻名国内外。

六、军舰制造家魏瀚

魏瀚(1850—1929),名植夫,字季潜,福建侯县人。明代四川左布政使魏体明的裔孙。父亲魏大韶是同治元年壬戌科举人,诰封光禄大夫;祖父魏耕礼是邑庠生,诰封光禄大夫。魏瀚是中国第一代军舰制造专家,曾任晚清海军部造船总监。民国元年,任福州船政局局长,被国民政府授予海军中将。

魏瀚组织研制了中国第一艘巡洋舰——"开济"舰;制造了中国第一艘铁甲船——"龙威"舰;参与制造了中国第一艘钢甲鱼雷舰——"广乙"舰;中国第一艘猎雷舰——"建威"舰;主持和参与建造了"开济""横海""镜清""寰泰""广甲""广乙""广丙""广庚""龙威""福靖""通济""福安"等12

艘艇,为中国造船工业的发展做出了不可磨灭的贡献。魏瀚的家族是中国近现代最著名的海军世家之一。魏瀚的9名兄弟、堂兄弟,皆为海军高官,其中有6位毕业于船政系列学堂。魏瀚之后共出1位海军上将,1位海军中将,2位海军少将,有11位为海军著名学校科班出身的海军军官。

魏瀚以船政前学堂第一届学生中第一名的成绩毕业,留在福州船政做技术工作,后成为中国第一批赴海外考察和留学的海军军官。法国留学期间,在学得造舰技能同时,兼学法律,曾就聘法国皇家律师公会助理员,"声誉日起,旋得法学博

图 6-19　魏　瀚

士"。他也因此成为第一位获外国法学博士的中国人。

魏瀚回国后,出任福州船政"总司制造",即总工程师。组织研制了中国第一艘巡洋舰"开济号"。此舰被称为"中华所未曾有之巨舰"。这一时期,福州船政在魏瀚等人的主持下,还制造了3艘快船。

中法马江之战后,魏瀚和同事们,吸取马江之役福建水师覆灭的教训,深感必须尽快制造铁甲船,才能增强海军的战斗力,建议尽快研制铁甲船。魏瀚在建议中提出:"闽省如有此等钢甲兵船三数号,炮船、快船得所卫护,胆壮则气扬,法船则不敢轻率启衅。"魏瀚和同事们的建议,得到了左宗棠的全力支援。左宗棠批道:"该学生等籍录福省,均无希图名利之心,只以马江死事诸人,非其亲故,即属乡邻,以报仇雪恨之心,寄于监作考工之事。"1887年年底,在魏瀚等人的主持下,中国自己制造的第一艘铁甲船——"龙威"舰正式下水。当时"万目共瞻,莫不同声称快"。船政大臣曾称:"此番闽厂仿造,该监造等绝无师援,竟然独运精思,汇集新法,绘算图式,累黍无差,其苦心孤诣,直凑单微,即外国师匠入厂游观,莫诧为奇能,动色相告。"魏瀚还参与造出了中国第一艘钢甲鱼雷舰——"广乙号"和中

国第一艘猎雷舰——"建威号","均能精益求精,创中华未有之奇"。

1904 年,魏瀚调往广东,主管广东水雷局、鱼雷局、黄埔船局,还兼任黄埔水师学堂总办、黄埔水师鱼雷学堂总办、黄埔水师兼办工业学堂总办,记名海关道二品顶戴。后又被调任邮政部"丞参上行走",但很快又被派去担任广九铁路总理,1910 年 9 月,魏翰出任海军部造船总监。

民国元年,魏瀚重回福州船政局,出任局长。虽然此时年过六旬,但魏瀚雄心不已,着力复兴船政。1915 年春天,魏瀚还带着海军学校优秀学生赴美学习飞机、潜艇制造。

魏瀚人生最后一个职务是驻英海军留学生监督。1929 年 5 月 20 日,魏瀚病故于河南安阳,享年 80 岁。

七、飞机制造先驱巴玉藻

巴玉藻(1892—1929),字蕴华,又名问华。公元 1892 年(光绪十八年)生于江苏省镇江市。蒙古族,内蒙古克什克腾旗人,巴玉藻之父巴焕庭为蒙古八旗驻防,巴玉藻出生于江苏镇江。

巴玉藻自幼颖聪,1906 年,14 岁的巴玉藻由京口八旗中学堂考入江宁(即南京)江南水师学堂学习轮机。17 岁时,因品学兼优被选派留学英国,攻读机械工程。1909 年,被选派赴英朴次茅斯留学,学习制造船炮。次年考入阿姆斯特朗学院学机械工程,继入唯喀斯厂实习。1915年转赴美国留学,考入麻省理工学院航空工程系,为第二期学生。1916 年毕业,获硕士学位,被美国通用飞机厂聘为第一任总工程师。

图 6-20 巴玉藻

1915 年,由于欧洲爆发战争,巴玉藻从英国转赴美国,考入麻省理工学院航空工程系继续深造。巴玉藻刻苦攻读,仅用 6 个月的时间便拿到航空工程学硕士学位,美国有两家飞机厂聘他为设计工程师和总工程师。

1917 年冬,巴玉藻毅然辞去两家飞机厂高级职务与优厚待遇,回国开创自己的飞机制造业。

在巴玉藻的要求下,海军部拨款在福建马尾创办了一个小规模飞机制造厂,他被委任主任职务,负责制造飞机和培养飞机制造人才。经巴玉藻的刻苦努力,1918 年 8 月,制造出我国第一架飞机。同年冬,航空局长杨仙逸亲自驾驶这架飞机,做了飞行表演。从建厂到 1928 年夏,这个飞机厂共制造生产出达到当时国际标准的飞机 11 架。

1928 年,巴玉藻代表中国到德国参加万国航空展览会,会后又去英、法等国考察。1929 年,遭日本间谍暗杀身亡,当时年仅 37 岁。

八、马江英烈许寿山

许寿山(1852—1884),字玉珊,闽县(今福州市区)人。清同治七年(1868 年),考取福建船政后学堂,为驾驶班第一届毕业生。4 年后,随"建威"练习船出航实习,由新加坡、吕宋、槟榔屿绕道日本海,涉练风涛、沙线,考究港道。归任陆营练习,不久,升千总,任"艺新号"兵船管带。光绪十年(1884 年),中法马江战役爆发,寿山督带"振威号"泊罗星塔下游,闻警奋起,上望台传呼砍碇开炮,法军担心中方军舰起碇后难以战胜,以连珠炮专攻"振威","振威"四叶轮被击坏,寿山中弹阵亡,年仅 32 岁,奉旨照游击例从优赐恤,入祀昭忠祠。

船政早期所建造的舰船,多部署在各海口,平时担任巡洋缉盗任务,遇海难也执行海难救助。光绪二年(1876 年)初,"扬武号"管驾总兵吴世忠在海难救助中,"猝遇恶风",以身殉职。同年六月,清廷批准福州将军文煜所奏,颁行《救护洋面中外船只遇险章程》,这比国际上订立的《布鲁塞尔海难救助公约》还早 34 年,使航海人员处理海难救助有章可循。光绪三年(1877 年)九月,美国"佛兰牌利号"夹板船在莆田长屿海面遇风沉没。"艺新号"管驾许寿山驾船救出韦士客拉等洋人 19 人,给予饮食并护送到福州。美国领事戴兰那十分感激,"具文致谢"。

同年十一月,刘金狮商船在长乐松下江面冲礁损坏,许寿山救出遇难商人 13 名,并抢救船只,代为修补。光绪四年(1878 年)五月三十日,"阜康号"载商人由上海至马尾罗星塔江面,将行李银物盘至驳船上。刚刚开卸,暴风突起,驳船顷刻翻覆。许寿山顶风冒雨赶往抢救,救出陈廷隆等 7 人。光绪五年(1879 年)一月,金同生商船装运一批木材和纸张等货物,驶至闽江口搁浅漏水。许寿山闻讯赶往抢救,把该商船拖回港口。同年四月,"金裕昌号"商船装运杉木 3400 余根,在马祖澳触礁,船将沉没。许寿山驾船"由三沙展轮而下,拖至古镇,该船赖以保存"。当年七月二十五日船政大臣吴赞诚上奏清廷,为多次在海上奋勇救助海难的"艺新号"管驾许寿山等请奖。这是中国近代发挥轮船作用,主动执行海难救助的较早记载。

光绪九年(1883),中法两国因越南问题在陆上开战。中法战争爆发,法国扬言,如果中国不接受法国提出的要求,法国便要占领福州的马尾港口作为"担保品"。1884 年 7 月 12 日,法国政府向中国发出最后通牒,要求在 7 天内满足 "撤军""赔款"等蛮横要求。7 月 14 日,在孤拔率领下,法国军舰以"游历"为名陆续进入马尾港,马尾港的中国官员不但不予以制止,反而给予法舰最友好的款待。

罗星塔下游方向,船政的 3 艘炮舰"振威""飞云""济安"与 3 艘法国军舰对峙。海战开始后,"振威"舰最快做出反应,立即发炮轰击附近的法舰"德斯丹号"。"振威"管带许寿山,令砍断锚链应战,迅速反击,并冒着炮火登上望台指挥。与"振威"同泊的"飞云""济安"两舰,还没有来得及起锚就中炮起火,很快沉没。法军集中 3 艘军舰的火力攻击顽强抵抗的"振威"舰。"振威"舰船身多处中弹,遭到重创,轮叶被击毁。最后关头,"振威"开足马力向法舰"德斯丹号"冲去,意欲同归于尽。法舰"费勒斯"急忙以侧舷炮拦击。"振威"舰锅炉中炮爆炸,船身开始下沉。许寿山仍继续指挥顽强奋战。外国的目击者描述,"这位管驾具有独特的英雄气概,其高贵的抗战自在人的意料中;他留着一尊实弹的炮等待最后一着。当他被打得百孔千疮的船身最后额斜下沉时,他乃拉开引绳从不幸的'振威'发出嘶嘶而鸣仇深如海的炮弹",重创敌舰长和两名法国士兵。这位目击者惊叹:"这一事件在世界最古老的海军纪录上均无先例。"32 岁的许寿山与大副梁祖勋被敌舰机关炮击中,壮烈牺牲。

九、海军名将刘步蟾

刘步蟾(1852—1895),字子香,福建侯官人(今福州市)。幼年丧父,与母亲相依为命,"事母至孝"。少时性格沉毅,好学善思,爱憎分明,敢与非礼不义之事相争。同治六年(1867年),考入福州船政学堂,入后学堂,学习驾驶。同治十年(1871年),与同学十八人上"建威号"练习船实习,南至厦门、香港、新加坡、槟榔屿,北上渤海湾、辽东等地,途中测量日度、星度,操练驾驶,见识大为增进。事后,船政大臣沈葆桢称赞:"其精于算法量天尺之子者,则闽童刘步蟾、林泰曾、蒋超英为之冠。"次年,刘步蟾以第一名的成绩成为福州船政学堂首届毕业生。

光绪元年(1875年),刘步蟾任"建威号"管带。次年,被派赴英国学习海军,光绪三年(1877年),上英国地中海舰队旗舰"马那杜号"实习,担任见习大副。次年,因病自塞浦路斯离舰返回巴黎休养;光绪四年(1878年)痊愈,重返地中海舰队实习,上"拉里号"。实习期间,因学习刻苦、勤于钻研,受到舰队司令斐利曼特将军的好评。旋回国,以游击留闽尽先补用。不久,任"镇北"舰管带。其间,与同学林泰曾合撰《西洋兵船炮台操练大略》,将留学期间心得结合我国海军实际加以申说,指出中国发

图 6-21　刘步蟾

展海军,"最上之策,非拥有铁甲等船自成数军决胜海上,不足臻以战为守之妙",主张壮大海军实力。当时,清廷正筹议海防,发展海军自是题中之意。光绪六年(1880年),清政府在德国伏尔铿厂订造铁甲舰,即后来的"定远""镇远"。光绪八年(1882年),刘步蟾等被派前往德国,验收、协驾

铁甲舰。光绪十一年(1885年),刘步蟾督带"定远"等舰顺利回国,被任命为"定远"舰管带,授参将,旋升副将,赏强勇巴图鲁勇号。

光绪十四年(1888年),北洋海军正式成军。刘步蟾参与了《北洋海军章程》的起草工作,海军规则"多出其手"。同年,被任命为北洋海军右翼总兵,加头品顶戴。

当时,日本觊觎中国,也在不断扩充海军力量。刘步蟾深以此为忧,曾向李鸿章力陈按年添购铁甲舰,"以防不虞",并当面反问李鸿章:"如平时不备,一旦偾事,咎将谁属?"引起了李鸿章的重视。光绪十六年(1890年),北洋舰队巡泊香港,海军提督丁汝昌离舰,刘步蟾下令降提督旗,升总兵旗,为此与英籍总教习琅威理发生争执,后琅威理负气辞职,史称撤旗事件。

光绪十七年(1891年),北洋舰队应邀前往日本访问,在对日本海军舰船细心考察后,刘步蟾认为日本海军实力已超过中国,并立即通过丁汝昌报告李鸿章,请求为海军添购船炮。

光绪二十年(1894年),中日甲午战争爆发。八月十八日,中日两国海军主力在黄海海面遭遇,展开激战。战斗中,刘步蟾指挥"定远"舰英勇作战,"不稍退避",始终在战场坚持作战,并重创了日本舰队旗舰"松岛号"。

海战结束后,刘步蟾因功升记名提督。丁汝昌因海战中受伤暂时离舰养伤,由刘步蟾代理。威海保卫战中,光绪二十一年(1895年)元月十一日,"定远"被偷袭入港的日本鱼雷艇击伤,被迫搁浅在刘公岛东部充作"水炮台",因进水过于严重,丁汝昌下令放弃"定远"。当时刘公岛局势日益恶化,因恐"定远"将来落入敌手,丁汝昌、刘步蟾于正月十六日下令,将"定远"舰炸散。

当夜,刘步蟾追随自己的爱舰,自杀殉国,实践了生前"苟丧舰,必自裁"的誓言,时年43岁。

李鸿章获悉刘步蟾自杀的消息后,深感惋惜,并盛赞刘步蟾当年直陈御日之计是实言真心。清廷谕令:将刘步蟾照提督阵亡例从优赐恤,世袭骑都尉加一等云骑尉。一代海军名将,就这样与他所钟爱的战舰,一同消失在保家卫国的海上疆场。

十、北洋骁将叶祖珪

　　叶祖珪(1852—1905),清末海军将领,字桐侯,福建侯官(今福州)人。毕业于福州船政学堂。1877 年被派赴英国格林威治皇家海军学院深造,曾与英国皇子同舰实习,回国后历任"镇远""镇边"舰管带。

　　中法战争期间,他率"镇远"舰昼夜严防北塘数月,使军民安堵。1889 年,他上书千余言,力陈对日防范的必要。可惜清政府妥协,幻想以夷制夷,弃之不纳,以至坐失良机。

　　中日海战中,他率"靖远"舰奋勇抗敌。在旗舰"定远号"桅杆被敌炮炸断无法指挥后,毅然升旗代行指挥,使北

图 6-22　叶祖珪

洋各舰毕集从之,军威重振,日舰遁逃,粉碎了日军"聚歼清舰于黄海中"的计谋。后在威海战中,"靖远号"为敌炮击中要害,决意与舰俱沉,为水兵所救,但仍为清政府所贬。戊戌变法后,得以开复原官,加提督军衔,统领北洋海军,致力于海防建设。

　　1902 年,叶祖珪补授浙江温州镇总兵,后升为广东水师提督,再提拔为总理南北海军。时值日俄交战,俄舰战败窜入黄浦内港,为了维护国家权益,断然下令扣留俄舰并解除其武装。

　　1905 年,从南京沿江南下巡视水陆营地,积劳成疾,病逝于军营。清政府授予"振威将军",归葬于福州西门梅亭。

十一、爱国将领邓世昌

　　邓世昌(1849 年 10 月 4 日—1894 年 9 月 17 日),原名永昌,字正卿,

谥壮节，广东番禺人（今广东省广州市海珠区宝岗大道龙珠直街龙蜓里2号），中国近代海军将领，被誉为民族英雄。

邓世昌育有三儿两女，长子邓浩鸿，1947年去世；次子邓浩洋，青年早逝；三子邓浩干是遗腹子，曾在中华民国海军部供过职，1969年逝于无锡。

邓世昌是近代中国自己培养出来的第一批海军将领之一。1849年10月4日生于广东番禺一茶商之家。1867年考入马尾船政学堂驾驶班第一期学习；1871年被派至"建威"舰练习航海；1874年以优异成绩毕业，被船政大臣沈葆桢嘉奖以五品军功任命为"琛航"运船帮带；次年任"海东云"炮舰管

图 6-23 邓世昌

带，当年牡丹社事件日军侵台，邓世昌奉命扼守澎湖、基隆等要塞，得补千总。

1880年调北洋水师。同年到英国接"扬威"巡洋舰，回国后任"扬威"管带。1887年再到英国接"致远"巡洋舰，任"致远"管带，职中军中副将，是北洋海军管带中唯一一位未曾出洋留学或实习的管带。1891年，李鸿章检阅北洋海军，邓世昌因训练有功，获"葛尔萨巴图鲁"勇名。

在中日甲午战争黄海海战中，因"致远"舰受伤，弹药用尽，难以继续战斗，邓世昌语曰，"倭舰专恃吉野，苟沉是舰，则我军可以集事"，便意图撞沉日舰主力舰"吉野"，但"致远"舰因为日舰攻击引起鱼雷爆炸而沉没。邓世昌决心与战舰同存亡，从而在落水后拒绝救援，与爱犬"太阳"一同壮烈殉国。邓世昌牺牲后举国震动，光绪帝垂泪撰联："此日漫挥天下泪，有公足壮海军威。"清廷谥以"壮节"，按提督例从优议恤并，还赐给其母一块用1.5千克黄金制成的"教子有方"大匾，拨给邓家白银10万两以示抚恤，追赠太子少保衔，入祀京师昭忠祠。

邓家用此款在原籍番禺为邓世昌修了衣冢，建起邓氏宗祠。抗日战争

日军侵占广州期间，日军士兵慑于邓世昌的威望和英气，不敢破坏邓氏宗祠。

十二、海军宿将萨镇冰

萨镇冰（1859—1952），字鼎铭，先世为西域色目人（蒙古族），原籍山西雁门（今山西省代县）。始祖萨拉布哈，为元世祖忽必烈所信任，使掌兵权，"元统年间，家于闽"，世居榕城朱紫坊，16 世传至萨镇冰。父萨怡臣，字怀良，号纳吉，为诸生，以教书为生。

萨镇冰经历了前清、民国与解放初期的各个历史时期，是中国海军史上一位卓越的人物。同时，他一生扶贫济困，广造福祉，被人民大众称为"活菩萨"，生前享有隆声，死后享有美誉。

萨镇冰幼时家境清贫，而勤奋好学。11 岁考进马尾船政学堂，学习天文、驾驶，毕业时名列第一，分配"扬武"练习舰见习。光绪二年（1876 年）冬，他与叶祖珪、刘步蟾、方伯谦、严复等被派往英国格林威治皇家海军学院学习驾驶。他从英国留学归来后，报效国家。甲午年间（1894 年），他参加中日甲午战争的威海卫港保卫战，率水兵坚守刘公岛炮台，奋勇抗敌。光绪二十五

图 6-24　青年萨镇冰

年（1899 年），他为北洋水师帮统，兼带"海圻"兵舰。翌年庚子（1900 年）义和团事起，他率舰南下，集中江阴，协助防守东南各省，后任广东水师提督。当时清廷要整顿海军，故派载洵同他往英、美、德、法、日、俄等国考察，回国后，以载洵为海军大臣，他为海军提督。辛亥革命（1911 年），他率舰驻刘家庙及武汉、九江之间。当时革命军虽已得武昌，而清军与革命军仍在对

峙。由于海军官兵皆心向革命,他便引退,所属的海军遂易帜,参加革命。1912年,他从教就任吴淞商船学校校长。1916年,黎元洪继任大总统后,他又出山任海军临时总司令、海军总长。1918年冯国璋为大总统,他入阁任海军总长,次年5月14日,萨镇冰兼代国务院总理,至8月9日才免兼职,1921年5月14日他卸了海军总长职务,遂回闽任福建省清乡督办。1922年10月15日,北京政府任命他为福建省长,同年11月解职。1923年2月,军阀王永泉等策动毛一丰掀起"倒林(森)拥

图6-25 萨镇冰戎装照

萨"风潮,他由福州南台中州海军公所迁入城内省长公署,担任了"自治"省长。1933年,十九路军将领蒋光鼐、蔡廷锴在榕发动"闽变",当时他不计较个人的名位和身家性命的安危,参加这一抗日反蒋的义举,被聘为高等顾问,任命他为福建省省长,但不久又解职。

萨镇冰引退后,致力于慈善事业。他热心家乡各项建设事业,同情关心民间疾苦,他在福州倡设孤儿院、工艺传习所、收容所等安置孤儿、残疾者,提倡医生义诊,接受福州开元寺住持宝松和尚等聘请,为佛教医院董事长。他函电海外闽侨募集巨资,佛教医院建成后以济世救人为本,施医赠药,僧尼、居士及贫民受惠存活者甚众。1926年冬,漳泉镇守使军阀师长张毅率部窜袭福州,兵败后,窜到闽县,大掠南港瓜山一带,民舍悉付一炬,乡民流离失所,走投无路。萨镇冰以下台省长之身,走遍南洋群岛,向侨胞乡亲募集了20余万元巨款,重建灾区,亲自督办救济事宜。93个乡村人民为他建起长寿亭,称赞他为"活菩萨"。

他在福州扩建道路,以利交通,市民感戴其德,该路命名为"肃威路"。

早在1908年,清政府采纳萨镇冰建议,由他率"海圻""海容"二舰前往新加坡、印尼、越南等地抚慰侨胞。南洋各地侨胞甚多,闽籍华侨尤为集

中,这是近代中国政府要员宣抚华侨的始端,萨镇冰也在华侨中广为传颂。抗日战争爆发后,他寄居四川重庆,已是 76 岁的老人,仍以极高的爱国热情,不辞辛苦,再次前往南洋各地华侨中宣传抗日,募集物资、医药器械支援抗日。由于广大侨胞具有爱国爱乡的思想感情,萨镇冰心系海外赤子,博得广大侨胞的敬重与支持。

回国后,他足迹历遍川、鄂、湘、黔、陕、甘、滇等七省体察民情,时达八载之久。

1945 年秋,日军投降,萨镇冰从渝飞沪小住,1946 年归里,居住在福州中山路仁寿堂。此堂是他 80 岁时,由陈兆锵、陈培锟等 20 多位乡亲捐资建赠的。

1948 年,萨镇冰 90 诞辰,福建省会各界人士为他祝寿,成立筹备会,由当时的省政府、省参议会以及地方知名人士参加。当时,萨老拍有乘马一照,自题:"行年九十,壮志犹存,乘兹款段,北望中原",作为答谢纪念。

国民党政府崩溃前夕,"代总统"李宗仁来榕,谒萨老于福州佛教医院(他有小恙住院),转达蒋介石之意,力劝他前往台湾,萨老以病坚辞之。他晚年走上与中国共产党合作的道路,为迎接人民解放军进入福州城做了不少有益的工作,他的爱国表现和政治选择得到中国共产党的肯定。

福州解放后,他受聘为中国人民政治协商会议全国委员会委员、中央华侨事务委员会委员及福建省人民政府委员,发挥余热,为乡亲继续做奉献。萨老暮景念念不忘海峡彼岸的袍泽故旧,盼望祖国的和平统一。1952 年 4 月 10 日,萨镇冰病逝于福州,享年 94 岁。毛泽东主席、周恩来总理等党和国家领导人均发来唁电,他的爱国精神,令人可钦可仰。中央人民政府给费治丧,福建人民政府举行公祭,葬于福州西门外梅亭。

十三、船政正监督日意格

日意格(Prosper Marie Giquel,1835—1886),法国军官。1835 年出生于法国洛里昂。后先后就学于法国瑟堡海军预备学校和法国海军学院。早年参加过克里米亚战争。1857 年 11 月,英法联军攻陷广州,成立了中国近代史上第一个地方傀儡政权——广东伪巡抚衙门,日意格在衙门内的"外人联合委员会"任职,负责管理广州事务,并开始学习汉语。不久,担任了该委员会的移民检察官。1859年,他参加了法国侵越远征军。1861年担任了浙海关(宁波)税务司一职。因为太平军李世贤部攻占宁波,他逃往上海。1862年1月,他作为翻译参与了建立"中外防务局"的策划,开始参加镇压太平军的活动,担任过"常捷军"副统领一

图 6-26 日意格与他的独生女

图 6-27 日意格和洋员、洋匠在船政一座洋楼前的合影

职,参与了攻占余姚、湖州等地的军事行动。1864年11月,他继任浙海关税务司;1865年5月,调任江海关(上海)税务司、江汉关(汉口)税务司。

太平天国运动被镇压后,日意格即插手中国近代企业。1864年6月15日,他第一次会晤闽浙总督左宗棠的时候,就提出法中在宁波合伙承办造船厂,后又参与左宗棠和另一位法国海军军官德克碑酝酿的造船计划。

1866年7月14日,清政府批准在福建省开办造船厂。8月19日,日意格到达福州,左宗棠带他去马尾罗星塔,择定厂址于马尾,并同他就设

厂、制造、购器、顾匠、驾驶和经费等一系列问
题,由粗而精,由暂而久,尽轮船之长,并通制
器之利,做了详细周密的研究,拟订了具体的
计划,并斟酌确定保约一件、条议十八款、合
同规约十四条。9月,日意格立约画押之后,
左宗棠又派员和日意格赴上海,让法国驻上
海领事白莱尼承担各事画押具保。12月11
日,左宗棠正式奏请法国军官日意格、德克碑
为船政正副监督。

图 6-28　日意格所得的勋章

　　左宗棠之所以选择日意格为福州船政监督,主要是因为:第一,日意格
在帮助左宗棠镇压浙江省内太平军的时候表现英勇。1864 年,左宗棠率
军攻打湖州的时候,日意格率所部洋枪队、浅水轮船前往助战,甚为踊跃。
待全浙肃清太平军后,日意格称嗣后中国如有差遣,仍愿为中国出力。第
二,日意格对左宗棠极为恭顺尊重。左宗棠在镇压太平军过程中,虽受洋
人相助,但他以"中国有贼,应中国自剿,无须借助洋人"为理由,坚持不为
洋人控制。而在与他共事的过程中,日意格一意倾附,不敢一语违抗。
1864 年 9 月,左宗棠在杭州觅匠仿制小轮船,并带日意格参观,考求法国
机器制造,他虽然在背后认为这艘船的速度和蜗牛一样慢,称这艘船是玩
具,但他在左宗棠跟前的反应很有礼貌,其表现得到左宗棠的赞赏。第三,
常捷军解散后,日意格为了谋生和发展,热衷于帮助左宗棠建厂造船。他
把造船图册、购觅轮机、招揽洋匠等事宜逐款详述,交给左宗棠。筹办船政
使英法两国在华权益产生矛盾,双方争夺对船政的控制权,相互指责,一度
使法国动摇了与中国合作创办船政的计划。1867 年 2 月至 8 月,日意格
趁在法国休假的时候,竭力宣传船政计划有益于法国工商业的利益,并向
拿破仑三世和法国海军界求取支持并获得成功。也就是说,是日意格促成
了法国政府及其技术力量支持左宗棠,他的推动,使得左宗棠 20 多年来只
能求之于冥想的东西,找到了实现的机会。第四,他懂汉语,在海关工作多
年,对中国有所了解,能够更好地同中国人交往。

　　福州船政局之所以选址马尾还与日意格的坚持有关。他在称颂马尾

设厂造船的好处时,列举了八条理由:第一,福州海口多山,军事上易于设防;第二,地方与省府很近,容易使高级官吏对船政发生兴趣,也容易得到他们的赞助;第三,附近有海关,经费容易筹措;第四,海口水位较深,凡吃水 6.7 米至 7 米的火轮船都可进口;第五,福州附近大田县有品位达 45% 的褐铁矿,开放后厂中所需钢铁可以就近取给;第六,台湾产煤,便于炼铁;第七,福州生活程度低,工资比较低廉;第八,左宗棠为闽浙总督,便于自己监督照顾。总之,日意格认为,从设厂造船所需要的地理、地势、原料、材料、燃料和人力资源以及它在政治、军事、经济等方面的重要性来看,马尾在当时来说是一个可取的地方。

身为船政总监督,日意格比较忠实地履行了职责,工作勤勉,沈葆桢说他"常任工所,每日巳、午、未三刻辄到局中与员绅会商,其勤恳已可概见"。在船政初创时,日意格为采购机器设备和各种原材料,不辞劳苦地屡赴法国及东南亚各国。他从法国招募来第一批洋匠来华工作。建厂事宜大体就绪后,便抓紧时机开工造船,并确定造船为船政中心任务。他统揽了头绪万端的大小事务,调度得法,仅一年多时间便造出了中国第一艘千吨级轮船"万年清号"。在设厂造船的同时,日意格也重视中国第一所海军学校——船政学堂的建设,从选配教员到制订教学方针,他花费心机,全面落实了"包造""包教"的合同条款。值得一提的是,他经手大量采购、募工、发包工程等经费,但做到账目清楚,未发现贪污劣迹。

合同结束后,其政绩主要有:筹建了第一座近代化的船舶修造厂;造成近代舰船 15 艘(军舰 10 艘、商船 5 艘);开设船政前、后学堂,培养了造船、设计、驾驶、轮机 4 个专业的学生和艺徒 300 余名。1868 年,日意格还编辑了第一部法中工具书——《福州船政学校常用技术词典》,便利了中国学生学习技术。1874 年,船政大批洋员如约解聘,日意格留任为船政顾问。

总之,日意格在担任福州船政局监督的 5 年间,取得了一定的成就。法国技术人员、工匠对船政局的发展起着至关重要的作用。当然,福州船政局并未因此大权旁落,为法国所操纵。

1886 年 2 月 20 日,日意格病死于法国戛纳。可以说其一生的大部分时光都与中国船政的事业结合在一起,日意格较负责地为新兴的中国造船工业工作,也获得了极为丰厚的报酬,月薪高达 1000 两白银(比沈葆桢还多 400 两),并在 5 年合同完成后,获得 20 万法郎的奖金,正如他给一位朋友信中所说,"我带了一大笔钱回法国"。

客观地说,日意格为中国乃至远东第一家造船厂的创设及最初的顺利发展,耗尽心血,施展了才干,立下了汗马功劳,这是值得肯定的。鉴于其功绩,清政府于金钱酬劳外,也给了他诸如赏一品提督衔、花翎、穿黄马褂、一等男爵、一等宝星等荣誉。

十四、船政副监督德克碑

德克碑(1831—1875),也译作德格北,法国海军少尉,1831 年 1 月 7 日出生于巴黎。

1863 年 2 月 28 日,他奉驻上海法国海军舰队司令伏恭的命令,继任"常捷军"(即中法混合军或花勇),配合左宗棠的湘军进攻浙江的太平军。同年一二月间至次年七月,他率"常捷军"1500 人,在攻下绍兴、富阳、杭州、湖州等处的战斗中,比较卖力,立下不少战功,清政府授予他提督军衔、浙江总兵,并赏赐白银 1 万两。

1864 年,左宗棠驻军杭州时,德克碑与他讨论制造轮船的问题,并表示可代为监造,把欧洲的造船方法传到中国。之后,他回法国绘制轮船、船厂图纸,逐条开列购买轮机、招募洋匠各项事宜,寄给宁波税务司日意格转交给左宗棠。德克碑自称曾将此事禀告给法国国工,得到其允许。当时,左宗棠正率军入闽镇压太平军余部,没有时间处理这个事情。

左宗棠因为和德克碑在战场上并肩作战,出生入死,推心置腹好几年,因此对他十分信任。过了两年,1866 年 6 月 25 日,条件成熟了,恭亲王奕䜣打算建厂造船,左宗棠抓住这个机会,将设厂造船的打算上奏朝廷,经许可后,于是写信到安南,把德克碑邀请到福州,同日意格等共同商讨创设福建船政局。

1866 年 10 月 5 日,德克碑到达福州。时任闽浙总督的左宗棠出示拟定创办船政的"条约"征求他的意见,他表示同意,只是对马尾山下的厂址土质有些疑虑。经开掘取样检验,泥多沙少,证明没有问题。

与左宗棠谈妥后,德克碑于 10 月 21 日乘轮船到宁波,约船政的另一承办人日意格同赴上海,将商定好的创办船政的合同送法国总领事白莱尼审阅、画押担保。签约盖章后,德克碑和日意格于 12 月 29 日回到福州。此日,清政府批准左宗棠和德克碑、日意格所订立的合同等船政章程和艺局(船政学堂)章程。所有铁厂、船槽、船厂、学堂并中外工局、工匠住房、筑基砌岸等一切基建工程,均由日意格、德克碑物色中外富商包办。他们二人则亲自回法国采购机器、轮机、钢铁、铁船槽等,并招募雇佣洋匠。

德克碑和日意格在同左宗棠签订的承办船政合同中规定:自铁厂开工之日起,扣至五年,德克碑、日意格保令外国员匠教导中国员匠,按照现成图示造船法度,能自造轮船,并就铁厂设备能添造一切造船机件;开设学堂教习法语,使学徒们能通算法,均能按图自造;教习英文,使学徒能通一切航海驾驶的本领,能自监造、驾驶,成算教有成效。合同中还规定了德克碑、日意格回国购买机器、轮机及其他物件的详细事项,雇募洋匠数额,每月工资等。其中规定:承办期限,以铁厂开工之日为始。德克碑、日意格回国后,日意格先同学堂、船厂、船槽员匠随带船厂应用物料前来,约计 5 个月回工地,先开船厂;德克碑于铁厂器具、轮机备齐,连轮机、水缸、钢铁交铁厂员匠妥为照料,如乘夹板船回福建,约费时 11 个月,坐轮船回福建,约花了 9 个月。德克碑薪水以开办船政合同画押会禀奉批准行之日起支付,日意格以离江汉关税务司之日起支付,每月各银 1000 两(约今 4 万元),并给回国来闽往返盘缠 1000 两白银。

左宗棠原来打算让德克碑担任福建船政局正监督,日意格为副监督,后来赞同法国总领事白莱尼的意见,以日意格为正监督,德克碑为副监督。因为日意格虽然是法国人,但懂得中文,且礼数文牍比较熟悉,不需要口语翻译,只要文字翻译。德克碑因此十分不高兴,认为提督是总兵的副职,不免让外国人所轻视。经首任船政大臣沈葆桢申请,1868 年 2 月 24 日,朝廷给德克碑赏戴花翎,给日意格赏给提督军衔并赏戴花翎。

1868 年 4 月 11 日,德克碑从法国随带所招募的部分洋员、洋匠到马尾工地。自 1866 年 12 月 28 日,由香港乘船回国至返福建,历经 16 个月,比预定期限超了 5 个月。

德克碑与日意格二人都并非制造轮船的行家,所雇洋匠也非上选。他们教的制造轮船技术是西方旧式的造木胁船技术。所用轮机也是旧式的立机,还将机舱与火药舱连在一起,居心叵测。德克碑因为不甘居日意格之下,更是消极怠工,与日意格不能很好合作。日意格以正监督自居,独揽大权,两人逐渐无法相容。1869 年,船政局辞退不遵纪律约束的铁匠白尔思拔和遇事刁难的总监工达士博,德克碑与日意格意见不合,于是串通法国驻福州领事巴士栋和福建海关税务司美里登,三人串通一气排挤日意格,但未能得逞。

德克碑在船政局不得志,于是在 1870 年 5 月中旬赴甘肃面见左宗棠,再三要求给他寻找新的工作,暂时离开船政局。左宗棠与船政大臣沈葆桢商定,派德克碑回国购买飞轮驳。此后,德克碑基本离开了船政局,在左宗棠手下干活。

1874 年 2 月 12 日,船政局与德克碑、日意格签订的五年合同期满。次年,朝廷给他们各加奖励白银 2.4 万两(约今 96 万元),等于他们两年的工资。并以德克碑于船政局筹备之时,度地计功,购料雇匠,奔走效劳,赏给他一等宝星勋章。

德克碑自离开船政局到甘肃的两年多时间,薪水都已在船政局领过,可他又向左宗棠提出补发 25 个月的工资。实际上,德克碑所要求补发的是船政局未办之前的工资,这完全是额外的要求。左宗棠不明底细,还以为德克碑要求的是暂离船政局一段时间的工资。因此,他写信给沈葆桢,请船政局补发这笔钱。德克碑拿着左宗棠稀里糊涂的"候咨船政局照常支给"的批文向船政局领银子,多领取了 2.5 万两银子。左宗棠在得知沈葆桢回信后,才知道德克碑"朦领"了工资,但已悔不可追。左宗棠认为对此应"示以宽大,省日后葛藤","西人长处虽多,而一种贪鄙傲狠之情,则与生俱来",不值得与他们计较。

总之,福建船政是左宗棠、沈葆桢、奕䜣、裴荫森、丁日昌等洋务派人物出于自强、求富的目的建立的洋务事业。船政教育比较成功,培养了许多卓越的人才,其教育理念和具体做法,至今还有着重要的意义。

参考文献

1.福州市政协文史资料委员会编:《福州文史资料选辑第二十二辑:船政文化篇》,福州:福州市政协文史资料委员会,2003 年。

2.马东玉:《湖南骡子左宗棠》,北京:团结出版社,2010 年。

3.清史编委会:《清代人物传稿·下编·第八卷》,沈阳:辽宁人民出版社,1993 年。

4.萨支辉、萨本仁:《锐舰——海军耆宿萨镇冰传》,天津:天津人民出版社,2010 年。

5.经盛鸿:《民国人物大系:铁路巨擘(詹天佑)》,兰州:兰州大学出版社,2000 年。

6.皮后锋:《严复评传》,南京:南京大学出版社,2006 年。

7.经盛鸿:《詹天佑评传》,南京:南京大学出版社,2001 年。

8.徐耿华:《奇案新录》,西安:三秦出版社,1993 年。

9.李月健、高学珑:《沈葆桢与福州船政》,北京:中国铁道出版社,2007 年。

思考题

1.哪些人物对福建船政的创办和建设做出了卓越的贡献?

2.严复与船政文化有何关系?

3.福建船政培养的人才有何共性?

4.怎样认识外国员工在船政中的作用?

推荐阅读书目

1.张峰:《马克思主义海权思想与马汉海权论的比较研究》,《太平洋学报》2012 年第 6 期。

2.[美]马汉、安常容:《海权对历史的影响:1660—1783》,北京:中国人民解放军出版社,2006 年。

3.张作兴:《船政文化研究》,北京:中国社会出版社,2003 年。

第七章

福建船政文化成就及历史局限性

"中学有中学之体用,西学有西学之体用,分之则两立,合之则两止。"

——严复

第一节　福建船政之最

中国自鸦片战争失败之后,签下了一系列不平等条约,国势江河日下,民族危机四伏。有识之士奔走呼吁"师夷长技以制夷",继林则徐、魏源之后,曾国藩、左宗棠、李鸿章纷纷提倡学习西方,强大中国。同治帝令左宗棠办理船政,随即选址在马尾,同年 12 月 23 日投入建设工作。船政发展势头迅猛,创造了令人惊叹的成就。研究马尾船政文化,对于激发我们的民族自豪感,增强爱国热情具有鼓舞人心的力量。

一、造船厂及最高规格的管理

(一)中国近代最大的造船厂

马尾船政开办时,雇用了大量农民工人打桩、挖土,连同厂内工人,最多达到一万人左右,工厂、学校、衙门建立以后,第一代造船工人两三千人,是全国工人数量最多的工厂,被列为远东第一、亚洲第一、世界第三大造船厂。船厂设备齐全,1868 年 8 月,基建工程大部分完成,共建成 13 个工厂,生产的舰船,从木壳、铁胁到钢甲,从商船、炮艇、轻重巡洋舰到猎鱼艇,都紧跟在当时造船先进国家之后,已能铸铁炼钢,进一步制造精密仪器。

19 世纪 70 年代,派学生到处勘探采矿,1879 年可以自制铁胁、铁梁、铁牵、铜板、铜线、钢条。1883 年以前制出铁汽鼓、铁轮机座、铁冷水柜、铁滑轨、铁水缸、烟道等大小一千多件。接着自建电报线、电缆,自制大炮、水雷、鱼雷、应用探照灯、电扇、电灯于船上。20 世纪 10—20 年代,制造水上飞机,是名副其实的国防工业,马尾一度成为全国最大的工业基地。

图 7-1 基建中的马尼船政局

（二）最高规格管理机构船政衙门的设立

船政衙门是国家直属机构,由皇帝直接控制,第一任船政大臣沈葆桢以钦差大臣派出,可以专折奏事。闽浙总督吴棠是慈禧太后的亲信,不赞成造船,处处与造船厂为难。沈葆桢坚决与之斗争,终于将他调往四川。

船造多了,成立舰队,由提督担任统领,统领听命于船政大臣。知府、知县只充当工作人员。船政衙门规格之高,全国只有一家。左宗棠调出后,船政奏折仍要由他署名,以表慎重。船政早期是五大员联名上奏,对一个机构如此重视,可以说是史无前例。

图 7-2　船政衙门遗址——官厅池

（三）最早的海上法规颁布

至 1869 年，马尾才生产出两艘轮船，船政大臣沈葆桢就会同闽浙总督参照欧洲海军规则，上奏讨论轮船行驶章程。次年，《轮船出洋训练章程》《轮船营规》递交到总署。对于近代海军建设起到了重要作用。1876 年，朝廷颁布执行《救护洋面中外船只遇险章程》，各舰船救起中外遇难船只多起。欧洲在 1910 年才正式定了《布鲁塞尔海难救助公约》，比中国晚了 34 年。

二、中国近代创造的辉煌成就

（一）造船方面的"第一"

1.第一艘千吨级轮船

"万年清号"属于船政五年造船计划中的 150 马力大轮船，船型上大致可以纳入炮舰一类。排水量达到 1370 吨，舰体水线长 68.02 米，全长 76.16 米（不含舰首的牙樯，即斜桅），但是"万年清号"的舰宽 8.9 米，加大了长度，使得"万年清号"更为修长。吃水方面，"万年清号"重载时舰首吃水4.03米,舰尾吃水4.64米,这样的吃水在国外而言并不是很深,但是当时中国沿海港口大都没有过机械疏浚,水深较浅,"万年清号"4米多的吃水对于很多港口而言已经是天文数字了,这一点也成为后来"万年清号"遭受诟病的原因之一。根据船政5年计划,第一号轮船"万年清号"的蒸汽机和锅炉以及配套机械都来自海外,由日意格、德克碑采购而回。由于运输途中在海上航行旷日持久,运到之后搬运又耗费了40余天时间,机器长期封闭在船舱内,受海汽熏蒸生锈,经过拆卸刮修后才安装上舰。"万年清号"是船政生产的第一号轮船,于1869年6月10日下水。

图7-3 马尾船厂所造第一艘船"万年清号",木质结构

2. 近代自制最大的巡洋军舰

船政初期生产的1~6号轮船多是兵商两用或商用轮船。1871年,同治皇帝批准船政自第7号起改为生产兵船。1872年4月22日,新船下水,比原计划提早半年,命名为"扬武号",船上许多仪器都是马尾船厂自制。配大炮11尊(购自英国)。"扬武号"长60.8米,宽11.5米,排水量1560吨,马力1130匹,航速12节。按外洋规定,本船应配备水手兵勇200多人,实际配员仅147人,中法战争时增加到227人。"扬武号"的设备、规模在当时中国算是最先进的,也是远东最大的自制兵船。1876年2月5日

访问日本,震动了日本国民。日本人当时感到"艳羡""骇异",自愧不如。由此,日本当局奋起直追,后来者居上,很快超过了中国。

图 7-4　船政第一艘木质巡洋舰"扬武号"模型

3. 第一艘铁胁木壳船

1859 年,世界第一艘铁胁木壳船"光荣号"下水,至 1876 年西方才盛行铁胁舰。中国对此也有所准备,1975 年 1 月 8 日,沈葆桢上奏朝廷,请准购买铁胁与新式卧机,以便仿造。接着派法籍总监督日意格到英法两国订造铁胁,招聘几位熟练工人来华指导。12 月 8 日将新旧打铁厂改为铁胁厂,兴工改建,1876 年 3 月完工。第一艘铁胁船"威远号"于 1876 年 9 月 2 日动工兴造,次年 5 月下水,其中许多零部件都是自制的。中国造船从此进入铁木合构时期。

4. 第一艘钢质军舰

这艘中国自造的钢甲舰,有极具威势和民族特色的名字——"龙威号"。此舰钢壳钢甲,两重钢底,配 2 台主机,总功率 1788 千瓦(2400 马力),配备炮 12 门,鱼雷发射管 2 具,探照灯 2 具,代表了晚清时期我国造船的最高水平。

图 7-5 沉没的"威远号"

"龙威号"于 1886 年 12 月 7 日开工,1888 年 1 月 29 日下水,1889 年 5 月 15 日竣工,造价 52 万 4000 两白银。这艘军舰在建造过程中"不用一洋员洋匠,脱手自造",它的成功,标志着福建船政,乃至中国造船业的技术水平迈上了一层高的台阶。

从整体来看,"龙威"军舰防御力较强,但由于采用的是蚊子船船型,而且军舰吨位相对较大,整体机动性能不佳,航速较慢。后来应丁汝昌的要求,紧急修正,改名"平远"。1890 年 5 月 28 日,"平远"舰随同北洋各舰一起北上。福建船政首创的这艘近海防御钢甲舰终于加入中国海防事业的第一线,开始了其真正的使命。

1894 年甲午中日战争爆发,"平远"真正执行了近海防御任务。9 月 17 日下午 2 时以后,"平远""广丙"二舰相互配合,向日本舰队旗舰,法式巡洋舰"松岛"发起攻击。"广丙"一度准备向"松岛"发射鱼雷,但因敌方火力过于凶猛，而被迫撤退。防护能力较强的"平远"则在管带李和指挥下，于弹雨中拼死冲向"松岛"。下午 2 时 34 分，双方距离逐渐接近至 2200 米，"松岛"舷侧的速射炮疯狂地向"平远"倾泻弹雨，"在无数发炮弹的轰击下，已使其舷侧出现洞穴，从舰内冒出浓烟，舰内也出现火焰"。而几乎与此同时，"平远"舰舰首 260 毫米主炮发射的一颗钢弹击中"松岛"。炮弹从"松岛"左舷中部下甲板的医疗室斜穿而入，击穿 1 英寸厚的钢铁墙壁，穿过中央鱼雷发射室，击中"松岛"320 毫米主炮塔下的机关，引起爆炸，顿时使得 320 火炮炮罩粉碎，火炮无法旋转。这颗炮弹在穿越中央鱼雷发射室时，"使舰内各室发生猛烈震动，硝烟弥漫，人近咫尺难以辨认，令人窒息"，4 名日本鱼雷兵因此窒息死亡。

下午 3 时 10 分，"平远"舰装备的 47 毫米哈乞开斯五管小速射炮又接连命中"松岛"的中央鱼雷发射室和桅杆，"弹片四起，室内周围壁上喷溅着骨肉碎末，甲板上流淌着血肉相混之水，难以步行……"多名日本鱼雷兵受重伤，鱼雷管发射电路被打断。根据战后统计，在整个黄海海战中，日本旗舰"松岛"共中弹 13 发，被击毙 35 人，在这战绩中"替补队员""平远"占了很大比重。

图 7-6　"平远号"钢甲巡洋舰

5. 第一艘猎雷舰

潜艇是在水下作战的船艇。1864 年美国南军"亨雷号"潜艇击沉北军"休斯顿号"军舰，潜艇逐渐受到重视。潜艇出现后，专门进行搜索、攻击他的战斗艇也在研究生产中,出现了可以捕捉鱼雷艇的猎潜艇,排水量在300～500 吨,航速 20 节,猎雷武器配有探雷、护航、巡逻、警戒、护渔、护钻,配有多种小口径大炮,能在 200～500 米范围内消灭下沉 100 米左右的水雷,对扫除液压水雷比较有效。

马尾造船紧追在世界先进国家之后,船政首先提出建造"鱼雷快舰"。按照图纸,建造一式两艘,取名为"建威"和"建安"。这是一种测雷与排雷的军舰,建成后拟交北洋使用,但北洋筹不出价款,拨给广东,由广东水师付工料款,充实巩固了广东海防。民国以后,"建威"改为"大同","建安"改为"自强"。这两艘中国自制的猎雷舰,也可作为一般战舰投入海上作战。

(二)其他相关发明创造

1. 中国最早的船舶减摇装置

船舶在海上因受风浪影响而不断颠簸摇摆,经当时专家和工人反复试验,最后采用舭龙骨作为减摇装置。"开济"建成之后,南洋大臣左宗棠特意向船政订造同一规格的 2 艘铁胁船。这两艘铁胁船都安装上自制的舭龙骨,以减少摇摆。两艘军舰规格直追国际标准,英国海军军官上船参观后不断赞扬,认为"非经目睹尚难信闽厂有此精工巨制也"。

2. 中国第一架探照灯

探照灯是远程照明和探索的装置,它一出现就装备在军舰上,用于照射空中、地面及水上目标。它以抛物面镜为反射器,从光源发出的光,反射出平行的强光束,通过转动机关,使光束转向四面八方。国外大约在 1870年采用弧形灯,1877 年已用双球面改善照明强度,1885 年才用抛物面反射镜。

1885 年船政已把探照灯安装在舰艇上,12 月船政制造的铁胁快船"镜清号"配备电照明,在瞭望台添配双灯电机,一方面可用于远距离照明,另一方面可防止敌鱼雷暗中袭击。这是中国自制军舰第一次使用探照灯。

3. 中国自制出第一台实用的蒸汽机

从第 5 号船"安澜"开始,船政局即开始自制蒸汽机的试验。因为落后国家要建设独立的现代工业,第一步都是学习和模仿先进国家的技术与管理。但在这个"输血"过程中也不能放松自行探索的尝试,否则,没有自主"造血"功能的企业只能沦为竞争中的破产者。

"安澜"由船政代总监工法国人安乐陶监造,于 1870 年 11 月 12 日开工,1871 年 6 月 18 日下水,造价白银 16 万 5000 两。该舰木胁木壳,尺度与"伏波"相仿,但武备减轻为 62 磅后膛钢炮 1 门,40 磅后膛钢炮 4 门,载货量为 400 吨,完工后作为通报舰使用。该舰安装的是一台国产的卧式蒸汽主机和 2 座圆式锅炉,制动马力 150 匹,指示马力 580 匹,航速 10 节。1871 年 12 月的试验表明,该舰行驶灵捷平稳,机器配搭亦均合宜,"与购自外洋者无异"。"安澜"舰制成后原派往广东服役,但在 1874 年日本入侵台湾时,该舰也被调用参加赴台湾的警戒舰队,负责运输部队和军械。9 月 29 日该舰停泊在安平时遇台风,因为该舰为木制,且为商船型,稳定性较差,因而不幸沉没。

4. 闽台海底第一条电缆

1874 年,沈葆桢奉旨前往台湾抗衡日本侵略军,发现台湾与大陆信息沟通颇费时间,便向朝廷奏请铺设海底电缆获准。后因承包工程的丹麦大北公司以旧次线当正品被船政拒绝,工程中止。1885 年台湾建省,首任巡抚刘铭传派人与福州船政联系,使用船政电报学堂毕业生为技术人员,于 1887 年铺设成功台湾淡水至福州川石海底电缆,全长 117 海里。这是我国自行设计安装的第一条海底电缆。它沟通了台海两岸人民的感情,促进了中国近代化,影响巨大,被称为"电信丝路"。此电缆毁于第二次世界大战。2003 年,福建船政文化研究者陈道章老人在川石岛上找到电缆登陆点,电信公司又派人在海底挖出一段电缆,这段沉寂的历史才浮出水面。

5. 中国第一所鱼雷厂

鱼雷属于游击类水雷,它通过发射器射入水中,靠内部动力自动前进,在水下 1~6 米间任意加减浮沉速度,用以摧毁敌方舰艇等水上目标。1874 年,李鸿章奏折中提到能行动的水雷,并说"沪津各局现只能仿造其粗者",所有零部件都要向外国采购,只能说是组装的。1884 年,中法马江海战,中方因为没有鱼雷吃了大亏,因此专心致力于生产正规鱼雷。1884 年 12 月,船政学生留德学习鱼雷归来的陈才锸在船政担任总工程师,着手

图 7-7　收集到的残留电缆

建正规的鱼雷厂,用银 400 余两。同年从德国购到鱼雷 10 具,由陈才锵仿造。1889 年从国外采购到大批制鱼雷的机器以及原材料,动工制造。可惜不久慈禧太后把海军经费移修颐和园,鱼雷厂在马尾昙花一现,转而生产水雷。

6. 中国第一架水上飞机

1918 年 2 月,北京政府海军部在福建船政局马尾造船厂内开办了我国第一个正规的飞机制造厂——海军飞机工程处,从事水上飞机制造,同时监管海军飞潜学校的教学工作。马尾造船厂创办于 1866 年,有着"地段最宽,足敷展布,而厂所机器尤足"的优点。由海外留学归来的年轻优秀航空工程人员巴玉藻任工程处主任,王助、王孝丰、曾诒经为副主任。

1909 年 8 月,巴玉藻、王助、王孝丰、曾诒经等人受清政府选派进入英国阿姆斯特朗学院学习机械工程,毕业后,又于 1915 年转赴美国学习航空工程。巴玉藻、王助、王孝丰 3 人获麻省理工学院科学学士学位。曾诒经转入寇蒂斯飞机制造厂专攻发动机。由于袁世凯称帝,国内政局混乱,海外留学生经费无着,巴玉藻等毕业后应聘于美国各飞机制造厂工作。巴玉藻曾任寇蒂斯飞机制造厂飞机设计工程师和美国通用飞机厂总工程师。王助曾任美国波音公司总工程师,在波音公司起步维艰之时,设计、监造成功 B&W-C 型水上飞机,美国海军部认为这种飞机性能稳定,兼具巡逻艇和教练机的双重功能,一次就订购了 50 架,王助为波音公司掘得第一桶金。1917 年年底,巴玉藻、王助、曾诒经、王孝丰等中国早期航空工程精英先后回国,积极倡议创办中国自己的飞机制造工厂。海军飞机工程处的创建虽然举步维艰,但是巴玉藻等年轻的设计师们展示了他们卓越的组织管理和工程技术才能。

图 7-8　中国航空先驱个性化邮票

海军飞机工程处创建时,从船政局择优选入约 50 名木工、机工、钳工、油漆工,配上二十几个学徒,组成了中国第一批飞机制造产业的工人队伍。在巴玉藻的领导下,1919 年 8 月(一说 8 月 9 日,一说 8 月 15 日),马尾海军飞机制造处制造出中国第一架水上飞机——"甲型一号"。

"甲型一号"水上机以美国波音公司 B&W-C 为蓝本,是双翼双桴单发水上飞机,以 1 台 100 马力寇蒂斯 OX5 型内燃机为动力。机高 3.88 米,长 9.32 米,翼展 13.70 米,最大时速 126 千米,最小时速为 56 千米,空机重量 836 千克,载重 1063 千克,载油量 114 升,飞行高度 3690 米,可航行 3 小时,航程 340 千米,乘员 2 人,并可载炸弹 4 枚。

当时制造飞机所需的钢、铝等金属材料及发动机,国内不能生产,只能从国外购买。需要的大量木质材料则选用国产木材。于是,第一架国产飞机用上了产自武夷山的木材。在这样简陋的条件下生产飞机,颇让国外同行惊诧。有个英国人到飞机棚参观后,很是怀疑:"这种飞机只能供人观赏,哪能飞上天空?"马尾海军飞机工程处的制造者们却在1919年8月成功地造出我国第一架水上飞机——"甲型一号",时距美国莱特兄弟1903年首制原始动力飞机仅十余年。鉴于国产飞机的首制成功意义突出,北洋政府总统曾发出嘉奖令加以表彰。

第二节　历史局限性

福建船政以造船筹办海军为开端,在历经一番艰苦创业和初步发展之后,取得了一定的成绩,由此而形成的船政文化对近代中国社会产生了极其广泛而深远的影响。但浓厚的封建专制主义色彩决定了它不可能取得更大的成就。随着清朝的没落,它也每况愈下,最终因船政财政问题,老师和学生日益解散,技术生疏,渐渐衰败下去。

一、作为主导思想的儒家学说渐渐衰败下去

首先,虽然船政继承了林则徐、魏源"师夷长技以制夷"思想,开创了学习西方科学技术的新途径,确立了依靠科学技术救亡图存推进中国近代化的新理念,但它的目的始终只有一个,就是通过学习西方的先进技术以自强,以维护清政府的政权。极力主办船政的左宗棠、沈葆桢等人深受传统文化的影响,在学西的过程中,只侧重语言、文字、制造技艺,他们的思想还是以"中国之心通外国至技艺可,以外国之习气通中国之性情不可"。马尾船政学堂在开设专业技术课程之外,仍然把四书五经等儒学思想作为主要的传授课程。其次,它是封建王朝的军工企业。封闭的生产方式、顽固的传统观念、官僚主义的经营管理手段,无法适应资本主义的生产关系。福建船政局的经费仍是清政府拨款,以洋税经费为主,在清王朝的统治下,船

政经费经常拖欠。船政采用近代机器生产,引进西方先进技术和经营管理模式,它已经迈向资本主义方向了,但封建买办的管理方式无法适应,致使福建船政逐渐衰败,日益走向没落。

二、引入外籍人员带来的负面影响

虽然福建船政学堂雇佣外籍人员对于学堂教育带来很多积极的影响,但是负面因素也是不可避免的。

一些外籍教师在工作上不能尽责或不能遵守合同约束,如"监工贝锦达办事迟缓,匠首布爱德负气凌人,木匠格里那滋事,都立与驱斥"。由日意格按《合同规约》立定的条例进行惩罚处理。还有能力欠缺不能胜任的洋员,如管轮教习、英国人理格"教授年余,未甚得力",原定的三年合同提前解除。这些由于负面原因引起的人事变动还是很多的,有不少外籍人员中途淘汰。这些事例说明,虽然多数外籍人员工作认真,但总体看还是以私立为最大目的。

另外,洋务派创立闽局是为了建立中国自己的海军力量,因而沈葆桢和左宗棠很重视"权柄己操"的原则,在与日意格订立的《合同规约十四条》中规定正副监督都必须接受船政大臣的领导,也明确规定了洋监督的权限,证明了外籍雇员与闽籍雇工与雇主的关系。但是,由于一些欧洲人对中国人的歧视,不把中国人当作雇主,正如沈葆桢所说,"洋将有功,则益行骄慢","日后更多要挟"造成"客日强而主日弱",这对于闽局之独立自主必然造成负面影响。最突出的例子是巴士栋事件。1869年,日意格将谩骂匠头、屡次哄闹的博士巴开除,却遭到法国领事巴士栋的干涉,巴士栋与博士巴勾结,要求船场恢复其职务并赔偿工银,同时罚款日意格2400元,以达到迫使闽局屈服并支配船厂的目的。特别是到了闽局后期,这些旨在船政局中攫取更多利益的洋员和列强政府也日益猖獗:"洋匠可以挟制匠头,匠头可以挟制监督,上下威令不行,合同置位无用,各洋匠有恃无恐,相率刁难。"

由此可见,虽然洋务派官员极力保持闽局的行政主权,但作为一个半殖民地半封建国家,由于清政府的日益腐败无能,必然摆脱不了列强的控制和干涉。

同时,高薪聘请外籍雇员也给闽局带来很大的财政负担。在船厂建造之初沈葆桢就坚持对他们实行重金聘请和给予高额奖励的原则。正监督日意格,每个月的工资高达 1000 两,比中方的船政大臣还多 400 两,教习、监工和木匠工头每月 200 或 250。相反,我国工头、监工只有 28 两到 35 两。这批洋员离场时,"嘉奖两监督各银两万四千两,嘉奖外国员匠银六万两",共 8.4 万两的奖励金。日意格提到,他的手下将得到近 44 万法郎,他自己可得到 20 万法郎,最后会升到 40 万法郎。这些虽是促使外籍雇员全心为中国做事的前提,但无疑给闽局增加了很大的财政负担。经过为期五年的雇佣,整个工作活动经费会达到 300 万两左右,即中央政府收入的 0.67%,这确实是一笔庞大的支出。此外,这一项沉重的财政负担为朝中顽固派提供了反对船政的口实,加大了船政发展的阻力,也使许多洋员贪恋高薪,唯恐造船太速"不能久留以食薪水,往往派华匠在一器,必先宽其期",以此拖延时日多拿薪水。由于薪水支付和造船成本所造成的财政问题,清政府最终无法负担闽局高额的开销,资金的短缺成为福州船政学堂停办并一分为三的直接原因,而雇佣大量外籍雇员的花费显然是重要因素之一。从创建到结束,福州船政学堂存在 40 余年,由于其招聘了大批外籍雇员,传播了当时先进的科学技术,培养出了中国第一批具备科学技术的海军人才。在近代特殊的历史条件下,外籍雇员的到来推动了中国教育近代化的进程,带来了西方先进的教育理念,对落后的中国教育制度形成强有力的冲击,促进了中国教育观念的革新,其教育方法和体制也为其后的各军事学堂所效仿,为培养近代军事人才做出了贡献。

三、船政学生留学欧洲的局限性

首先,指导思想存在问题。"中体西用"这一思想贯穿整个运动,因为洋务派认为中国的政治体制是完善无须变更的,不足的只是军事和科学技术。这就决定了留学不是让中国走上资本主义的道路,而是让腐朽落后的清政府统治苟延残喘下去。它表现了洋务派们在对待西方物质文明和精神文明的矛盾态度,致使近代留学教育目标的偏狭,管理方式简单和僵化。其次,派遣留学生缺少长远规划,很大程度上只是一种应急措施,派遣留学无固定机构办理,派遣时间和派遣人数也有很大的随意性。留学没有作为国家的一项基本政策贯彻下来,只是少数洋务派的活动,势必造成经费的不足,严重束缚了留学事业的发展,以至于出现了派遣的规模小、人数少、时间长的窘境。再次,留学专业过于狭窄,洋务派把留学只限制在船政范围,只要求学生学习关于船政方面的技术,不鼓励甚至广泛反对吸收西方的文明,限制了学生的视野,难以造就改革社会、建设国家的高层次人才。复次,留学生自身的弱点带来的负面影响,部分学生没有充分了解中国的国情,没有能把外国的先进技术与中国的优良传统结合在一起,以至于在实践的过程中对中国的文化起到了破坏的作用。总之,洋务派开创的留学教育存在一些缺点和不足,但那是历史的局限,它毕竟是迈出了艰难的向西方学习的第一步,拓宽了国人的眼界,扩大了国人对世界的了解,加强了中西方文化的交流。此外,经营者的主观臆断,福州船政局所造船只很多是非兵非商,战时用于打仗,和时用于商运。所造船只并非专用战舰,当然发挥不出应该有的作用。有时候把大量经费用在非生产性的开支上,造成资金的严重浪费。

纵观上述,马尾船政虽然具有一定的历史阶级局限性,但在特殊的历史背景下,能够打破长久以来形成的封建自闭思想,积极开展中西方文化交流,对于今天以至未来的船政建设、教育体制改革、爱国主义精神与民族精神的发扬都发挥了巨大的作用。在捍卫祖国尊严、领土完整的精神感召下,创造了无数个第一,充分体现了中华儿女的聪明才智。在艰苦的条件下,磨炼出了钢铁般的意志,在各领域中,培养了一批批令世界瞩目的天之骄子。

在整个近代,马尾船政写下了最辉煌的一笔,它创造出的灿烂文化让人们永远铭记那段历史。中华儿女团结、拼搏、爱国、自强不息的精神为后继者谱写了一曲曲可歌可泣的动人篇章,激励着我们永远向前。今天,中国人民正不断积蓄力量,在中国共产党的领导下,用辛勤的汗水和智慧书写祖国更加强盛的明天,为实现中华民族的腾飞,共同缔造我们伟大的中国梦。

参考文献

1. 陈道章：《船政文化》，福州：马尾区政协文史资料委员会，2003 年。

2. 沈岩：《船政学堂》，北京：科学出版社，2007 年。

3. 严复：《严复集（二）》，北京：中华书局，1986 年。

4.《日意格与洋务运动》，见《中国近代教育史资料汇编（洋务运动时期教育卷）》，上海：上海教育出版社，1992 年。

5. 舒新城：《中国近代教育史资料：上册》，北京：人民教育出版社，1961 年。

6. 王家俭：《清末海军留英学生的派遣及其影响（1876—1885）》，见《中国近代现代史论集》，台北：商务印书馆，1985—1986 年。

7. 朱华主编：《船政文化研究：第六辑》，福州：福州市社科院、社科联、船政文化研究会，2008 年。

8. 潘懋元：《福建船政学堂的历史地位与中西文化交流》，《东南学术》1998 年第 4 期。

9. 郑剑顺：《福建船政局史事纪要编年》，厦门：厦门大学出版社，1993 年。

10. 林庆元：《福建船政局史稿》，福州：福建人民出版社，1999 年。

思考题

1. 福建船政取得了哪些辉煌的成就？
2. 近代中西方文化交流主要表现在哪些方面？
3. 请列举近代中西方文化交流的历史局限性。

推荐阅读书目

1.《船史研究 10》，《船史研究》编辑部，1985 年特刊。

2. 陈然：《福建船政文化简明读本》，福州：海潮摄影艺术出版社，2007 年。

3. 陈道章：《中国之最——马尾》，香港：香港文学报社出版公司，2009 年。

4. 张作兴：《船政文化研究：第二辑》，北京：中国社会出版社，2004 年。

5. 沈岩：《船政学堂》，北京：科学出版社，2007 年。

第八章

福建船政遗址及当代船政文化交流

各出所学，各尽所知，使国家不受外侮，足以自立于地球之上。

——詹天佑

图 8-1　1881 年归国留学生合影（前排左二为刚从耶鲁大学毕业的詹天佑）

第一节　福建船政遗址

一、福建船政建筑群遗址，即马尾船政局遗址

（一）船政衙门

福州马尾船政衙门位于福建省福州市马尾区，是清末直属清廷的中央职能部门，也是船政领导机构（也称节使署），同时也是船政钦差大臣及其幕僚办公、议事、休息的场所，在马尾婴豆山下。船政衙门前为辕门、竖俩旗杆；衙门前座 6 柱 5 间，分设中、左、右 3 个大门，每扇大门均画着巨幅门神。正门上方挂一直匾，上刻"船政"二字。衙门外有两石狮镇守，内列十八般武器。

第一次和第二次鸦片战争的失败刺痛了每个中国人的心，大清帝国再也不能以"天朝大国"自傲，面对着水师的次次败绩、同胞的鲜血、国土的沦丧，朝野上下有识之士再也坐不住了，"师夷之长技以制夷""以夷攻夷"等主张充斥中华大地，清廷面对对外作战接连败北的局面也深感海防的重要，痛下决心对旧式水师进行革新。

1866 年，清廷批准了闽浙总督左宗棠的奏折，在福建福州马尾设立总理船政事务衙门，并开设造船厂和水师学堂，迈出了建立近代海军的第一步。

1867 年，马尾船政衙门成立时，沈葆桢特地写了一副楹联悬挂在大门："且慢道见所未见，闻所未闻，即此是格致关头，认真下手处；何以能精益求精，密益求密，定须从鬼神屋漏，仔细扪心来"，以此激励广大员工勤奋进取，认真刻苦学习格物致知的科学道理。船政引进西方科学技术和管理经验，行政管理层层负责，处处把关，要求行政管理人员必须熟悉洋务。

图 8-2　船政衙门

(二)造船厂

1.沈公榕

在轮机厂对面有棵古榕树,距今已有 130 多年的历史,传说是沈葆桢手植。当年造船厂填滩为地,有一年洪水泛滥,冲陷厂房一角,沈葆桢号召人人植榕树。为纪念倡导植树者,所以称"沈公榕"。

2.法式钟楼

法式钟楼是马尾造船厂里比较有艺术特点的建筑,位于船厂大门的右侧。1926 年,时任船政局军长的陈朝锵为号召军民作息,请法国人设计建造该楼,并以此作为船厂入口。钟楼高 18.2 米,钢筋混凝土结构,方形共5 层。二层作总务处办公室,自二层以上每层设有花式铸铁栏杆。顶层设置四面直径 1 米的机械钟,楼内还装有汽笛,鸣笛声远达长乐营前,楼顶设风向仪和指向标。钟楼具有浓郁的法兰西风格,整栋钟楼装饰着中国传统建筑的典雅纹样。有幸的话,还可以登上钟楼,俯瞰大部分厂区厂貌。1939 年抗日战争中,日本飞机轰炸造船所,钟楼受损,机械钟被毁,1984 年经修缮,钟楼基本恢复原貌。

图 8-3 沈公榕 　　　　　　　　　　　　　图 8-4 钟楼

3. 轮机厂

1867 年,轮机厂按照法国图纸建造而成,据说当时全世界只建了两座,另一座在法国。如今,具有百年以上历史的西方造船厂厂房多已在现代化进程中被拆除殆尽,唯有马尾的这座厂房犹存,而且保存完好。它是中国最古老的车间,有可能还是世界上现存的最古老的造船厂之一。

轮机厂车间的外形设计极具法兰西风格,厂房以红砖、巨木、生铁等材料组成,横梁为人字形几何结构搭建。既美观,又结实,具有很高的建筑审美价值。1870 年,这里制成了中国第一台船用蒸汽机,可以说它标志着中国造船史的开始。近年来,不少外国友人前来参观旅游,对这座近代欧洲风格的厂房能保存如此完好颇感惊讶,国内许多专家建议将此开辟为中国近代船政工业博物馆。现在已经启动了"船政文化城"的第一期建设,预计到 2020 年,一个崭新的船政文化城将出现在世人面前。

图 8-5　船政轮机厂大门

图 8-6　船政轮机厂车间

图 8-7　轮机厂工人雕塑

（三）船政前、后学堂

船政学堂,分为前、后两学堂。前学堂为制造学堂,又称"法语学堂",目的是培育船舶制造和设计人才,主设有造船专业。开设有法语、基础数学、解析几何、微积分、物理、机械学、船体制造、蒸汽机制造等课程。优等生后被派往法国学习深造。后学堂为驾驶学堂,亦称"英语学堂",旨在培养海上航行驾驶人员和海军船长,主要专业为驾驶专业,以后增设了轮机专业。下设英语、地理、航海天文、航海理论学等课程,学习优异者选送英国留学。学生称为艺童,堂长称为监督。同年为了培养工程绘图人才在前学堂内又附设了绘事院。1868 年,沈葆桢为了培养技术工人,又在前学堂内增设一所技工学校——艺圃,艺圃的艺徒半天上课半天实践,学习期限 3 年,毕业后择其优者随前学堂学生赴法国各大船厂实习,其余分配于船政各厂。

（四）绘事院

绘事院成立于 1867 年 12 月,是当年设计舰船和绘制图纸的场所。绘

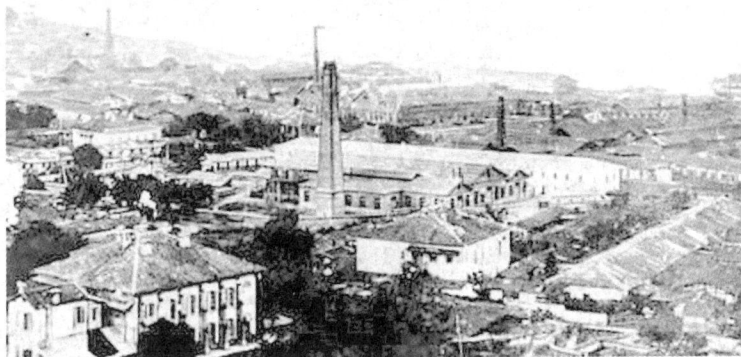

图 8-8　船政学堂原貌

事院的建筑呈长方形,红砖墙体,顶部条石压檐,室内空间宽敞,保持着欧式建筑的特征,是个理想的图纸设计和绘制的好场所。开设之初,有三四十人在此"承绘船身、船机",指导制造机器船舶。

昔日的绘事院今天已辟为马尾造船厂厂史陈列室,陈列着沙盘、舰模、图片和实物等,展示了船政与马尾造船厂各个时期的成就。

(五)一号船坞

船坞是船厂的重要设施。1886 年,船政大臣裴荫森奏准朝廷,择地罗星塔东侧的青洲,建筑一座大型船坞。开工后,经费困难,数次停工,船坞延至 1893 年方完工,称青洲船坞。后因船厂南侧马限山下又辟一船坞而改成一号船坞。

一号船坞长 128 米、宽 33.5 米、深 9.3 米。坞体为巨大花岗岩石砌成。坞口为大铁闸,轮船乘涨潮进坞,放下铁闸,再抽水出坞。一号船坞开坞后,迎来大量中外舰船入坞维修。1941 年,日本军队入侵马尾,撤退时炸毁船闸,船坞由此报废,近年经清淤修复,船坞旧貌略现。

图 8-9　绘事院新貌

图 8-10　一号船坞遗址

二、马江海战纪念馆

(一)昭忠祠和烈士墓

福州中法马江海战烈士墓和昭忠祠位于马尾的马限山东南麓。1884年8月23日,法国侵华舰队突袭福建水师,挑起中法马江海战。由于清政府软弱,使得福建水师仓促应战,官兵796人牺牲,打捞烈士遗体400多具,分 9 冢安葬于马限山麓。两年后,墓东建"昭忠神祠",1920 年重建墓园,合 9 冢为一丘,并成立了马江海战纪念馆。

图 8-11　昭忠祠

(二)马江海战炮台

闽江口密布着众多马江海战的古迹与遗址,中间的海战炮台十分醒目。马限山顶的炮台建于同治年间(1868 年),在马江海战中被毁。马限山中坡炮台是福州第三道防线,当年入侵者要进入福州,要经过三道防线:琅岐的金牌炮台与璋头的长门炮台是第一道防线,北岸与南岸炮台是第二道防线,马限山东侧山顶的马限山中坡炮台和罗星山上的炮台则是第三道防线。

福建水师官兵曾使用中坡炮台在马江海战中英勇抗敌,粉碎了法军占领船厂、占领福州的企图。中法海战中被毁后,光绪年间(1887—1888 年)船政大臣裴荫森主持重修,炮台用糯米汁拌三合土夯筑而成,占地 3800 平方米,现为第四批全国重点文物保护单位。1991 年,国家文物局拨款修缮古炮两尊,以恢复历史风貌、古战场氛围。现在这里已经成为爱国主义教育基地,唤醒国人继承英勇奋战传统,建设好海西,振兴中华。

三、近代海军博物馆

中国近代海军博物馆位于福州市经济技术开发区昭忠路马限山东麓,于 1998 年 5 月对外开馆。该馆为五层建筑,依山而建,建筑面积 4100 平方米,正面造型如两艘乘风破浪的战舰,是一座颇具现代建筑风格的馆宇。

图 8-12　2015 年 6 月 24 日,阳光学院成功承办"端午龙情 梦回船政"大型音乐歌舞剧

图 8-13　马江海战炮台

馆内陈列分为:创建船政、造船育才、海军建设、御侮、科技、文化建设六个部分。通过"扬武号"船模、船政精英蜡像、同治旧车床、老海军日记、古炮等实物,运用现代手段展示了中华民族勇于探索海洋、顽强抵抗外来侵略的民族精神。开馆以来,受到海内外各界人士的瞩目。

该馆第一层门厅,主要展示的是巨型灯箱,它标示出的是 1882 年出版的闽江口海域图。有一艘中法马江战役中福建水师的旗舰(指挥舰)"扬

图 8-14　中国船政文化博物馆暨近代海军博物馆

武号"的船模,它是按 1∶14 的比例做的。"扬武号"全长约 62.4 米,排水量 1560 吨,时速 12 海里,于 1872 年下水。它是由法国人设计,中国人自己造出的第一艘木壳巡洋舰。还有 3 门古炮,它们虽大小不一,但都是舰炮。一门(黑色较小的)是从德国引进的克虏伯炮,一门是从法国引进的,还有一门是从英国法华式兵工厂引进的,炮口比较特殊,成喇叭状,这种炮在世界上比较少见。

二层为续厅。左宗棠和沈葆桢都是洋务派的代表人物,他们提倡引进西方的科学技术,创办了当时全国唯一的船政。左宗棠于 1866 年创办了船政局,推荐沈葆桢为首任船政大臣。沈葆桢是林则徐的女婿,他接任船政局后,经过 5 年的苦心经营,船政局已粗具规模。沙盘上的模型,就是船政局 1874 年的大致概况。当时船政局占地 600 多亩,已经是全国最大的造船厂,还是远东地区规模最大的造船基地。现在只剩下轮机车间,已有130 多年的历史。还有一台车床,就是原轮机车间使用的,它是 1871 年的文物,是 1997 年征集来的。

三层总展厅。分为 9 个部分,主要以图片的形式讲述了一段中国近代海军的发展史,介绍北洋水师与甲午海战。

鸦片战争失败后,清政府决定建立船政局,把地点设在福州马尾,左宗棠担任闽浙总督,沈葆桢为首任总理船政大臣,开始建厂造船。在他担任船政大臣期间,从 1869 年马尾船政局造出我国近代第一艘蒸气式船"万年清号",到 1907 年共制造出大小船 40 余艘,成为当时我国规模最大,造船最多的造船厂,也是当时远东地区规模最大的轮船制造厂。

马尾船政局可分船政衙门、造船厂和船政学堂。船政学堂是从 1867 年初设立的,分为前、后两学堂。前学堂专学法语,为制造专业。后学堂学英语,为驾驶专业。船政学堂还派出一批优秀学员到国外留学,先后培养了邓世昌、林永升、严复、詹天佑等大批杰出人才。

马江战役仅是中法战争九个战役之一,当时中、法双方兵力情况悬殊。法方以"伏尔他号"巡洋舰为旗舰,停泊在闽江口的军舰有 8 艘,总排水量为 1.4 余吨。共有大口径后膛来福炮 77 门,还有当时最先进的口径 27 毫米,每分钟发射 60~80 发的哈乞开斯机关炮。作战兵力共有 1700 余人,还有两艘巡洋舰停泊于闽江口,监视长门炮台和保护航道,为舰队撤离护航。

当时在马尾港的福建水师 11 艘军舰中,除了最小的"福胜""建胜"外,都是木壳船。船上共有炮 45 尊,官兵 900 多人,没有机关枪和鱼雷艇,这些船大都结构简单。我方连同火攻船等小船约 40 艘,由于钦差大臣张佩伦主张我舰与敌舰首尾衔接相泊,使福建水师处于敌舰上游,而敌舰则处于下游。锚抛下定位后,如果在涨潮时,我舰舰尾就会向上游转去,这时舰首就正对敌舰舰尾,而我舰舰首炮的火力比较强,开仗形势就利于福建水师。但是法方却利用退潮时,我舰舰尾正对敌舰舰首,不能先开炮这一有利条件,对福建水师发动突然袭击。福建水师在开仗 7 分钟时就失去了抵抗能力,30 分钟后全军覆没,796 位将士在海战中英勇献身。

展厅有一组由 6 人组成的蜡像,名为船政精英群雕,他们 6 人都是船政学堂的优秀毕业生,曾到欧美等国留学。归国后,6 人通力合作,设计制造出中国第一艘巡海快船和第二艘钢甲巡洋舰。另一组由 9 人组成的蜡像刻画的是中法马江战前的一场深夜军事会议。还有孙中山和宋庆龄在"永丰舰"上的合影,"永丰舰"在孙中山先生逝世以后改名为"中山舰"。

最后两个部分是介绍战后的海军以及新中国成立以后的海军发展。海军在各级领导的关怀下,不断完善武器装备,向现代化前进。

四、罗星塔和罗星塔公园

（一）罗星塔

闽江下游三水合汇处的福州马尾港，有罗星山，旧时位在江心。山顶屹立一塔，砥柱海天，这便是驰名中外的罗星塔。罗星塔是国际公认的航标，是闽江门户标志，有"中国塔"之誉。世界邮政地名称为"塔锚地"（Pagoda Anchorage），过去几百年中，从世界各地邮到马尾的信，只要写上"中国塔"就可寄达。

据说，一两百年前，外国船舶到福州马尾外海远远望见罗星塔，欢呼道："China Tower（中国塔）"。以前，国际公认的译音（Amoy）是福州话音。这又说明了福州与西方的接触是比较早的。

图 8-15　罗星塔

罗星塔公园是船政文化主题公园的一个组成部分。位于马尾罗星山，面积 2.33 公顷。山脚沿闽江砌驳岸，围栏杆，堆叠假山，广植草木。

塔下是罗星塔公园，公园旁有国际海员俱乐部。登临塔顶，港口码头、开发区尽在眼底。江岸两旁还有古炮台,可以看到当年烟火弥漫的中法战役的古战场。罗星塔山现已开辟成公园,西侧有溯江楼,南麓有望江亭,园中还有忠魂台、鸣潮阁、友谊轩等。穿过公园入口处的牌楼,园内四时花木繁茂,风景宜人。几株参天古榕,紧紧相挨,郁郁葱葱,像一座绿色的城墙,环抱着巍巍古塔。从塔内拾阶而上,旋至塔顶,视野突然开阔,心旷神怡。纵目四望,远观闽江两岸的风光,近看港区建设新貌,一幅幅色泽鲜明的图画,水天一色,山秀物新,尽收眼底。

(二)罗星塔公园

罗星塔始建于南宋。据王应山《闽都记》:广东一豪强阴谋夺取年轻漂亮的妇女柳七娘,先诬陷其夫,把他押到福建。柳七娘坚贞不屈,随夫来闽。不幸途中夫死,她变卖家产,替亡夫祈求冥福,建塔于此。原来木塔于明万历年间(1572—1620)已毁。此时福州对外贸易发达,港口需要一个标志。天启四年(1624年)就地重建,改用石砌,楼阁式结构,七层八角,内外均设神龛,塔座直径8.6米。塔刹石桌式,上放一灯,晚上灯光四射,引导航船。清同治五年(1866年)设船政于马尾,船政员工为保护古塔免受雷击,在塔刹上安一大铁球,上插避雷针,针尖到塔基31.5米,针连铁条,直通江底。铁器日久锈蚀,后被台风刮走。1656年,明郑成功率师恢复中原,进驻罗星塔,在塔下筑土堡城寨,所部坚持抗清一年。清初,筑城山上,称罗星塔城;设汛,号罗星塔汛;以塔为眺望台、烟墩(烽火台)。近代,国际传为盛世的跨越三大洋(太平洋、印度洋、大西洋)飞箭(剪)船大竞渡,参赛船只11艘就在塔下水域竞发。1884年,中法马江之战,清水师官兵在此展开英勇的抗敌斗争。1926年重新安装,1964年,福州市人民政府将罗星塔列为市文物保护单位,加以修缮,修补大铁球,重装避雷针,各层外加铁栏杆。1985年,罗星塔公园列为省级文物保护单位。

图 8-16 罗星塔公园

五、长门与南般北岸炮台

(一)长门炮台

长门炮台是目前中国保留下来的最古老的、最大的炮台,它始建于明崇祯五年,清代重建。位于连江县琯头镇长门村电光山上,历经了数次战火洗礼。1884 年的中法马江海战中,曾击伤排水量 4585 吨的法国舰队"拉加利桑尼亚号"(La Galissonniere)装甲巡洋舰。长门炮台的主炮击中法国侵华远东舰队司令孤拔的旗舰,使孤拔受伤,最后死在台湾。之后,中国军民又在这里浴血奋战,顽强抗击日军的侵略。抗日战争中,参加对日作战,屡遭日军轰炸,并最终为日军所毁。

长门炮台是圆形城堡式建筑,直径 95 米,由围墙、营房、操场、弹药库、炮位组成。外墙底部和上层内部均采用花岗岩大条石垒砌,内有约 300 平方米的操场。整个炮台坚如磐石,气势宏伟,与附近的礼台炮台、射马炮台、划鳅炮台,以及隔江的琅岐岛金牌炮台、烟墩炮台等形成掎角之势,扼守闽江口第一要隘。

目前,长门炮台已被评为福州市爱国主义教育基地、青少年德育基地及省文物保护单位。

图 8-17　长门炮台

(二)北岸炮台,也称亭江炮台、闽安炮台

因为位于南般村,所以又被称为南般炮台。南般炮台,年代相当久远,始建于 1657 年,周长 12 丈。1850 年,林则徐回家养病,多次乘船到闽江口巡视,看到古炮台破败不堪,就建议地方修复。修复后的炮台用三合土与糯米湖筑成,十分坚固。1884 年,法舰偷袭马尾福建水师舰队,退出时从上游方向击毁炮台,夺去大炮数尊。第二年,署理船政大臣裴荫森经过奏请,在闽安两岸山上建暗炮台,凿洞安炮。

炮台占地约 3000 平方米,分山下、山上两个部分。山上是主炮台,半圆形,半地穴式,深 1.85 米,径 1.83 米,安放大炮一尊;山下西边沿江是 5 座并列的炮台,后面靠山建有弹药库,通过地下隧道与炮台连通,中间还建有地下室。

图 8-18　北岸炮台旧址

六、二公祠

为缅怀左宗棠、沈葆桢创办船政的伟大功绩,该区将在天马山休闲公园内重建左、沈二公祠。重建工程奠基仪式已于 2013 年 9 月 24 日举行。

图 8-19　二公祠复建蓝图

据介绍,原左、沈二公祠位于马尾旺岐澳口对岸,建祠至今已有95年历史。前人曾留下许多珍贵文物,但因为种种原因,该祠于1956年被毁。为缅怀左宗棠、沈葆桢创办船政的伟大功绩,此次马尾区将重建左、沈二公祠。重建工程中,该区园林局将会同船政专家尽量复原该祠旧貌。重建的左、沈二公祠将为一层祠堂建筑,占地500平方米,建筑面积536平方米。

七、其他遗址

在马尾有关船政的遗址和遗存,尚有很多。如天后宫、英国领事分馆、梅园监狱、圣教医院等。有的正拟按原貌重修或修复,分三期建设的"船政文化城",亦将更好地整合以上遗址资源。

图 8-20 天后宫

图 8-21 英国领事分馆

图 8-22 梅园监狱旧址

图 8-23 圣教医院门诊部

第二节　福建船政文化交流活动

一、创办时期：直接促进中西文化交流

中国近代新式学校是从西方引进的。作为中国第一所高等学校，它的创办本身，就是中西文化交流的体现。

福建船政学堂办学模式，最初的设计者是法国监督日意格。他采用法国体制，把船舶工程学校与海军合为一所学校，办成一所按学科分设专业与课程的近代高等学校。前学堂学制造，利用法国军港士官学校的科目编制而成；后学堂学驾驶，则采用当时英国海军的培养方法。习各科目所用的教材，或原文，或译文，都是从西方引进的。早期的教习与工程师，除个别外，也都是由洋监督日意格从法、英两国物色聘请的。日意格对船局的创办非常热心，"主船政，购机器，筑船坞，设学堂"。后来又率领船政学堂第一批、第二批留学生赴欧，任洋监督，利用各种关系，为他们逐个安排进大学，上军舰学习，他所聘的洋教习与工程师也都能按合同规约，恪尽职守。从当时的政府文件、后来学生的回忆录可以看到，对日意格及前期的洋教习们认真负责、循循善诱的教学成果，都表示满意，即使后期由于腐败滋生而受到责难，许多弹劾奏章对前期的办理成绩还是予以充分肯定的。而清政府对于这批洋监督、洋教习，也充分表示尊重。如果说洋教习每月薪饷 200 两以上，比本国教习高出 10 倍以上，是由于各国生活待遇的差别，那么洋教习们聘期届满时，拨出一笔巨款 6 万两则是对他们认真教学的酬谢。另给洋监督日意格谢仪 12000 两，因为"监督日意格"经营调度，极费苦心，力任其难，厥功最伟。清政府还授给他"提督衔"，加封"一品衔"，并赏穿黄马褂种种特殊赏赐。有人说，这是"高价向国外购买科学技术"。这正好说明福建船政学堂在引进西方科学技术上是成功的。

但是，船政学堂的毕业生，毕竟只达到高等专科教育的水平。限于当

时国内条件,很难在国内开阔视野,提高水平。对此,当时的洋务派大臣,有比较清醒的认识。如奕䜣认为向西方学习不应只学皮毛,应出洋学其根本;沈葆桢认为国外船舶日新月异,而中国造船员工,只能照已有模式制造,缺乏开拓创新能力,在技术上没有提高。"欲日起而有功,在循序而渐进。将窥其精微之奥,宜置之庄岳之间。"李鸿章说得更透彻:"西洋制造之精,实源本于测算、格致之学,奇才迭出,月异日新。即如造船一事,近时轮机铁胁一变前模,船身愈坚,用煤愈省,而行驶愈速。中国仿造皆其初时旧式,良由师资不广,见闻不多,官厂艺徒虽已放手自制,止能循规蹈矩,不能继长提高。即使访询新式,孜孜效法,数年而后,西人别出新奇,中国又成故步,所谓随人作计终后人也。若不前赴西厂观摩考索,终难探制作之源。至如驾驶之法,近日华员虽亦能自行管驾,涉历风涛,惟测量天文、沙线,遇风保险等事,仍未得其深际。其驾驶铁甲兵船于大洋狂风巨浪中,布阵应敌,离合变化之奇,华员皆未经见。自非目接身亲,断难窥其秘钥。"

概括当时洋务派大臣主张船政学堂派遣毕业生出国留学的见解是:(1)技术学习,应当"精益求精";(2)不能只懂技术,必须掌握科学理论与方法,才能有所创新,自求进步;(3)世界科技发展迅速,必须出洋才能及时了解新信息,掌握新科技。

船政局在洋教习、工程师任职期限将届时,就积极建议派遣"天资颖异,学有根柢"的毕业生,分赴英法继续学习造船与驾驶。"赴法国深究其造船之方,及其推陈出新之理";"赴英国深究其驶船之方,及其练兵之理"。由于洋务派大臣认识比较一致,上奏才11天,就得到总理各国事务衙门的赞成签转。这在当时官僚衙门风气中,可以说是特例。船政局随即上报具体的章程,包括派遣方案、学习计划、经费预算等。但却搁延达三年之久才成行。表面原因是当时发生日本侵占台湾事件,无暇处理;实际上是各省官员的地方主义,缺乏远见,不愿意援例拨款支持。最后只好减少派遣名额,缩短留学年限,以压缩经费预算,全部预算经费只20万两,均由福建省的厘金、税务与船政学堂经费分摊。即此一端,似也应为福建的重视教育,重视人才,记功一笔。

船政学堂第一批留欧学生,也是中国政府正式派遣的第一批留欧学生,于 1877 年出洋。在此之前,1875 年日意格已先带 5 名学生去欧洲。它比 1872 年容闳带领第一批幼童留美不过稍迟 3 年。但在后来的留学教育史上,大书特书幼童留美的历史意义,而对福建船政学堂第一批青年留欧的历史意义及其深远影响则不甚重视。当然,幼童留美,是中国政府正式派遣的第一批留学生,确有开留学教育先河的历史意义,对后来也有很大影响。但从中西文化交流的实质性收效看,则中国留学教育史更应认真总结船政学堂派遣留欧学生的经验。理由是:

1.幼童留美,并未完成预定计划。预定从外语预备,基础教育到专门教育,应学习 15 年。1881 年全部召回时,前后四批幼童,学习时间仅 6～9 年不等。也就是说,最多只学完基础教育或加修若干初级技术课程,尚未进入高等专业教育阶段,不可能学到西方先进的科学技术。回国后,许多幼童(已是青年了)才考入国内的中等或高等学堂继续求学。如首批留美幼童詹天佑等 16 人,回国后才考为福建船政学堂的驾驶学堂第八届学生。船政学堂毕业生赴欧留学,是在已学的专业基础上深造提高。对他们的要求是:"既宜另延学堂教习课读,以培根柢;又宜赴厂习艺,以明理法;俾可兼程并进,得收速效。"要求他们"凡所学习之艺,均须极新极巧"。但又不限与已有的专业对口,如有愿学矿务、化学及交涉公法等专业,也可根据其能力,分别安排。同时还责成他们将国外新样的船身、轮机、一切军火、水陆机器,觅取图纸,分别绘译,汇送国内。他们在所在国的积极帮助之下,除完成预定的学习计划之外,还选修了许多反映新科学技术的新课程。学成回国时,许多人所掌握的知识和技术,超过了造船和驾驶的范围,为回国之后适应多方面需要打下很好的基础。

2.幼童留美,虽非无目的、无计划,但不够明确,不够具体。洋务派大臣的奏章上所提的是:"赴泰西各国书院学习军政、船政、计算、制造诸学,约计十余年业成而归,使西人擅长之技,中国皆能谙悉,然后可以渐图自强。"容闳的创议也只提"为国家储备人才"。当然,派一大批幼童到国外从小学读起,学习期间十余年,也只能定下如此笼统的"储才"目标。至于被派的幼童,只知出国读书,读什么书,有什么用,自然更不清楚。而船政学堂留学生赴欧的学习目的,如前所述,明确具体。留学生自身也明确是为使自己的专长"精益求精",掌握高深的科学理论与最新的知识技术,以建立中国的海军、造船、制造等事业,振兴中华。并且具体知道为期只有3年,回国之后,将担当重任。目的性不明的留学,缺乏吸收西方文化科学精华的自觉性;目的性明确的留学,一开始就自觉主动地留意西方有价值的东西,尽可能多学、学好。所以所有的回国留学生,都能立即派上用场,充分发挥作用。

3.幼童留美作为中国的第一批,在留学史上是有意义的,但其留学实际上并不是成功的。所送幼童,规定为12~15岁,不过略通中文读写。出国之前,先入预备学校学习中文、英文一年,而到美国之后,都得继续学习中文、英文和普通文化科学基础知识,不但年限长、投资多(120万两),生活管理,诸多困难;而且由于年纪轻,中华民族传统对他们影响不深,西方文化却很快成为他们的主导思想。显然,这同洋务派的"中学为本,西学为用"的指导思想相违。中西文化的尖锐冲突,必然在幼童留美这一举措上爆发出来。这是导致清政府中途召回全部留美幼童的实质性原因。而船政学堂毕业生留欧,都是20多岁青年,他们不论中学或西艺,都已有相当根底。既能大量吸收西方文化科学的精华,而又不致完全否定中华优秀的文化传统。正如斯巴蒂在比较研究了幼童留美与船政学堂学生留欧两事之后说:"这批年轻人不存在丧失中国传统伦理道德的危险。这是因为从年龄上看,赴欧的学生要年长得多,而离开祖国的时间又短得多。"因而他们在中西文化的碰撞中,能较好地判断、鉴别,使之兼容交融。他们许多人后来成为维新派的人物,既不把西方文化限于"用"的范围,也很少主张"全盘西化"的。他们对于西方先进的科学技术以至政治制度、文化思想的吸收与传播更富有成效。在中西文化交流上所起的积极作用也更大。同时,他们水平高、吸收快、时间短、投资少的成功经验,对后来中国制订留学政策有重要的影响,直到今天还有参考价值。现在我国公派留学生必须有大学毕业以上的学历,并有一定工作经验,这就是总结以往的经验,包括幼童留美与船政学堂毕业生留欧的成败经验。

船政学堂留欧学生在文化交流上的贡献,不言而喻,主要是引进了西方的应用技术,也就是所谓"西艺"。但他们在引进西方的法律政治、文化思想上,也起了重要作用。这就突破了"中学西用"的框框,引进了触动"中学"的"西政"和"西学"了。例如,严复所翻译的《天演论》《原富》《群学肄言》《法意》《穆勒名学》等,最早系统地介绍西方的哲学、经济学、政治学、教育学以及科学方法论,对推动中国近代社会向科学与民主方向发展产生深远的意义。和严复同学、知名度不及严复,也在中西文化交流上有所贡献的还有很多。例如,王寿昌推荐并协助林纾翻译的小仲马的《茶花女遗事》,在清末风行一时,使人们接触到近代法国文学;陈寿彭翻译《格致正轨》,罗丰禄翻译《海外名贤事略》《贝斯福游华笔记》等,都有一定影响。还有以随员身份同批赴欧,进入法国政治学校学习国际法的马建忠、陈季同。马建忠后来在欧洲从事外交工作多年,精通英文、法文、希腊文、拉丁文,得以根据外文文法,研究古汉语文法结构,写成中国近代第一本系统的汉语文法书《马氏文通》,开拓了近代汉语文法研究领域。如果说,以上所举留学生主要是将西方文化引进中国来,陈季同则还是将中国文化介绍到西方去。他也在法、德等国使馆工作多年,熟悉欧洲社会与文化生活,时常出入巴黎文艺沙龙,将中国名著《红楼梦》《聊斋志异》等介绍到法国。他还曾用法文写了《中国人自画像》《中国戏剧》《中国故事集》《吾国》等,他的一本以中国问题为题材的喜剧《英雄的爱》,在法国文坛上享有盛名。正是由于船政学堂及其所派出的留欧学生在中西文化交流上所做出的贡献,形成了中华民族近代化中独树一帜的"船政文化"。

图 8-24　严复及其译著《赫胥黎天演论》

图 8-25 林纾及其版本众多的《茶花女遗事》

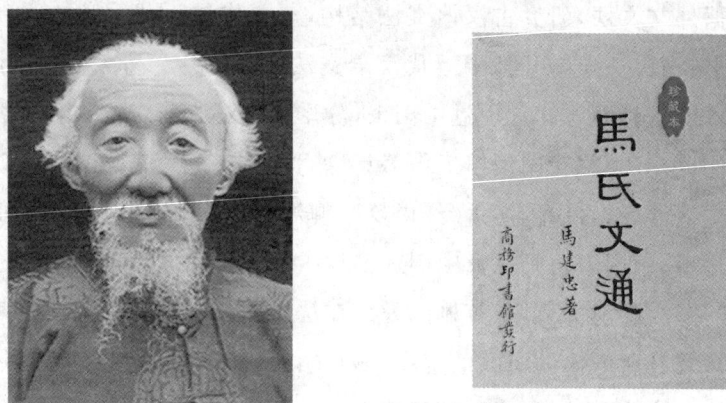

图 8-26 马建忠及其著作《马氏文通》

最后,有必要提及的是,当时有限的中西文化交流,既是中国洋务运动、维新运动的需要,也是欧洲列强对外扩张政策之所需,不过动机不同而已。1867 年,法国外长在致驻北京法国公使函中就有如下的指示:"中国人是富有远东民族的观察力的人民,对于他们中的那些善于思考的人们来说,在其头脑中树立我们法国观念和文明的优越地位的最好机会,不是徒劳地一再炫耀武力和商业方面的成就,而是让他们来这里进行实地考察和研究。当他们走出国门,试图了解世界的时候,要把他们吸引到我们的国度。我们要鼓励中国政府,尽可能多地派遣人员来我国学习,学习专业,学习我们的语言,并把有关我国的学校、学术机关以及产业设施等方面的情报亲自提供给他们的政府。我们方面则要为这些人员的学习提供必要的方便,以便使他们能把学到的成果很快带回自己的国家。这是我们的最好政策。"这一政策,和美国伊里诺大学校长詹姆士向美国总统递交的备忘录的结论——"商业追随着道德和精神的支配,比追随着军旗更可靠得多"如出一辙。这就对我们提出一个值得深思的问题:文化交流是任何国家的近代化、现代化发展的必由之路,必须坚定不移地发展中西文化交流;文化交流是互利的,而中西文化交流双方的利益取向不同。因此,在坚定不移地坚持文化交流时,应当头脑清醒,在保持独立自主的前提下,主动地发挥交流带来的积极作用而避免或减轻它的消极影响。也许这就是清末洋务派在派遣留学生以及其他外事活动中所留给我们思考的问题。

二、新时期:文化交流平台

(一)海峡两岸船政文化研讨会

2013 年 6 月 14 日,第四届海峡两岸船政文化研讨会在福建会堂举办,海峡两岸船政文化交流活动周由此正式拉开帷幕。从本届开始,海峡两岸船政文化交流周已列入第五届海峡论坛福州市活动项目,一系列精彩纷呈的活动将会在每年这个时间段陆续举行。

本届海峡两岸船政文化研讨会由台盟中央指导,福州市政府、福建省台盟、福建省文史馆、福州市政协主办,福州市委宣传部、马尾区政府承办。研讨会将以"弘扬船政文化,实现民族复兴"为主题,两岸船政文化专家学者轮番登台作主题报告。

同日,"福建船政与台湾"专题展在马尾造船厂绘事院举办。展览用几十件文物实物和展板深刻讲述船政与台湾的渊源,重点展示船政对台湾近现代发展的影响。

同日下午,船政文化讲坛活动在船政文化博物馆举办。中国史学会理事、国务院津贴专家王宏斌及中国海军史研究会发起人、"定远"纪念舰策展总监陈悦等专家将作题为"清代著名学者关于福州海防地理的认识"与

图 8-27   第四届海峡两岸船政文化研讨会

"人物与舰船——近年船政研究中的一些新发现"的讲座。

与此同时,海峡两岸船政后裔恳亲祈福活动在马尾船政天后宫举行。来自两岸的近百名船政精英、船政先贤的后裔和专家学者一同进行平安会香祈福活动。此次船政后裔恳亲祈福盛典突出的亮点是"三献"禅乐部分,它由台湾新竹七星生活美学民族乐团、福建船政天后宫禅和乐团共同演奏。同时,海峡两岸船政文化书画摄影展在马江剧院举办。

会议期间,集榕台特色风味小吃、民俗文化于一体,体现"夜马尾"海洋文化特色的"第五届海峡论坛·闽台特色庙会"在马尾城市渔人广场举办。本届庙会汇集了台湾八大夜市和福州地方小吃精华,共有 600 多种榕台小吃在这亮相。开幕式还上演两岸特色民间节目。18 日,庙会举行了海洋文化主题诗会,采取音、舞、诗相结合方式,邀请省市诗人、朗诵名家参与。20 日,庙会在歌舞表演中闭幕。

为响应本次研讨会,以"弘扬船政文化,实现民族复兴"为主题的船政文化系列图书漂流活动启动仪式在福州大学阳光学院学术报告厅举行。在此同时,大型赠书、新书推荐、船政文化系列图书读书心得征文活动也正式启动。

在当前海西建设的大环境下,两岸的全面互动越来越多,类似的活动会此起彼伏,不断地推进台海两岸的共同发展。

(二)马尾船政文化园海峡两岸交流基地

马尾船政文化园位于马尾港畔,与台湾一衣带水,地理上具有得天独厚的交流优势。船政文化具有丰富的积淀和独特的魅力,船政的建立和发展体现着海峡两岸同根同源、血脉相连、手足情深的历史渊源。140多年前,船政的创办者左宗棠奏请在福建马尾设局造船,就近使用福建盛产之木材和台湾盛产之煤炭,满足船政对原材料与能源的需求,又解决了台湾煤炭的销路。1874年,沈葆桢以钦差办理台湾等处海防兼理各国事务大臣身份渡海抚台,挫败了日本企图占领台湾的阴谋,为巩固台防,开发台湾,促进台湾的近代化做出了重大贡献。沈葆桢在台南建亿载金城,巩固海防,请建郑成功延平郡王祠,安抚民心。1876年,由船政学生绘制的台湾地图,为台湾的行政区划管理和维护祖国领土统一做出了重要贡献。1887年,当时的船政毕业生使用自己制造的"飞策号"船铺设了福州马尾川石岛至台湾淡水全线长117海里的海底电缆,把台湾和大陆紧紧联系在一起。此外,作为福建省第一门户的闽安古镇,自唐至清均系军事重地与贸易集散中心,历史悠久,是福建涉台文物保存最为丰富、分布最为集中的历史古镇之一。镇中的协台衙门、左右营水师驻地、戍台官兵墓等古迹是当年保卫台湾和两岸往来的重要历史证明。

新中国成立后,台湾学者陆续发表有关福建船政学堂的论文,并出版了海防档乙《福州船厂》。现今仍有台湾"中央研究院"近代史研究所等一批学者致力研究清史和马尾船政,参加在福州举办的多届船政文化研讨会,共享研究成果。在台湾的许多船政后裔和老海军及民间团体也在研究和弘扬船政文化,船政文化已成为连接两岸人民的精神纽带。

近年来,船政文化影响不断扩大,吸引了台湾各界同胞来马尾参观,仅中国船政文化博物馆就接待了台湾各界人士近7000人次。台湾知名人士连战、吴伯雄、萧万长、郁慕明、钟荣吉,以及台湾将领叶昌桐、郑本基、欧阳良、陈廷宠等先后到访。

2006年4月18日,中国国民党荣誉主席连战参观船政博物馆时题

图 8-28　中国国民党荣誉主席连战参观船政博物馆并题词

词:"中学为体西学用,马江巨舰驭狂涛。"

　　2006 年 7 月,首届海峡两岸台胞青年夏令营仪式在中国船政文化博物馆举行。2011 年 6 月,闽台佛教文化交流活动的 100 余位台湾佛学院、禅学院法师和学僧到船政博物馆和马江海战纪念馆参观。2010 年和 2012 年"两马"天后宫平安会香祈福活动在复建后的福建船政天后宫举行,妈祖信众 1000 余人参加了活动。2012 年 3 月,台湾云林土库顺天宫进香团在船政天后宫举行进香仪式,土库顺天宫妈祖金身銮驾于此并安坐两日,这些都大大提升了福建船政天后宫作为闽台信俗文化交流平台的作用。

　　在举办船政文化学术研讨会的同时,船政文化场馆广泛与在台老船政、老海军及其后裔联系,通过积极宣传沟通,征集到大批珍贵的文物资料。至 2009 年,船政文化博物馆已接收来自台湾的相关资料 500 余件,其中文物 82 件。2010 年 12 月,为期 9 个多月的"福建船政——清末自强运动的先驱"特展在台北长荣海事博物馆展出,台湾各界近 3 万人参观了展览。2011 年 8 月展览结束后,船政文化博物馆把代表船政造船 3 个阶段的 3 艘船模"万年清号""镜清号""平远号"赠送长荣海事博物馆永久展出,再续闽台船政前缘。

图8-29　2013年福建省文化产业十大重点项目福建船政文化城蓝图

① 马江古渡　　② 官厅池　　③ 钟楼　　④ 绘事馆　　⑤ 轮机厂　　⑥ 二号船坞　　⑦ 马限山景区　　⑧ 船政博物馆

⑨ 马限山古街　　⑩ 船政广场　　⑪ 休闲绿地　　⑫ 室外兵器展示　　⑬ 中国现代海军博物馆　　⑭ 艺星塔公园　　⑮ 休闲运动区　　⑯ 滨江观景休闲区

　　近年来,马尾船政文化园高度重视船政文化建设,充分发挥船政文化独特优势,努力构筑两岸交流合作的前沿平台,使船政文化成为两岸人民的精神纽带,推动文化与经济融合,积极服务海西发展战略。新形势下,马尾船政文化园将配合新一轮船舶产业调整,下大力气整修、复原马尾造船厂内的船政遗迹和建筑;开展闽台文化产业合作,打造船政文化创意园,继续加强船政文物的征集、利用与保护;在丰富展馆内容的同时,做好"船政与台湾"专题展馆布展工作,进一步发挥其作为海峡两岸交流基地的作用。

图 8-30　深层脉动——船政对台湾近现代化影响展览

图 8-31　左宗棠玄孙女、上海市政协副主席左焕琛观展题词

第三节　中国梦　船政魂

　　习近平主席在参观"复兴之路"展览时,提出了要实现中华民族伟大复兴的中国梦。他在十二届全国人大一次会议上的讲话中系统阐发了这个思想,在出访俄罗斯、非洲国家和出席亚洲博鳌论坛等讲话中又进一步作了论述。现在,不但中国,而且全世界都在关注"中国梦"这个词,希望从中国梦中获益。正如习近平主席所说,我们要实现的中国梦,不仅造福中国人民,而且造福世界各国人民。

图 8-32　2012 年 11 月 29 日,国家主席习近平和中央政治局常委参观"复兴之路"展览

　　习近平主席认为,"复兴之路"这个展览,回顾了中华民族的昨天,展示了中华民族的今天,宣示了中华民族的明天,给人以深刻教育和启示。中华民族的昨天,可以说是"雄关漫道真如铁"。近代以来,中华民族遭受的苦难之重,付出的牺牲之大,在世界历史上都是罕见的。但是,中国人民从不屈服,不断奋起抗争,终于掌握了自己的命运,开始了建设自己国家的伟大进程,充分展示了以爱国主义为核心的伟大民族精神。中华民族的今

天,正可谓"人间正道是沧桑"。改革开放以来,我们总结历史经验,不断艰辛探索,终于找到了实现中华民族伟大复兴的正确道路,取得了举世瞩目的成果。这条道路就是中国特色社会主义。中华民族的明天,可以说是"长风破浪会有时"。经过鸦片战争以来170多年的持续奋斗,中华民族伟大复兴展现出光明的前景。现在,我们比历史上任何时期都更接近中华民族伟大复兴的目标,比历史上任何时期都更有信心、有能力实现这个目标。

中国梦,反映了中国人民包括海外同胞、全世界华人的共同心声、共同愿景、共同意志,是凝聚全党和全国人民的最大共识,极大地激发了中国人民发展国家、振兴民族的热情。

一、中国梦是怎么来的,它的含义是什么

(一)中国梦之历史溯源

"振兴中华"这句话,最早是孙中山先生提出来的。他在1894年兴中会成立章程中写道:"是会之设,专为振兴中华。"我们党成立以后,承担起领导人民振兴中华的神圣使命。毛泽东、邓小平、江泽民、胡锦涛、习近平主席都对民族复兴做了大量论述。改革开放初期,"团结起来,振兴中华"这个口号,是最响亮的一句话。周恩来总理的"为中华崛起而读书",为人们所熟知,一直是青年学子奋发向上的励志警句。

图 8-33　周恩来立志"为中华之崛起而读书"

　　中国梦，民族复兴，为什么能够凝聚中国人民，凝聚中华民族？

　　外国人往往不理解中国为什么会发展得这么快，中国人搞发展的劲头为什么这么大。这首先要看看中国的历史。中国在历史上曾经很辉煌，而近代以来又很悲惨，受尽屈辱，这个反差太大了。习近平主席说，每一个中国人想起那段历史都会感到心痛。所以，中国人总有那么一股民族复兴的心结和劲头，这是一种精神动力。实现中国梦必须要有中国精神，一个重要的精神力量就是爱国主义。每个人的命运与国家民族的强盛息息相关。用中国梦来凝聚人民，激励人民，非常准确，非常有力量。

　　中国历史上的辉煌时期，首推汉唐。汉朝距今已有 2000 多年，现在世界上还把中国的语言文字称作汉语，把中国学称作汉学，可见它的影响。在唐朝的时候，是发展得最好的时期，是又强大又可亲的形象。强大而可亲，这是毛泽东主席说过的话，是治国的理想境界。当时是河清海晏、文怀远人、和睦万邦的景象。

　　中国的衰落，是在明朝中叶以后。邓小平主席讲过这段历史。他说："如果从明朝中叶算起，到鸦片战争，有三百多年的闭关自守，如果从康熙算起，也有近二百年。长期闭关自守，把中国搞得贫穷落后，愚昧无知。"明朝中叶大约是在 1500 年前后的时候。1449 年发生土木堡之变，明英宗被瓦剌军俘虏，被认为是明朝由盛转衰的转折点。历史学家黄仁宇写的《万历十五年》这本书，也描绘了明朝衰落的情景。他从大历史观的角度认为，这不但是明朝的转折时期，也是中华民族的转折时期。当时西方已经过文艺复兴，资本主义生产力和生产关系发展起来了。特别是 1492 年哥伦布发现新大陆后，开始资本主义全球化进程，西方世界发展速度加快。马克思、恩格斯在《共产党宣言》中讲了这个历史。这正是在明朝中叶的时候。斯塔夫里阿诺斯在他著名的《世界通史》里，把世界史划分为 1500 年以前的历史和 1500 年以后的历史，也说明这是个重要历史转折时期。明朝初年郑和下西洋，比哥伦布早了近 100 年，但是二者的目的和理念完全不同。这样，中国就开始落后了。

　　到了清朝康熙时期，国家看起来还很强大，但实际上是落日的辉煌。当时，英国已经过光荣革命，跑在了最前面。法国经过宗教改革，开始了启蒙运动。原本落后的俄国也在 1698 年开始改革,赶上了世界发展潮流。恩格斯称彼得大帝是"真正的伟人",能够顺时而变。而清朝却不了解世界的变化,以为自己很强大,思想僵化保守。康熙也喜欢西学,但不是作为强国之道学的,他不理解其中的新思想,固守自己那套旧的东西,认为西方的东西不过是奇技淫巧。中国当时的落后,并非国力不行,而是理念的落后,是生产力性质的落后。大清帝国与欧洲先进国家在认识、眼界、气势上,已经不能相比。大清虽大,也只是囿于一隅,而那些被称作"蕞尔小国"的西方国家,早已经着眼于全世界了。

1840 年鸦片战争,中国被打败,开始了屈辱的历史,从此也开始了民族复兴的历史,也就是开始了中国梦的历史。

(二)中国梦之现代追寻

在很长一个时期,中国人真是在做梦,找不到出路。毛泽东主席诗曰:"长夜难明赤县天,百年魔怪舞翩跹。"经过 170 多年的奋斗,现在是到了快要梦想成真的时候。习近平主席说:"我们比历史上任何时期都更接近中华民族伟大复兴的目标,比历史上任何时期都更有信心、有能力实现这个目标。"

那么,从"长夜难明"到"梦想成真",是怎样的一个过程呢?回顾近代以来的历史,可以看得很清楚。孙中山先生提出了"振兴中华"的口号,推翻了清王朝,做出了重大贡献,但是没有找到民族复兴的出路。中国共产党成立以后,领导人民经过不懈奋斗,才逐步使这个梦想成为现实。

这个过程,可以概括为"两个百年""两重任务"。

所谓"两个百年",就是实现中国梦的两个历史阶段。第一个百年,从 1840 年鸦片战争到 1949 年新中国成立。这个百年,是从无路可走,到找到复兴之路,实现国家独立、民族解放的历史。这是民族复兴的第一个阶段。第二个百年,是从 1949 年新中国成立到 21 世纪中叶,在新中国建立 100 年的时候,完成邓小平主席提出的我国现代化第三步发展战略目标,建成富强民主文明和谐的社会主义现代化国家,实现中华民族的伟大复兴。现在,我们就是处于完成第二个百年任务的阶段。

这两个 100 年,最早是毛泽东主席说的。关于第一个百年,他在《新民主主义论》中就讲到了。第二个百年,是他在 1961 年接见英国元帅蒙哥马利时讲的。他说:"在我国,要建设起强大的社会主义经济,我估计要花一百多年。"他还讲过:"要赶上和超过世界上最先进的资本主义国家,没有一百多年的时间,我看是不行的。"后来邓小平按照这个思想,提出了到 21 世纪中叶的"三步走"发展战略,使实现中国梦第二个百年的目标具体化、明确化了。他说,第一步是在 20 世纪 80 年代实现温饱,第二步是在 20 世纪 90 年代实现小康,第三步是再用 50 年时间,到下个世纪中叶基本实现现代化。后来,在第一步和第二步目标完成的情况下,我们党把第三步目标进一步具体化,提出了新三步走战略。即在新世纪的第一个十年里国民生产总值翻一番,在第二个十年里再翻一番,全面建成小康社会,然后向着 21 世纪中叶的伟大目标前进。

"两个百年"说明,实现中国梦是一个长期奋斗、接续奋斗的历史过程。我们党一直是执着地向着这个目标努力的。党的十八大报告提出的全面建成小康社会的目标,就是按照这个"梦"设计的。

十八大报告也讲了两个百年,即建党 100 年和新中国建立 100 年。这和上面说的"两个百年"不矛盾。第二个百年是一样的,第一个百年有交叉。十八大报告讲建党 100 年的目标,是强调现阶段我们的任务是在 2020 年全面建成小康社会。这是在实现中国梦的过程中一个具有重大意义的阶段性目标,是我们现在正在干的事情。同时,从建党说起,也表达了一个更深刻的含义,就是只有在中国共产党成立以后,才使中国梦的实现有了可能。一个是建党,一个是新中国建立,这是实现中国梦的两个关键历史节点。

那么,"两重任务"指什么呢?就是说,实现民族复兴是一个任务,但对我们党来讲,还有一个任务,就是搞社会主义,建设中国特色社会主义。

这"两重任务"是密切相关的。我们知道,在 19 世纪中叶,世界上发生了两件大事,一个是 1840 年鸦片战争,一个是 1848 年《共产党宣言》发表,马克思主义诞生。这两件事情当时看起来似乎没有什么关系,但是与中国后来的发展则是紧密相连的。鸦片战争使中国沦为半殖民地,由此提出了民族复兴的任务,而马克思主义则给我们指出了实现民族复兴的正确道路。我们党在马克思主义指导下,先是通过新民主主义革命完成了国家独立、民族解放的任务,然后又通过搞社会主义革命和建设来完成现代化的任务。历史证明,救中国和发展中国都要靠马克思主义,靠中国化的马克思主义。所以,实现民族复兴是我们的梦,建设社会主义最终实现共产主义也是我们的梦。这二者是不可分割的,实际上是一个梦。对于共产党员来说,特别不能忘记搞社会主义这个任务,这是我们的崇高理想。

习近平主席在讲中国梦的时候强调,实现中国梦必须走中国道路,即走中国特色社会主义道路。他说,中国特色社会主义"凝结着实现中华民族伟大复兴这个近代以来中华民族最根本的梦想"。这句话说明,中国梦要落到中国道路上,只有把这条路走好,才能使这一梦想最终成为伟大而光辉的现实。

(三)中国梦之人民主体

中国梦是国家民族的梦,也是每个中国人的梦,归根到底是人民的梦。中国梦、中国道路最终都要落到老百姓的幸福生活上。这是习近平主席特别强调的。他说:"实现中华民族伟大复兴的中国梦,就是要实现国家富强、民族振兴、人民幸福。"

中国梦不仅仅是理想,是目标,也是现实,反映在每个中国人的生活中。中国梦的实现,要体现在解决老百姓关心的一件一件具体事情上。只有这样,才能使人民群众感受到这个梦的好处,是真实的、可以实现的,感觉到这个梦和他们有关系,愿意为实现这个梦而付出、奋斗。由此,这个梦也才能真正成为凝聚人民、激励人民的一个实实在在的奋斗目标。邓小平当初之所以要用"小康"这个概念来表述我们的目标,党的十八大提出全面建成小康社会,使每个老百姓都过上更加富裕、更高水平的小康生活,正是基于这个认识。

每一个人心中都有一个梦,都有追求幸福生活、享受幸福生活的权利。老百姓的梦是什么?习近平同志在当选中共中央总书记后的第一次讲话中就说到这个问题。他说:"我们的人民热爱生活,期盼有更好的教育、更稳定的工作、更满意的收入、更可靠的社会保障、更高水平的医疗卫生服务、更舒适的居住条件、更优美的环境,期盼孩子们能成长得更好,工作得更好,生活得更好。"这些话说得多么实在、具体、亲切。

共同富裕、公平正义、民主法治、自由平等、清正廉洁、诚信友善、文明和谐、天蓝水净、世界和平……十八大报告在这些方面提出的新目标、新要求,都反映了老百姓的愿望。

实现中国梦,就是实现老百姓的梦。"人民对美好生活的向往,就是我们的奋斗目标。"习近平主席给我们提出了明确的要求:"必须不断为人民造福",使人民"共同享有人生出彩的机会,共同享有梦想成真的机会,共同享有同祖国和时代一起成长与进步的机会"。我们要把对中国梦的追求转化为做好每一项工作的动力,必须继续谦虚谨慎、兢兢业业,不能有丝毫自满,不能有丝毫懈怠;必须脚踏实地,再接再厉,一往无前,继续把中国特色社会主义事业推向前进,继续为实现中华民族伟大复兴的中国梦而努力奋斗。

实现中国梦,创造全体人民更加美好的生活,任重而道远,需要坚韧不拔的精神,需要众志成城的力量,需要我们每一个人的艰苦努力。人世间的一切幸福,都要靠辛勤的劳动来创造。我们要心往一处想,劲往一处使,用13亿人的智慧和力量,汇集起不可战胜的磅礴力量。这就是中国精神,这就是中国力量,是中国各族人民大团结的力量。有了这种精神和力量,什么困难都能克服。中华民族在追求中国梦的历史进程中,经过了一代又一代人的努力,付出了千百万人的生命,已经创造了无数的辉煌,正在一步一步地接近我们的宏伟目标,我们要继续为之奋斗。中国梦不再是梦,而是中国人民更加幸福美好的现实生活。

中国早已告别了屈辱的历史,中华民族早已自立于世界民族之林,中国人在世界上早已有了尊严。但是,要使中国变得更加富强、更加文明,中国人更受尊重,中华民族为世界和平发展与人类进步做出更大贡献,我们还需要加倍努力。两个百年的中国梦,第一个百年的任务我们已经完成,第二个百年也已行程过半。行百里者半九十,为山九仞不能功亏一篑。历史的重任落在我们这一代人身上。每一个共产党人,每一个中国人,都应该意识到自己身上的责任,为国家、为民族、为家庭、为孩子们脚踏实地做出自己应有的一份贡献。

二、福建船政学堂:中国梦的先行者

福建船政学堂的老船政人应该说是追求中国梦的先行者。1866年创办于福州马尾的中国第一家机器造船厂,时称福建船政,是晚清洋务运动的重要产物。船政艰苦创业,以为国图强为己任,创造出丰富的物质文明和精神文明,构成了内涵深厚、色彩鲜明的船政文化,闪烁着耀眼的爱国主义光芒。船政文化折射中华传统文化神韵,是近代中国先进文化的一面光辉旗帜。船政学堂从五个方面展现了那个时代的中华民族儿女对中国梦的追求。

(一)"天下兴亡,匹夫有责"的中华民族精神,激发船政艰苦创业,为国图强

船政兴起在第二次鸦片战争后,当时腐败的清政府与西方列强签订了一系列不平等条约,中华大地面临被帝国主义瓜分的严重局势。国难当头,一批先进中国人立志富国强兵。闽浙总督左宗棠看到西方列强大都跨海入侵,即指出:"欲防海之害而收其利,非整理水师不可,欲整理水师,非设局监造轮船不可。"他也深知"设局造船"的艰巨性和复杂性,"谤议易生",但为了增强海防,抵御外侮,他迎难而进。首任船政大臣沈葆桢办事精细,果敢坚毅。应国家召唤,他毅然脱去为母亲守孝的孝服,指挥远东最大造船基地的建设。而作为中国第一代产业工人重要组成部分的船政工人,在马江之畔的荒滩地上,冒酷暑,斗寒风,仅用两年多时间,就建成了船政十三厂,形成了造船生产力。船政创业时期,正因为有众多仁人志士以"天下兴亡,匹夫有责"的爱国热忱,艰苦创业,开创了晚清时期中国最大的造船基地,其感人事迹,史料多有记载。以船政为代表的中国造船工业,在晚清政治腐败,财政拮据的艰难条件下,仅用20年时间,达到了西方50年才达到的造船技术进步,即实现了从造木壳轮船到钢质军舰的产品升级,充分表明了在"天下兴亡,匹夫有责"的民族精神鼓舞下,船政员工高昂的

创业激情。

(二)求真务实精神,倡导船政崇尚科学,勇于变革

欧洲工业革命后,世界科学技术迅猛发展。船政冲破封建思想樊篱而创办,当事者以求是务实姿态,"师夷长技",吸取西方科技成果,并认识到科学技术与富国强兵的内在联系。船政放下架子,从欧洲聘请工程技术人员来厂,训导中国工人涉足机器造船领域。同时开办船政学堂,由外籍教员讲授自然科学知识。数百名青年学子,如饥似渴地吸收物理、化学、天文、航海各学科知识,格物致知,求是务实,学堂名称就叫"求是堂艺局"。船政为国家培育出大批优秀人才,并作为枢纽,向内地辐射科学知识。船政崇尚科学,颠覆了封建教育体系,延续 2000 多年的封建保守习气,在船政掀起的崇尚科学新潮流冲荡下,开始瓦解。船政弘扬了求是务实,与时俱进的民族精神,为中国近代化提供了强大的思想动力。

(三)刚健有为、自强不息的民族精神,鞭策船政砺志进取,精益求精

智慧勤劳的船政造船工人,仅用五年时间就掌握了近代造船技术。1875 年,当船政自行设计监造的炮艇"艺新号"制造成功,沈葆桢极度欣喜,赞曰:"实中华发轫之始。"而后,船政立即开造新一代铁木合构轮船并取得成功。当世界上钢质军舰刚出现不久,船政工人也于 1889 年造出了性能不亚于国外同级别的钢壳钢甲巡洋舰,技术进步之快,令外人瞩目。船政之所以能取得快速进步,在于其进取精神十分强烈,源于中华民族不断追求进步的优良传统。但科技进步不是吹出来的,作为综合众多学科的造船技术,来不得半点虚假,须脚踏实地,一步一个脚印,才能攀登技术高峰。船政人员以"精益求精,密益求密"的严谨科学态度,在开拓中国造船事业过程中,发扬务实求真,讲求优质的民族传统品德,铸就了造船技术进步一个又一个的里程碑。

（四）追求真理、能近取譬的民族精神，激励船政博采众长、科教创新

与西方创立和发展造船工业截然不同的是，船政开拓中国造船业，面对的是国内工业基础和科技几乎一片空白。船政要在没有任何社会条件支持下发展造船业，必须一切从头干起。船政没有被困难压倒，成功地走出了一条中国造船之路。究其因，有一个重要经验，就是博采众长。船政在当时顽固派重重阻挠下，聘法国工程师为造船监督，即现在的总工程师。为了掌握更多更新技术信息，还从英国、德国、意大利、俄罗斯等地，招聘工程人员，使船政造船应用的技术多样化。船政学堂还选派留学生赴欧洲各国求学，专业亦不局限于海军与造船两科。留学人员对机器制造、矿山开发、金属冶炼、铁路建设、电报通信、化学工业等各工业学科，一样认真学习。同时对西方政治、法律、文学等社会科学，也采取了"拿来主义"。既敢于对外开放，又善于博采众长，因此，以船政为代表的近代中国造船业，不但取得了造船的成就，也成为中国工业的母行业。我国近代的众多工业门类，大都从造船行业的母体中衍生开来。为了博采众长，船政首开风气之先，敢于科教大创新。如前所述，创办船政学堂，不再培养"秀才""举人"，而是培育新式工程技术人员。在当时十分浓厚的封建文化氛围中，实为石破天惊之举。其创新精神，与民族的创新精神一脉相承。其独领风骚的科教创新，为中华民族的整体进步，做出了不可估量的贡献。船政学堂留学生严复译著的《天演论》所产生的社会冲击力，至今尚存。

（五）反对侵略、忠心报国的民族精神，演绎了船政一曲又一曲爱国主义壮歌

船政之初，聘请外籍人员。左、沈主权意识强烈，就定下了"权自我操"规矩，即外籍人员必须听从船政大臣调度，难能可贵。1874年，日本借口琉球船民被害，悍然出兵侵台。船政以所造舰船为主体，组成海军舰队驰援台湾，挫败了日本侵占台湾之图谋，维护了国家的统一。1884年8月23日，中法马江海战爆发，船政属辖的福建水师广大官兵，面对强敌入侵，奋

起反抗,以血肉之躯,捍卫祖国尊严,七百余名爱国将士喋血马江。不仅于此,船政哺育的优秀儿女,如邓世昌、詹天佑、林祥谦等,或御敌捐躯,或科技强国,或为民族解放献身就义。中华民族爱国主义的伟大精神,贯穿于船政的方方面面。船政之所以在今天仍备受社会关注,在于其爱国精神和壮举依然令人热血澎湃。船政维护祖国统一,不畏强敌抗御入侵,建设海军增强海防,其历史作用和功绩,高度而深刻地诠释了中华民族的爱国精神。

中国梦是中华民族的复兴之梦,福建船政学堂的探索具有强烈的爱国色彩、丰富的科技内涵、全新的思想观念和强劲的社会影响力。其文化现象所凝聚的船政精神,凸显着中华民族的高尚精神,它是实现中国梦的先行者。弘扬船政文化,传承民族精神,将极大作用于我们今天所从事的伟大事业。

福建船政是中国近代史上浓墨重彩的一笔,是中国近代史上为了探寻国家前途和民族未来的早期尝试,是近代中国梦的先行者。它给福建乃至整个中华民族留下了勇于承担、勇于探索、勇于尝试、勇于学习的精神瑰宝,也给我们留下了庞大的福建船政遗址群,让我们缅怀永久,这些历史的遗迹是我们继续前行的重要基石和动力来源。在创建之初,船政学堂教育及造船运动直接推动了中心文化交流。今天,船政文化正在继续扮演着海峡两岸和香港,以及中西文化交流的重要平台的作用,作为中华民族的儿女,我们正在逐步担当起继续探寻和实现"中国梦"的责任,而船政文化作为历史实践经验和近代进取精神积淀,必将在中华民族复兴这一时代主题上发挥越来越重要的作用。

本章重点

1.福建船政遗址群。

2.福建船政在新时期的作用。

思考题

1.福建船政有哪些重要遗址?

2.为什么说福建船政是中国梦的先行者？

3.福建船政在新时期文化交流中的作用是什么？

推荐阅读书目

1.沈岩:《船政学堂》,北京:科学出版社,2007年。

2.陈然:《福建船政文化简明读本》,福州:海潮摄影艺术出版社,2007年。

后 记

习近平主席自2012年11月29日参观"复兴之路"展览以来,在不同场合系统阐释了"中国梦"的具体内涵、奋斗目标、总体布局、实现路径等。"中国梦"这一热门词语激荡神州大地,承载中华儿女的梦想和重托。2017年,习近平主席在十九大报告中指出:"中国梦是我们这一代的,更是青年一代的。"可见,我们既要铭记历史,又要着眼未来,必须更加重视对青年大学生的"中国梦"教育,本书正是在这样的时代氛围下诞生的。

为宣传船政文化,马尾区委教育工委、教育局与阳光学院合作,开展了形式多样的船政文化进校园活动。其中,由本院编写的这本书,就是当地政府策划的船政文化系列校园读本之一,是大学版的船政文化读本。阳光学院结合自身实际和所处地缘优势,开展了一系列"中国梦·船政魂·阳光人"的爱国主义教育活动,弘扬船政精神,支持地方经济。本书是在这一背景下酝酿编写的,经过近五年的筹备、材料收集、调查研究和集中撰写,本书终于在近期完成了。

本书由阳光学院马克思主义学院、国学研究院教师集体编撰,是国学研究院国学教育系列教材之一。马克思主义学院副院长杜云副教授担任本书主编,负责本书的国学教育教材立项、应用型教材立项、国学课程建设、审稿统稿、最终定稿和出版工作。江峻任副教授担任本书副主编,负责审稿和联络工作。参加本书编写的教师有赖晨(第一章和第六章)、郭翠翠

（第二章）、于芙蓉（第三章）、朱亚辉（第四章）、江峻任（第五章）、金莉（第七章）、杜云（第八章）。本书顾问、福州大学陈沙麦教授作为本项目的最初发起人，为本书出版做出了极大的贡献，本书顾问、福州大学郗永勤教授为本书的编撰和出版提供了宝贵的建议。

本书在编写过程中，还得到了许多人的关心、支持和帮助，在此致以由衷的谢意。

感谢校党委陈少平书记、黄阿火常务副书记、时任校长张烨教授、时任校党委副书记庄晨忠研究员，他们对本书的编撰给予了高度重视、大力支持和细心指导。

感谢中共福州市马尾区委教育工委黄德晖副书记，他对本书的编撰提出了宝贵的建议和意见。

感谢中共福州市马尾区委宣传部以及马尾船政研究会的各位专家同人，他们为本书编撰提供了大量宝贵的船政文化文献资料。他们还组织举办船政文化学术研讨会议，为我们与各界专家和船政后人进行交流提供了良好的平台。

在书稿的撰写过程中，我们也参考了许多专家学者的研究成果，在此一并表示感谢。

由于我们水平有限，经验不足，错误之处在所难免，敬请各位专家学者不吝赐教。

编　者
2018 年 1 月 18 日